개정판

Brand

브랜드 개념과 실제

김덕용

박영사

안갯속의 가까운 미래, 무엇을 어떻게 준비해야 하나?

직업의 미래

이제는 4차 산업혁명을 말하고 있다. 흔히 다보스포럼이라고 불리는 세계경제포럼(World Economic Forum; WEF)의 2016년 주제는 '4차 산업혁명의 이해(Mastering the 4th Industrial Revolution)'이었다. '4차 산업혁명'이란 세계경제포럼(WEF)의 창립자인 클라우스 슈밥(Klaus Schwab)이 만들고 유행시키려는 용어이지만, 우리나라에 비해 다른 선진국에서는 그리 많이 사용하지 않는 용어이다. 사실 용어보다는 지금 변화하고 있는 기술과 산업, 그리고 사회 전반의 변화양상에 주목해야 한다. 4차 산업혁명이란 인공지능을 비롯한 로봇공학, 사물인터넷, 자율주행차량 등의 기술들에 의해 야기되는 산업과 직업의 혁명적 변화를 말한다. 이 포럼에서 발표된 여러 보고서 중에 『직업의 미래(The Future of Jobs)』라는 보고서가 있다. 이 보고서에 의하면 2020년까지 710만 개 일자리가 사라지고 210만 개의 일자리가 새로 생길 것이라고 예측하였다. 여기서 중요한 점은 일자리 갯수가 아니라 직업의 종류이다. 기존의 많은 종류의 직업이 없어지면서 또 새로운 직업이 생겨날 것이라는 점에 관심을 가져야 한다. 이 보고서보다 더 직접적으로 우리의 관심을 끈 것은 이세돌과 알파고(AlphaGo)의 바둑 대결이었다. 사람과 인공지능 간의 대결이라고 하여 세계의 관심이 집중되었다. 더구나 인공지능이 사람을 능가하기 시작했다는 점에서 우려와 기대가 교차된다. 알 수 없는 미래에 대한 불안 때문에 기대보다는 우려에 대한 목소리가 더 많다. 인공지능이 빼앗아갈 직업이 무엇일지 혹은 새로 생겨날 직업은 어떤 유형일지 많은 미래학자들이 다양한 예측을 쏟아내지만 일반인들에게는 딱히 구체적으로 와 닿지 않는다.

한마디로 인류 역사상 어느 때보다 변화의 폭이 크고 더 불확실한 미래가 기다리고 있는 것이다. 마치 짙은 안개 속을 달리는 자동차와 같다. 특히 그러한 시대를 살아가야 할 젊은이들에게는 인공지능을 비롯한 새로운 기술들, 그리고 4차 산업혁명은 반갑기보다는 걱정이 될 것이다. 학생들이 진로 상담할 때마다 질문하는 것은 "그러면 어떤 전공을 하면 좋을까요?" "어떤 준비를 해야 하나요?"이다. 이렇게 알 수 없는 미래의 직업을 준비하기 위해서 지금의 젊은이들은 무엇을 해야 하나?

불확실한 직업

이미 오래 전부터였지만, 최근에 대학마다 인문학분야를 비롯하여 취업이 잘 안 되는 전공들을 폐지하고 있다. 그와 동시에 새로운 전공들이 속속 생겨나고 있다. 얼마 전까지는 대학의 전공이라고 하기에는 너무 기능적이라고 생각했던 분야들이 과목뿐만 아니라 독립된 학과나 전공으로 자리 잡고 있다. 이제는 대학이 거의 취업준비기관이 되었다고 해도 과언이 아니다. 대학평가에서 취업률을 중요한 기준으로 삼고 있는 것을 보면 교육부도 이러한 현상에 책임이 있다. 지금 당장 취업이 되었다고 해서 그러한 유형의 직업이 얼마나 유지될지 모르는데 마냥 좋아하기는 이르다. 없어질지도 모르는 직업을 위해 준비한 공부는 어디에 써먹을까? 이러한 전공과목을 공부한 학생들은 어떻게 되는가?

새롭게 생길 직업에 대한 준비 역시 걱정이다. 기왕 공부한 거야 내 머리와 몸에 남아 있겠지만, 아무런 준비가 안 된 채로 미래를 맞이해야 하는 젊은 이들은 앞으로 살아갈 길이 막연하고 불안하지 않을 수 없다.

마치 축구선수가 되기 위해 준비했는데, 만약 축구라는 경기가 아예 없어지게 된다면 어떻게 해야 하는가? 실제로 한때 우리나라에서 씨름이 유행한 적이 있었다. 당시 유명선수 중에는 지금 누구나 잘 아는 이만기와 강호동이 천하장사로 이름을 날렸다. 이들은 선수시절 매우 인기가 높았으며 씨름은 가장 인기 있는 종목 중에 하나였다. 그러나 지금은 예전만 못하다. 명절에만 중계해 주는 정도이지만 그마저도 시청률이 낮다. 천하장사라고 해도 그 선수의 이름을 아는 사람들은 많지 않으며 수입도 그리 좋지 않다. 그래서 직업을 바꾸어 최근 인기가 높은 격투기로 전향하는 선수도 있었다. 그동안 준비한 씨름 기술이 무용지물은 아니지만 대부분 다시 배우고 훈련해야 한다.

이와 비슷한 상황은 이미 많은 직업 분야에서 나타났으며 지금도 진행 중인 현상이다. 다만 그러한 현상이 지금까지 보다 훨씬 심해질 것이기 때문에 우려되는 것이다. 기껏 열심히 공부하고 직장에서도 충실하게 일해 왔는데, 기계에게 일을 빼앗겨 그 직업분야가 사라지게 되면 상실감을 느낄 뿐 아니라 생계마저 불안해진다.

이렇게 알 수 없는 직업의 미래를 위해 지금 어떤 전공을 택하여야 하나? 어떤 전공도 미래를 장담하기 어렵다. 어떤 직업이 유망직종이 될지도 모르지만 더구나 모든 사람이 유망직종에만 종사할 수는 없지 않은가.

창의성과 관계

이렇게 미래가 불확실한 경우에는 '기초'와 '창의성'이 가장 중요하다. 어떤 변화가 오더라도 모든 사람에게 똑 같이 온다. 마치 계절처럼, 겨울은 누구에게나 겨울인 것처럼 변화도 마찬가지이다. 따라서 변화에 대한 적응력이 가장 중요한데, 그 적응력은 '기초'와 '창의력'에서 나온다는 것을 수 많은 역사적 사실들이 입증해주고 있다.

눈앞의 취업률에만 급급한 근시안적 관점으로 대학의 전공을 세분화, 기능화하는 것은 변화하는 미래에 아무런 도움이 되지 않는다. 맹목적 미래지향화는 마치 럭비공처럼 어디로 튈지 모르는 미래의 직업에 대한 준비가 되지 못한다. 운동선수가 어떤 종목에서도 통할 수 있는 기초체력과 기본적인 운동감각이 중요하듯이, 어떤 유형의 직업에도 적응할 수 있는 기본적인 소양을 갖추는 것이 가장 중요하다.

창의성의 요소는 여러 가지이지만 그 중 단 한 가지만 꼽으라면 '관계'라고 말하고 싶다. 통찰력도 마찬가지이다. 관계성을 파악하는 데서 시작된다.

창의성은 평범하지 않은 새로운 관계를 만들어내는 능력이다. 전혀 무관할 것 같은 것들 사이에 새롭고 신선한 관계를 부여하는 것이다. 시인들의 메타포가 그러한 능력이며, 과학자들의 발견과 발명들 역시 그러한 능력의 결과다. 또한 이순신 장군 같은 전략가들의 창의적 전략도 관계를 찾아내고 만들어내는 능력에서 나온다. 이는 유사성과 차이점을 발견하는 능력이다. 전혀 무관하게 보이는 사물이나 사실들 사이에 숨어 있는 연관성을 찾아내는 능력, 거의 똑 같아 보이는 것들 사이에 숨어있는 미세한 차이점을 찾는 능력을 말한다. 따라서 유사성과 차이점을 발견하는 능력이 발달하면 창의력은 저절로 습관화 된다. 즉 관계를 찾고 만들어내는 능력의 차이가 창의력의 차이이다.

따라서 불확실한 미래의 직업을 준비하기 위해서는 전공을 막론하고 우선 기초에 충실해야 하며, 그 기초를 바탕으로 다른 인접학문/산업과의 연관성을 찾아서 융합하는 능력을 키우는 것이 절대적으로 필요하다.

이 책은 두 가지의 의도를 가지고 있다. 첫 번째는 이 책의 주제인 브랜드와 이에 관련된 이미지와 정체성에 대한 이해이며, 두 번째는 불확실한 미래의 직업에 필요한 기초적 능력인 '관계성'을 찾는 관점을 새롭게 보여주고자 함이다. 다시 말해 첫 번째는 이 책의 콘텐츠에 해당되며, 두 번째는 학문적 관점과 접근방법에 해당된다. 브랜드를 둘러싼 이미지, 정체성, 힘 등 다양한 담론을 통해 브랜드에 대한 폭넓은 이해뿐 아니라 융합적 사고를 돕고자 하였다.

이 책은 이미지를 다루지만 미술책은 아니다. 정체성을 다루지만 철학책은 아니다. 권력을 다루지만 정치학책은 아니다. 브랜드를 전공하는 학생들을 위하여 썼지만 브랜드에 관심 있는 모든 사람들을 위한 책이기도 하다. 그리고 브랜드와 무관하더라도 다양한 관점에서 새로운 관계성을 찾는 능력을 키우고자 하는 사람들에게 말해주고 싶은 내용을 다루었다.

차례

차례(상세)

PART 01 브랜드

PART 02 이미지, 정체성, 형(形)

PART 03 브랜드와 새로운 관점들

PART 04 브랜드 엣지(Edge)

이미지와 정체성과 브랜드

언제부터인가 우리 사회는 브랜드가 지배하기 시작하였다. 4차 산업혁명으로 인해 직업의 미래가 불확실해진다 하더라도 브랜드의 위상은 거의 변하지 않을 것 같다. 브랜드는 이제 특정 상품뿐 아니라 모든 분야에 걸쳐 없어서는 안 되는 개념이 되었다. 모든 것들이 브랜드화 되었다. 상품뿐만 아니라 기업과 조직부터 도시와 개인까지 브랜드가 되려고 한다. 브랜드는 이미 이 시대의 새로운 신화이자 새로운 권력 주체로 자리 잡고 사람의 마음을 지배하고 있다. 그리고 세상 모든 것들이 브랜드로 통하며 브랜드를 지향한다. 이러한 브랜드 지향주의는 4차 산업혁명과 무관하게 지속될 것으로 예상된다.

브랜드에는 많은 분야의 학문적 요소가 들어있다. 주로 마케팅과 디자인 영역에서 다루지만 심리학, 사회학, 문학 심지어 철학까지 다양한 분야의 전문성을 필요로 한다. 이는 브랜드 용어에 잘 나타난다. 이미지, 아이덴티티, 파워, 자산가치, 인지도, 연상, 계층구조 등 브랜드 용어에는 다양한 개념들이 융합되어 있다는 것을 알 수 있다.

특히 이미지와 정체성 그리고 파워는 브랜드를 이루고 있는 핵심 개념이다. 이 세 가지 개념들은 제각기 독자적인 학문적 영역이면서도 서로 밀접하게 연관되어 있을 뿐 아니라 이미 오래전 고대에서부터 우리 일상생활 속 깊은 곳에 자리잡고 있었다. 약육강식, 권력투쟁과 같이 파워는 말할 것도 없으며, 이미지에 목숨을 거는가 하면 정체성을 위해 죽기도 한다.

이미지와 정체성은 다양한 분야에서 조금씩 다른 의미로 사용되고 있다. 이미지는 미래의 직업에도 매우 중요한 개념이다. 앞에서 알 수 없는 미래의 직업을 위해서는 창의성이 중요하며, 창의성은 평범하지 않은 새로운 관계를 만들어내는 능력이라고 하였다. 이러한 새로운 관계를 찾거나 만들어내는 데에는 상상력이 중요하다. 상상력은 영어로 imagination(이매지네이션)이다. 이매지네이션은 말 그대로 이미지를 만드는 능력이다. 즉 이미지를 만드는 능력이 창의성의 기초가 된다는 것이다. 따라서 최근에는 상상력(이매지네이션)이라는 용어를 창의력과 거의 같은 의미로 사용한다.

한편 우리가 무엇을 인식하는 데 가장 근본적인 것은 그 무엇에 대한 정체성이다. 그리고 이미지는 정체성에 있어서 중요한 부분을 차지한다. 가장 쉬운 예로 어떤 사람을 그 사람으로 인식하고 다른 사람과 구별할 때 일차적으로 얼굴로 구별한다. 얼굴을 통해 그 사람의 기본적인 정체성을 인식하는 것이다. 그리고 그 얼굴을 인식하고 구별하는 것은 얼굴의 형상, 즉 이미지에 의해 가능하다. 즉 사람의 정체성은 일차적으로 이미지에 의해 구별된다. 또 얼굴은 수많은 표정을 나타낸다. 그 표정은 많은 이미지를 만들어낸다. 그리고 그 이미지로 인해 많은 일이 일어난다. 사랑, 협상, 위협, 굴종, 싸움 등 많은 사건들이 얼굴의 이미지와 연관된다. 얼굴로써 한 가지의 예를 들었을 뿐이다. 얼굴뿐 아니라 수많은 이미지들이 정체성을 표현하고 권력을 만드는 데 사용되어 왔다. 즉, 이미지는 창의성뿐 아니라 정체성, 권력과도 밀접한 관계를 가지고 있다.

이 책에서는 이러한 관계를 풀어보고자 한다. 대부분 이미 잘 알려져 있는 내용들이지만 새로운 관점에서 새로운 관계를 찾아보고자 하였다.

책의 구성

1부에서는 브랜드의 기본개념부터 핵심 용어, 그리고 모든 사람들이 가장 직접적으로 접촉하게 되는 브랜드의 구성요소들을 다루었다. 브랜드네임, 심볼마크와 로고, 슬로건, 캐릭터뿐만 아니라 소비자가 기업과 접촉하는 모든 것이 브랜드 구성요소가 될 수 있다는 점에서 브랜드이미지에 영향을 줄 수 있는 구체적인 요소에서부터 추상적인 요소까지 현실적인 면들을 다루었다. 광범위하지만 가볍게 접근하였다. 여기서 언급한 내용들은 모두 하나 하나 개별 주제로 깊이 있게 연구되는 주제들이지만, 이 책의 목적에 맞게 가볍게 참고만 하였다.

2부는 브랜드의 관점에서 이미지, 정체성에 대해서 보다 심도 있게 다루었다. 그리고 형(形)과 form이라는 단어/용어에 함축된 의미를 새로운 관점에서 살펴보았다. 게슈탈트의 형(形)에서부터 형이상학(形而上學)의 형(形), 맹자의 형색(形色), 손자병법의 형(形), 칸트의 폼(form 형)까지, 형(形)과 form에는 이미지와 정체성의 개념이 모두 연관되어 있다는 점을 다루었으며, 이를 통해 브랜드이미지와 정체성의 이해를 돕고자 하였다.

3부는 이미지와 정체성의 개념이 융합되어 브랜드와 직접적 혹은 간접적으로 연관되는 16개의 개별적 주제들을 다루었다. 이 주제들은 브랜드와 관련된 이론과 현실적 문제, 그리고 사례분석 등을 포함한다. 일상에서 마주치면서도 무심코 간과하는 이미지, 분야가 달라서 연관성 없어 보이는 것들 사이에 숨어있는 관계 등에 관한 다양한 내용들이다. 따라서 3부의 소주제들을 먼저 읽어도 무관하다.

마지막으로 '브랜드 엣지(Edge)'는 이 책의 결론에 해당된다. 여기서는 "브랜드와 관련된 모든 영역이 과학이자 동시에 예술이다. 그러나 과학이자 예술 이전에 전쟁이다. 사람의 마음을 전쟁터로 하는 설득 전쟁이다." 그리고 "마케팅과 브랜드, 그리고 디자인에 관한 수많은 새로운 이론들이 등장하지만 현실 앞에서 종종 무력해진다."는 점을 밝히려 했다. 즉, 브랜드를 다룬다는 것은 마음을 대상으로 하는 전쟁이며, 전쟁에는 전략이 필수적이다. 전략은 이론을 바탕으로 하지만 결국 현실적 선택이라는 점을 강조하였다.

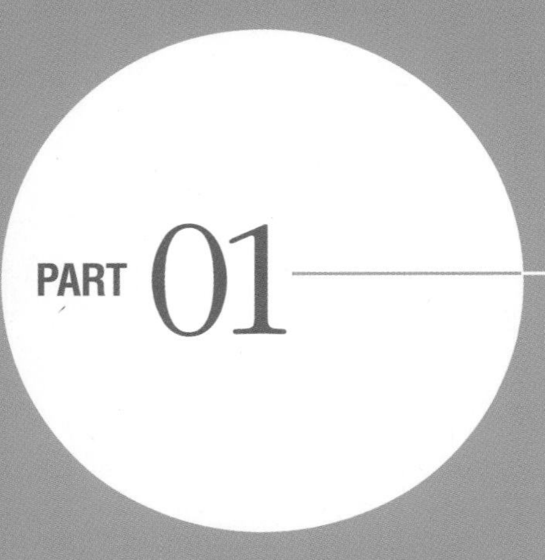

브랜드

1. 브랜드란 무엇인가?
2. 브랜드의 주요 용어와 개념
3. 브랜드 구성요소(Brand Elements)

Chapter 01

브랜드란 무엇인가?

1) **브랜드란?** 소유권의 표시에서 욕망의 상징으로
2) **브랜드 시대의 도래** 브랜드는 어떻게 권력이 되었는가?
   - 감성이 만드는 가치
   - 힘의 이동
   - 마케팅 전략과 게임의 변화
3) **브랜드, 존재가치로서의 의미** 브랜드가 없다면…
4) **브랜드의 핵심개념들** 다양한 개념들의 복합체, 카멜레온과 같은 브랜드
   - **브랜드자산** 과연 측정 가능한 것인가?
   - **브랜드파워** 현대의 새로운 3차원적 권력
   - **브랜드로열티** 소비자는 왜 충성하는가?

1) 브랜드란?

소유권의 표시에서 욕망의 상징으로

“이것은 내 것이다”라고 무엇인가에 소유권을 표시할 때 영원히 지워지지 않게 표시하는 확실한 방법은 불을 사용하는 것이다. 특히 표식을 위한 마땅한 방법이 많지 않았던 고대에서는 불로 달구어진 쇠로 낙인(烙印) 찍는 방법이 가장 효율적이었다. 바로 이 낙인 찍는 것을 영어로 브랜딩(Branding)이라고 한다. 브랜딩(낙인)에 사용되는 도구를 Branding iron이라고 하는데, 지금도 나무나 가죽, 플라스틱 제품 등에 문자나 형태를 새기는 다양한 디자인의 Branding iron들이 상품으로 판매되고 있다.

브랜드(Brand)는 ‘불’ 혹은 ‘불타다 남은 나무’를 의미하는 고대 스칸디나비아어 ‘brandr’에서 시작되었다.* 소유권을 위해 만들어진 표식은 다른 여러

* ‘Brand’의 어원에 대해서, 『옥스퍼드사전』은 고대 게르만어에서 유래된 단어로 ‘불에 타거나 그슬린 나무 조각’이란 뜻으로 사용되다가, 중세시대에 이르러 ‘뜨거운 쇠로 인한 흔적’이란 의미를 거쳐 17세기 중반 ‘소유권을 나타내기 위한 표시’, 19세기 초 ‘특정 기업에 의해 생산된 한 종류의 제품의 특정 이름’으로 정의되었다고 한다. 온라인 『에티몰로지사전』은 Brand가 본래 ‘불타는 나무토막’이라는 뜻을 담고 있으며, 그 어원에 대해 고대 노르웨이어 Brandr, 고대 게르만어 Brant, 고대 프리지아어 brond 등 burn(불타다)이라는 의미의 ‘bran–’ 혹은 ‘bren–’에서 유래된 것이라고 서술하고 있다. 또한 16세기 ‘뜨거운 쇠에 의해 만들어진 확인의 표식’이라는 의미를 거쳐 19세기에 ‘상품의 특별한 표시’라는 뜻으로 확장되었다는 설명을 덧붙이고 있다.

소유자의 것들 중에서 나의 것을 빠르게 구별하고 인식할 수 있게 해준다. 그리고 이러한 표식은 소유물에 대한 권리뿐 아니라 사람의 신원(신분)을 나타내는 데에도 매우 유용하다. 신원 표식은 기본적으로 정체성의 확인이지만 크게 세 가지의 기능이 추가된다. 첫 번째는 '나는 이런 사람이야'라고 하는 과시용 표시이며, 두 번째는 누가 더 우위에 있는지 서열을 비교·구별하기 위한 계급 표시이다. 세 번째는 노예의 낙인과 같이 차별을 위한 것인데 이것을 브랜드(낙인)와 구별하여 스티그마(낙인)라고 한다.

또 다른 관점에서 볼 때 소유권을 나타내던 표식은 생산자, 제작자의 표식이 될 수도 있다. '이 물건(농축산물을 비롯해서 각종 물품, 그리고 예술작품까지)을 내가 만들었다'는 생산자, 제작자 또는 예술가로서의 자부심과 동시에 책임을 나타내는 표시가 된다. 이러한 출처표시는 산업화가 되면서 기업의 권리와 책임을 표시하는 상표로 발전하게 되었다. 마크라고 하는 표식에 최근에는 안내, 설명, 주의, 경고 등 다양한 기능이 추가되고 있지만 가장 중요한 기능은 소유, 출처, 신원 등 3가지로 구별할 수 있다. 마찬가지로 브랜드 역시 주로 소유, 출처, 신원 등 이 3가지 기능의 관점에서 볼 수 있다.

『웹스터사전(Merriam Webster Dictionary)』[1] 과 『블랙의 법률사전(Black's Law Dictionary)』[2] 에서도 브랜드에 대해서 소유, 출처, 신원의 관점에서 설명하고 있다. "불이 붙은 나무, 타다 남은 나무" 등과 같이 직접적으로 불에 관한 정의를 바탕으로, "신분을 확인해 주거나 소유권을 나타내기 위해 달구어진 쇠붙이로 동물의 가죽에 인두질한 표, 낙인(옛날 죄인에게 찍은), 오명(disgrace)" 등과 같이 불로써 소유권이나 신분을 표시하는 정의, "제조업체의 품질을 증명하고 소유권을 나타내기 위해 달구어진 쇠붙이로 인두질하여 만들어 낸 표, 상표, 상품의 이름, 소유주, 품종 등을 표시하는 소인(燒印)" 또는 "제품이나 서비스의 신분 확인을 목적으로 시각적으로나 구두상으로 공히 사용된 단어, 표시, 상징, 디자인, 문자 혹은 결합체" 등과 같이 상품의 출처가 명시된 상표의 개념이 포함된 정의 등으로 설명하고 있다.

그러나 요즈음 사회에서는 거의 상표의 개념만으로 통용되고 있다. 미국 마케팅 협회에서는 브랜드를 '판매자 또는 판매자 집단이 상품, 서비스인 것을 명시하여 다른 경쟁사의 상품과 구별하기 위해 사용되는 명칭, 용어, 기호, 상징, 디자인 또는 그 결합'으로 정의한 바 있으며, 한국브랜드경영협회에서는 브랜드를 '제조업자 또는 판매업자가 자기의 제품 또는 서비스에 정체성을 부여하고 경쟁업자의 제품이나 서비스와 차별화하여 고객들에 의해 구별되게 하려는 목적으로 사용하는 이름, 용어, 숫자, 심벌, 캐릭터, 슬로건, 디자인, 패키지 또는 이들의 결합체'라 정의하고 있다.

즉, 주로 소나 가축의 엉덩이에 소유권을 표시하는 낙인(烙印), 화인(火印)의 의미로 쓰이던 브랜드(brand)라는 말이 최근에는 상품의 출처를 표시하는 상표를 의미하게 되었다. 그러나 이러한 정의만으로 브랜드를 이해하기에는 현 시대의 양상이 너무 많이 바뀌었으며, 브랜드에 포함된 다양한 의미와 현상을 파악하기 어렵다. 기업에서의 브랜드 개념은 출처표시로서의 상표라는 기업의 권리에서 시작되었으나, 현대적 브랜드 개념은 출처표시로서 품질보증과 그에 대한 소비자의 신뢰로 발전되었다. 그리고 출처에 대한 신뢰는 소비자 신분과 시용 표시로 발전하게 되며, 특히 소비자의 과시욕구를 충족시킨다는 점 때문에 브랜드가 더욱 중요하게 인식되는 것이다.

표식은 소유권뿐 아니라 정체성을 표현하고 구별하는 데 필수적이다. 또한 표식은 그 자체로 특정한 이미지이며, 그 이미지에는 신뢰와 욕구충족을 위한 다양한 상징과 은유 등의 의미가 포함되어 있다. 즉 브랜드란 상품이나 서비스 혹은 조직의 정체성을 표현하고, 신뢰와 욕구충족을 위한 의미가 포함된 이미지라고 할 수 있다.

2) 브랜드 시대의 도래

브랜드는 어떻게 권력이 되었는가?

20세기 후반, 브랜드는 새로운 권력 메커니즘의 하나가 되었다. 이제는 상품뿐 아니라 모든 기업, 조직, 기관, 단체, 개인까지 브랜드에 열광하고 브랜드화하려고 한다. 코카콜라, 삼성, 애플, 나이키만이 브랜드가 아니다. 스티브 잡스, 김연아도 이미 브랜드가 되었다. 뉴욕, 파리, 서울도 브랜드가 되었으며, FIFA, 프리미어리그, NBA도 브랜드이다. 이처럼 상품, 기업, 서비스뿐 아니라 사람, 도시, 관광지, 스포츠리그, 각종단체 등 이름있는 모든 것들이 브랜드화 될 수 있다. 브랜드는 이미 이 시대의 새로운 신화이자 새로운 권력 주체로 자리잡고 있다. 사람의 마음 속에 커다란 위치로 자리잡고 사람의 마음을 지배하고 있다. 그리고 세상 모든 것들이 브랜드로 통하며 브랜드를 지향한다. 그래서 '브랜드파워'와 '브랜드자산가치'라는 용어가 시장을 지배하며 동시에 기업과 브랜드와 관련된 모든 사람들이 '브랜드이미지'와 '브랜드정체성'에 매달리고 있다. 불과 얼마 전만 해도 마케팅 시장에서 성공의 열쇠는 마케팅 믹스 4P* 의 각 요소들이 얼마나 연관성 있게 조합이 되고 경쟁사에 비해 얼마나 차별화 되었는지에 달려있었다. 제품의 효용이 얼마나 가치가 있으며, 광고의 크리에이

---

* Product, Price, Place, Promotion

티브나 미디어믹스가 얼마나 효율적으로 계획되었는지, 유통 레버리지의 구축 정도나 가격전략이 얼마나 사람들의 구매욕구를 자극하는지에 따라 시장에서 제품의 성공여부가 달려있었다. 하지만 근래에 들어서는 4P를 중심으로 계획된 마케팅 프로그램은 그 역할이 축소되고 있는 경향이 있으며, 제품이 브랜드화되어 기업의 자산적 가치를 올리는 것이 더욱 효율적인 방법으로 대두되고 있다. 그 이유는 마케팅에 영향을 주는 사회전반의 변화와 그에 따른 라이프스타일과 마케팅 패러다임의 변화라는 차원에서 설명할 수 있다.

사회전반의 변화란 기술분야에서 컴퓨터, 디지털, 통신, 인터넷, 정보화, ICT, 유전자, 생명공학 등, 그리고 산업과 사회분야에서는 지식경영, 문화산업, 감성, 콘텐츠, 고령화사회, 환경, NGO, 힘의 이동, 세계화, 지구촌 등 이러한 용어들에 포함되고 있는 개념들이 서로 인과관계가 되어 변화를 가속화시켜 온 것을 말한다. 최근에는 4차 산업혁명이라고 부르는 변화의 원인이자 그 변화의 핵심들인 모바일, 스마트, 사물인터넷(IoT, Internet of Things), 인공지능, 3D프린터, 무인자동차, 나노, 바이오 등의 새로운 용어들이 계속 등장하고 있다. 이러한 용어에 포함된 개념들은 그 의미와 변화의 양상을 개별적으로 예측하기 어렵다. 어떤 기술이 다른 분야의 기술에 영향을 미칠지, 어떤 새로운 기술이 어떻게 삶의 방식을 변화시킬지 또 그러한 삶의 변화가 어떤 새로운 기술을 이끌어낼지 예측하기 어려운 복잡한 양상을 보이고 있기 때문에 가까운 미래조차 예측하기가 더 어려워진 현실이다.

이러한 변화의 작은 시작은 전화기와 컴퓨터의 결합에서 비롯되었다. 여기에 반도체 회로의 집적도(complexity)가 18개월마다 2배씩 증가한다는 '무어의 법칙'** 처럼 컴퓨터에 들어가는 반도체 프로세서의 연산속도 증가와 소

** 인텔의 창립자 고든 무어(Gordon E. Moore)가 1965년 향후 최소 10년간 마이크로칩의 성능이 매 1년마다 두 배씩 늘어날 것이라고 주장한 것을 이후 인텔 임원인 데이비드 하우스(David House)가 그 주기를 18개월이라고 말했다.

형화는 정보화 사회를 매우 빠르게 촉진시켰다. 그리고 통신의 무선화 기술은 모바일 통신 시대를 열었다. 이어서 모바일 통신, 즉 휴대 전화기와 컴퓨터의 결합으로 최근 사용하고 있는 스마트폰이 등장하게 되었다. 인터넷과 모바일 통신은 새로운 네트워크 시대를 열어가고 있다.

20세기 말부터 시작된 정보화는 모든 산업과 일상생활을 혁명적으로 변화시켰다. 이를 디지털혁명이라고 부른다. 예를 들어 디지털혁명은 유전자 지도를 해석하는 기간을 당초 계획보다 수십 년 단축시켰으며 이는 생명공학의 발전으로 이어졌고, 결과적으로 고령화 사회를 만드는 데 결정적인 역할을 하게 되는 것이다. 고령화 사회는 소비와 생산의 패턴을 변화 시키고 가족 구조에 대한 인식도 변화시키고 있으며, 이러한 인식의 변화는 새로운 생활 양식을 만들고 또 새로운 기술을 요구한다. 즉 앞에서 제시한 여러 가지 용어의 개념들이 서로 영향을 주고 받는 상호인과 관계에 의해서 지금의 사회가 변화되고 있다는 것이다. 이는 비단 최근의 현상만이 아니라 인류 역사에서 지속적으로 이어온 변화의 한 과정에 지나지 않는다. 그러나 그 변화가 사회구조와 일상생활에 미치는 영향이 매우 크며 또한 속도가 매우 빠르다는 점이 과거의 변화와 다른 점이다. 그리고 다가오는 미래에는 변화의 속도가 더 빨라질 것이라는 점이 다소 우려된다.

이러한 기술과 사회현상 그리고 생활양식의 다양한 변화 속에서 브랜드와 연관된 가장 주목할 만한 변화의 개념 중에 '감성의 위상 변화'와 '힘의 이동(power shift 권력이동)'을 꼽을 수 있다.

• 감성이 만드는 가치

이성이 항상 옳은가? '감성'이 인류 역사상 지금처럼 대우 받는 시대는 없었을 것이라고 생각된다. 과거시대에 살아보지 못하였기 때문에 장담하기는 어렵지만 역사의 기록을 바탕으로 볼 때 그동안 인류역사는 이성의 역사라고 여겨진다. 동양에서는 고대로부터 사람의 생각과 행동은 이치(理致)와 도리(道理)에 맞아야 한다는 의식이 지배하여 왔으며 감정을 도(道)와 리(理)에 가두어 두었다. 사단칠정(四端七情)의 감정을 이(理)와 기(氣)의 개념으로 해석하려 하였으며 그러한 감성과 심성을 일정한 규범 속에 가두어 두려고 하였다. 서양에서는 소크라테스에서부터 칸트를 거쳐 현대에 이르기까지 '이성(理性)'과 '이성을 바탕으로 하는 지식'을 진리로 여겨왔다. 특히 칸트에 이르러서는 감성을, 경험을 통해 수용된 지식 단계 이전의 아직 혼란스러운 영역으로 보았다. 따라서 모든 판단과 행동은 이성적이어야 했다. 이러한 이성 중심적 패러다임에서 벗어나 감성의 역할이 커지고 이를 인정하는 패러다임으로 바뀌었다는 점은 시대적으로 매우 의미 있는 변화라고 할 수 있다. 흔히 I.Q라고 하는 지능지수를 중요하게 인식하던 것에서 E.Q 즉 감성지수까지 중요하게 인식하게 되었다. 이러한 감성의 위상 변화는 브랜드가 사회적으로 중요한 의미를 갖게 되는 근본적인 계기 중에 하나라고 할 수 있다.

감성이 중요해진다는 것은 사람들의 태도와 행동, 그리고 가치판단의 기준에 감성적인 요소가 더 큰 영향을 미치게 된다는 것을 의미한다. 이는 생활에서 우선순위 결정과 상품의 구매과정에도 똑같이 적용된다. 즉 상품구매과정에서 감성적 판단이 더 큰 요인이 된다는 것이다.

한 가지 예를 들자면, 모터사이클의 세계적인 유명브랜드인 할리-데이비슨(Harley-Davidson)은 제품의 성능으로만 본다면, 즉 이성적 판단으로만 평가한다면 구매가치가 낮은 상품이다. 모터사이클의 본래의 기능인 주행, 속도, 연비, 소음 등을 기준으로 볼 때 부정적인 요인들이 많은 상품이었다. 그러나 그 부정적 요인들을 활용하여 감각을 자극하게 함으로써 감성적 만족을 높여주면서 브랜드의 선호도를 높여주게 된 것이다.

원래 감성이 만드는 가치는 소중한 것이었다. 그러나 이성의 지배하에서 제대로 인정받지 못했을 뿐이다. 한마디로 이제 감성이 만드는 가치가 인정받는 시대가 되었고 브랜드의 선택에는 감성이 중요한 기준이 되었다.

• 힘의 이동

1990년 앨빈 토플러(Alvin Toffler 1928~2016)가 『권력이동(Power shift)』이라는 책을 출간한 이후부터 'Power shift(권력이동, 힘의 이동)'라는 개념이 사회적으로 부각되기 시작하였다. 토플러는 디지털혁명(digital revolution)과 커뮤니케이션혁명(communication revolution)으로 인한 사회의 변화는 지식의 대중화를 가져왔으며, 지식에 의한 고품질 권력(high-quality power)은 권력의 주체를 변화시키게 되었다고 하였다.

힘의 이동이란 사회 구성원과 조직 간에 형성되어있던 권력의 주체와 지배의 형태가 변하였다는 것을 말한다. 정부에서 국민으로, 기업에서 소비자로, 생산자에서 유통으로, 교수에서 학생으로, 부모에서 자식으로, 남자에서 여자로, 경영자에서 근로자로 등 과거에 힘이 있던 곳에서 반대 쪽으로 이동하기 시작하였다. 특히 생산 기업이 증가하면서 소비자의 선택의 폭이 넓어지게 되고 따라서 시장에서의 힘은 기업에서 소비자로 급속하게 이동하였다.

'감성에 대한 인식변화'와 '힘의 이동'으로 인하여 소비자 선택의 폭은 더욱 넓어지게 되었다. 소비자가 제품을 구입할 때 이성적 판단이 아니라 감성적 반응에 의한 비중이 높아졌으며, 기업은 소비자의 마음을 잡고 지지를 받고 기억되어야만 하는 상황으로 변하였다. 따라서 상품을 파는 것보다 소비자의 마음에 확실한 인식을 심어주어야 한다는 전략적 변화가 필요하게 되었다.

• 마케팅 전략과 게임의 변화

마케팅과 경영의 역사를 간단히 살펴보면 초기 기업들은 제품중심의 경영이었다. 어떤 제품을 만드는가의 관점이 중심이었다. 시대의 변화에 따라 이러한 제품중심 경영은 생산중심 경영으로, 또 생산중심에서 판매중심으로, 그리고 시장과 소비자 행동을 중심으로 하는, 즉 마케팅중심 경영으로 점차 변해 왔다. 이러한 변화의 중심에는 미디어 기술의 발전과 힘의 이동이 있었다. 그리고 이제 기업경영과 마케팅은 소비자 심리와 인식 중심으로 변하게 된 것이다. 즉 브랜드 경영 혹은 브랜드 마케팅이 본격화된 것이다.

이러한 변화 따라 광고전략도 함께 변할 수밖에 없다. 생산과 판매중심 시대에서는 USP(Unique Selling Proposition)전략이 가장 효율적이었다. USP란, 광고회사 테드 베이츠(Ted Bates)의 로저 리브스(Rosser Reeves 1910~1984)에 의해 1940년대부터 사용되기 시작한 커뮤니케이션 전략이다. 대표적인 사례로 초콜릿 브랜드인 M&M's의 "입에서는 녹지만 손에서는 안 녹아요(Melts in your mouth, not in your hand)."라는 광고카피가 있다. 한마디로 "이 제품에는 이러한 독특한 혜택이 있다."라는 방식의 광고전략이다. 마케팅과 광고에서 이러한 방식이 한동안 매우 강력한 전략적 수단이 되었으나 제품의 품질이 상향 평준화되고 많은 브랜드가 너도나도 USP를 강조하기 시작하면서 제품의

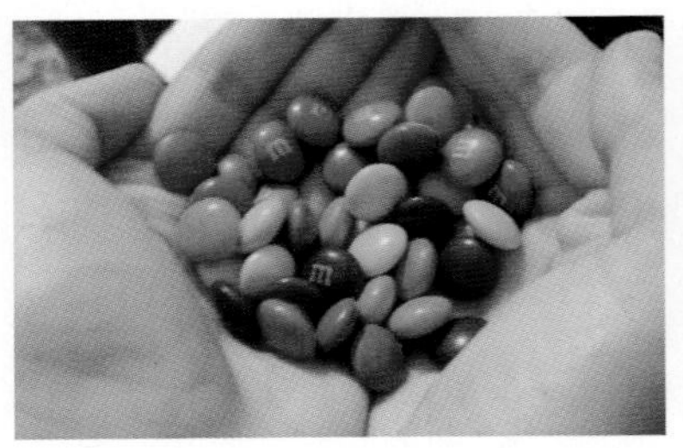

물리적 속성을 통한 USP는 그 효과를 잃어가기 시작하였다.

이러한 상황변화는 판매중심에서 마케팅중심으로 전략적 패러다임의 변화를 불러오게 되었다. 판매중심에서는 '얼마나 많은 제품을 파는가' 혹은 '얼마나 많은 금액의 매출을 달성할 것인가'가 중요한 목표인 반면에 마케팅중심에서는 '시장을 얼마나 크게 키울 것인가' 혹은 '시장을 얼마나 많이 차지할 것인가'가 목표가 된다. 즉 판매중심에서는 매출의 양(量)적 목표인 판매의 수량과 금액 혹은 계약 건수(件數)와 계약금액 등 '수량과 금액'이 목표가 된다.

그러나 마케팅에서는 '시장규모(Market size)'와 '시장점유율(Market share)'이 목표가 된다. 따라서 마케팅 전략가는 시장 상황에 따라 시장규모를 키울 것인지 혹은 시장점유율을 늘릴 것인지를 결정해야 한다. 시장규모와 시장점유율이 대립적인 것은 아니지만 상황에 따라서는 전략적 선택을 해야 한다. 목표가 다르면 게임의 법칙도 바뀌게 되고 따라서 전략도 달라져야 하기 때문이다.

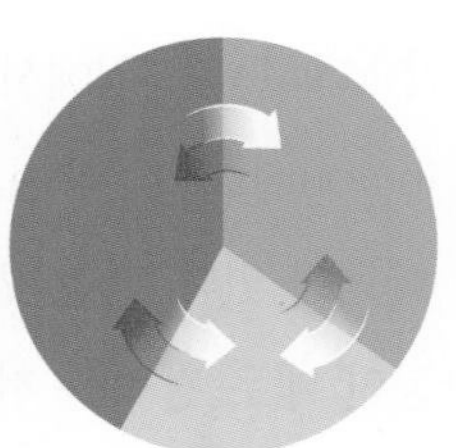

새로운 시장을 만들기 시작 할 때는 우선 시장규모를 키워야 한다. 이러한 상황에서는 경쟁사와 공동으로 보조를 맞추어 함께 시장의 파이를 키워나가야 한다. 이때 서로 싸우면 공멸할 수도 있기 때문에 공동의 이익을 추구하는 윈윈(win-win)게임을 해야 한다. 그러나 시장이 성숙단계에 들어서면 시장점유율 확대가 가장 중요한 목표가 되기 때문에 어쩔 수 없이 제로섬(zero sum)게임으로 전환할 수박에 없다. 시장점유율 경쟁이 치열해지면, 때로는 치킨게임(Game of Chicken)* 도 불사하게 된다.

이러한 마케팅중심의 패러다임은, 기업의 관점에서 바라보던 시장을 소비자의 관점에서 보게 되는 전략의 패러다임 전환이다. 따라서 광고에 있어서도 USP전략 중심에서 포지셔닝(Positioning)** 전략 중심으로 변화하게 된다. 그렇다고 해서 포지셔닝전략이 USP전략을 완전히 대체하는 것은 아니다. 시장상황에 따라 USP전략과 포지셔닝전략은 유효하게 사용되고 있으며, 어떤 상

---

* 치킨게임이란 일종의 자동차 게임으로서 1950년대 미국 갱 집단들 사이에서 유행했던 게임으로 도로 양쪽에서 차를 마주 보고 달리는 게임이다. 충돌 직전에 먼저 방향을 틀어서 피하는 사람이 패자가 되는 게임이다. 먼저 피하는 사람이 겁쟁이로 인식되기 때문이다. 영어로 '치킨'은 겁쟁이라는 뜻으로도 쓰인다. 그래서 이러한 게임을 Chicken Race 혹은 Game of Chicken이라고 부른다. 이 게임이 대중에게 소개된 계기는 1955년 '이유 없는 반항'이라는 영화에 당시 인기 배우인 제임스 딘이 자동차 게임을 하는 장면이 나온 데서부터이다. 그 후 1959년 영국의 철학자 버트란드 럿셀이 저술한 『Common sense and nuclear warfare』이라는 책에서 당시 미국과 소련간의 치열한 핵무기 경쟁 상황의 위험성을 우려하면서 무모한 자동차 게임에 비유하여 "Chicken!"이라는 표현을 사용하였다. 이러한 치킨게임의 사례는 경제, 사회 등 다양한 분야에서 나타나고 있다. 지난 2007년부터 2009년 사이에 있었던 반도체 D램 분야의 출혈경쟁, 저유가 상황에서 산유국들 간의 경쟁 등이 경제분야의 치킨게임의 사례로 볼 수 있다.

** 포지셔닝(Positioning)은 1969년 잭 트라우트(Jack Trout)가 마케팅 학술지 『인더스트리얼 마케팅(Industrial Marketing)』에 발표한 논문에서 처음 등장한 개념이다. 이후 1972년에 앨 리스(Al Ries)와 잭 트라우트(Jack Trout)가 Advertising Age에 공동으로 논문을 발표하였다. 그리고 두 사람이 1981년에 『포지셔닝』이라는 책을 출간함으로써 광고산업과 마케팅 분야에 큰 영향을 끼쳤다. 소비자 마음 속에 제품의 위치를 특정하게 인식시키는 전략적 개념이다.

황에서 어떤 전략을 선택하는가는 전략적 판단에서 중요한 이슈가 된다. 시장규모의 확대를 목표로 하는 윈윈게임에서는 아무래도 제품의 사용 습관을 유도하거나 혜택을 소구하는 USP전략이 효율적이다. 반면에, 시장점유율 확대를 목표로 하는 제로섬게임에서는 경쟁제품에 비해서 우월적 위치를 확보하려고 하는 포지셔닝전략이 더 효과적이다. 이는 물론 상품특성과 시장상황에 따라 다르기 때문에 절대적인 것은 아니다. 그러나 USP가 단어의 뜻 그대로 판매(Selling)를 위해 제안(Proposition)하는 전략이기 때문에 대체로 '마케팅(Marketing)'을 대상으로 하기보다는 '판매'에 활용되는 전략이며, 포지셔닝은 말 그대로 '시장(Market)' 혹은 소비자의 마음 속에 경쟁적으로 우월한 '위치(Position)'를 차지하는 전략이다.

포지셔닝의 효과는 브랜드이미지로 전환되고 결과적으로 브랜드파워로 나타나게 된다. 제품이 실체로 존재하는 것이 아니라, 소비자의 인식 속에 이미지화된 제품으로 존재하기 때문에 단지 제품의 실체를 전달하는 전략만으로는 치열한 경쟁에서 성공할 수 있는 가능성이 줄어들게 된다. 따라서 소비자의 인식 속에 자사 브랜드만의 독특한 이미지를 형성시키는 것, 즉 브랜드 패러다임이 더욱 중요하게 된 것이다.

다음 도표는 기업경영과 마케팅 패러다임의 변화에서 판매중심, 마케팅중심, 브랜딩중심의 차이를 비교한 것이다. 간략하게 요약하였기 때문에 절대적인 것은 아니며 세부적인 부분에서는 다른 견해도 제기될 수 있으나, 넓은 의미에서 전반적인 패러다임을 간명하고 쉽게 비교하기에 적절하다고 생각된다.

기술의 변화에 따른 시장과 유통 그리고 소비자의 라이프스타일의 변화에 의해 브랜드 패러다임이 도래하게 되었으며, 그 중에서도 '감성의 위상변화'와 '힘의 이동'은 브랜드가 보다 중요하게 인식되어지는 계기가 되었다. 이제 브랜드는 이 시대의 새로운 권력의 표상이자 동시에 새로운 권력이 되었다.

이러한 변화의 결과로 이제는 실로 우리 주변에서 브랜드가 아닌 것을 찾아보기가 힘들다. 일반적인 상품뿐 아니라 아파트, 택시, 농산물과 같은 특수한 성격의 상품까지 브랜드가 되어야 하며, 스포츠 리그, 지하철 정류장, 법률 서비스, 정부 정책까지 거의 모든 분야에서 브랜드가 되지 않으면 경쟁력을 갖기 어려운 상황이 되었다. USP와 포지셔닝보다 품질인식과 브랜드연상, 마켓 셰어(Market share)보다 마인드셰어(Mind share), 마케팅 4p믹스보다 브랜드 아이덴티티와 브랜드이미지를 위한 브랜드포트폴리오가 더 중요하게 다루어져야 한다.

구분	Sales	Marketing		Branding
목표	판매 금액, 수량	시장 크기	시장점유율	마음의 점유율 브랜드충성도
게임 유형	제로섬게임	윈윈게임	제로섬게임 치킨게임	제로섬게임
방법/전략	직접, 간접 대인 판매	대중의 사용 습관/ 반복 구매	반복 구매/ 충성고객 확대	대중의 욕구와 선망 형성/ 충성고객 확대
대상	필요 고객 (잠재고객)	잠재고객 소비자 마음	소비자 마음	소비자 마음
소구 방법	필요와 욕구 자극 U.S.P	필요와 욕구 자극 U.S.P + Positioning 사용, 구매 습관 형성		필요와 욕구 자극 U.S.P + Positioning 사용, 구매 습관 형성 이미지 차별화

3) 브랜드, 존재가치로서의 의미

브랜드가 없다면…

브랜드를 간명하게 이해하는 방법 중에는 그것의 존재가치를 통해 그 의미를 파악할 수도 있다. 브랜드가 이 시대에 존재하는 가치는 다음 4가지로 요약될 수 있다.

1. 소비자의 입장에서의 가치
2. 생산자의 입장에서의 가치
3. 사회적인 입장에서의 가치
4. 심리적·상징적 가치

첫째, 소비자의 입장에서의 가치란,

- 제품의 생산 출처를 확인할 수 있다.
- 상품정보를 파악하고 구별하기 쉽다.
- 제품구입에 소요되는 탐색비용과 노력, 그리고 시간을 절감할 수 있다.
- 구매결정을 쉽게 도와준다.
- 신뢰를 통해 구입 후 위험을 줄일 수 있고 심리적 만족을 가질 수 있다.

둘째, 생산자의 입장에서의 가치란
- 다른 기업의 제품과 구분이 명확하다.
- 재고관리를 효율적으로 할 수 있다.
- 지적재산권(intellectual property right)으로써 법적으로 보호받을 수 있다.
- 소비자 신뢰도, 선호도, 충성도를 통해 고정고객을 확보할 수 있다.
- 보다 높은 가격을 유지할 수 있다.
- 유통점에 대한 우월한 입장을 확보하거나 협상력을 높여준다.
- 기존 브랜드파워를 통해 신제품 론칭에 유리하다.
- 우수한 인력을 확보하는 데 유리하다.

셋째, 사회적 입장에서의 가치란,
- 기업간 경쟁은 전반적인 품질향상을 유도한다.
- 또한 A/S와 소비자 보호에 관심을 높여준다.
- 브랜드 명성은 사회적 공유가치창출(Creating Shared Value, CSV)과 기업의 사회적 책임(Corporate Social Responsibility, CSR)에 대한 관심을 높여준다.

넷째, 심리적·상징적 가치란,
- 브랜드와 자아를 일치시킴과 동시에 자아정체성을 투사한다.
- 사회집단 혹은 개인의 정체성과 자긍심을 표현한다.
- 제품의 물리적, 기능적 가치보다 브랜드에 대한 심리적, 상징적 가치가 더 중요하게 인식된다.

이러한 브랜드의 역할과 그 가치 중에서 앞의 세가지는 이미 오래전부터 존재했었다. 그러나 근래에 들어와서 브랜드가 중요하게 인식되는 이유는 바로 네 번째 '심리적·상징적 가치' 때문이다.

그러나 역설적으로 브랜드는 '사람'을 '소비자'로 만든다. 브랜드를 소유하지 못할 때 브랜드는 박탈감과 상실감을 초래한다. 필요를 뛰어넘는 욕구가 만족을 빼앗아간다. 어떤 브랜드에 만족할 때 또 다른 브랜드가 나를 유혹한다. 만족을 모르게 만들고 허기지게 한다. 더 고급, 더 강력한 유혹을 만든다. 지속적으로 반복적으로 충족되지 않는 허무 속에 소비자를 빠트린다. 이러한 박탈감과 상실감을 충족시키도록 브랜드는 더욱 강력한 유혹의 힘을 발휘한다.

다양한 개념들의 복합체, 카멜레온과 같은 브랜드

1990년대를 전후하여 브랜드에 관한 다양한 이론들이 등장하였다. 오길비앤매더(Ogilvy & Mather), 레오버넷(Leo Burnett), 영앤루비컴(Young & Rubicam), 제이월터톰슨(JWT) 등 세계적 유명 광고회사들이 광고주의 '상품판매' 혹은 '시장 확대'를 가장 중요한 목표로 삼았던 태도에서 '브랜드 가치'를 높여야 한다는 쪽으로 광고에 대한 접근방법과 태도가 바뀌기 시작하였다.

오길비앤매더는 1990년대 초에 브랜드 스튜어드십(Stewardship)이라는 전략적 용어를 개발하고 그 하위 개념으로서 '브랜드 오디트(Audit)' '브랜드 프린트(Print)' 등의 용어를 사용하였다.* 오길비앤매더가 브랜드 스튜어드십이

* 이러한 용어와 개념들을 통해 브랜드 분야에서 선도적으로 용어의 브랜드화를 추구하려 하였으나 용어의 개념이 모호하고 다소 어려워 그 구성원들 조차도 이해하는 데 애를 먹었다. 이후 이 회사는 1990년대 후반부터 '360도 브랜드 스튜어드십(360Degree Brand Stewardship)'이라는 용어를 개발하여 지금까지 사용하고 있다. 이러한 개념과 용어는 자사의 브랜드전략에 대한 브랜드화라고 볼 수 있다. '포지셔닝' 'FCB 관여도 모델'처럼 흔히 독창적 광고전략이나 조사기법, 학문분야에서 새로운 연구방법론 등에 대해 브랜드화를 시도하는 것과 유사한 경우라고 할 수 있다. 그러나 '360도 브랜드 스튜어드십'은 브랜드인지도 면에서 그다지 성공했다고 보이지 않는다. 그럼에도 불구하고 오길비앤매더는 이미 창업자인 오길비가 1963년에 광고에서 "가장 중요한 목표는 바로 브랜드를 소비자에게 확실하게 인식시키는 것"이라고 강조하였던 만큼 브랜드에 대해 오래전부터 이어져 온 심도 있는 연구와 기여도는 높이 인정할 만하다.

라는 용어를 제안하던 1990년대 초 거의 유사한 시기에 학계에서는 데이비드 아커(Aaker), 케빈 켈러(Kevin Lane Keller), 포지셔닝 이론의 창시자로 알려진 잭 트라우트(Jack Trout)와 알 리스(Al Ries) 등이 브랜드에 관한 이론들을 내놓기 시작하였다. 아커는 1991년에 『브랜드자산 관리(Managing Brand Equity)』를 시작으로 브랜드와 관련된 다양한 저술*들을 출간하였다. 켈러 역시 1993년에 『브랜드 매니지먼트(Strategic Brand Management)』를 시작으로 브랜드에 관한 여러 논문과 저술을 발표하였다.

국내에서도 여러 학자와 전문회사들이 브랜드자산 혹은 브랜드파워를 어떻게 구축하는가에 대한 다양한 실증 연구와 저마다의 이론들을 내놓고 있다. 국내 이론들의 대부분은 아커와 켈러의 이론과 주장을 근간으로 한다. 간혹 독자적인 브랜드 이론을 주장하는 전문가들이 있지만 많은 논문과 문헌에서 대부분 아커와 켈러의 주장을 인용하는 것으로 선행연구와 이론의 근거로 삼고 있다. 따라서 이들의 이론이 우리나라 브랜드 연구 분야의 근간을 이룬다고 해도 과언이 아닐 것이다.

브랜드 이론은 포지셔닝(Positioning) 개념에서 출발한다. 물론 포지셔닝보다 오히려 브랜드 개념이 먼저 등장하였던 것은 사실이다. 그러나 오늘날과 같이 브랜드 이론이 체계를 갖추게 된 것은 포지셔닝 개념에서 비롯되었다고 할 수 있다. 포지셔닝이란 앞에서 언급한 바와 같이 마케팅 활동을 통해 소비자 마음 속에 제품의 위치를 특정하게 인식시키는 것을 말하는 데, 잭 트라우트와 앨 리스가 1981년 그 유명한 『포지셔닝』이라는 책을 출간함으로써 유행되었다. 두 사람은 이어서 1993년에 『마케팅 불변의 법칙』을 출간하게 되는데, 이 책의 내용은 대부분 포지셔닝 개념을 기반으로 한 주장들이지만, 브랜

* 『브랜드 경영(Building Strong Brands 1996)』, 『브랜드 리더십(Brand Leadership 2000)』 등

드 개념과 유사한 내용들이다. 제목만 마케팅이지 실제 내용은 브랜드를 통해 마케팅을 성공시킬 수 있다는 내용들이다. 한 문장만 예를 들면 4장 '인식의 법칙(The Law of Perception)'의 부제는 "마케팅은 제품의 싸움이 아니라 인식의 싸움이다(Marketing is not a battle of products, it's a battle of perceptions)." 라고 하였다. 그리고 본문에는 다음과 같은 문장이 나온다.

> "마케팅 담당자들은 제품의 싸움이라고 생각한다. 그래서 … 최고의 제품이 결국은 승리하게 되어 있다는 믿음을 안고 자신 있게 마케팅 전장으로 입성한다. 하지만 이는 환상에 불과하다. 객관적인 현실이란 존재하지 않는다. 사실도 존재하지 않는다. 최고의 제품 역시 없다. 마케팅 세상에는 소비자 혹은 잠재 소비자의 기억 속에 자리 잡은 '인식(perceptions)'만이 존재할 뿐이다. 인식은 현실이다. 다른 모든 것은 환상이다."

매우 단정적이면서 단호하게 '인식(perceptions)'을 강조한다. 그리고 이 문장에서 브랜드라는 용어는 등장하지 않는다. 대신 '인식'이라는 단어로 브랜드의 중요성을 말하고 있다. 이외에도 거의 대부분의 내용들이 브랜드라는 용어를 사용하지 않으면서도 브랜드에 관련된 주제를 강조하고 있다.

브랜드에 관한 이론적 용어들은 학자들마다 조금씩 다르게 사용하기도 하지만 대부분의 용어들은 자연스럽게 유사한 개념으로 사용되고 있다. 영어의 용어들을 우리말로 번역할 때 항상 단어 선택의 문제가 발생하는데, 많은 용어들이 영어를 그대로 사용하고 있다. 영어를 용어로 사용할 때, 그 미묘한 의미의 차이에서 개념적 혼란이 간혹 발생하게 된다.

브랜드에서 가장 중요한 용어로는 브랜드에쿼티(Brand Equity, 브랜드자산), 브랜드파워(Brand Power), 브랜드아이덴티티(Brand Identity), 브랜드이미지(Brand Image), 브랜드포지셔닝(Brand Positioning), 브랜드계층구조(Brand

Hierarchy, Brand Architecture), 브랜드충성도/로열티(Brand Loyalty), 브랜드 인지도(Brand Awareness) 등이다. 이외에도 많은 용어들이 사용된다. 이러한 용어들 중에는 이미 일상적 용어가 되어서 전문가가 아닌 사람들도 자주 사용하고 있는 용어들도 있다. 그러나 막상 대화를 나누다 보면 그 의미를 제대로 이해하면서 사용하는 용어는 그리 많지 않다. 전문가가 아니라면 이 많은 용어들의 의미를 모두 알아야 할 필요는 없다. 이 중에서 브랜드를 전반적으로 이해하는 데 가장 핵심적인 개념은 다음 네 가지 혹은 여섯 가지라고 생각된다.

- 브랜드자산(Brand Equity)과 브랜드파워(Brand Power)
- 브랜드아이덴티티(Brand Identity)와 브랜드이미지(Brand Image)
- 브랜드계층구조(Brand Hierarchy)
- 브랜드아이덴티티 구성요소(Brand Identity Elements)

이러한 개념들에 대해 '네 가지' 혹은 '여섯 가지'라고 애매한 태도를 보이는 이유는 '브랜드자산'과 '브랜드파워'를 별개의 개념으로 볼 것인가 혹은 동일한 개념으로 볼 것인가 때문이다. 그리고 '브랜드아이덴티티'와 '브랜드이미지'의 관계도 마찬가지이다. 현재 브랜드 전문가 혹은 학계에서는 이 두 가지 다른 용어들을 구분하여 별개의 개념으로 보는 것을 당연하게 여긴다. 이럴 경우 6가지가 된다. 그러나 만약 용어만 다를 뿐이지 결과적으로 같은 개념에 대해서 용어만 다르게 사용하는 것이라면 모두 4가지 개념이 된다. 설사 개념적으로 다소 차이가 있더라도 동일한 범주 내에서 논의되는 것이라면 4가지 범주의 6가지 용어라고 할 수 있다.

학자들에 따라서는 이러한 용어와 개념들 이외에도 다른 개념들이 더 중요하다고 할 수도 있으며, 각 개념들 간의 중요도에 대한 인식의 차이도 있을 것이다. 그리고 이 중에서 브랜드의 궁극적 목표는 브랜드자산의 가치를 높이는 데에 있으며 나머지는 모두 수단에 해당되는 것이기 때문에 브랜드자산의 가치를 중심으로 고려해야 한다고 주장하는 이론도 있다. 그러나 브랜드란 특정 상품에만 해당되는 것이 아니라 다양한 유형의 상품, 서비스 그리고 사람과 지역에까지 적용되는 것이며, 또한 브랜드가 마케팅뿐 아니라 여러 분야에 적용되기 때문에 특정 이론을 일반화하기는 어렵다.

또한 모든 마케팅의 이론이 그러하듯 브랜드 역시 고정된 이론이 아니라 실제 전쟁의 전략처럼 상황에 따라 적절하게 대응하면서 가장 효과적인 방안을 도출해야 하는 것이다. 미국의 시장과 소비자가 한국과 다르며, 시기적으로 10년만 지나도 마케팅 상황과 생활양식, 그리고 트렌드가 변한다. 그리고 세계적 저명학자들의 이론이라고 하더라도 시대적 상황과 문화적 차이에서 오는 개념적 차이가 납득하기 어렵거나 현실적으로 적용하기 어려운 부분들이 있게 마련이다. 따라서 특히 브랜드자산과 브랜드파워, 브랜드충성도, 브랜드인지도, 브랜드연상과 품질인식, 브랜드아이덴티티와 목표이미지 등과 같은 몇 가지 이론 혹은 용어에 대한 논의가 필요하다고 생각된다. 아울러 브랜드전략 실행의 무기가 되는 브랜드 구성요소에 대한 설명이 반드시 필요하다.

• 브랜드자산

과연 측정 가능한 것인가?

영국의 브랜드자산가치 평가기관인 브랜드 파이낸스(Brand Finance)는 2017년 브랜드자산가치 세계1위 브랜드로 구글의 브랜드자산가치를 109,470

백만 달러라고 발표하였다. 뒤이어 애플이 2위 브랜드로 107,141백만 달러라고 하였다.[4]

브랜드자산이란 'brand equity' 혹은 'brand asset'의 번역 용어로써 말 그대로 특정 브랜드가 가지는 경제적 가치를 의미한다.* 그러나 무형적 브랜드를 어떻게 경제적 가치로 환산하는가 또 경제적 가치에 어떤 개념들을 포함시켜야 하는가 등의 문제가 대두된다.

브랜드자산에 대한 정의는 관련 분야의 전문가들마다 제각각 다르다. 켈러는 20여 년 전에 그의 저서 『브랜드 매니지먼트』에서 브랜드자산에 대한 다양한 정의들을 소개하면서 브랜드의 중요성을 제고시켰다는 점은 좋지만 브랜드자산의 개념이 각기 다른 다양한 목적을 위해 다른 방식으로 정의되어 왔으며 결국, 용어에 대한 혼동과 좌절로 이어지게 된 점에 대해서는 우려를 표시하였다. 그리고 브랜드자산이 어떻게 개념화되어야 하고 측정되어야 하는지에 대한 일반적 관점은 제시되지 않았다고 하였는데 이러한 상황은 20여 년이 지난 지금도 별로 다를 바 없이 여전하다. 또한 그 당시에 등장한 개념들이 아직도 그대로 답습되고 있다. 켈러가 소개한 브랜드자산에 대한 정의를 몇 가지 재인용[5]하면

---

* 브랜드자산가치 혹은 브랜드가치(brand value)라는 용어를 사용하기도 한다. 영어에서 brand equity, brand asset, brand value가 각각 다른 의미로 사용되기도 하지만, 간혹 동일한 용도로 사용되기도 한다. 우리말에서도 브랜드자산, 브랜드자산가치, 브랜드가치 등 역시 같은 의미로 사용되기도 하지만 또한 경우에 따라 다른 의미로도 사용된다. 특히 가치(價值 value)라는 단어의 이중성 때문에 용어의 혼란이 발생한다. 가치란 원래 금액으로 환산되는 의미를 가지고 있던 단어이지만 지금은 금액보다는 주로 무형적 가치 혹은 존재의미로서의 가치와 같은 의미로 사용되는 경우가 많다. 따라서 이러한 혼란을 피하기 위해서는 이중적 의미의 용어보다는 명확한 의미를 갖는 'equity'라는 단어를 용어로 사용한 것으로 보인다. 이 'equity' 역시 '자산'으로 번역하기를 주저하는 사람들은 그냥 '에쿼티'라는 용어로 사용한다.

"브랜드네임이 없을 때보다 많은 매출 혹은 보다 많은 이익을 얻게끔 하고, 경쟁자보다 강력하고 지속가능하며, 차별화된 우위를 브랜드에 제공하는 브랜드의 고객, 채널 구성원, 모기업에 대한 연상과 행동들의 집합" (미국 마케팅 과학연구소)

"주어진 브랜드가 제품에 부여하는 기업, 거래 또는 고객에 대한 부가가치" (피터 파쿠하 Peter Farquhar)

"기업과 기업의 고객에게 제품이나 서비스가 제공하는 가치를 증가시키거나 감소시키는 브랜드, 브랜드네임, 심벌과 연계된 브랜드 자신과 부채의 집합" (데이비드 아커)

"비교 가능한 새로운 브랜드에 대한 이전 마케팅 노력의 결과로써 향유되는 매출과 이익에의 효과" (존 브로드스키)

켈러는 이러한 정의들을 소개하면서 정작 자기는 명확한 정의를 제시하지 않으면서 다음과 같이 원초적인 설명으로 모호하게 비켜가고 있다.

"비록 브랜드 에쿼티에 대해 서로 다른 관점들이 많이 존재하지만, 대부분의 마케팅 관계자들은 브랜드 에쿼티는 브랜드에 따라 독특하게 달라지는 마케팅 효과라는 관점으로 정의되는 것에 동의한다. 즉 브랜드 에쿼티는 동일한 제품이나 서비스가 브랜드에 의해 명확해지지 않을 경우보다 브랜드 때문에 제품이나 서비스의 마케팅으로부터 다른 결과가 얻을 수 있다는 사실과 관련되어 있다."

이러한 정의를 근거로 과연 브랜드가치를 자산으로 평가하는 것이 가능한 것인가? 또 그러한 금액으로 환산하여 발표가 신뢰할 만한가? 또한 이러한 정의에 포함된 내용들은 측정 가능한가? 등 여러 가지 의문들은 계속 남는다. 그럼에도 불구하고 브랜드자산을 평가하고 측정하는 다양한 방법과 모형들이 개발되어 활용되고 있다. 이 역시 그 방법과 결과가 얼마나 신뢰할 만한 것인가에 대한 의문이 제기되지만 저마다 자기의 측정 모형이 가장 이상적인 것이라고 주장하고 있다. 그러나 브랜드자산을 측정하는 목적과 접근방법에 따라 평가 기준이 달라질 수밖에 없으며, 또한 그 적절성과 정확성을 만족시키기는 거의 불가능하다고 판단된다. 따라서 목적에 따라 측정모형이 달라져야 할 것이다.

브랜드자산의 측정과 평가방법은 크게 장부상의 숫자를 근거로 하는 재무적 접근법(financial approach)과 소비자를 대상으로 하는 마케팅적 접근법(marketing approach) 등을 비롯하여 인터브랜드(Interbrand)사의 평가모델, 영앤루비콤(Young & Rubicam)사의 브랜드자산 평가시스템, 제일기획 등 국내외 광고 마케팅 전문기업들이 저마다 브랜드 평가방법들을 개발하여 활용하고 있다. 그러나 어떤 평가방법들을 적용하더라도 브랜드자산을 구성하는 요소들에 대한 평가 없이는 정확한 측정이 불가능할 것이다.

브랜드자산을 구성하는 요소들에 대해서도 여러 이론과 주장들이 있지만 대체로 동의하는 유력한 주장은 아커의 이론을 바탕으로 한 브랜드인지도(Brand Awareness), 품질인식(Perceived Quality), 브랜드연상(Brand Association), 브랜드충성도(Brand loyalty) 이 네 가지로 구성된다라는 이론이 지배적이다.[6]

브랜드자산 Brand Equity			
브랜드인지도 (Brand Awareness)	품질인식 (Perceived Quality)	브랜드연상 (Brand Association)	브랜드충성도 (Brand loyalty)

이외에도 평가방법에 따라 가격탄력성, 가격프리미엄, 매출액, 시장점유율 또는 주식 시장에서의 가치 등을 브랜드자산을 구성하는 요소로 보는 경우도 있으나 브랜드를 실체가 아닌 소비자의 인식상의 것으로 볼 때 이러한 개념들을 브랜드자산의 구성요소라고 하는 데에 동의하기 어려우며, 단지 브랜드자

산을 평가하는 척도의 요소로 활용하는 것은 가능하다는 견해도 있다.

그러나 브랜드는 분명히 자산이 될 수 있다. 기술, 특허, 저작권 등과 같이 무형적 자산의 한 유형이라는 점은 부인할 수 없다. 따라서 일부 특별한 전문가 집단에게는 반드시 필요한 개념이며, 또한 브랜드에 관심 있는 사람이라면 브랜드자산과 연관된 기본적인 개념은 이해할 필요가 있다. 브랜드자산이 당장 현실적으로 활용되지는 않더라도 브랜드인지도, 품질인식, 브랜드연상, 브랜드충성도 등 브랜드자산의 요소들에 대한 이해를 통하여 브랜드에 더욱 가까이 다가갈 수 있기 때문이다. 그렇다면 브랜드인지도, 품질인식, 브랜드연상, 브랜드충성도 등은 과연 브랜드자산의 요소라고 할 수 있을까?

브랜드인지도와 충성도는 어느 정도 정량적 측정이 가능하다. 그러나 그 결과치를 금액으로 환산한다는 것이 가능할지 의문이며, 금액으로 환산한다고 하더라도 인지도와 충성도가 거래될 수 있는 것은 아니기 때문에 어떻게 얼마나 인정해야 하는가에 대한 의문이 제기될 수 있다. 그리고, 품질인식과 브랜드연상에 대한 정량적 평가는 매우 어렵기 때문에 금액으로 환산하기는 더욱 어려울 것이다. 따라서 브랜드인지도, 품질인식, 브랜드연상, 브랜드충성도 등이 브랜드자산의 요소인 것은 맞지만, 그것을 금액으로 환산하는 것에 대해서는 다른 견해가 제기될 수 있다. 만약 브랜드자산의 요소들이 금액으로 평가되기 어렵다면 결과적으로 브랜드자산 역시 금액으로 환산하기 어려워진다.

언론에서 전문기관이 발표한 자료라고 하면서 브랜드자산가치를 금액으로 환산한 수치를 발표하면 누구나 의심 없이 믿는다. 나는 계산할 능력이 없으며, 전문가가 했으니 믿을 만한 것이라고 생각하게 된다. 일반적으로 의학, 천문학, 원자물리학 등 내가 모르는 분야의 전문가가 어떤 연구 결과를 발표하면 대부분 수용하게 된다. 브랜드의 경우에도 일반인들에게는 가늠하기 어려운 몇 백억 달러라는 천문학적인 금액을 발표하면 누구도 의심하기 어렵다.

확인 또는 반론을 제기할 할 능력이 없기 때문에 그저 인정할 수밖에 없다.

브랜드가 거래의 대상이 될 경우에는 자산 가치로서 측정과 평가가 필요하겠지만 그렇지 않은 상황에서 소비자와 일반인들에게 브랜드자산이라는 의미는 특별한 영향을 주지 않는 개념이다. 그리고 기업들 간의 인수합병 시에 브랜드가치를 어떻게 평가하는가는 당사자 간의 문제로써 기업의 상황에 따른 종합적 평가에 의한 것이지 특정 브랜드 하나만을 대상으로 그 가격을 정확하게 측정하는 것은 사실상 불가능하다고 여겨진다.

가치란 상대적인 것이기 때문에 절대적 기준으로 평가하기 어렵다. 마치 나에게는 전혀 필요 없기 때문에 버리려고 했던 물건도 누군가 절실하게 필요로 한다는 것을 알게 되면 그냥 버리지 않게 된다. 마찬가지로 나에게 아무리 가치 있는 것이라도 누구도 필요로 하지 않으면 객관적 가치는 없어진다. 따라서 브랜드자산이라는 개념과 용어는 일반인뿐 아니라 브랜드와 연관된 대다수의 사람들에게 현실적으로는 먼 이야기일 뿐이다.

• 브랜드파워

현대의 새로운 3차원적 권력

브랜드를 자산으로 보는 경제적 관점과는 달리 보다 포괄적인 관점에서 보면 브랜드는 일종의 사회적 힘이라고 할 수 있다. 브랜드의 영향력을 감안하여 볼 때 일반인들에게 '브랜드자산'이라는 개념은 거리가 멀게 느껴지지만 '브랜드파워(brand power)'는 보다 쉽게 다가온다. 그런 면에서 브랜드파워라는 개념과 용어를 사용할 법 한데도 정작 국내외 브랜드 학계에서는 대체로 '브랜드파워'라는 용어를 사용하지 않는다. 간혹 사용하는 예가 있기는 하지만 용어로서의 학술적 정의 없이 '브랜드자산'과 동일한 의미로 사용하는 경우가 대부분이다.*

특별한 경우나 전문가가 아니라면 브랜드자산이 나타내는 가격/액수로는 브랜드의 힘을 알기 어렵고 쉽게 와 닿지도 않는다. 특히 기준점이나 범위가 정해져 있지 않은 에쿼티(자산)보다 점수나 등급으로 나누는 브랜드파워가 일반적인 관점에선 이해하기 쉬울 수 있다.

브랜드가 지닌 힘은 일종의 사회적 힘으로써 권력과 유사한 힘이라고 할 수 있다. 따라서 브랜드파워가 단어이든 용어이든 마케팅 혹은 사회적 관점에서 브랜드가 지닌 힘에 대한 논의는 반드시 필요하다고 생각된다.

브랜드파워가 정치 권력은 아니지만 현대사회의 새로운 권력 개념으로 자리잡았다. 브랜드파워를 이해하기 위해서는 먼저 사회적 힘인 권력의 개념을 이해하는 것이 필요하다.** 사회적 힘인 권력에 대한 담론들은 매우 다양하게 발전하여왔으며, 그 중에는 브랜드파워를 이해하는 데 매우 도움되는 담론들이 있다. 17세기 토마스 홉스(Thomas Hobbes, 1588~1679)의 『리바이어던(Leviathan)』[7] 을 비롯하여 현대 정치권력 이론에서 로버트 달(Robert Dahl,

---

* 주로 power brand, powerful brand(파워 브랜드, 강력한 브랜드) 등의 단어를 사용하는 편이며 '브랜드파워'도 간혹 문장 속의 단어로 사용하는 경우도 있다. 그러나 대체로 특정한 용어로는 사용하지 않는다. 기업경영과 마케팅의 관점에서 볼 때 '자산'과 같이 직접적인 관련성이 없을 뿐 아니라 포괄적이며 다양한 의미를 가진 '힘(power)'이라는 단어를 학술적 용어로 채택하기 쉽지 않았을 것으로 짐작된다.

Brand Power에 대해서 미국 마케팅사전은 familiarity(친숙함/인지도)와 favorability(호감도/선호도)를 합쳐 계산하는 브랜드파워 점수라고 설명한다. 한국능률협회컨설팅(KMAC)은 브랜드인지도(brand awareness)와 브랜드충성도(brand loyalty)를 통해 브랜드파워를 측정한다고 한다. 사용하는 용어만 조금 다를 뿐 측정 기준은 비슷하다. 브랜드파워의 측정 방식은 소비자 관점에 조금 더 가까워 보인다.

** 권력에 관한 이론은 뒤에 나오는 3부 4편 '권력과 브랜드'편에서 자세히 설명하고 있다.

1915~2014),[8] 스티븐 룩스(Steven Lukes, 1941)[9] 등의 이론들이 대표적이라고 할 수 있다. 이 중 몇 가지 권력 이론들과 브랜드파워의 연관성을 살펴봄으로써 브랜드가 지닌 사회적 힘에 대한 이해의 폭을 넓힐 수 있을 것이다.

힘이 있다는 평판은 힘이다

홉스는 인간의 힘(power)을 "일반적으로 미래에 분명히 선(善)이 될 것으로 보이는 것을 획득하기 위하여 그가 현재 가지고 있는 수단"으로 정의한 후 '본원적(original)'인 것과 '수단적(instrumental)'으로 구분하였다. 본원적인 힘이란 '타고난 힘(natural power)'으로서 건강, 외모, 사려, 기예 등 몸과 정신의 여러 능력들을 말하며, 수단적인 힘이란 부(富), 평판, 인간 관계 등 타고난 힘을 이용하여 얻을 수 있는 더 많은 힘을 얻기 위한 도구이자 수단이라고 하였다.[10]

이것을 기업의 관점에서 브랜드에 적용해 보면 "미래에 분명히 선(善)이 될 것으로 보이는 것"은 '판매 혹은 소비자의 구매 욕구'로 생각해 볼 수 있으며, "현재 가지고 있는 수단"은 '브랜드'가 될 수 있다. 즉 '소비자의 구매 욕구를 자극하고 제품을 판매하기 위해 가지고 있는 수단'을 브랜드의 힘(power)이라고 할 수 있다.

홉스는 또 '힘은 더욱 커지는 성질을 가지고 있다'고 하였다. 이 역시 브랜드에 그대로 적용된다. 브랜드에서 가장 중요한 인지도의 경우 일단 인지도가 형성된 브랜드는 인지도를 높이기 더 쉽다. 그리고 브랜드가 일단 파워를 형성하면 경쟁사의 신생 브랜드보다 훨씬 유리한 상황에서 경쟁할 수 있다. 브랜드파워는 충성도를 강화시키고, 강한 충성도에 의해 브랜드파워는 더욱 강해진다.

이러한 비유를 소비자 관점에서도 적용해 볼 수 있다. 구입 후 제품에 대한 심리적 만족뿐만 아니라 브랜드를 통해 자아정체성을 투사함으로써 소비자 자신의 가치를 높여 준다면 소비자 입장에서도 브랜드는 "미래에 분명히 선(善)이 될 것으로 보이는 것을 획득하기 위하여 그가 현재 가지고 있는 수단"에 해당된다.

그리고 홉스는 "종복(從僕 servants), 친구, 너그러움과 결합된 재산, 힘이 있다는 평판(Reputation of power is power), 많은 사람들이 자기를 사랑하게 하거나 두려워하게 만드는 재능, 또 그러한 재능을 가졌다는 평판, 훌륭한 성공, 이미 힘을 지닌 자의 상냥함(Affability), 고귀함(Nobility), 웅변, 폼(Form 외모)" 등을 힘이라고 하였으며 이 모두 브랜드에 적용된다.

이 중에서 "힘이 있다는 평판은 힘이다(Reputation of power is power)"라는 표현은 매우 흥미롭다. 브랜드에 바로 적용된다. 실제 힘이 없더라도 '힘을 가지고 있다는 이미지'는 실제 힘을 가지고 있는 것만큼 힘이 된다는 의미이다. 힘에 대한 홉스의 견해를 몇 가지 직접 인용해 보자.

> "왜냐하면, 보호를 요구하는 사람들을 끌어들이기 때문이다. 또한 조국을 사랑하고 있다는 평판은, 같은 이유에서 힘이다. 마찬가지로 성질이 어떠하든 많은 사람들이 자기를 사랑하게 하거나 두려워하게 만드는 것 또는 그런 성질을 지녔다는 평판도 힘이다. 많은 사람들의 지원과 봉사를 얻을 수 있는 도구이기 때문이다."

> "인간의 '값어치(value)' 또는 '가치(worth)'는 다른 모든 것처럼 그의 값이다. 다시 말하면 그가 사용하는 힘의 양에 매겨지는 액수이므로 절대적인 것이 아니라 다른 사람의 필요와 판단에 의존한다."

평판(Reputation)은 Putative(추정되는)와 re(repeatedly, 반복적인)의 합성어이다. 즉 추정이 반복된 것을 평판이라고 한다. 추정은 사실이 아니다. 단지 그렇게 인식 혹은 느낄 따름이다. 사실인지 아닌지 보다는 어떻게 인식하는가 즉, 이미지가 중요하다는 것이며, 이는 브랜드의 기본적인 원리와 같다. 평판은 힘이 더욱 커지는 특성과도 연관되는데 브랜드에 있어서도 평판이 좋아지면 브랜드파워가 더 커진다.

이외에도 여러 가지 평판에 대해 언급하였는데, 조국을 사랑한다는 평판, 많은 사람으로부터 사랑을 받거나 또 무서워하도록 만드는 재능, 사려 깊음, 지혜 또는 행운을 가졌다는 평판 등도 힘이라고 하였다. 이러한 평판이 브랜드파워와 연관된다는 점에 대해 굳이 설명할 필요가 없을 것이다.

또한 웅변도 힘이며, 폼(form, 용모)도 힘이라고 하였는데 이것은 광고와 포장디자인 또는 제품디자인으로 치환하여 이해하는 데 이론의 여지가 없다. 17세기에 쓰여진 국가 통치구조와 권력에 관한 책인 『리바이어던』에서 21세기 브랜드전략의 지혜를 얻을 수 있다.

현대 정치권력 이론은 보다 정교해진다. 로버트 달을 비롯해서 존 프렌치(John R. P. French, 1913~1995),[11] 버트람 레이븐(Bertram H. Raven, 1926),[12] 아미타이 에치오니(Amitai Etzioni, 1929~),[13] 스티븐 룩스 등의 이론들에서 브랜드와 연관된 내용들을 찾을 수 있었다.

먼저 로버트 달의 정의와 그것을 보완한 스티븐 룩스의 정의를 보자. 로버트 달은 권력에 대해서 "B로 하여금 A가 아니었다면 하지 않았을 일을 하도록 만들 수 있다면, A는 그 정도의 파워(권력)를 B에 대해서 갖고 있다."[14]라고 정의하였으며, 룩스는 여기에다가 '이해관계'라는 개념을 더하여 "A가 B의 이해관계에 모순되는 방식으로 B에게 영향을 미칠 때, A는 B에 대해 파워(권력)를 행사하는 것"[15]으로 새롭게 정의하였다.

'결과의 가능성을 변화시킬 수 있는 능력'

로버트 달의 정의를 그대로 브랜드에 적용시켜 브랜드파워에 대한 정의를 새롭게 만들어 보면, "소비자B로 하여금 브랜드A가 아니었다면 구매하지 않았을 것을 구매하도록 만들 수 있다면, 브랜드A는 그 정도의 브랜드파워를 소비자B에 대해서 갖고 있다"라고 할 수 있다.

이 적용을 다시 소비자의 구매 욕구의 유무(有無) 상황으로 구분하여 본다면 "소비자B가 별다른 구매 욕구가 없었음에도 브랜드A를 구입하도록 하였다면, 브랜드A는 그 정도의 브랜드파워를 소비자B에 대해서 갖고 있다" 또는 "소비자B가 다른 브랜드를 구입할 수 있었음에도 브랜드A를 구매하도록 하였다면, 브랜드A는 그 정도의 브랜드파워를 소비자B에 대해서 갖고 있다"라고 정의할 수 있다. 여기에 똑같은 방법으로 룩스의 정의에 대입해 보면 소비자뿐 아니라 경쟁사에게도 적용할 수 있다.

"브랜드A가 브랜드B의 이해관계에 모순되는 방식으로 브랜드B에게 영향을 미칠 때 브랜드A는 브랜드B에 대해 권력을 행사하는 것"으로 바꾸어 말할 수 있다. 여기서 '이해관계에 모순되는 방식'이란 불필요한 지출로 생각해 볼 수 있기 때문에 이 정의는 당연히 소비자에게도 적용된다. 그러나 원래 문장에 브랜드를 그대로 대입하면 의미가 다소 모호해진다. 이 문장을 보다 쉽게 다시 구성해보면 "기업B(혹은 소비자B)로 하여금 브랜드A가 아니었다면 지출하지 않았을 비용을 지출하도록 만들 수 있다면, 브랜드A는 그 정도의 브랜드파워를 기업B(혹은 소비자B)에 대해서 가지고 있다"

브랜드B를 소유한 기업B가 당초의 계획대로 마케팅 예산을 집행하려고 할 때 브랜드파워가 약한 경쟁 브랜드의 마케팅 활동은 기업B의 계획에 그다지 영향을 주지 못한다. 그러나 기업B가 당초의 예산집행 계획을 바꿀 정도로 경쟁 브랜드A의 영향력이 있었다면, 브랜드A는 그만큼의 브랜드파워를 기업B에 대해서 가지고 있다는 의미로 설명할 수 있다.

규범적 권력(Normative Power)

다음은 에치오니의 파워(권력)의 유형을 바탕으로 생각해보자. 에치오니는 파워(권력)를 강압적 권력(Coercive Power), 실리적 권력(Utilitarian Power), 규범적 권력(Normative Power) 등 세 가지 유형으로 분류하였다.[16] 이러한 유형에 브랜드파워를 비추어 볼 때 강압적 권력과는 제한적 상황에서 어느 정도의 연관성이 있으며, 실리적 권력과 규범적 권력 유형과는 상당부분 연관성을 찾을 수 있다. 실리적 권력이라는 관점에서 보면 브랜드가 기여하는 소비자의 심리적 보상과 그 보상으로 인한 안정성 등을 우선으로 꼽을 수 있다. 그리고 규범적 권력의 관점에서 보면 파워 브랜드가 갖는 상징적 보상과 영향력으로 이해할 수 있다. 브랜드의 본원적 기능으로 볼 때에는 실리적 권력이 보다 밀접한 관계를 가질 것이며, 브랜드의 상징적 기능으로 볼 때에는 규범적 권력에 더 가깝다고 할 수 있다. 그러나 브랜드의 상징적 기능을 하나의 힘으로 볼 수 있다면 규범적 권력에 포함시키기에는 그 개념이 너무 크다. 따라서 에치오니의 권력의 유형 개념을 바탕으로 볼 때 강압적 권력, 실리적 권력, 규범적 권력 이외에 상징적 권력을 추가함으로써 네 가지 유형으로 분류하는 것을 검토해 볼 만하다고 생각된다.

'6가지 권력의 원천'

권력의 유형에 대한 또 다른 견해로는 프렌치와 레이븐의 6가지 권력의 원천(Base of Power)[17] 유형이 있다. 보상적 권력, 강압적 권력, 합법적 권력, 준거적 권력, 전문적 권력, 정보 권력 등으로서 이 중에서 강압적 권력만 제외하면 거의 모든 유형에서 브랜드파워와 연관성을 찾을 수 있다.

우선 보상적 권력은 에치오니의 실리적 유형과 거의 유사하다. 그리고 합법적 권력에서는 상표권에 대한 개념을 꼽을 수 있다. 등록상표에 대한 법적 권리를 통하여 자사 브랜드의 권리뿐 아니라 경쟁사의 사용권을 제한할 수 있는 힘이 있기 때문에 상표권은 대표적인 합법적 권력에 해당된다.

준거적 권력은 브랜드파워의 성격을 가장 잘 나타내준다. 준거적 권력은 권력자(O)에 대한 개인(P)의 동일시(공감)에 기반한다. 여기서 동일시란 권력자와의 일체감 또는 그러한 유사성 혹은 동질감에 대한 욕구를 의미하는 데 권력자(O)를 파워 브랜드로 대치하였을 때 매우 유사한 현상이 나타난다. 특히 소비자 개인이 특정 브랜드에 대해 높은 호감도를 가지고 있을 경우에 소비자는 그 브랜드를 소유하기 위해 기꺼이 지갑을 열게 된다. 이때 소유란 소비자 개인이 브랜드를 지배하는 것이 아니라 소비자가 자기를 브랜드와 동일시함으로써 브랜드를 통해 자아를 표현하고자 하는 것이기 때문에 결과적으로 오히려 브랜드에 지배 당하고 있는 것이다. 또한 소비자 개인의 이미지는 브랜드의 정체성과 동일한 신념과 인식을 가질 경우 동일시가 형성되거나 유지될 수 있다.

전문적 권력은 특정 분야에서 권력자의 지식이나 인식의 정도에 따라 달라지는 것을 말한다. 브랜드자산가치 평가기관인 브랜드 파이낸스는 브랜드자산 평가에 관한 전문성을 가지고 자사의 브랜드파워를 형성하였다. 세계적인 신용평가회사인 무디스(Moody's Corporation)는 전세계 국가들의 신용평가까지 하는 기업이다. 이러한 기업들의 브랜드파워는 그들의 전문성에 의해 만들어진다. 하버드대학교(Harvard University) 등 세계적인 대학들, 항공기 제조회사 보잉(The Boeing Company), 세계적으로 저명한 과학저널 네이처(Nature) 등의 브랜드파워도 여기에 해당된다.

브랜드파워의 특성을 가장 잘 나타내는 것이 준거적 권력이라면 전문적 권력에 해당 되는 브랜드는 그 파워가 가장 견실하고 오래 유지된다. 또한 전문성의 힘으로 인하여 브랜드파워를 유지하는 비용도 적게 든다.

정보권력은 권력자가 집단의 구성원일 필요가 없는 경우의 전문적 권력을 말하는 것이기 때문에 전문적 권력보다 그 범위가 더 넓다고 할 수 있다. 예를 들어 '브랜드 파이낸스'는 브랜드자산가치 평가와 관련된 사람들, 범위를 조금 더 넓히면 브랜드 분야의 관련자들에게만 브랜드파워가 적용될 뿐이다. 반면에 '하버드'는 대학생이 아니더라도 다양한 분야에서 그 브랜드파워가 활용될 수 있다. 즉 '하버드'의 브랜드파워는 전문적 권력이면서 정보권력에도 해당되지만 '브랜드 파이낸스'는 전문적 권력에만 국한된다.

'보이지 않는 권력'

룩스는 3차원적 권력론을 제시하였다. 3차원적 권력은 한마디로 '보이지 않는 권력' 혹은 '관찰할 수 없는 곳에서 행사되는 권력'을 말한다. 교육이나 언론을 통해 은밀하게 이루어지는 것으로 피지배자가 자신이 지배당하고 있다는 사실을 인식하지 못하거나 혹은 지배당하는 것이 당연한 것으로 여기게끔 하는 권력을 말한다. 이러한 룩스의 3차원적 권력의 이론적 개념은 그 자체로 브랜드 이론이라고 할 수 있을 만큼 브랜드파워와 일치되는 부분이 상당히 많다. 요약하면 룩스가 말하는 권력의 3차원적 관점의 핵심인 '인간의 사고와 욕구를 통제하며 기존의 질서에 순응하게 하고, 이러한 상황을 자연스럽게 받아들이도록 인식, 지각, 선호를 형성시키는 것'은 브랜드의 원리와 똑같다. 이러한 브랜드파워를 룩스의 이론을 빌려 정의한다면 일종의 3차원적 권력이라고 말할 수 있을 것이다.

• 브랜드로열티

소비자는 왜 충성하는가?

먼저 자주 혼동하는 용어인 loyalty(충성)와 royalty(로열티)에 대한 구별부터 해야 할 것 같다. Loyalty가 충성을 의미하는 데 비해 로열티(royalty)는 특정한 권리를 이용하는 대가를 의미한다. 특정한 권리란 대체로 지적재산권에 속하는 권리로서 저작권, 특허, 상표권, 소프트웨어 등 법적으로 권리화된 아이디어를 말한다. 따라서 브랜드로열티(brand royalty)라고 하면 브랜드에 대한 권리, 즉 상표권을 사용하는 권리를 말한다. 이에 비해 brand loyalty(브랜드충성도)는 브랜드에 대한 소비자들의 신뢰와 애착, 그리고 지속적인 구매행동의 정도를 말하는 것으로 브랜드자산의 요소 혹은 브랜드파워의 근간이다.

Brand loyalty를 '브랜드 애호도'라는 용어로 사용하는 경우도 있다. 영어의 loyalty(로열티)를 번역하면서 브랜드에 대한 충성이라는 개념이 적절치 않다고 생각하여 '애호도'라는 용어로 바꾸어 사용한다고 하는데, 이는 loyalty(로열티)에 대한 정확한 번역이 아닐 뿐만 아니라 브랜드 애착(brand attachment)과 혼동할 우려가 있기 때문에 적합한 표현이 아니라고 생각된다.

그러나 brand에서 사용하는 'loyalty'를 그대로 '충성도'라고 직역하여 사용하는 것이 적합한가 하는 문제는 여전히 남는다. 'loyalty'는 분명히 충성이라는 의미이며 브랜드 분야에서 사용하는 loyalty의 의미도 애호라는 개념을 넘어 충성과 유사한 의미로 사용되고 있다. 하지만 '충성'이 정확한 표현인지는 검토해볼 필요가 있다. 이 문제 역시 외국어 번역에서 적합한 용어 선택의 어려움에서 비롯된다.

충성(忠誠)이라는 우리말의 의미와 뉘앙스 그리고 그 적용범위를 볼 때 특정 브랜드에 대해 사람이 충성한다는 것은 아무래도 적합하지 않다. 원래 충성(忠誠)이란 상하 관계에서 헌신적 복종이나 순종을 의미하는 하는 것이 아니라, 서로 마음을 다한다는 진심(盡心)*과 배려의 개념이었다. 또한 상대뿐 아니라 자기 자신에게도 적용되는 개인의 내면적 충실까지 포함되는 의미를 가지고 있었다. 그러나 이미 오래전에 원래의 의미는 퇴색되고, 수직적 상하관계 혹은 국가나 소속집단에 대한 자발적 복종을 의미하는 단어로 사용되어 왔다. 따라서 사람들이 브랜드에 대해 충성한다는 것이 적절하지 않은 표현으로 느껴진다.

그렇다면 영어에서는 왜 loyalty(충성)이라는 단어를 사용하였을까? 영어를 모국어로 사용하는 미국인들에게 질문하였다. Brand loyalty라는 표현이 이상하지 않은가? 영어권 사람들은 브랜드에 대해 충성하는 것이 자연스러운가? 라고 질문하였다. 그들의 대답은 Brand loyalty라는 표현이 전혀 이상하지 않으며 또한 브랜드에 대해 '충성'하는 것은 아니지만 'loyalty' 혹은 'loyal'이 자연스러울 수 있다는 것이다.

즉 loyalty는 충성의 의미로만 사용되는 것이 아니라 충실, 성실, 정직, 신의 등보다 폭넓은 의미로 사용되고 있기 때문에 우리가 생각하는 충성과는 전혀 다른 의미로 느끼게 된다라는 것이다. 이는 'loyalty' 혹은 'loyal'이 사용되는 문장의 사례를 보면 쉽게 알 수 있다. 'One's loyal husband(성실한 남편), She is loyal to her family(그녀는 가족에게 헌신적이다), loyal friend(진실한 친구), loyal support(충실한 지지)' 등 많은 경우에서 충성이라는 의미로만 사용되는 것이 아니라는 것을 알 수 있다. 이와 마찬가지로 브랜드에 대한 loyalty는 충성이라는 의미 보다는 충실, 신의, 애착, 지지 등의 복합적 의미를 갖는다.

문제는 영어 단어의 의미가 아니라 브랜드 loyalty에 적합한 우리말 단어

---

* 진심(眞心)과 다른 의미로써 마음과 정성(精誠)을 다한다는 의미

의 선택에 있다. 어떤 단어를 적용해보아도 브랜드 loyalty의 의미를 제대로 표현할 단어가 마땅치 않다. 이러한 경우는 브랜드 loyalty뿐 아니라 외국어 번역 과정에서 많이 나타나는 사례이며, 특히 학술 번역에서 항상 어려운 문제이다. 왜냐하면 학술 번역은 하나의 단어로 끝나는 것이 아니라 특정 용어로 계속 통용되어야 하기 때문이다.** 따라서 'brand'를 '브랜드'라고 표현하듯이 브랜드에서 loyalty를 '충성도' 보다는 외국어 용어 그대로 '브랜드로열티'로 표현하는 것이 더 적합할 듯 싶다. 다만 royalty(로열티)와 혼동될 우려는 있지만 royalty(로열티)는 상표(권리) 사용권 등의 다른 표현이 가능하기 때문에 '브랜드로열티'라는 표현이 문제가 되지는 않을 것이다. 따라서 이후 '브랜드충성도'를 '브랜드로열티'로 바꾸어 표현하고자 한다.

그러나 브랜드충성도라는 표현을 사용하지 않는다고 해서 브랜드에 대한 충성의 의미가 완전히 없어지는 것은 아니다. 충성이라는 단어만으로는 로열티가 의미하는 바를 모두 충족시키지 못한다는 것뿐이지, 충성의 의미가 전혀 담기지 않는 것은 아니다. 마치 군대에서 "국기에 대하여 경례" 하면 "충성"이라는 구호를 외치듯이 명품 고급 브랜드를 대할 때 마음 속으로 그러한 선망의 외침이 전혀 없다. 이렇듯 로열티에는 충성의 일부분이 포함된다. 오히려 습관적으로 "충성"하면서 외치는 것보다 소리 없는 선망의 마음이 더 충성스러울 수 있다. 이때 '충성스럽다'라고 하는 표현은 일부분 충성의 마음에 더하여 선호, 선망, 애착, 지지 등이 포함된 복합적인 심리적 태도이다. 그리고 이런 복합적인 심리적 태도를 로열티라고 할 수 있다.

** 최근 기술과 산업의 변화에 의하여 새로운 개념과 신조어들이 계속 등장하는 상황에서는 번역으로는 새로운 용어를 감당하기 어렵기 때문에 용어를 번역하기보다는 외국어 용어를 그대로 사용하는 경우가 더 많다. 외국어 용어를 그대로 사용하는 것은 번역자와 해당 분야의 전문가들에게는 편한 방법이지만 일반인들은 이해하기 어려워진다. 이러한 문제는 어느 분야에서나 나타나는 현상이기 때문에 어쩔 수 없이 감당할 수밖에 없다.

기업 경영에서 고객 로열티이든 브랜드로열티이든 로열티란 소비자를 위한 가치 창조 과정이며 수직관계가 아니라 수평적 관계인 것이다. 마치 내가 존경과 지지(로열티)를 받기 위해서는 내가 먼저 충실(로열)해야 하는 것처럼 소비자의 열렬한 지지와 선호(로열티)를 받기 위해서는 제품의 품질이 충실(로열)해야 한다. 이는 마치 헤겔의 '주인과 노예 변증법'*과 유사하다.

이와 관련해 켈러가 『브랜드매니지먼트』에서 소비자들의 브랜드로열티에 대해 언급한 부분을 보자.

> "소비자들은 자신들이 선택한 브랜드가 특정한 방향으로 행동할 것이라는 기대와 함께, 일관성 있는 제품성능과 적절한 가격설정, 판매촉진, 유통 프로그램 등을 통해 자신들에게 효용성을 제공할 것이라는 암묵적인 이해를 가지고 브랜드에 대한 신뢰와 로열티를 바친다"[18]

소비자가 브랜드에 대해 신뢰와 로열티를 바치는 것을 브랜드로열티라고 말하고 있다. 물론 자신들이 선택한 브랜드가 실망시키지 않을 것이라는 기대를 바탕으로 하는 것이지만, 이는 결국 소비자가 브랜드에 종속되는 것이다. 그러면서 동시에 소비자는 브랜드를 소유하게 된다. 이러한 현상은 브랜드애착과도 밀접한 연관을 갖는다. 브랜드애착은 소비자가 브랜드에 대해 느끼는 정서적 유대감으로서 자아와 연관되는 개념이다. 소비자는 브랜드가 자기를 표현해 주고, 타인과 차별화할 수 있는 상징적 의미를 가지고 있다고 생각한다. 따라서 브랜드를 통해 자기를 표현하고 인정 받을 때 브랜드에 대한 애착은 더

---

* 헤겔의 저서 『정신현상학』에 나오는 내용으로서 두 가지 자기의식, 즉 주인에 해당되는 자기의식과 노예에 해당 되는 자기의식 간의 인정투쟁에서 주인 자기의식과 노예 자기의식이 서로 바뀐다는 개념이다. 주인은 노예로부터 인정을 받을 필요가 없기 때문에 자신을 주장하거나 증명할 필요가 없다. 주인과는 대조적으로, 노예는 주인을 위해 일을 한다. 노예는 일을 통해 자신을 실현하고 세계를 창조한다. 결국 주인은 노예에게 의존하게 되며, 노예는 자립적 존재가 된다. 이로써 노예 자기의식이 주인 자기의식이 되며 결국 주인과 노예의 관계가 뒤바뀌게 된다는 것이다.

욱 강해진다.

로열티(loyalty)라는 단어가 언제부터 경영학 용어로 사용되었는지 그 정확한 시초는 알 수 없지만, 로열티 경영학의 권위자인 프레더릭 라이히헬드(Frederick F. Reichheld)는 그의 저서 『The Loyalty Effect(번역서: 로열티 경영)』에서 로열티라는 개념의 학문적인 기초는 1908년 조시아 로이스(Josiah Royce) 가 쓴 『로열티의 철학(The Philosophy of Loyalty)』이라는 책이라고 하면서 로이스의 로열티 개념을 소개하였다.

"로이스는 로열티를 위계 구조의 단계로 정리하였다. 가장 낮은 수준의 로열티는 개인에 대한 로열티이다. 다음은 집단에 대한 로열티이다. 가장 높은 수준의 로열티는 가치와 원칙에 대한 헌신이다. 로이스의 견해에 따르면, 로열티 그 자체를 좋거나 나쁘다고 판단할 수 없다. 판단할 수 있는 것은 그 로열티의 대상이 되는 원칙의 옳고 그름이다."

사람들은 로열티를 가족, 종교, 학교, 지역 공동체 등에만 관련시키고 이익 추구가 주목적인 기업 경영에 있어서는 연관성이 없다고 간주하지만, 로이스의 정의에 따르면 로열티는 기업 경영과 깊은 관련이 있다고 한다. 왜냐하면 비즈니스의 관건은 고객, 투자자, 직원, 국가, 그리고 자신에게 서로 상충되는 로열티 사이에서 항상 균형을 찾는 것이기 때문이다. 즉 로열티가 사람에 대한 로열티가 아니라 가치와 올바른 원칙에 대한 로열티를 추구할 때 바로 진정한 의미의 로열티가 되며 그것은 결과적으로 개인과 집단 모두에 대한 로열티로 이어진다는 의미이다.

브랜드로열티(loyalty) 요인 1 _ 인식과 애착

소비자와 브랜드의 관계 유형에서 브랜드인지도, 브랜드연상, 품질인식 등은 소비자의 인식에 관련된 것인데 이러한 개념들은 모두 브랜드로열티를 형성하는 기본적인 요인이 된다. 여기에다 브랜드로열티를 형성하는 데 있어서 또 하나 중요한 요인으로는 '브랜드 애착(brand attachment)'이 있다. 브랜드 애착은 브랜드에 대한 소비자의 정서적 감성적 애착(emotional attachment)을 말하는 것이며, 이는 결과적으로 브랜드로열티로 이어진다. 따라서 브랜드로열티는 소비자의 브랜드에 대한 인식과 애착의 결과에서 형성되는 것이다.

브랜드로열티(loyalty) 요인 2 _ 혜택과 불안

켈러와 아커가 말하는 브랜드로열티의 핵심은 기대와 혜택이라고 하지만 실상은 혜택과 불안이 동시에 존재한다. 또한 역설적으로 혜택은 주로 불안 제거에 대한 혜택이며, 불안은 혜택 상실에 대한 불안이다. 결국 혜택과 불안의 뿌리는 같은 것이라고 할 수 있다. 켈러가 말하는 소비자가 구매할 때 느끼는 위험요소 몇 가지를 보면[19] –

- 기능적 위험 Functional Risk : 제품이 기대만큼 성능이 좋지 않다.
- 신체적 위험 Physical Risk : 제품이 사용자나 다른 사람들의 건강이나 신체적인 안정 또는 안전에 위협을 가한다.
- 재무적 위험 Financial Risk : 제품이 지불된 가격만큼의 가치가 없다.
- 사회적 위험 Social Risk : 제품이 다른 사람들을 당혹스럽게 할 수 있다.
- 심리적 위험 Psychological Risk : 제품이 사용자의 정신적인 안정에 영향을 준다.
- 시간적 위험 Time Risk : 제품 결정에 따른 실패는 또 다른 만족스러운 제품을 찾는 데 소요되는 기회비용을 유발할 수 있다.

소비자가 이러한 위험들을 피하는 데 브랜드는 결정적이 도움이 된다. 즉 브랜드는 소비자에게 이러한 위험을 피하게 함으로써 불안 제거라는 혜택을 주게 되는 것이다. 이러한 위험 회피라는 혜택은 브랜드에 대한 신뢰 형성으로 이어지고 결과적으로 소비자는 브랜드에 대해 로열티를 나타낸다.

브랜드로열티의 단계와 유형

브랜드로열티는 결국 소비자의 반복 구매와 구전 활동 등의 태도와 행동으로 나타난다. 이러한 소비자 태도와 행동으로써 브랜드로열티의 유형과 종류에 대한 논의는 매우 다양하게 연구되어 왔다. 브랜드로열티의 단계를 소비자 태도와 행동 수준의 관점에서 아커는 5단계로 구분한 '브랜드로열티 피라미드 구조'를 제안하였다.

가장 아래쪽 5번째 수준은 브랜드를 자주 바꾸고 가격에 민감하며 브랜드에 무관심한 구매자, 그 위 4번째 수준은 습관적으로 구매하며 브랜드를 바꿀 이유가 없는 만족하는 구매자, 그 위 3번째 수준은 전환 비용을 심각하게 생각하는 만족하는 구매자, 그 위 2번째 수준은 브랜드를 좋아하고 친구처럼 생각하는 구매자, 그리고 가장 위 1번째 수준은 헌신적인 구매자로 계층적으로 구조화하였다.

이러한 위계 구조는 아커 스스로도 밝혔듯이 정형화된 것이 아니다. 제품과 시장의 특성에 따라 각 단계의 구분이 모호할 경우도 있으며, 또 여러 단계의 특성이 혼합되어 나타나기도 한다. 따라서 이렇게 구분할 수도 있다는 점을 바탕으로 소비자의 특성에 맞게 브랜드로열티 관리 전략을 수립할 수 있는 유연한 발상이 더 중요하다.

로열티 수준에 대한 아커의 접근 방식과는 달리 소비자의 태도와 행동에 대해 더 집중적으로 접근한 연구들도 있다. 앞에서 말한 바와 같이 브랜드로열티에는 소비자의 태도와 행동이 포함되어 있다. 브랜드로열티에 관한 연구에서 초기에는 주로 반복구매, 구매패턴 등 주로 구매행동에 초점이 맞추어져 있었다. 이러한 구매행동으로 나타나는 브랜드로열티를 '행동적 로열티(behavioral loyalty)'라고 한다. 이후 행동적 로열티의 한계에 대한 지적에 따라, 그것에 대응하는 '태도적 로열티(attitudinal loyalty)'의 개념이 등장하였다.

행동적 로열티가 주로 반복구매 행동(repeated purchasing behavior)에 관한 것이라면 태도적 로열티는 주로 정서적 애착(emotional attachment)과 관계 된다.[20] 행동적 로열티 중에는 '가짜 로열티(spurious loyalty)'가 숨어있는데 이는 진짜 로열티와 구분하기가 어렵다.[21] 이 가짜 로열티를 파악하기 위해서 딕과 바수(Dick and Basu)[22]는 소비자들의 브랜드에 대한 태도에서 상대적 태도(relative attitude)라는 개념을 도출하였다. 상대적 태도란 여러 브랜들 중에서 특정 브랜드에 대해 소비자가 갖는 긍정적 혹은 부정적 구매 태도를 말하는 것이다. 이 상대적 태도와 구매빈도를 다음 표와 같이 교차 배치하여 비교함으로써 로열티의 정도를 파악할 수 있다고 주장한다. 이 표가 나타내는 것처럼 반복구매의 빈도가 높다고 해서 반드시 브랜드로열티가 높은 것은 아니라는 주장이다.

		반복 구매 정도	
		높음	낮음
상대적 태도	높음	로열티	잠재 로열티 Latent Loyalty
	낮음	가짜 로열티 Spurious Loyalty	로열티 없음 No Loyally

특히 상대적 태도가 낮은 소비자들은 습관적 구매 혹은 구매 상황에 따라 구매하는 것으로 상황이 변하면 언제든지 다른 브랜드를 선택할 수 있다는 것이다. 즉 가짜 로열티는 결국 강한 '행동적 로열티'와 낮은 '태도적 로열티'로 구성되어 있다는 뜻이다. 따라서 진짜 브랜드로열티를 강화하기 위해서는

태도적 로열티가 더 중요하다는 설명이다. 이러한 태도적 로열티를 인지적 로열티(cognitive loyalty), 감정적 로열티(affective loyalty), (행동)의도적 로열티(conative loyalty) 등으로 구분하여 이를 3단계 혹은 3차원 로열티로 단계화하기도 한다. [23]

여기서 인지(cognition), 감정(affect), 의도(conation/behavioral intention)를 하나의 과정으로 패턴화하는 주장이 있는가 하면 서로 영향을 주는 인과관계로 보는 주장도 있다. 이 세 가지 유형이 과정이든 인과관계이든 결과적으로 행동적 로열티로 나타나야 하기 때문에 여기에 행동적 로열티(action(behavioral) loyalty)를 추가하여 4단계 로열티로 정의해야 한다는 주장도 있다.

로열티와 파워

요약하면 브랜드에 대한 모든 경험과 그 경험에서 비롯된 품질인식과 기억이 브랜드인지도로 나타나며, 그리고 그 기억이 형성하는 연상이미지와 정서적 감성적 애착, 그리고 기능적 위험을 비롯한 여러 가지 위험 제거에 대한 혜택과 신뢰, 이러한 것들을 바탕으로 하는 태도적 로열티와 행동적 로열티의 표현이 브랜드로열티이다.

브랜드로열티의 궁극적 지향은 브랜드자산 또는 브랜드파워다. 브랜드파워의 관점에서 보면 브랜드로열티는 동일한 작용의 상대적 표현일 뿐이다. 브랜드로열티에서 로열티의 의미가 우리말 충성보다 폭넓은 의미를 갖는다고 해서 충성의 의미가 전혀 없어지는 것이 아닌 만큼 브랜드로열티와 상대 되는 개념은 브랜드파워가 된다. 파워, 즉 힘의 물리적 현상이나 권력의 현상에서나 힘(파워)이 작용하면 반대로 그 힘(파워)에 대응하는 작용이 발생하는 것은 당연한 현상이다. 이와 마찬가지로 브랜드파워는 로열티가 있으므로 해서 가능한 것이며, 로열티는 결국 파워를 형성하는 근원이다. 즉 브랜드파워와 브랜드로열티는 동일한 개념에 대한 상대적 용어일 뿐이며, 브랜드로열티의 요인들은 모두 브랜드파워의 요인이 될 수 있는 것이다.

Chapter 02

브랜드의 주요 용어와 개념

들어가며 용어를 알면 전체가 보인다

1) **브랜드인지도(Brand Awareness)** 알지 못하면 없는 것과 같다
   - recall(회상)과 recognize(재인, 인식)
   - 인지도
2) **브랜드연상(Brand Association)** 자연스럽게 떠오르는 무의식적 사고
3) **품질인식(지각된 품질, Perceived Quality)** 소비자는 품질을 제대로 알 수 있는가?
4) **브랜드아이덴티티와 브랜드이미지** 무엇이 먼저인가?
   - 브랜드아이덴티티, 용어의 혼란
   - 브랜드아이덴티티의 두 가지 의미
   - 브랜드이미지(Brand Image)와 브랜드 이미저리(Brand Imagery)
5) **브랜드계층구조(Brand Hierarchy)** 아이덴티티의 충돌 혹은 조화
   - 브랜드아이덴티티와 브랜드이미지에 미치는 영향
   - 마케팅 커뮤니케이션의 효율성에 미치는 영향
   - 브랜드계층구조와 집단정체성

들어가며

용어를 알면 전체가 보인다

지금까지 브랜드의 존재 이유라고 할 수 있는 브랜드자산, 브랜드파워, 브랜드로열티 등을 먼저 다루었다. 일상적으로 사용되는 단어들이 특정한 이론의 용도로 사용되면 용어가 된다. 브랜드에서도 많은 용어들이 사용된다. 이러한 용어들의 개념을 이해하는 것이 브랜드를 이해하는 지름길이 될 수 있다.

브랜드인지도, 브랜드연상, 품질인식(지각된 품질), 브랜드아이덴티티(Brand Identity)와 브랜드이미지(Brand Image), 브랜드계층구조(Brand Hierarchy) 등은 용어의 개념보다 현실적으로 나타나는 현상의 이해가 더 중요하다. 따라서 기존 이론들을 맹목적으로 수용하기보다 현실적인 문제를 직시할 수 있어야 한다. 이론이 틀리지는 않으나 항상 현실적이지는 않다. 브랜드도 전쟁과 비슷하다. 전략을 배우되 전장에서는 잊어라, 현장에 맞는 전략을 생각하라는 말이 있다.

왜냐하면 브랜드와 전쟁은 정답이 있는 문제가 아니라 해결해야 하는 문제들이기 때문이다. 이론을 통해서 정답을 찾는 것이 아니라 전략적 사고를 통해서 해결책을 찾아야 한다. 그러한 과정에서 필요한 것을 논의해 보고자 한다.

1) 브랜드인지도(Brand Awareness)

알지 못하면 없는 것과 같다

흔히 '코기토Cogito'*라고 줄여서 부르기도 하는 데카르트의 "나는 생각한다, 고로 존재한다"라는 유명한 명제가 있다. 이는 "나는 기억한다. 고로 존재한다"라는 의미도 된다.

기억 속에는 나의 모든 것이 들어 있다. 만남과 이별 그리고 많은 이야기들과 이미지들이 들어 있다. 뿐만 아니라 마음의 상처와 기쁨, 즉 희노애오욕(喜怒愛惡欲)과 자존심, 살아야 할 이유, 자아와 자아 정체성이 들어 있다. 그리고 나와 관련된 사물, 특히 나의 소유물에 대한 이야기도 기억 속에 있으며 그것은 내 정체성의 일부가 된다.

기억은 브랜드에서도 그대로 적용된다. 브랜드는 소비자의 기억에 의해 존재한다. 소비자의 기억 속에 없다면 브랜드는 존재하지 않는 것과 같다. 단지 하나의 어떤 사물에 지나지 않는다.

소비자의 기억 속에는 브랜드네임뿐 아니라 그 브랜드에 포함되는 기업, 상품, 서비스, 포장, 관련된 여러 가지 사건과 상황 즉 스토리, 그리고 느낌과 감정이 함께 뒤엉켜 기억된다. 이 기억 중에 브랜드아이덴티티를 대표하는 브

* Cogito ergo sum

랜드네임이 소비자 마음 속에 얼마나 강력하게 기억되어 있는가의 척도를 '브랜드인지도'라고 하며, 그 외 나머지 모든 기억들은 브랜드연상이미지라고 할 수 있다. 연상(聯想)이란 하나의 관념이 그것과 연관된 다른 관념을 불러일으키는 것인데, 쉽게 말하자면 기억 속에 연결된 이미지들을 말한다. 결국 브랜드에 대한 소비자의 기억은 브랜드네임에 대한 기억 강도(强度)와 브랜드연상이미지로 구분하여 생각할 수 있으며, 브랜드네임의 기억 없이는 연상이미지도 있을 수 없다. 따라서 브랜드인지도는 브랜드 마케팅에 있어서 그 시작이자 가장 중요한 부분이다.

• recall(회상)과 recognize(재인, 인식)

여기서 인지도란 기억인출에 관한 척도를 말하는 것이다. 기억인출은 이분법적으로 '있다' '없다'로 구분되는 것이 아니라 얼마나 많이 그리고 얼마나 선명하고 뚜렷하게 기억되는가 하는 양적 질적 수준으로 평가되며, 이러한 기억인출의 유형에는 recall(회상)과 recognize(재인, 인식)이 있다. 즉, 브랜드인지도(Brand Awareness)는 잠재적 소비자가 해당 제품군 중에서 특정 브랜드네임을 얼마나 '회상(brand recall)' 혹은 '재인(brand recognition, 인식)'하고 있는가의 척도이다.

상기도 테스트(recall test, 회상 조사) 중, 잠재 소비자를 포함한 소비자들에게 특정 상품군에서 무작위로 기억나는 브랜드네임을 질문하였을 때 응답하는 것을 '회상'이라고 하며, '회상'에서 가장 먼저 응답한 비율을 '최초 상기도(top of mind awareness)'라고 한다. 그리고 답변자에게 특정한 브랜드네임을 제시하고 그것을 알고 있는가라는 질문에 응답하는 것을 '재인'라고 한다. '회상'과 '재인'의 차이는 쉽게 말해서 브랜드네임을 얼마나 알고 있는가 하는 질문에서 주관식과 객관식의 차이라고 할 수 있다.

우리나라에서는 회상을 '비보조 상기(想起)' 혹은 '비보조 인지'로, 재인을 '보조 인지'라는 용어로 번역하여 사용하기도 한다. '비보조 상기'와 '보조 인지'라는 용어를 잘못된 표현이라고 할 수는 없지만 정확하지는 않다. 다만 편리하게 사용할 수 있다는 점에서는 오히려 적절한 용어 선택이라고 할 수 있다.*

기억인출에서 회상은 무엇인가를 자연스럽게 기억해내거나, 어떤 특정한 계기에 의해서 무엇인가 연상되어 기억이 나는 것을 말한다. 따라서 무조건 주관식이라고만 할 수 없다. 그리고 재인은 한마디로 '알아 보는 것'을 뜻한다. 말하자면 'ㄱ'자를 보고 '기역'이라고 알아보는 것, 친구 얼굴을 알아보는 것을 재인이라고 한다. 만약 '낫'을 보고 'ㄱ'이라는 글자를 떠올리거나, 또는 연관된 어떤 다른 사물이나 사건을 떠올리는 것을 회상이라고 하며, '낫'을 보고 무슨 글자를 닮았는가라는 질문에 '기역'이라고 답하면 단서회상 혹은 재인에 해당된다. 또 다른 예로서 가령, 예술의 전당 앞을 지나가면서 음악회 포스터를 보다가 문득 '소나타'라는 자동차 브랜드를 떠올리는 경우는 회상이며, '소나타' 자동차의 특정한 부분의 형태를 보고 그 차의 브랜드가 '소나타'라는 것을 알아채면 단서회상 혹은 재인에 해당된다. 여기서 단서회상과 재인의 구분은 질문방법에 따라 달라지는데 간혹 그 구분이 모호해질 수 있다.

그러나 많은 브랜드 이론에서는 인지도를 단계적으로 구조화하여 브랜드네임의 기억인출 단계에서 가장 아래 쪽에 전혀 모르는 '무인지(無認知 unaware)' 단계를 두고 그 위의 단계에 '보조 인지도(brand recognition)', 그리고 그 위에 '비보조 상기도(brand recall)', 가장 위 꼭대기에 '최초 상기도(top of mind awareness)'를 두는 순서의 형태, 즉 일종의 피라미드형 구조의 이론으로

---

* 그러나 'recall(회상)'과 'recognize(재인, 인식)'의 차이가 단지 주관식과 객관식의 차이인 것만은 아니며, 또한 모든 외국어 언어의 번역이 그러하듯이 'recall(회상)'을 '비보조 상기(想起)', recognize(재인)을 '보조 인지'라는 등식이 성립되지 않는 언어의 미묘한 개념적 차이가 있다.

정형화 혹은 일반화하고 있다.

일반적인 경우에는 대부분 재인이 회상보다 쉽기 때문에 이러한 단계적 이론이 브랜드인지도를 쉽게 이해하는 데 매우 유용한 이론이라고 할 수 있다. 다만 변화의 가능성이 많은 전략적 판단을 특정한 이론으로 정형화하는 것은 치열한 마케팅 전쟁에서 자칫 전략적 오류를 범할 가능성도 있다는 점을 유의해야 한다.

문제는 기억인출 방식에서 재인이 회상보다 항상 낮은 수준, 즉 쉽다고 단정할 수 없다는 점이다. 예를 들어 자동차 브랜드의 상기도 테스트에서 '람보르기니'를 대답한 사람이 정작 그 차를 보면서도 람보르기니인지 모른다면 회상은 하였지만 재인(단서회상)은 하지 못한 것이 된다. 이러한 경우는 교육, 뉴스, 입 소문 등을 통해서 언어적으로는 기억하고 있지만 그 실체를 모르는 경우에 해당된다. 이와 유사한 다른 사례로 클래식 음악에 대한 상기도 테스트에서 베토벤의 교향곡 5번 '운명(運命)'을 답변(회상)하는 사람이 많지만, 막상 그 음악의 2~4악장의 일부를 들려주면 많은 사람들이 무슨 음악인지 알지 못한다. 즉 제목은 회상하였지만 음악을 들으면서 청각적으로는 재인하지 못한 결과이다. 또 다른 사례로서 '지고이네르바이젠(Zigeunerweisen)'이라는 음악을 아는가라는 질문에 많은 사람들이 모른다고 답한다. 그런데 막상 이 음악을 들려주면 대부분 '아~ 들어 봤다'라고 대답한다. 이 경우는 제목(언어)과 듣기(청각) 두 가지 모두 재인에 관한 질문에 해당되는데, 제목(언어)에 대한 기억이 없기 때문에 재인이 불가능하였으며, 청각적 기억인출에 의한 재인은 이루어진 것이다.

이러한 사례는 마치 마케팅의 관여도 모델[24]과 유사한 현상처럼 제품의 특성과 구매 과정에서 소비자 태도에 따라 회상과 재인 중에 더 중요한 경우가 달라지게 된다는 점을 시사하고 있다. 언어적 요인보다 시각적 혹은 감각적 요인이 더 중요한 제품의 경우, 그리고 백화점이나 온라인 쇼핑몰 등에서 회상이 필요없을 만큼 모든 브랜드가 한눈에 비교되는 구매 상황 등의 경우에서는 재인이 더 중요한 경우도 있다. 물론 마케팅 전략에서는 항상 똑같은 원칙이 적용되는 것이 아니기 때문에 제품의 특성과 시대 상황, 그리고 소비자 구매 환경 등에 따라 그 중요도에 대한 선택은 신중하게 결정해야 한다.

• 인지도

사람들이 한두 번 만난 사이에서는 '잘 안다'는 표현을 쓰지 않는다. 대신에 만난 적 '있다'라고 표현한다. 여기서 '있다'라는 표현은 존재를 인지하고 있다는 의미이다. 사람과 사람의 관계는 내가 잘 알아도 상대가 나를 모르거나 내가 친하다고 생각해도 상대가 그렇지 않으면 친한 것이 아니다. 즉 상호적 관계에서는 존재를 인지하는 것만으로는 '안다' 즉 친숙하다는 표현을 하지 않는다. 그러나 사물이나 브랜드에 있어서 '안다'는 표현은 그 의미가 다르다. 김춘수가 그의 시 '꽃'에서도 말하였듯이 이름을 부르게 되는 순간부터 존재의 의미가 생긴다. 들이나 산에서 이름 모르던 꽃이나 나무의 이름을 알게 되면 바로 친숙해지기 시작한다. 즉 사물이나 브랜드에서는 인지가 친숙함으로 가는 첫 단계이다. 즉 인지도가 높다는 것은 그만큼 친숙해지기 쉽다는 것, 그만큼 선호도가 높아진다는 것을 의미한다.

인지도 중에서도 '최초 상기도(top of mind awareness)'가 가장 높은 브랜드가 선호도가 높을 가능성이 크기 때문에 같은 상품군에서 인지도가 높은 상위 그룹의 제품들은 저마다 최초 상기도를 확보하기 위하여 치열하게 경쟁한다. 반면 신제품이나 인지도가 낮은 제품들은 조금이라도 브랜드 회상과 브랜드 재인율을 높이기 위해 안간힘을 쓴다. 특히 브랜드 커뮤니케이션(주로 광고) 예산이 부족한 영세기업에서는 브랜드 회상은 엄두를 내지 못하고 약간의 브랜드 재인이라도 확보하고 싶어한다.

그러나 문제는 비용이다.

브랜드인지도를 높이기 위해서는 커뮤니케이션까지는 아니더라도 최소한의 접촉(contact)이 이루어져야 한다. 커뮤니케이션을 넓게 생각하면 접촉까지 포함할 수 있다. 광고 미디어에서는 노출(exposure)이라는 용어를 사용한다. 노출이든 접촉이든 브랜드 커뮤니케이션이 이루어져야 브랜드를 인지할 수 있으며 브랜드 커뮤니케이션이 많을수록 인지도가 높아질 가능성이 커진다. 그리고 거의 모든 형태의 브랜드 커뮤니케이션에서는 비용이 발생한다.

비용을 넉넉히 사용할 수 있는 대기업의 브랜드전략은 거의 비용을 사용할 수 없는 기업에 비하면 상대적으로 수월하다. 그럼에도 대기업이 브랜드전략에서 실패하는 경우는 대부분 브랜드 담당자나 최고 의사결정권자의 판단 실수나 안이함에서 비롯된다.

즉 브랜드인지도는 대체로 브랜드가 소비자와 접촉한 빈도에 비례한다. 여기에 브랜드 커뮤니케이션의 크리에이티브가 그 투입 비용의 효율성을 좌우한다. 따라서 브랜드인지도는 결과적으로,

'비용(커뮤니케이션 투입비용)×기간(접촉 기간)×크리에이티브=브랜드인지도'

라고 할 수 있다. 여기서 같은 비용을 들이더라도 높은 효율을 얻기 위해서는 브랜드 커뮤니케이션에서 세 가지 전략과 크리에이티브가 필요하다.

1. 커뮤니케이션 기본전략 : 시장세분화, 타깃설정, 브랜드 포지셔닝, 브랜드 커뮤니케이션 핵심 콘셉트 등

2. 미디어 전략 : 비용 대비 가장 효율적인 미디어 활용 방안, 특히 커뮤니케이션에 투입할 예산 확보가 어려운 소규모 기업의 경우, 저비용 미디어 전략은 대기업과 확연히 달라야 한다.

3. 크리에이티브 : 비용의 열세를 극복할 수 있는 유일한 방안은 한마디로 '죽이는 아이디어(killer idea)'에 의한 크리에티브한 표현뿐이다. '죽이는 아이디어(killer idea)'는 표현뿐 아니라 커뮤니케이션 기본 전략과 미디어 전략에서도 필요하다.

예를 들면 이순신 장군의 전략은 한마디로 창의성이 바탕이다. 승리가 거의 불가능한 상황에서 패하지 않기 위한 전략은 가능한 모든 아이디어를 쥐어짜내어도 부족하다. 그러나 절박함 속에서 승리와 생존을 위한 아이디어를 만들어 내기 위해 죽을 힘을 다해 머리를 짜고 또 짜내면 희미하게나마 아이디어의 실마리가 보인다. 크리에이티브란 광고나 디자인에만 적용되는 것이 아니라 모든 영역에 적용되는 것이다.

브랜드에 있어서 인지도는 그 시작이자 목표이다. 특히 처음 시작하는 기업이나 신제품은 브랜드인지도를 위해 모든 것을 집중해야 한다.

2) 브랜드연상(Brand Association)

자연스럽게 떠오르는 무의식적 사고

브랜드자산 혹은 브랜드파워를 구성하는 요소들 중에 브랜드인지도, 품질인식(지각된 품질), 브랜드연상, 브랜드충성도 이 네 가지 요소들은 각각 독립적인 개념들이 아니라 서로 인과관계를 가지고 있다. 특히 브랜드인지도와 브랜드연상은 기억인출이라는 하나의 현상을 인위적으로 구분한 것뿐이다.

특정 브랜드네임을 회상하거나 재인할 때 그 이름만 떠오르는 것이 아니라 그 브랜드와 관련된 여러 가지가 함께 떠오르게 되는데 이것을 브랜드연상이라고 한다. 즉 회상 또는 재인이 연상과 따로 나타나는 것이 아니라, 동시에 나타나는 기억인출 현상이다. 다만 이것을 구분하여 개념화함으로써 브랜드에 대한 소비자의 기억과 심리적 작용을 이해할 수 있다.

회상과 재인 없이는 연상도 없는 것처럼, 다른 관점으로 보면 연상작용 없이 회상이나 재인이 일어날 수도 없다. 비보조상기도 조사(unaided recall test)에서 특정 상품군의 브랜드네임을 대답하려는 소비자가 아무런 단서 없이 브랜드네임을 회상하기는 어렵다. 최초상기도에 해당되는 브랜드네임은 무의식적으로 응답하는 경우도 있겠지만 대부분 응답할 브랜드네임을 기억에서 꺼내기 위해, 즉 회상하는 과정에서 무엇인가 연관된 것을 거치게 된다. 또한 보조인지도 조사(aided recall test)에서 단서회상이나 브랜드 재인의 경우에는 브랜드에 관한 작은 단서가 주어지면 그 나머지 부분이 연상되면서 브랜드네임을 회상 혹은 재인하게 된다. 따라서 회상과 재인은 연상작용의 일부라고 할 수 있다.

BMW자동차 정면 라디에이터그릴의 일부분을 보여주면서 무엇인지 질문하였을 때 자동차에 관심 많은 사람들은 거의 브랜드네임을 대답하였다. 유사한 방법으로 베네통 광고사진을 어떤 브랜드인지 알 수 없도록 로고를 지우고 똑같이 질문하였을 때에도 많은 사람들이 브랜드네임을 대답하였다. 이러한 현상은 기억인출 과정에 연상작용이 함께 일어난다는 것을 입증하는 것이다.

따라서 브랜드연상을 어떻게 관리해야 하는가 하는 문제는 브랜드이미지뿐 아니라 인지도를 높이기 위해서도 매우 중요한 사항이다.

원래 연상(聯想, association)*이라는 개념과 용어는 홉스, 로크, 흄 등을 비롯한 17~18세기 영국의 경험론 철학자들이 관념(idea)의 형성에 관하여 설명하기 위해서 사용한 데에서 비롯되었다. 아리스토텔레스가 이매지네이션의 연속성에 대해 언급한 이후 이 문제에 다시 결정적으로 손댄 것은 홉스라고 할 수 있다.[25]

홉스는 『리바이어던』에서 연상(association)이라는 용어는 사용하지 않았지만, '이매지네이션의 영향/인과(consequence) 또는 계열(Train)'**이라는 제목으로 하나의 생각이 다른 생각으로 이어지는 연상의 개념에 대한 담론을 제시하였는데 이를 '마음의 담화(mental discourse)'라고 표현 하였다. 생각의 계열(Train) 혹은 '마음의 담화(mental discourse)'란 사람이 어떤 것을 생각할 때 그것에 이어서 계속되는 생각을 말하는 것이며, 이 생각은 우연히 일어나는 것만이 아니라 이미 비슷한 경험을 한 것에서 비롯된다. 그리고 여기에는 두 종류가 있는데, 첫 번째는 '유도되지 않거나 의도하지 않은' 일정하지 않은 생각이며, 두 번째는 어떤 욕구나 의도에 따라 '규제된(regulated)' 어느 정도 지속성을 갖는 생각이 있다고 하였다. 즉 연속적으로 이어지는 이매지네이션(상상)의 과정을 하나의 새로운 개념으로 제시하였다.***

---

* 우리나라에서는 'association'을 연상(聯想)이 아니라 '연합(聯合)'으로 표현하여야 한다는 주장도 있다.

** Of the Consequence or Train of Imaginations

*** 이러한 홉스의 견해를 비판적으로 발전시킨 로크는 『인간지성론』에서 '관념의 연합에 관하여(Of the Association of Ideas)'라는 소제목으로 '연상(聯想, association)'이라는 용어를 제시하였는데, 이것은 마음이 자발적으로 또는 우연히 이루어지는 것이며, 따라서 사람마다 그들의 성향, 교육, 관심 등에 의해서 제각각 다르게 형성되는 것이라고 하였다. 그러기 때문에 로크는 연상을 위험한 것이라고 하였다. 연상은 서로 다른 관념들을 불합리하게 관련을 맺거나 거짓된 추리로 인하여 이성의 눈을 가리게 한다고 보았다. 이후 데이비드 흄(David Hume, 1711~1776) 역시 『인간 이해력에 관한 연구(Enquiry concerning Human Understanding)』에서 로크와 똑같이 '관념의 연합에 관하여(Of the Association of Ideas)'라는 소제목으로 연상에 대하여 견해를 밝히고 있는데, 그는 여기서 '생각의 연결(connection)'에는 오직 세 가지 법칙만이 있다고 하였다. 유사성

이에 반해 미국의 심리학자 윌리엄 제임스(William James, 1842~1910)는 연상(association)에는 기본적 인과법칙은 없으며, 모든 연상들은 자연발생적 과정에 의한 것들이며 의지와는 관계없이 나타난 것들이라고 하였다. 또한 유사성 역시 기본 법칙이 아니며 다만 흔히 있는 인과적 작용원의 결과일 뿐이라고 함으로써 유사성의 연합을 독립된 기본 법칙으로 하는 학자들의 견해를 비판하였다.[26]

그리고 연상을 통하여 상상, 연역, 귀납, 지각 등이 가능하며 따라서 연상의 차이가 능력의 차이가 된다고 하였다. 이러한 관점에서 연상과 관련된 몇 가지 개념을 정의하였는데, ㅡ

> '기억'은 과거에 속해있다고 알고 있는 이미지들과 함께 연상(association 연합)되는 현재 이미지이다.
> '기대'는 기억과 동일하지만 다만 과거가 미래로 대치된 것이다.
> '공상'은 시간 순서 없는 이미지들의 연상(association 연합)이다.
> '믿음', 현재 감지할 수 없는 어떤 것에 대한 믿음은 그것의 이미지를 어느 정도의 현재 감각과 함께 확고하게 연상(association 연합)하는 것이다.
> '판단'은 어떠한 명제를 판단할 때 그와 유사한 명제를 연상(association 연합)해서 진실의 관념을 적용하는 것이다.

즉, 윌리엄 제임스는 연상을 상상, 연역, 귀납, 추리, 판단, 지각 등의 지적 활동에서 필연적으로 나타나는 심리적 과정으로 설명하였다.

연상에 대한 여러 학자들의 견해들이 제각기 다르기는 하지만, 개인의 의지와 관계없이 자연발생적으로 또는 우연히 나타나는 기억의 연속적인 인출로써 일정하지 않으며, 사람마다 제각각 다르게 형성되는 것이라는 점에서는 대체로 일치한다.

(Resemblance)의 법칙, 시간 혹은 공간에 있어서의 근접성(Contiguity)의 법칙, 그리고 원인 혹은 결과(Cause or Effect)의 법칙 등 이 세 가지 법칙만이 관념들을 연결하는 데 쓰인다고 하였다.

이것을 바꾸어 말하면 연상은 비논리적인 것으로서 추리나 판단과는 다르다는 것이다.

즉, 연상은 인간의 사고 행위 중에 가장 자유로운 방식의 사고이다. 연상은 의식적으로 하는 것이 아니라 자연스럽게 떠오르는 무의식적 사고이다. 따라서 홉스가 말한 두 번째 종류의 연상, 즉 어떤 욕구나 의도에 따라 '규제된(regulated)' 연상이란 엄밀히 말해서 연상이라고 할 수 없다. 무엇인가에 대해서 의식적으로 연상을 한다는 것은 결과적으로 추리를 하는 것이기 때문에 따라서 그것은 연상이라기보다 추리를 위한 이매지네이션(상상), 즉 유추(類推 analogy)라고 하는 것이 적절할 것이다.

추리와 연상은 완전히 다른 사고 방식이다. 추리는 보편적이며 이치에 맞는 사실을 찾아가는 사고의 과정이다. 추리는 모든 사람들이 동의할 수 있는 결과를 요구하지만, 연상은 이치에 맞을 필요도 없으며 다른 사람들의 동의도 필요없다. 연상은 이매지네이션(상상)보다 더 자유롭고 제약이 없다. 이매지네이션(상상)은 논리적이지는 않지만 공감을 추구한다. 그리고 이매지네이션(상상)은 어떤 결과를 기대하지만 연상은 기대하는 것이 없다. 연상 이후에 이어지는 생각의 연속은 그 목적에 따라 이매지네이션(상상), 추리, 판단 등이 된다.

즉, '연상(association 연합)'이라는 의미에 가까운 것은 홉스의 '유도되지 않거나 의도하지 않은' '마음의 담화(mental discourse)'와 로크가 말한 '마음이 자발적으로 또는 우연히 이루어지는 것'이라고 할 수 있으며, 특히 윌리엄 제임스가 말한 대로 '자연발생적 과정에 의한 것들이며 의지와는 관계없이 나타난 것들'이라는 표현이 정확하다.

흔히 '연상작용' '연상력'이라는 표현을 하는데 이러한 표현에서는 연상은 분명히 어떤 작용 혹은 그 과정이라고 할 수 있다. 그러나 '연상된 것', '무엇이 연상되었다'라고 하면 그것은 연상의 결과물을 칭하는 것이 된다. 또한 연상이 기억 속에서 나온 것이라면 기억 속에 잠재적으로 저장 혹은 보유된 것이라고 할 수 있다. 즉 '기억된 것' 그것이 회상이든 재인이든 기억 속에서 무엇인가를 끄집어낸 상기(想起)의 결과물이라면, 연상이란 '과정'이기도 하지만 '연상된 결과'를 말하기도 한다.

무의식적인 연상의 과정은 무의식적인 회상의 연속으로써 자유로운 연상이며 그 결과들 역시 자유로운 관념들이다. 의도적인 연상의 과정은 상상, 추리, 판단하는 사고 행위의 과정이며, 그 결과는 상상된 무엇, 혹은 새로운 발상, 추리된 보편적 의견 혹은 사실, 논리적 결과, 비교된, 분석된 결과 등이 있다. 따라서 의도적인 연상은 연상이라고 할 수 없는 것이다.

연상, 연합 (association)	무의식적인 연상	과정	자유 연상
		결과	자유로운 관념 (이미지)
	의도적인 연상 (연상이 아님)	과정	상상, 추리, 판단
		결과	새로운 발상, 논리적 결과, 사실(fact) 등

연상이란 무의식적 기억(회상)의 연속이기 때문에 연상의 결과인 자유로운 관념들은 모두 이미지라고 할 수 있다.

브랜드연상이라는 것은 브랜드에 대한 소비자들의 추측이나 판단이 아니라 브랜드와 관련된 자유로운 회상들이다. 따라서 소비자들의 브랜드연상의 결과들은 모두 브랜드이미지들이다. 그리고 소비자들의 추측이나 판단은 이미지가 아니라 '품질인식'이거나 소비자들의 '브랜드 지식'에 해당된다. 따라서 '브랜드연상'과 '브랜드이미지'라는 용어의 개별적 사용보다 '브랜드연상이미지' 혹은 '브랜드이미지'로 하나의 용어를 사용하는 것이 개념적 혼란을 최소화할 수 있을 것이다.

3) 품질인식(지각된 품질, Perceived Quality)

소비자는 품질을 제대로 알 수 있는가?

'Perceived Quality'를 우리나라에서는 주로 '지각된 품질'로 번역하여 사용한다. 최근에는 '인식된 품질' 혹은 '소비자가 인식하는 품질'로 번역하기도 하지만 이미 '지각된 품질'이라는 문구는 하나의 특별한 용어처럼 사용되고 있다. 그러나 '지각된 품질'이라는 표현은 '지각'이라는 용어와 수동태 표현이라는 점에서 어색하다. 브랜드와 마케팅 분야에서 사용하는 'perceived quality'의 전반적인 개념은 '지각'보다는 '인식'에 해당된다. 그리고 영어에서는 수동태 표현이 자연스럽지만, 그것을 그대로 직역하면 우리 말에서는 대부분 어색해진다. 또한 '품질'이 인식되었다면 그것은 품질이 아니라 '인식'인 것이다.

따라서 '지각된 품질'보다는 '인식된 품질'이 적합하며, '인식된 품질'보다는 '소비자가 인식하는 품질'이 보다 정확한 표현이라고 할 수 있다. 그러나 굳이 소비자를 지칭하지 않으면서도 perceived quality가 의미하는 바에 가장 가까운 표현은 '품질인식'이 더 적합하다.

품질인식 (Perceived Quality)

1975년 펩시는 블라인드 맛 테스트(blind taste test)로 유명한 펩시콜라의

현장 증언식 광고캠페인(The Pepsi Challenge taste test ad campaign)을 전개하였다. 현장에서 소비자가 어떤 브랜드인지 모르게 가린 상태에서 두 잔의 콜라를 마시게 한 뒤, 그 중 더 맛있는 것을 선택하게 하는 광고이다. 완전히 현실을 있는 그대로 보여주는 생생한 증언식 광고로써 신뢰도가 높은 광고 형식이다.

이 블라인드 테스트에서 많은 소비자들이 펩시콜라가 더 맛있다는 결과를 보여 주었다. 펩시의 도전(Pepsi Challenge)으로 불리는 이 광고캠페인은 소비자에게 코카콜라가 더 맛있다고 생각하는 것은 선입견이며 실제는 펩시가 더 맛있다는 점을 소구하는 도전적 메시지를 담고 있었다. 이 광고캠페인은 당시 상당히 화제가 되었으며 일견 성공한 광고로 보였다. 실제로 광고에 대한 주목도와 인지도 면에서는 크게 성공하였다.* 그럼에도 펩시콜라는 코카콜라 소비자 마음을 돌려놓지는 못했다. 맛이라는 품질에 대한 객관적인 평가와 그것을 알리고 화제거리로 만드는 데에는 성공하였지만, 소비자의 브랜드로열티를 바꾸지 못하였다.

블라인드 테스트(Blind Test)를 해보면 누구나 품질에 관해서 제대로 알

* 이 광고는 블라인드 테스트(Blind Test)라는 조사방식을 일반 소비자들에게 알려준 계기가 되었다.

수 없음을 깨닫게 된다. 소리만 듣고 좋은 오디오 제품을 선택해야 하는 경우 웬만한 전문가 아니면 제대로 선택하기 어렵다. 맛을 보고 고급 와인을 선택해야 하는 경우도 역시 비슷하다. 소리와 맛뿐 아니라 거의 모든 제품에 있어서 대부분의 소비자는 품질을 제대로 알기 어렵다. 유해 물질이 포함된 식품이나 제품의 유해성을 전혀 알지 못하고 사용하다가 뒤늦게 후회하기도 한다.

누구나 막연히 품질에 대해 말하지만 소비자가 실제의 품질을 안다는 것은 애당초 어려운 일이다. 품질이라는 개념이 분명히 제품에 관한 것이기는 하지만, 어떤 제품의 품질이 아무리 우수하더라도 그것을 내가 인식하지 못하면 아무 의미가 없다. 특히 요즈음처럼 제조공정이 복잡한 상황에서는 재료와 성분, 제조 공법 등 품질에 수많은 변수들이 존재하기 때문에 '실질적 품질(Actual quality)' 혹은 '제품기반 품질(Product based quality)'을 알 수 있는 방법은 생산 사양서에 의지하는 수밖에 없을 것이다. 그러나 이 방법도 불확실하다. 즉 생산자도 알 수 없는 부분들이 너무 많기 때문이다. 결국 소비자가 품질을 안다는 것은 소비자의 경험을 통해서 알게 되는 것이며, 여기서 경험은 직접 경험뿐 아니라 간접 경험까지 포함된다. 이렇게 경험을 통해 알게 된 품질에 관한 전반적 인식을 '품질인식(perceived quality)'이라고 한다.

지금은 '품질인식(perceived quality)'이라는 용어를 브랜드 분야에서 흔히 사용하고 있지만 일반적으로는 거의 사용하지 않았던 용어이다.** 이 용어가 브랜드와 마케팅 분야에서 하나의 개념으로 자리잡기 시작한 것은 1988년 밸

** 'perceived quality'이라는 문구는 이미 150여 년 전인 1886년 신학자 호레이스가 쓴 『보편적 의무의 원칙에 기초한 대속(代贖)』이라는 책에 사용된 기록이 있다. 그러나 여기서 사용된 'quality'의 의미는 제품의 품질이 아니라 사물 혹은 어떤 대상의 '질(質)'이라는 철학적 용어로 사용된 것이다. 이 'perceived quality'라는 문구는 호레이스 저술 이후 1950년대 초반까지 심리학과 철학 분야에서 사용된 사례들이 여러 건 발견되지만 대부분 '질(質)'이라는 의미로 사용하였거나 브랜드 혹은 마케팅과 특별한 관련이 없는 내용들이었다.

러리 자이텀(Valarie A. Zeithaml)의 논문 '가격, 품질 및 가치에 대한 소비자 인식'[27]에서 비롯되었다.* 이 논문에서 밸러리 자이텀은 'objective quality(객관적 혹은 실제 품질)'와 'perceived quality(품질인식)'라는 상반된 두 가지 품질의 개념을 제시하고 그 비교를 통해 소비자의 '품질인식'에 대해 다음 네 가지로 설명하였다.

(1) 객관적 또는 실제의 품질과 다르며,
(2) 상품의 특정 속성보다 높은 수준의 추상적 관념이며,
(3) 소비자의 포괄적 평가이며 경우에 따라서는 소비자 태도와 유사하다.
(4) 일반적으로 소비자의 환기상표군(evoked set) 내에서 내린 판단이다.

이러한 밸러리 자이텀의 견해를 바탕으로 아커는 'perceived quality(품질인식)'이란 고객의 인식이라는 점에서 '실질적 또는 객관적 품질(Actual or objective quality)', '제품기반 품질(Product based quality)', '제조 품질(Manufacturing quality)'과 다른 것으로서, 경쟁 브랜드와 비교해 제품이나 서비스의 전체적인 품질이나 우수성에 대한 고객의 인식으로 정의하였다.[28]

또한 '품질인식'은 고객이 브랜드에 대해 가지는 막연하고 총체적인 감정이지만 신뢰성, 성능과 같은 브랜드와 연관되는 제품의 특성을 포함하는 근본적 차원에 기초하는 것이 보통이다. 그러므로 '품질인식'을 이해하기 위해서는 이러한 근본적 차원을 정의하고 측정하는 것이 필요하겠지만, '품질인식'은 그 자체가 요약적, 전반적 구성체라고 하였다. 그러면서 '품질인식'이 기업활동에

---

* 그 이전에도 마케팅과 브랜드에 'perceived quality'이라는 용어를 이미 몇몇 학자들이 사용하여 왔다. 1960년대부터 미국 마케팅 분야의 몇몇 논문에서 간혹 등장하다가, 1970년 로버트 피터슨(Robert A. Peterson)의 논문 '격과 품질인식의 관계' 등을 비롯한 여러 논문에서 이 개념을 다룬 자료들이 발견된다.

기여하는 점에 대해 다음과 같이 설명하고 있다.

- 소비자가 브랜드를 선택하는 핵심적 이유가 된다.
- 해당 브랜드의 포지셔닝과 다른 제품과 차별화를 꾀할 수 있다.
- 가격 프리미엄을 확보할 수 있다.
- 유통구성원들에게 해당 브랜드를 취급고자 의욕을 높여준다.
- 신제품 개발을 통한 브랜드확장이 용이하다.
- 시장점유율에 영향을 미친다.
- 높은 가격과 시장점유율은 자연히 수익성을 높여준다.

'품질인식'의 혜택에 대한 설명에 이어서 아커는 '품질인식'을 어떻게 향상시킬 수 있는지, 또 무엇이 '품질인식'에 영향을 미치는지를 설명하고 있다.

이에 대해서 아커는 '품질인식'의 범주를 제품 분야와 서비스 분야로 나누고 제품 분야의 품질은 하버드대학의 데이비드 가빈(David A. Garvin)이 제시한 일곱 개의 품질 범주를 소개하였으며, 서비스 분야의 품질은 미국의 세 경영학자 파라슈라만(A. Parasuraman), 밸러리 자이텀, 베리(Leonard L. Berry)의 논문[29]을 인용하여 서비스 품질에 대한 고객의 인식 여덟 가지** 범주를 제시하였다.

제품품질에는 성능(Performance), 특징(Features), 사양과의 일치성(Conformance with specifications), 신뢰성(Reliability), 내구성(Durability), 서비스 능력(Serviceability), 맞음새와 끝마무리(Fit and finish) 등의 범주가 있으며, 서비

** 파라슈라만을 비롯한 세 학자의 논문에서는 여덟 가지가 아니라 다음과 같은 열 가지의 서비스 품질 결정요인을 제시하고 있다. 1. 접근성(Access), 2. 의사소통(Communication), 3. 역량(Competence), 4. 예의 바름(Courtesy), 5. 진실성(Credibility), 6. 신뢰성(Reliability), 7. 대응(Responsiveness), 8. 안전(Security), 9. 가시성(Tangibles), 10. 고객에 대한 이해(Understanding, Knowing the Customer)

스품질의 범주로는 가시성(Tangibles), 신뢰성(Reliability), 역량(Competence), 대응(Responsiveness), 공감(Empathy), 진실성(credibility), 믿음성(trustworthiness), 예의 바름(courtesy) 등을 제시하였다.

이외에도 소비자가 품질을 판단하는 데 '가격'도 중요한 변수가 된다고 하였다. 그러한 근거로서 가격을 올리자 판매량이 급증했던 '시바스 리갈(Chivas Regal)'[30]을 사례로 꼽았는데, 이 경우 제품 자체는 변하지 않았지만 가격이 품질의 단서로 작용한 것으로 보았다. 이때 가격에 대한 판단은 개인마다 다르며 제품군에 따라서도 다른데, 품질을 평가하기 어려운 제품군일수록 가격이 품질 단서가 되기 쉽다고 하였다.

이러한 아커의 브랜드 이론은 1991년에 저술한 것으로 다소 오래된 내용이지만 아직도 브랜드 실무분야와 학술 연구에서 유용하게 활용되고 있다.

품질인식과 브랜드이미지

그러나 여기서 한 가지 생각해 볼 점이 있다. 품질인식을 브랜드이미지와 독립된 별개의 개념으로 볼 것인가, 아니면 브랜드이미지에 포함된 하위 개념으로 볼 것인가이다.

품질인식에서의 '인식'은 사람의 사고 중에서 어떤 것인가? 관념 또는 이미지인가, 아니면 신념 또는 지식인가? 아니면 또 다른 무엇인가, 만약 이미지에 해당된다면 품질인식은 브랜드이미지에 포함되는 하위 개념이어야 하며, 신념 또는 지식이라면 품질인식을 독립된 개념으로 정의하든가 아니면 새로운 상위 카테고리가 필요할 것이다. 그리고 또 다른 유형의 관념이나 사고 행위이라면 이 역시 독립적 개념으로 정의해야 한다.

앞에서 밸러리 자이텀과 아커가 품질인식에 대해서 정의한 것 중에서 '인식'과 직접적으로 연관되는 내용을 다시 살펴보면, 자이텀은 "속성보다 높은 수준의 추상적 관념(abstraction)", "소비자의 포괄적 평가(global assessment)" "환기상표군 내의 판단(judgment)" 등으로 정의하였으며, 아커는 "우수성에 대한 고객의 인식(customer's perception)", "막연하고 총체적인 감정(intangible, overall feeling)", "요약적이며 전반적 구성체(a summary, global construct)" 등으로 정의하였다.

이러한 정의 중에는 추상적 관념, 총체적 감정 등과 같이 이미지에 해당되는 개념이 있는가 하면 평가, 판단 등과 같이 이성적 사유에 해당되는 개념도 있다. 품질인식이 막연하고 총체적인 감정이라면 이미지에 해당되는 것이며, 평가나 판단이라면 그것은 신념이거나 지식에 해당될 것이다.

그러나 여기서 평가란 이성적 평가가 아니라 포괄적 평가(global assessment)이며 추상적 관념, 감정 등을 바탕으로 한 평가이다. 판단 역시 소비자의 환기 상표군(consumer's evoked set)에서의 판단이기 때문에 이성적 사유로 보기 어렵다. 또한 신념이 이미지는 아니지만 그렇다고 명확한 사실도 아니다. 특히 품질이 명확하게 알 수 없는 대상이라는 점, 그리고 소비자가 경험을 통해 인식함으로써 알게 되는 것이 품질이라는 점 등의 이유에서 볼 때, 품질에 대한 신념은 막연한 믿음과 관념인 것이다. 그리고 품질에 대한 개인적 판단은 보편적 논리성을 가질 필요는 없다는 점에서 주관적 선호(選好) 관념이라고 할 수 있다.

따라서 품질인식은 별개이지만 일정 부분 브랜드이미지에 해당되는 개념들이라고 볼 수 있다.

4) 브랜드아이덴티티와 브랜드이미지 (Brand Identity & Brand Image)

무엇이 먼저인가?

• 브랜드아이덴티티, 용어의 혼란

'아이덴티티(Identity)'의 용어 정체성 혼란

알리나 휠러(Alina Wheeler)의 표현을 빌리자면 "브랜드라는 용어는 누구나 사용하는 단어이지만 그것은 마치 카멜레온과도 같아서 사용하는 상황에 따라 여러 가지 다른 뜻이 된다. 때로는 명사로, 또는 동사로 쓰인다. 또한 제품으로, 회사의 이름으로, 제품이나 회사에 대한 경험이나 기대치라는 의미가 되기도 한다."[31]라고 브랜드라는 용어의 다양한 용도에 대해 피력하였다.

'아이덴티티(identity)'라는 단어 역시 이미지와 브랜드와 함께 현대 사회에서 가장 많이 사용하는 단어들 중에 하나이다. 그럼에도 항상 어렵고 모호한 용어이다. 때로는 모호한 상태로 암묵적으로 사용하기도 하고 또 때로는 명확한 의미로 사용하기도 하는 카멜레온과 같은 단어이다. 이러한 '아이덴티티(identity)'가 브랜드에 더해져서 '브랜드아이덴티티(Brand Identity)'라는 더욱 난해한 용어가 등장하게 되었다.

이렇듯 다양한 의미로 사용되는 브랜드와 다소 난해한 아이덴티티가 결합된 '브랜드아이덴티티'라는 용어의 개념이 가벼울 수는 없다. 그러나 기본적인 의미를 알고 보면 의외로 명확할 수 있는 개념이다. 브랜드에 대해 학술적으로 너무 많은 의미를 부여하였기 때문에 브랜드라는 개념이 복잡하게 생각되지만 우선 단순하게 보면 기업 또는 상품이나 서비스의 이름에 불과하다. 물론 이러한 의미 뒤에 다양한 현상들이 포함되어 있지만 일단 간단하게 정의하고 보자.

다음으로 아이덴티티 역시 간단하게 정의하면, 단지 '확인'과 '구별'을 동시에 가능하게 하는 것이다.* 즉, 나를 중심으로 보면, 내가 나라는 것을 확인함과 동시에 나를 타자와 구별 가능하게 하는 것이다. 어떤 것이라도 그것이 그것임을 확인할 수 있으며 동시에 다른 것과 구별할 수 있게끔 하는 것이 아이덴티티이다.

따라서 브랜드아이덴티티도 마찬가지로 특정 브랜드가 그 브랜드라는 것을 확인할 수 있도록 함과 동시에 다른 브랜드와 구별할 수 있도록 하는 것을 브랜드아이덴티티라고 생각하면 된다. 그럼에도 불구하고 지금은 '브랜드아이덴티티'라는 용어의 기본적인 개념부터 혼란스러운 상황이다. 그 이유는 '브랜드아이덴티티'라는 용어를 디자인 분야와 마케팅 분야에서 제각각 다른 의미로 사용하고 있으며, 뿐만 아니라 전문가들마다 제각각 다른 정의를 내놓고 있기 때문이다.

---

* 이 책 2부 '정체성'편에서 자세히 다룬다.

• 브랜드아이덴티티의 두 가지 의미

브랜드아이덴티티는 디자인 분야와 마케팅 분야에서 사용되는 의미가 서로 다르기 때문에 크게 두 가지 의미로 사용되고 있다고 볼 수 있다.

브랜드 디자인 분야에서 사용되는 의미는, 코퍼레이트 아이덴티티(Corporate identity, 약칭 C.I)의 개념을 그대로 브랜드에 적용한 의미이다. 아이덴티티 디자인에서 코퍼레이트(기업)가 브랜드로 바뀐 것뿐이다.

알리나 휠러는 브랜드아이덴티티를 "브랜드의 시각적 언어적 표현", 그리고 "브랜드 커뮤니케이션의 효율성을 극대화하는 통합프로그램"이라고 정의하였다. 다시 말해 심벌마크와 로고타입을 비롯하여 캐릭터, 포장디자인 등 브랜드의 시각적 구성요소를 말하며, 조금 더 넓게 보면 언어적 요소인 브랜드 네임과 슬로건 등을 포함하는 통합적 표현의 개념이다. 이러한 개념은 이미 1950년대초부터 등장한 코퍼레이트 아이덴티티(C.I)에서부터 시작된 것이다.

브랜드아이덴티티의 또 다른 의미로서 마케팅 분야에서 사용되는 개념은, 주로 '브랜드가 지향하는 브랜드연상이미지'를 의미하는 것이다. 여기에도 여러 가지 견해들이 있으나 대체로 아커를 비롯하여 켈러, 캐퍼러 등이 정의한 개념들이 최근 브랜드 마케팅 분야에서 전반적으로 사용되고 있으며, 학술적 저술 등에서 지배적으로 인용되고 있다.

브랜드아이덴티티에 대해 아커는 "브랜드 전략가가 창조하고 유지하려고 열망하는 브랜드 연상이미지들의 묶음이다. 이 연상이미지들은 기업이 고객에게 제시한 약속을 담고 있어야 한다. 브랜드에 대한 현재의 연상이미지와 달리 브랜드아이덴티티는 어떤 지향점 같은 것이라고 할 수 있다. 근본적인 의미에서 브랜드아이덴티티란 기업이 브랜드를 통해 표현하기를 원하는 목표 이미지를 말한다."[32]라고 정의하였다. 이러한 아커의 정의는 이제 거의 교과서처럼 대부분의 브랜드 관련 저술이나 논문에서 인용되고 있으며, 많은 학생들이 이렇게 배우고 있다.

한편 캐퍼러는 브랜드전략에 있어서 브랜드아이덴티티가 가장 중요하다고 주장한다. 그러나 정작 캐퍼러는 아커와 달리 명확한 정의를 제시하지 않으면서 다음과 같은 질문들에 답함으로써 명확하게 정의될 수 있을 것이다.[33]라고 하였다.

- 브랜드의 특별한 비전과 목표는 무엇인가?
- 무엇이 브랜드를 다르게 만드는가?
- 브랜드는 어떤 니즈를 충족시키는가?
- 브랜드의 변치 않는 본질은 무엇인가?
- 브랜드의 가치 혹은 효용성은 무엇인가?
- 브랜드가 능력을 갖춘 분야는? 정통성을 갖는 분야는?
- 브랜드 인식을 가능하게 만드는 표시는 무엇인가?

그리고 이러한 질문들에 대한 추가적인 설명 없이 다음과 같은 말로 브랜드아이덴티티를 설명하였다.

> "브랜드아이덴티티는 브랜드가 그 핵심 가치와 기본 속성들을 존중해야 함을 의미한다."
>
> "브랜드 관리는 일정한 경계가 필요한데, 이는 브랜드아이덴티티라고 불린다."
>
> "브랜드아이덴티티의 목적은 브랜드 의미, 목표 그리고 자신의 이미지를 구체적으로 나타내는 것이다. 이미지는 그 결과이자 해석이다. 브랜드 관리의 관점에서, 아이덴티티는 이미지에 선행한다. 대중에게 이미지를 내보내기 전에 정확히 보여주고자 하는 것이 무엇인지를 알아야 한다. 그리고 그 이미지가 도달하기 전에 무엇을 어떻게 보내야 할지 알아야 한다."

캐퍼러는 "브랜드아이덴티티란 어떠한 것이다"라는 명확한 정의 대신에 전반적인 중요성에 대해 포괄적으로 설명하였지만, 대체로 아커의 정의와 유사하다고 볼 수 있다. 브랜드아이덴티티와 브랜드이미지가 인과관계로서, 브랜드아이덴티티는 브랜드 관리자가 의도하는 목표이미지이며 브랜드이미지는 그 실행의 결과로써 소비자에게 인식된 이미지를 의미한다고 하는 점에서 대체로 아커의 정의와 다르지 않다.

반면 켈러는 아커의 아이덴티티 개념을 그대로 인용하면서도 자신만의 새로운 개념으로 브랜드아이덴티티와 유사한 '브랜드 만트라(Brand Mantras)'[34]라는 용어를 제안했지만 널리 활용되지는 않은 것 같다. 켈러는 '브랜드 만트라'란 "다른 사람들에 의해 사용되는 '브랜드 본질' 이나 '핵심 브랜드 약속'과 같은 여러 브랜드 개념들과 밀접하게 관련되어 있다. 브랜드 만트라는 브랜드의 '마음과 혼'을 나타내는 명확한 표현이다."라고 설명하였다. 그러나 브랜드 만트라가 훌륭한 개념임에도 '마음과 혼'이란 명확하지 않은 추상적인 개념이어서 다소 모호하다.

브랜드컨설턴트인 스코트 데이비스(Scott M. Davis)는 '브랜드비전'이라는 용어를 사용하였는데 아커의 브랜드아이덴티티 개념과 거의 비슷하다. 단지 다른 점은 브랜드비전의 정의를 "기업 경영층에서 전략적이고 재정적인 브랜드 목표에 대한 명확한 표현"이라고 하면서, 그 다음 단계에 또 '브랜드 픽처'라는 용어를 제시하였다. 브랜드 픽처는 브랜드를 통해 밖으로 드러나는 것이며, 고객들이 기대하는 브랜드이미지라고 하였다.[35] 즉 아커의 브랜드아이덴티티 개념을 두 단계로 나누어 브랜드가 지향하는 개념적 목표를 브랜드비전이라고 하고 그것의 표현을 브랜드 픽처라고 하는 개념인데 여기서 브랜드 픽처는 브랜드 구성요소와 유사한 개념이다.

이렇듯 '브랜드아이덴티티'라는 용어는 디자인 분야와 마케팅 분야에서 서로 다른 의미로 사용되고 있을 뿐 아니라 마케팅 분야에서도 제각기 조금씩 다른 견해/용어들을 제시하고 있다. 여기에서 두 가지의 현실적 문제가 생긴다. 하나는 '용어의 혼란'이며 다른 하나는 '언어 의미의 논리적 모순'이다.

용어의 혼란

용어 사용의 혼란은 코퍼레이트 아이덴티티(Corporate identity, C.I)와 브랜드아이덴티티(Brand identity), 이 두 용어 간의 혼란을 말한다. 마케팅 분야에서 사용하는 '목표이미지'라는 의미와, 디자인 분야에서 사용하는 C.I와 같은 의미로서 B.I, 즉 '브랜드 커뮤니케이션의 통합적 표현'이라는 의미 간의 불일치에 따른 혼란을 말하는 것이다. 만약 브랜드아이덴티티를 C.I와 같은 의미로만 사용할 경우에는 용어의 혼란이 전혀 발생하지 않는다.*

언어 의미의 논리적 모순

용어 사용의 혼란 이외에도 마케팅 분야에서 통용되는 브랜드아이덴티티의 개념에는 언어와 이론의 의미에 논리적 모순이 숨어 있다.

아커가 제시한 후 이제는 정설처럼 통용되는 브랜드아이덴티티의 개념은 "기업 혹은 브랜드 전략가가 창조하고 유지하려고 열망하는 브랜드 연상이미지들의 묶음 즉, 기업이 지향하는 브랜드의 목표 이미지"이다. 그리고 아커는 브

---

* 이러한 용어의 개념적 충돌이 언제부터인지 정확하지는 않지만 대체로 아커가 브랜드아이덴티티의 개념을 새롭게 제시하면서 비롯된 것이라고 짐작하게 된다. 아커의 브랜드아이덴티티 개념은 매우 훌륭한 것임에도 용어상의 문제는 피할 수 없는 것이 현실이다. 그러나 그 의미가 서로 중첩되는 부분이 있기 때문에 상황에 따라 암묵적으로 그 의미를 적절하게 이해하면서 지나가게 된다. 현실적으로는 암묵적으로 이해한다고 하지만 각종 학술적 저술에서 그 의미가 명확하게 달리 적용되는 것은 피할 수 없는 현실이다. 그럼에도 디자인과 마케팅의 학문적 경계로 인하여 사실상 방치되어왔던 것으로 생각된다.

랜드아이덴티티의 구성요소로서 4가지 관점에서 12개의 카테고리를 제시하였다. 이 중에는 심벌로서의 브랜드 구성요소에는 '시각적 이미지'와 '메타포'가 포함되는데 여기서 시각적 이미지와 메타포란 심벌마크, 로고, 캐릭터, 브랜드네임, 슬로건 등을 말하는 것이다. 이러한 것들이 브랜드아이덴티티 구성요소라고 하는 것은 켈러와 캐퍼러의 견해도 대체로 일치한다. 여기에는 두 가지 논리적 모순점이 숨어 있다.

첫째는, 브랜드아이덴티티가 브랜드가 지향하는 '목표이미지'라면, 심벌마크, 로고, 캐릭터, 브랜드네임, 슬로건 등이 그것의 구성요소가 될 수 없다. 즉, 목표의 구성요소와 도구를 동일시하는 모순이 발생된다.* 이러한 모순은 켈러가 한편으로는 아커의 이론을 인용하면서도 다른 한편으로는 브랜드아이덴티티와 브랜드요소들이 같은 것이라는 데 동의하는 입장과, 스코트 데이비스가 '브랜드 비전'과 '브랜드 픽처'라는 두 단계 용어를 사용한 것 등에서 알 수 있다.

두 번째 모순은, 브랜드아이덴티티가 목표이며 그것을 추구한 결과로써 브랜드에 대한 소비자 인식이 브랜드이미지라고 하는 인과 관계는 구조적 모순점을 가지게 된다. 다시 말해 브랜드아이덴티티와 브랜드이미지를 일방적 인과 관계로 개념화하는 것이 타당한가 라는 것이다. 왜냐하면, 브랜드아이덴티티와 브랜드이미지는 상호 인과관계이며 동시에 존재하는 것이기 때문에 원

---

* 실재하지 않는 개념은 단지 '관념적 언어'로만 커뮤니케이션 될 수 있다. 물론 일반적으로 어떠한 관념을 표현하기 위해 시각적 청각적 요소들을 활용하여 조형예술과 음악 등으로 표현한다. 이때 시각적 청각적 요소들은 관념의 구성요소가 아니라 관념적 언어이자 관념의 표현이다. 따라서 브랜드아이덴티티가 목표이미지라면 로고 심벌 등 구체적인 시각적 이미지와 메타포들이 그 구성요소가 될 수 없다는 것이다. 시각적 이미지와 메타포는 목표이미지가 아니라 현재의 이미지 즉 실재하는 이미지의 구성요소라고 할 수 있다.

인과 결과로만 볼 수 없기 때문이다.** 예를 들어, 코카콜라를 보면서 펩시나 다른 음료가 아닌 코카콜라로 인식하는 것은, 형태만을 인식하는 것이 아니라 그 브랜드의 내면적 아이덴티티까지 소비자가 인식하는 것이다. 그러나 이때 그 아이덴티티를 인식할 수 있는 것은 코카콜라의 형태와 그리고 마셔본 경험을 통해 누적된 맛의 기억과 연상이미지들 때문이다. 즉 아이덴티티와 이미지는 서로 원인이 되기도 하고 때로는 결과가 되는 상호적 인과관계다.

즉, 소비자의 관점에서 본다면 브랜드아이덴티티는 목표가 아니라 브랜드 이미지의 결과이기도 하다. 브랜드아이덴티티는 기업의 경영자나 브랜드 개발자의 마음에만 존재하는 것이 아니라 소비자가 그것을 구별하고 인식하는 소비자 마음에도 존재해야 하기 때문이다. 소비자 마음 속에는 브랜드에 대한 이미지만 존재하는 것이 아니라 브랜드를 구별하고 인식하는 브랜드아이덴티티에 대한 지식이 함께 존재한다.

그러나 이러한 모순점에도 불구하고 "기업 혹은 브랜드 전략가가 창조하고 유지하려고 하는 브랜드의 목표이미지"를 브랜드아이덴티티가 아니라고 할 수는 없다. 왜냐하면 이러한 개념이 브랜드아이덴티티에 포함되어야 하는 것은 당연하기 때문이다. 다만 용어와 해석 간의 문제일 따름이다.

'용어의 혼란'과 '논리적 모순'의 문제를 여기서 해결할 수는 없지만, 현실적 상황과 여러 용어들을 고려하여 제안한다면, 마케팅 분야에서 사용되고

** 무엇의 아이덴티티는 대부분 그것의 형(形, form)에 의해 확인된다. 내재적인 본질 역시 형(形, form)으로 표현되지 않으면 인식될 수 없기 때문이다. 여기서 형(形, form)은 이미지이다. 예를 들어 어떤 사람을 그 사람으로 인식하고 확인하는 것은 얼굴의 이미지를 통해서이다. 얼굴의 이미지가 그 사람의 일차적인 아이덴티티인 것이다. 어떤 이미지를 인식하는 순간 그것의 아이덴티티를 확인하게 되는데 그러기 위해서는 그 이미지의 누적이 선행되어야 한다. 즉, 아이덴티티의 구성요소들은 모두 아이덴티티를 나타내는 것들이자 동시에 이미지인 것들이다. 따라서 이미지는 아이덴티티의 원인이 되기도 한다. 다시 말해 아이덴티티는 이미지의 결과이기도 한 것이다.

있는 브랜드아이덴티티의 의미/개념 즉 "기업 혹은 브랜드 전략가가 창조하고 유지하려고 하는 브랜드의 목표이미지"는 굳이 다른 용어로 사용할 것이 아니라 '목표이미지'라는 용어를 사용하는 것이 더 바람직하다고 생각된다.

만약 브랜드아이덴티티에는 목표이미지뿐 아니라 브랜드의 특별한 비전과 목표, 핵심가치 등이 포함된 것이라면, 그것은 브랜드의 본질, 철학, 신념 등이라고 할 수 있을 것이다. 이러한 점을 감안하여 브랜드아이덴티티라는 용어를 그대로 사용한다면 이를 '내적 아이덴티티'와 '외적 아이덴티티'로 구별할 수 있다. 심벌, 로고 등 브랜드의 시각적 언어적 구성요소들을 '외적 아이덴티티'가 되며, '내적 아이덴티티'는 브랜드의 특별한 비전과 목표, 핵심가치 등을 포함한 목표이미지를 의미한다.

어찌 보면 용어의 문제가 아니라 현상을 얼마나 통찰 할 수 있는가의 문제이다. 그러나 명확한 용어는 해당 분야에서 실무적으로나 학술적으로나 정확한 개념의 의사소통을 위해 필요하다. 어떤 용어들은 생겨났다가 금새 사라지기도 하고 어떤 용어들은 수세기 이상 오랫동안 사용되기도 한다. 또한 시대가 변하면서 그 의미가 변하기도 한다. 더구나 우리말이 아닌 외국어를 용어로 사용하는 입장에서는 더욱 어려운 문제이기도 하다.

• 브랜드이미지(Brand Image)와 브랜드 이미저리(Brand Imagery)

브랜드이미지에 대해서는 이미 브랜드인지도, 연상 등에서 다루었기 때문에 특별히 언급할 필요가 없을지도 모른다. 그리고 이미지에 대해서는 2부에서 따로 다룰 것이다.

한마디로 브랜드이미지란 브랜드에 대해 소비자 마음에 담겨있는 모든 것이다. 단 구체화된 지식과 논리적 판단을 제외한 모든 것이다. 때로는 구체화된 지식조차도 이미지로 구성된 지식인 경우도 많으며, 논리적 판단이라고 하는 것도 이미지에 의존하는 경우가 많다는 것을 감안하면 우리 마음 속의 모든 것이라고 해도 과언은 아닐 것이다. 마음 속의 모든 것은 기억이며, 기억은 경험에 의한 것이며, 경험은 감각과 지각, 인식 등을 통해 기억으로 변환된다. 기억은 회상 재인 연상 등으로 인출된다. 따라서 앞에서 논의한 브랜드인지도, 브랜드연상, 품질인식 등이 대부분 브랜드이미지에 해당 혹은 일부 구성하는 요소가 된다.

브랜드이미지에서 가장 간과되고 있는 개념이 브랜드 이미저리(Brand Imagery)이다. 이미지(Image)와 이미저리(imagery)의 차이에 대해서는 '이미지편'에서 자세히 다루고 있다.*

브랜드 이미저리는 브랜드이미지를 형성시키는 제품, 포장, 심벌, 광고, 슬로건 등 브랜드 구성요소들이 보여주는 이미지들을 말한다. 보다 넓게 말하면 기업과 브랜드가 소비자와 접촉하는 과정에 나타나는 모든 것들이 브랜드 이미저리에 해당된다. 다시 말해 소비자가 보고 듣고 느끼며 경험하게 되는 브랜드의 모든 것들이다. 따라서 브랜드 이미저리와 브랜드 구성요소는 언어적 의미에서는 차이는 있지만 현실적으로는 같은 개념으로 볼 수 있다.

---

* 이 책 2부 '이미지'편 중 'Image와 Imagery' 참조

C.I라는 용어는 원래 코퍼레이트 이미지(Corporate image)로 사용되었다. 이를 L&M(Lippincott & Margulies)사의 월터 마굴리스(Walter Margulies)가 1950년대 초에 코퍼레이트 아이덴티티(Corporate identity, C.I)라는 용어를 사용하면서부터 시작되었다. 이 시기는 에릭슨에 의해 아이덴티티라는 용어가 사회적으로 유행하게 된 시기와 비슷하다. 아이덴티티라는 용어는 1950년대 사회적 유행처럼 모든 분야에서 사용하게 되었으며, 이로 인해 각 분야에서 사고의 변화를 일으키게 되었다. 이 당시 용어만이 유행한 것이 아니라 아이덴티티라는 개념을 새롭게 인식하게 되면서 각종 집단, 여성, 노동자, 인종, 민족, 제반 학술과 문화 분야 등 각 분야에서 자기들의 소속과 업(業)에 대해 새로운 자각을 하게 되는 계기가 되었다.
코퍼레이트 아이덴티티(C.I)라는 새로운 개념의 등장으로, 당시 많은 대기업들이 C.I를 통한 새로운 상표 디자인을 채택하기 시작하였다. 당시 상황을 알 수 있는 잡지 기사가 있는데, 미국 마케팅 저널 1957년 10월호는 그 해 『케미칼 위크(Chemical Week)』 4월호에 실린 기사를 인용하여 코퍼레이트 아이덴티티의 붐을 소개하고 있다.

"여러 대형 화학회사들이 새로운 상표 디자인을 채택하고 있다. 이러한 움직임은 강력한 코퍼레이트 아이덴티티가 필요하다는 분위기와 사회적 요구가 강조되고 있다. 많은 기업의 경우, 최근 합병으로 인하여 코퍼레이트 아이덴티티에 일시적인 혼란을 야기하고 있다. 또 다른 경우에는 너무 많은 유사한 상표로 인하여 혼란을 초래한다. 코퍼레이트 아이덴티티를 수립하는 것은 어렵고 비싸다. 표지판, 문구류 등의 물리적 변경에 막대한 비용이 들게 된다. 그러나 아이덴티티의 개선에 대한 필요성은 이러한 비용 문제보다 더 중요하다."

이 기사는 당시 CI의 도입과 새로운 트렌드 시작의 상황을 잘 보여주고 있다. 그러나 코퍼레이트 아이덴티티라는 이 용어는 1960년대 초반까지는 명시적으로 인정받지 못하였으며, 코퍼레이트 이미지와 코퍼레이트 퍼스널리티(personality) 등의 용어가 유사한 의미로 함께 사용되었다. 올린스(Wally Olins 1930~2014) 등 몇몇 전문가들은 코퍼레이트 퍼스널리티(Corporate personality)를 주장하였으며, 발머와 그레이서(John M. T. Balmer and Stephen A. Greyser)는 코퍼레이트 아이덴티티 개념을 발전시켜 실제 아이덴티티(actual identity), 전달된 아이덴티티(communicated identity), 발상된 아이덴티티(conceived identity), 이상적 아이덴티티(ideal identity), 희망하는 아이덴티티(desired identity) 등 5가지 유형의 아이덴티티 개념을 제시하였다. 코퍼레이트 커뮤니케이션 저널(Corporate Communications: An International Journal)은 아직도 이 용어에 대한 논의가 계속 필요하다고 주장하고 있다.

5) 브랜드계층구조(Brand Hierarchy)

아이덴티티의 충돌 혹은 조화

브랜드계층구조는 가장 중요한 개념임에도 간과되는 부분이다. 계층구조는 하이어라키(Hierarchy 위계구조)라고도 하는데, 위계구조란 여러 개체들 간의 계층적 관계를 구조적으로 보는 것을 말한다. 즉, 브랜드계층구조(Brand Hierarchy)란 한 기업이 보유한 여러 브랜드들 간의 관계 구조를 말하는 것이다. 예를 들어 '청정원'이라는 브랜드는 '대상주식회사'라는 기업에 속한 하나의 브랜드이면서 동시에 '햇살 담은 간장'과 '홍초'의 상위 브랜드, 즉 패밀리브랜드에 해당된다. 여기서 '대상'은 기업브랜드이며, 제품브랜드인 '햇살 담은 간장'과 '홍초'는 개별브랜드에 해당된다. '현대자동차'는 개별브랜드전략을 채택한 대표적 사례이다. '현대자동차'는 기업브랜드이며, '그랜저'와 '소나타'는 제품브랜드로서 개별브랜드이다. 이에 반해 '벤츠'는 통합(단일)브랜드전략의 대표적 사례이다. '벤츠'는 기업브랜드이자 동시에 제품브랜드이다. 그리고 모든 제품에 벤츠 브랜드를 사용하며, 차종과 등급에 따라 S, E, C 등의 모델명과 숫자 수식어로 구별할 뿐이다. 기아자동차는 아우디의 'A'시리즈처럼 'K'에 숫자로 등급을 부여한 'K3' 'K5' 등 시리즈브랜드로 일종의 패밀리브랜드 전략을 채택하고 있다.

이러한 전략에는 어떤 유형이 더 우수하다는 정답은 없다. 단지 제각기 장단점이 있으며 어떤 전략이 해당 기업과 시장상황에 더 적합한가에 대한 전략적 판단이 있을 뿐이다. 대부분의 사회과학 이론들처럼 브랜드계층구조 개념 역시 어떤 이론에 의해 개념이 만들어진 것이 아니라 다양한 사회현상을 학술적으로 체계화하려는 시도에서 만들어진 용어 혹은 개념이다. 따라서 그 용어도 다양할 뿐 아니라 그 이론적 내용도 학자에 따라 다소간의 차이를 보이고 있다.

파커(Farquhar, 1992)는 브랜드의 계층구조를 기업브랜드(Corporate Brand), 공동브랜드(Family Brand), 개별브랜드(Individual Brand) 및 브랜드수식어(Modifier) 제품속성(Product Generic) 등 5단계로 구분하였으며, 아커는 개별브랜드 적용전략(House of Brands), 보증브랜드 적용전략(Endorsed Brands), 하위브랜드 적용전략(Subbrands under a Master Brand), 통합(단일)브랜드 적용전략(A Branded House) 등 크게 4가지의 브랜드구조가 포함된 '브랜드관계 스펙트럼(Brand Relationship Spectrum)' 개념을 제시하였다.

그러나 넓은 의미에서 보면 대체로 유사하다. 단순하게 보면 '개별브랜드 적용전략'과 '통합(단일)브랜드 적용전략', 이 두 가지로 구분하여 볼 수 있다. 개별브랜드 적용전략은 개별 제품의 속성과 편익에 근거한 독립적인 이미지를 추구하는 전략이며, 이에 반해 통합(단일)브랜드 적용전략은 해당 기업이 보유한 모든 브랜드들의 목표이미지를 통합화하는 전략을 말한다. 그리고 나머지 전략 개념들은 이 두 가지 전략을 절충하거나 보완하는 보증전략의 다양한 활용 방법이라고 볼 수 있다.

브랜드계층구조는 근본적으로 브랜드확장 전략과 밀접한 연관성을 갖는다. 브랜드확장이란 기존에 성공한 브랜드의 레버리지 효과*를 다른 제품군에 적용하는 것을 말하는 데 이는 결과적으로 브랜드계층구조를 만들기 때문이다. 패밀리브랜드라는 용어가 말해주듯이 한 기업이 가지고 있는 모든 브랜드들은 가족과 같은 입장이다. 가족이란 아무리 영향을 주지 않으려 해도 어쩔 수 없이 서로 영향을 주고받을 수밖에 없다. 다만 그 영향을 얼마나 적극적으로 활용할 것인가 아니면 그 영향을 최소화하여 독자적 브랜드이미지를 구축할 것인가의 전략적 판단이 중요한 것이다. 이러한 개념이 처음에는 브랜드 레버리지 효과라는 개념으로 시작되었다가 브랜드확장으로 발전되었으며, 이후 브랜드구조, 브랜드포트폴리오, 브랜드관계 스펙트럼 등 다양한 개념으로 확대발전되는 과정을 보이고 있다.

브랜드계층구조가 중요한 이유는

첫째, 브랜드아이덴티티와 브랜드이미지에 직접적인 영향을 미친다.
둘째, 마케팅 커뮤니케이션의 효율성과 비용에 직결된다.
셋째, 브랜드계층구조는 집단정체성과 연관된다.

주로 이러한 세 가지 중요성 때문에 브랜드계층구조는 브랜드 목표이미지와 더불어 브랜드 구성요소의 방향과 전략을 결정짓는 중요한 기준이 된다. 따라서 브랜드계층구조에 대한 의사결정은 브랜드의 성패를 가르는 매우 중요한 부분이다.

---

* leverage effect(지렛대 효과), 빌린 돈을 지렛대(lever)로 활용하여 이익을 창출한다는 의미.

• 브랜드아이덴티티와 브랜드이미지에 미치는 영향

기업이 보유한 모든 브랜드들은 서로 영향을 주고 받는다. 예를 들어, 청정원이라는 패밀리브랜드의 이미지는 소속된 하위 브랜드들의 이미지에 가장 큰 영향을 주게 된다. 또 반대로 개별브랜드의 이미지 역시 청정원에 영향을 준다.

만약 청정원의 하위 브랜드로 새로운 커피 브랜드가 추가 된다면, 그 커피 브랜드에는 청정원과 그 하위 제품들의 브랜드이미지가 전이될 것이 분명하다. 뿐만 아니라 커피 브랜드는 상위 브랜드인 청정원의 이미지에도 영향을 주게 되면서 동시에 청정원에 포함된 모든 개별브랜드 이미지에도 영향을 주게 될 것이다.

그랜저와 소나타는 현대자동차를 대표하는 브랜드이다. 마찬가지로 현대자동차라고 하면 그랜저와 소나타가 연상된다. 이 제품브랜드들과 기업브랜드는 결코 독립적일 수 없다. 소나타의 브랜드이미지에 훼손될 만한 문제가 발생하면, 현대자동차 기업브랜드이미지는 물론이며 그랜저의 브랜드이미지에도 부정적인 영향을 미치게 된다. 만약 그랜저가 현대자동차가 생산하는 브랜드라는 사실을 소비자가 모른다면 소나타에 발생한 이미지의 변화는 그랜저에 전혀 영향이 미치지 않을 것이다. 일본 도요타 자동차의 렉서스는 이러한 원리

를 이용하여 성공한 브랜드 사례이다.

렉서스는 미국시장 론칭 전략으로서, 도요타와 단절 전략을 구사하였다. 당시 도요타의 낮은 브랜드이미지에서 탈피하고 렉서스만의 고급 브랜드이미지를 구축하기 위해서였다. 렉서스만의 별도 매장을 개설하고, 광고에서도 도요타를 전혀 언급하지 않음으로써 소비자가 도요타와 렉서스의 관계를 알아채지 못하게 하는 전략이었다.

1989년 렉서스가 출시될 당시부터 몇 년 동안 미국 소비자들은 전혀 새로운 고급자동차 브랜드가 등장한 것으로 알았다. 몇 년 후 모든 소비자들이 렉서스를 생산하는 기업이 도요타라는 사실을 알게 되었지만, 이미 렉서스가 구축한 브랜드이미지는 그대로 유효하면서 동시에 도요타의 기업브랜드 이미지까지 끌어올리는 효과를 보게 되었다. 또한 도요타의 기업브랜드 이미지 상승효과는 일본 자동차 전체의 브랜드이미지뿐 아니라 일본이라는 국가브랜드 이미지를 높이는 데에도 기여하였다.

이러한 현상은 당연히 그 반대의 경우도 나타날 수 있다. 어떤 개별브랜드 하나가 패밀리브랜드, 기업브랜드 더 나아가서 국가 이미지에까지 영향을 미칠 수 있다. 즉 집단적 아이덴티티(collective identity)에서 나타나는 고정관념(stereotype) 현상이 브랜드에서도 그대로 나타나는 것이다.

• 마케팅 커뮤니케이션의 효율성에 미치는 영향

브랜드계층구조는 마케팅 커뮤니케이션의 효율성과 비용에 직결된다. 렉서스의 사례에서 알 수 있듯이, 독자적 브랜드를 구축하기 위해서는 막대한 비용이 투입될 수밖에 없다. 반대의 사례로서 대상은 청정원이라는 패밀리브랜드 이미지를 잘 구축해 놓음으로써 그 후광효과(Halo Effect)를 통하여 간장, 된장, 홍초 등 하위 제품들에 대한 별도의 광고를 하지 않아도 어느 정도 매출을 기대할 수 있다. 또한 하위 개별브랜드의 광고는 해당 제품뿐 아니라 청정원 브랜드의 이미지 상승에도 기여하게 되면서 주변 다른 제품브랜드에도 긍정적 영향을 주게 된다.

즉, 개별브랜드전략은 해당 브랜드 만의 고유한 브랜드아이덴티티를 확고하게 하는 장점이 있는 반면에, 마케팅 커뮤니케이션의 비용이 많이 들게 된다. 이에 비해 패밀리브랜드전략은 패밀리브랜드 이미지를 효과적으로 구축할 경우 하위 여러 브랜드에 후광효과를 줄 수 있기 때문에 마케팅 커뮤니케이션의 비용의 효율성을 높일 수 있다. 그러나 패밀리브랜드에 속한 어느 한 제품에 문제가 발생할 경우 패밀리브랜드를 포함한 모든 브랜드에 부정적 영향을 미칠 수 있다.

따라서 패밀리브랜드전략과 개별브랜드전략은 어느 쪽이 더 효과적이라고 단정할 수 없다. 상품의 유형, 시대 상황, 소비자 라이프 스타일의 변화 등에 따라 전략적 판단이 미묘하게 바뀔 수 있다. 또한 브랜드전략의 실행 과정에서 얼마나 더 창의적으로 수행하였는가에도 달려있다. 대표적인 사례로서 삼성전자의 하우젠과 엘지전자의 가전제품 브랜드 간의 경쟁 사례와 기아자동차의 K9의 사례에서 몇 가지 시사점을 찾을 수 있다.

삼성전자의 패밀리브랜드전략과 엘지전자의 개별브랜드전략

삼성전자는 2002년 가전제품에 공동으로 사용하는 '하우젠(Hauzen)'이라는 새로운 패밀리브랜드를 론칭하여 사용하기 시작하였다.

Samsung hauzen

TROMM

이에 비해 엘지전자는 개별브랜드전략으로, 세탁기는 '트롬', 에어컨은 '휘센' 등 제품군에 따라 별도의 브랜드를 사용하고 있다. 트롬과 휘센은 단어의 발음에서 제품의 특성이 연상된다. 개별브랜드전략이기에 가능하다. 이에 비해 '하우젠'은 패밀리브랜드로서의 의미를 담아야 하기 때문에 개념적이다. 서로 다른 특성을 가진 여러 가전제품을 하나의 브랜드로 사용하는 패밀리브랜드전략을 무조건 잘못이라고 할 수는 없다. 그러나 상대적으로 경쟁사의 개별브랜드전략이 더 효과적이었다. 결과적으로 '트롬'과 '휘센'은 여전히 높은 브랜드인지도와 선호도를 가지고 있지만, 삼성전자는 2011년부터 '하우젠'을 더 이상 사용하지 않기로 하였다. 그동안 '하우젠' 브랜드에 투자한 마케팅 커뮤니케이션 비용은 상당부분 낭비된 것이다.

'하우젠'의 실패에도 불구하고 삼성전자 가전제품이 건재한 이유는 '삼성'이라는 더 큰 패밀리브랜드의 후광효과 때문이다. 이러한 후광효과는 역설적으로 하위브랜드인 '하우젠'의 실패 원인이라고도 할 수 있다.

'삼성'을 흔히 기업브랜드로 착각하는데 '삼성'은 기업브랜드가 아니다. 삼성전

자, 삼성물산, 제일모직 등이 기업브랜드이며 '삼성'은 그룹 명칭이자 동시에 대형 패밀리브랜드라고 하는 것이 적절한 표현일 것이다. 삼성그룹의 브랜드계층구조는 매우 복잡하면서도 간단하다. 삼성그룹의 계열사는 삼성전자를 비롯하여 삼성물산, 삼성생명보험, 등 전자, 정보통신, 화학, 금융, 레저분야까지 매우 큰 대기업집단이다. 그리고 각 기업마다 그 하위 패밀리브랜드, 제품과 서비스마다 개별브랜드 등 혼란스러울 정도로 많은 브랜드들이 있다. 그러나 '삼성' 하나면 간단하게 통한다.

삼성전자의 가전제품 역시 '삼성'이라는 대형 패밀리브랜드의 후광효과로 소비자의 신뢰를 유지하고 있다.

기아자동차 'K9'의 실패 원인

K7, K5, K3들은 모두 성공하였는데 유독 K9만 실패한 이유는 무엇인가?

기아자동차는 K시리즈 전략을 도입하여 상당한 성과를 거두었다. 2005년 세계적 자동차디자인 전문가인 슈나이더(Peter Schreyer)를 디자인 총괄 부사장으로 영입한 후 자동차 디자인에 소위 패밀리룩(Family Look) 디자인 개념을 적용시켜 제품디자인의 아이덴티티를 추구하였다.

자동차 디자인에서 가장 전통적인 패밀리룩은 BMW에서 찾아볼 수 있다. 2개의 콩팥(신장, kidney) 모양을 닮았다고 하여 '키드니(kidney) 그릴'[36]이라고 불리는 BMW만의 독특한 프론트 그릴 디자인과 헤드램프 디자인의 일관성을 모든 모델의 제품에 적용시킴으로써 BMW 만의 이미지 즉 브랜드아이덴티티를 형성하게 되었다.*

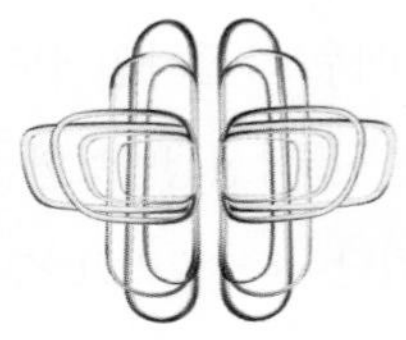

기아자동차는 패밀리룩(Family Look) 디자인 적용과 함께 아우디 A시리즈와 유사한 K시리즈 패밀리브랜드전략을 채택하였다.** 여기까지는 전반적으로 적절한 전략적 선택이라고 할 수 있으며 기업이 의도한 성과를 어느 정도 달성하였다.

그러나 'K9'의 전략은 조금 더 신중했어야 했다. 짐작하건대, 기아자동차 경영진과 브랜드 관련책임자들이 분명히 많은 고심을 했을 것이다. 'K7'보다 상위 등급의 신제품을 출시하면서, '신제품은 당연히 'K9'을 사용해야 한다고 쉽게 결정하지는 않았을 것이다. 여러 가지 방안들이 논의되었을 것이라고 짐작된다. 그러나 결국 신제품은 'K9'이라는 브랜드로 출시되었으며 결과는 실패였다.

---

* 벤츠는 패밀리룩을 채택하지 않는다. 오히려 디자인의 다양성과 자유로움을 추구한다.

** K시리즈는 영문 이니셜 K에 숫자 7, 5 등을 결합한 알파뉴메릭(Alphanumeric) 방식의 브랜드네임으로 아우디의 A시리즈, 르노삼성의 SM시리즈와 똑같은 방식이며, BMW와 벤츠의 숫자 수식어와 유사한 방식이라고도 할 수 있다.

'K9' 품질에 대한 우수한 평가와 광고예산, 유통구조, 시장상황 등 다른 여건들이 크게 변하지 않았다는 점으로 볼 때, 'K9'의 실패는 소비자 인식을 제대로 파악하지 못한 결과로 볼 수 있다.

K9의 브랜드네임을 브랜드계층구조 전략의 관점에서 보면, 통합적 브랜드 전략의 한 유형인 패밀리브랜드에 해당된다. 여기에는 브랜드확장과 패밀리룩 개념이 포함된다. 패밀리룩은 이 디자인이 적용되는 제품들간에 동질성을 강조하게 된다. 그러나 최고급 이미지를 추구하는 K9이 K7, K5, K3과의 동질성을 강조 필요가 있었을까라는 의문이 든다.

범주화 혹은 집단화 관점에서 볼 때, K9을 'K 집단화'와 '9 집단화'로 구분해 볼 수 있다. 이 경우 소비자는 어떤 쪽에 더 강한 집단화 인식을 가지는가? 조사 결과 'K 집단화' 인식이 '9 집단화' 인식보다 월등히 높았다. 결과적으로 K9은 K를 통해 K시리즈 패밀리의 일부라는 인식을 강하게 심어줌으로써, 9을 통해 최고급 승용차라는 이미지로 인식시키는 데 실패한 것이다.

브랜드확장 관점에서 보면, K시리즈는 2009년 K7으로 시작하여 2010년 K5가 출시된 2년후 K9이 출시되는 순서로 수직적 브랜드확장이 이루어졌다. 브랜드확장이란 성공한 브랜드에 의한 레버리지 효과를 기대하는 전략이다. 그러나 K7과 K5의 브랜드파워로는 K9이 추구하는 최고급 이미지를 끌어 올릴 힘이 부족하다. 따라서 K9은 레버리지 효과를 기대하기 어려운 브랜드확장이었다. 만약, 벤츠의 사례와 같이 고급 브랜드를 먼저 출시하여 고급이미지를 형성한 후, 점차 하향 확장하는 순서로 진행되었다면, 그 결과를 확신하기는 어렵겠지만 지금과는 전혀 다른 양상이 되었을지도 모른다.

삼성 '하우젠'과 기아 'K9'의 시사점은, 브랜드계층구조 전략에 관한 의사결정이 브랜드전략 수립과정 전반에 걸쳐 매우 중요한 부분이라는 점, 즉 브랜드의 성패가 달린 문제라는 것을 인식해야 한다는 것이다.

• 브랜드계층구조와 집단정체성

브랜드계층구조는 집단정체성과 연관된다. 브랜드에 대한 논의는 대부분 기업과 제품(서비스)의 브랜드를 대상으로 하였다. 그러나 정부 조직, NGO, 종교단체, 장소, 각종 이익단체와 동호회들은 이미 일종의 브랜드가 되었다. 여기에 소속된 사람들은 자신을 소속 브랜드와 동일시한다. 이러한 현상은 거의 모든 사람들에게 해당된다.

예를 들어, 축구응원단 '붉은 악마'의 구성원이 "나는 붉은 악마야"라고 할 때, 이는 붉은 악마라는 단체 소속이지만, 자신을 붉은 악마라는 브랜드와 동일시하는 것과 같다. 광주 시민들은 광주라는 도시브랜드에 속해있거나 스스로 광주와 동일시하는 경향이 있다. 이는 어느 단체이든 어느 지역이든 마찬가지이다.

이 책의 '정체성'편 중 '집단정체성' 부분을 미리 보면

> "집단정체성에서는 개인이 없어진다. 자아의 상실 혹은 자아정체성의 상실로 이어진다. 자연발생적이든 인위적으로 조직된 것이든 어떤 조직이나 집단은 그 존재의 이유 혹은 설립의 이유가 있으며 그 구성원들은 싫든 좋든 구성원인 이상 조직의 근거 이유에 따라야 한다. 즉 집단이 개인보다 우선시 된다." *

---

* 이 책 2부 '정체성'편 중 '집단정체성' 참조

따라서 사람들은 자기가 소속된 집단을 자기와 동일시하는 경향이 나타나게 되며, 자기가 소속되어 있는 집단에 대한 애착과 소속감은 일종의 소속정체성으로 이어진다. 이 경우 아마르티아 센의 '대조적 정체성'과 '비대조적 정체성'의 딜레마가 동시에 발생하게 된다.** 한 개인이 여러 집단에 소속된 경우에는 소속감에서 혼란을 겪게 된다는 것인데, 복잡한 위계구조를 가진 여러 집단에 소속된 경우에는 소속정체성에 대한 혼란이 더 커질 수 있다.

예를 들어 삼청동 주민센터에서 근무하는 공무원의 소속은 서울특별시인가, 종로구인가, 삼청동인가, 혹은 대한민국 정부인가? 모든 곳이 다 그의 소속이지만, 어디가 우선인가? 혹은 어디가 우선시 되어야 하는가? 이러한 질문은 평소에 묻지도 않을 뿐 아니라 문제도 되지 않는다.

그러나 예를 바꿔보자, 만약 그에게 대한민국정부, 서울특별시, 종로구, 삼청동 등 각 위계구조 상의 조직에서 주어진 4개의 '배지(badge)'가 있는데, 그 중 하나만 달고 다녀야 한다면 어떤 것을 선택해야 할 것인가? 이런 경우 소속정체성에 대한 딜레마가 발생한다. 가벼운 예를 들었지만, 결코 가벼운 문제는 아니다. 얼마 전 정부상징디자인을 통합형으로 변경한 사례도 여기에 해당된다.

또한, 최근 장소마케팅이 활발해지면서 모든 지역들을 브랜드화하려고 한다. 이때에도 지역 간의 경쟁뿐 아니라 지역의 위계에서도 이해 충돌이 발생한다. 예를 들어 백제문화에 대한 주도권으로 확보하기 위하여 '공주시'와 '부여군'이 경쟁하는 것은 수평적 지역 간의 경쟁이다. 그러나 상위 지역단체인 '충청남도'가 관여 할 경우, 지역브랜드의 강화를 위해 공주시와 충청남도가 서로 경쟁하는 상황이 발생할 수도 있다. 공주시민은 충청남도 도민이라는 중복된 정체성을 가지고 있는 입장에서 어느 편을 들어야 하는가?

이러한 현상을 브랜드계층구조라는 관점에서 이해할 수 있다. 지역과 집

** 이 책 2부 '정체성'편 중 '정체성과 폭력' 참조

단이 대부분 브랜드를 지향하는 상황에서는 그 구성원들이 브랜드에 소속되었거나 혹은 브랜드의 주체가 된다. 따라서 지역과 집단의 위계조직구조는 필연적인 구조이기 때문에 조직의 브랜드화의 과정에서 브랜드계층구조에 대한 인식과 연구가 선행되어야 할 것이다.

대한민국정부

최근(2016년) 통일된 대한민국 정부상징표식이 새롭게 제정되었는데, 이는 정부조직의 아이덴티티 표현에 있어서 브랜드계층구조를 도외시한 결과다.

브랜드계층구조에 대한 개념 없이 오직 표현의 통일성에만 목표를 둔 결과이다. 그리고 이미지를 통일한 것이라고 하지만, 그것은 '통일'이 아니라 '획일'이라고 보아야 한다. 흔히 예술적 표현에서 통일성이라고 말할 때, 그것은 이미지 혹은 느낌의 일관성을 의미하는 것이지 동일한 구조와 형태를 유지하

는 획일성을 의미하는 것이 아니다. 최근 플렉시블(유연한) 아이덴티티 디자인(flexible identity design)* 추세가 나타나는 것도 이러한 획일성을 탈피하고자 하는 데에서 연유된 것이다. 유연한 아이덴티티 디자인 개념이 최근에 등장한 것 같지만, 미국 정부의 상징표식은 이미 오래전부터 통일성과 다양성을 동시에 추구하였다. 모든 정부기관이 흰머리 독수리를 상징소재로 사용하면서도 조금씩 변형을 통하여 독자적 특징을 보여주고 있다. 유연한 통일성과 다양성 속에서도 일관성을 유지하는 장점이 있다.

그리고 거슬러 가면 중세시대부터 등장한 유럽의 문장(heraldry, coat of arms)의 디자인 방식에서부터 찾을 수 있다. 혼인을 통한 가문과 가문의 결합을 문장의 결합으로 표현하였으며, 가문의 위계를 표현하는 체계를 이미 확립하고 있었다.**

잉글랜드+스코트랜드+아일랜드=영국(United Kingdom)

지금까지 브랜드계층구조(Brand Hierarchy)에 대한 논의를 다시 정리하면 첫 번째, 브랜드계층구조는 브랜드아이덴티티와 이미지에 직접적인 영향을

---

* 기존에 고정되어 있는 심벌마크나 로고의 개념에서 벗어나, 심벌의 형태, 색채, 구조에 변화를 주면서도 통일성을 유지하는 복수의 아이덴티티 디자인을 적용하는 개념. 이 책 '브랜드 구성요소' 편 참조

** 이 책 3부 '문장(紋章)과 국기(國旗)와 상표(商標)'편 참조

미친다. 두 번째, 브랜드 마케팅 커뮤니케이션의 효율성과 비용에 직결된다. 세 번째, 지역과 조직의 집단정체성에 영향을 준다. 따라서 브랜드계층구조에 대한 전략적 판단과 의사결정은 브랜드전략을 수립하는 데 있어서 브랜드의 성패를 가르는 매우 중요한 단계이다. 그리고 브랜드아이덴티티의 표현은 브랜드의 위계구조에 따라야 한다. 다시 말해 브랜드계층구조는 브랜드아이덴티티에 선행되어야 한다는 것이다.

Chapter 03

브랜드 구성요소(Brand Elements)

들어가며 브랜드는 무엇으로 이루어지는가?

1) **브랜드네임** 존재 인식의 시작, 브랜드의 시작
   - 기업의 의도와 소비자의 욕구가 일치할 때
   - 입증하기 어려운 이론들
   - 정답이 없는 브랜드네임
2) **심벌마크(Symbol mark)와 로고(Logo)** 표시인가? 상징인가?
   - 용어에 대하여
   - 디자인 표현 유형
   - 아이덴티티 디자인 유형의 두 가지 변화 추세
   - 아이덴티티 디자인 이론과 크리에이티브
3) **슬로건(Slogan)** 브랜드가 하는 말
   - 정치적 슬로건_ 프로파간다
   - 좋은 슬로건 만들기
   - 소비자의 관점
   - 제3의 관점
4) **캐릭터(Character)** 브랜드스토리의 주인공
   - 미쉐린타이어의 '비벤덤(Bibendum)' 사례
   - 캐릭터에는 캐릭터(성격)가 있어야
5) **소비자가 접촉하는 모든 것** 브랜드파워는 C.I나 로고만으로 만들어지지 않는다.
   - 구체적인 요소들
   - 드러나지 않는/ '숨어서 드러나는' 추상적 요소들

들어가며

브랜드는 무엇으로 이루어지는가?

소비자의 인식이 브랜드 마케팅 전쟁에서 기업이 확보하려고 하는 영토적 개념이라면, 브랜드 구성요소는 무기에 해당된다. 브랜드 구성요소들에 대한 여러 가지 이론들이 많이 있다. 그 중 이해하기 쉬운 일본 하쿠호도사 브랜드 컨설팅의 '브랜드 프레임의 체계'에서 제안한 내용과 켈러가 제안한 내용을 기초로 하여 브랜드네임, 심벌마크와 로고, 슬로건, 캐릭터 등에 대해 중점적으로 다루려고 한다.

전쟁에서 무기가 아닌 것이 없는 것처럼 세상의 모든 것이 브랜드 구성요소가 될 수 있다. 브랜드 구성요소는 소비자가 기업과 접촉하는 모든 것이며, 그것들은 구체적인 요소와 개념적인 요소로 구분할 수 있다. 구체적인 요소란 브랜드네임, 심벌마크, 제품, 포장, 광고, 건물, 차량, 복장 등 감각적으로 지각 가능한 것들을 의미하며, 개념적인 요소는 균형, 조화, 통일성, 일관성, 활동적, 무거움, 가벼움 등 추상적이며 관념적인 것들을 의미한다. 그리고 선, 형태, 색, 공간 등은 그것이 나타나는 상황에 따라 구체적인 요소에 해당되는가 하면 때로는 개념적인 요소가 되기도 한다.

브랜드 구성요소는 '브랜드아이덴티티 구성요소' 혹은 '브랜드 요소'라고 부르며 용어가 의도하는 의미는 학자들에 따라 견해가 다르다. 그러나 그것은 관점의 차이일 뿐이다.

아커는 브랜드아이덴티티 구성요소로서 4가지 관점에서 12개의 카테고리를 제시 하였다. 4가지 관점으로는 1) 제품으로서의 브랜드, 2) 조직으로서의 브랜드, 3) 사람으로서의 브랜드, 4) 상징으로서의 브랜드라는 관점으로 정의하였다. 그리고 하위 카테고리에 속하는 제품으로서의 브랜드에는 '제품의 범위', '제품의 특성', '품질과 가격', '사용', '사용자', '생산자' 그리고 조직으로서의 브랜드에는 '조직특성'과 '지역성' 또 사람으로서의 브랜드에서는 '개성'과 '관계(소비자와 브랜드의 관계)' 그리고 상징으로서의 브랜드에는 '시각적 이미지와 메타포(은유)', '브랜드의 전통' 등 12개의 카테고리를 제시하였다.

아커와 달리 켈러는 브랜드 구성요소(Elements)라는 개념을 제시하고 있다. 켈러는 "때때로 브랜드아이덴티티라고 불리는 브랜드 요소들 중요한 브랜드 요소들에는 브랜드네임, URL, 로고, 심벌, 캐릭터, 대변인, 슬로건, 징글, 패키지, 그리고 사이니지 (signage) 등이 있다고 하였다.

이 브랜드 구성요소들은 소비자들의 브랜드인지도 향상, 독특한 연상이미지, 긍정적인 판단과 감정을 이끌어내기 위해 활용되는 것이기 때문에, 중요한 점은 브랜드요소 그 자체보다 그것들의 선택과 활용방법이다.

켈러는 이러한 브랜드 구성요소 선택의 기준으로서 다음 6가지를 제시하였다. [37]

1. 기억할 만한(Memorable)
2. 의미 있는(Meaningful)
3. 좋아하는, 호감(Likable)
4. 전용 가능성(Transferable)
5. 적용 가능성(Adaptable)
6. 보호 가능성(Protectable)

무기의 선택이라는 관점에서 보면 전쟁의 상황에 따라 무기의 선택기준이 달라야 한다. 이러한 관점으로 볼 때 켈러의 브랜드 구성요소 선택의 기준은 매우 현실적이며 전략적이다.

캐퍼러는 브랜드 구성요소라는 용어 대신에 6각형의 '브랜드아이덴티티 프리즘(Brand identity prism)'이라는 독특한 제안을 하였다. 브랜드아이덴티티를 크게 외면화(externalization)와 내재화(internalization)라는 두 영역을 나누어 물리적 특징(Physique), 개성(Personality), 문화(Culture), 관계(Relationship), 반영(Reflection, 소비자 반영 customer reflection), 자아 이미지(Self-image) 등 6가지 요소를 제시하였다.[38]

외면화 영역에는 물리적 특징, 관계, 반영을 배치하고, 내재화 영역에는 개성, 문화, 자아 이미지를 배치하였다. 그리고 물리적 특징은 개성과 연관되며, 관계는 문화, 그리고 반영은 자아 이미지와 연관되는 것으로 구조화하였다.*

이 외에도 브랜드 구성요소에 대한 다양한 견해들이 많으나 가장 이해하기 쉬우면서 활용도가 높은 것은 일본 하쿠호도 브랜드 컨설팅에서 제안한 '브랜드 프레임의 체계' [39]라는 개념이다.

---

* 캐퍼러의 '브랜드아이덴티티 프리즘'은 나름대로 독특한 구조와 개념을 제시하였지만 아커의 구성요소와 유사한 점이 많다. 개성과 관계는 아커와 동일하며, 물리적 특징은 아커의 '제품의 범위'와 '제품의 특성'과 거의 같은 의미이며, 문화는 '브랜드의 전통'과, 반영과 자아이미지는 '사용' '사용자' '시각적 이미지와 메타포' 등과 연관된다.

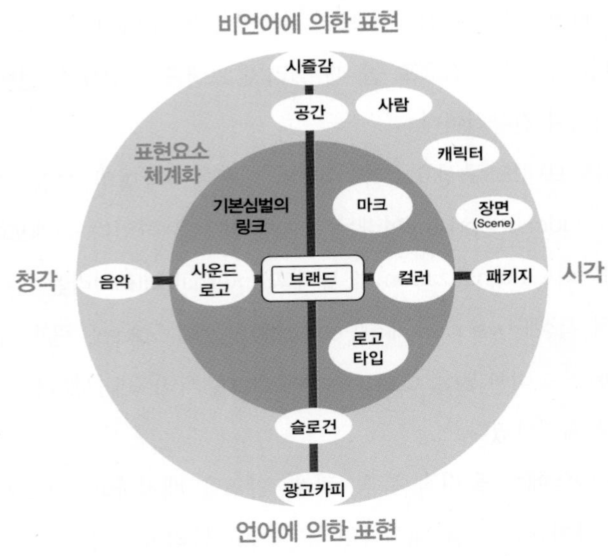

브랜드의 표현 체계를 그림과 같이 시각과 청각, 언어와 비언어로 구분하여 브랜드 구성요소들을 배치한 원형 프레임을 제안하였다. 원의 안쪽에는 기본적인 표현요소들로서 상품이나 서비스 그 자체에 부가되어 사용되는 것들을 배치하였으며, 바깥쪽에는 광고, 판매현장 그리고 프로모션 활동 등을 통해서 인지되는 요소들이다. 이 구조도는 논리적으로 취약한 부분이 없는 것은 아니지만, 직관적으로 이해하기 쉽게 구조화하였다는 점에서 교육적으로나 실무적으로 유용하게 활용될 수 있다.

아커와 캐퍼러는 브랜드 아이덴티티 구성요소 라는 개념에서 보다 포괄적으로 접근하였으며 켈러와 하쿠호도의 견해는 주로 브랜드 이미저리(이미지 매개체)*에 해당되는 것들이다. 모두 제각기 다른 이론들을 제시하는 것으로 보이지만 잘 들여다 보면 대체로 비슷한 내용이다. 단지 관점의 차이가 있을

* 이 책 2부 '이미지'편 중 'Image와 Imagery' 참조

뿐이다. 예를 들어 김치의 구성요소라고 하면 배추, 고추 가루, 소금, 여러 가지 양념 등 재료를 요소로 말할 수 있는가 하면, 또 다른 관점에서 보면 발효 시간, 온도, 발효균의 작용 등 외부적 요인도 일종의 요소라고 말할 수 있다. 이러한 요소들을 구성적 요소와 도구적 요소 등으로 구분하기도 한다.

결국 브랜드와 소비자의 접촉면에서 나타날 수 있는 모든 것이 브랜드 구성요소에 해당될 수 있다. 전문가들이 중요하다고 거론한 요소들 이외에도 무수히 많은 요소들이 모두 브랜드이미지에 영향을 미친다. 예를 들어, 코카콜라 로고가 크게 새겨진 운반차량이 지저분한 상태로 난폭운전을 할 경우 코카콜라의 브랜드에 대한 이미지는 당연히 훼손된다. 직원들의 복장, 직원들의 전화응대 태도와 말투, 명함, 매장 분위기, 향기, 소리, 질감 등 …

따라서 제품과 유통에 관련된 모든 것, 그리고 모든 브랜드 이미지리들이 브랜드 구성요소가 되는데, 이것을 소비자 관점에서 말하면 브랜드와 관련된 경험과 기억에 영향을 줄 수 있는 모든 것들이라고 할 수 있다.

브랜드 구성요소는 구체적인 요소와 개념적인 요소로 구분할 수 있다. 구체적인 요소들에는 제품, 포장, 브랜드네임, 심벌마크, 캐릭터, 광고, 디자인, 건물, 간판, 차량, 복장, 명함 등 물리적 혹은 시각적, 감각적으로 소비자와 직접 접촉 혹은 커뮤니케이션 되는 것들을 말한다. 개념적인 것은 감동, 균형, 조화, 재미, 흥분, 긴장, 통일성, 일관성 등 감성적으로 느껴지는 것들을 말하는데, 이는 직접적으로 나타나는 것이 아니라 구체적인 요소, 즉 이미지 매개체를 통해서 나타나게 된다. 그리고 선, 형태, 색, 소리, 공간과 같은 요소들은 경우에 따라서 이미지 매개체를 통해서 구체적으로 나타나기도 하지만 때로는 그 자체로서 개념적 요소가 되기도 한다. 예를 들어 색이 제품이나 포장의 색으로 나타날 경우 그 색은 제품의 물리적 특징을 결정짓게 되면서 특정한 이미지를 만든다. 즉 색이 단독으로 어떤 역할을 하는 것이 아니라 구체적인 매개체를 통해 그 특징과 이미지를 만들어내게 된다. 코카콜라의 빨간색이 대표적인 사례이다. 한편 공산주의자를 상징하는 빨간색은 개념적 요소이다. 빨간색은 구체적이든 개념적이든 모두 브랜드아이덴티티를 표현하는 정보이자 메시지이다. 모든 기호는 브랜드 구성요소이며 동시에 모든 브랜드는 기호이다.

움베르토 에코와 토마스 씨벅(Thomas A. Sebeok)은 "어떤 기호든지 그것의 대상과 해석체는 반드시 또 다른 기호이게 마련이다."라고 하면서 퍼어스(C. S. Peirce)의 말을 빌려 "이 우주 전체는 기호로 가득 차 있다. 비록 우주가 기호로만 이루어진 것은 아니라 할지라도"라고 하였다.[40]

브랜드의 구성요소가 기호이며 그 기호의 대상이자 해석체인 브랜드 역시 기호라면 브랜드 구성요소는 언어적 요소보다 비언어적 커뮤니케이션적 요소가 훨씬 중요한 비중을 차지하게 된다. 따라서 브랜드 전략가와 디자이너들은 의식적이든 무의식적이든, 또는 전략적이든 우연이든 이러한 기호들을 활용하여 소비자의 기억 속에 독특하고 인상 깊은 이미지를 형성 시키기 위해 다양한 미학적 표현들을 시도하는 것이다.

예술작품처럼 브랜드에서도 상식적으로 성공을 설명하기 어려운 사례들이 많이 나타난다. 성공한 후에는 그 성공의 요인이 무엇이다라고 분석하는 전문가들이 많지만, 실행하기 전에 성공을 장담하는 전문가는 거의 없다. 브랜드 마케팅의 시장상황에 따라서 적절한 브랜드 구성요소를 적절하게 창의적으로 구사할 수 있어야 하는데 바로 이 부분이 가장 어렵다.

1) 브랜드네임

존재 인식의 시작, 브랜드의 시작

브랜드네임은 가장 대표적인 언어적 브랜드 구성요소이다. 브랜드네임이 얼마나 중요한지에 대해서는 굳이 말하지 않아도 될 것이다. 하지만 어떤 브랜드네임이 좋은지는 한마디로 말하기 어렵다. 우선 결론을 말하자면 브랜드네임은 인지도를 높일 수 있는 강력한 연상이 가장 중요하다. 강력한 연상이란 기업에서 시장조사를 통해 계획한 제품 콘셉트와 소비자의 필요와 욕구를 연결시켜주는 것을 말한다. 따라서 제품과 소비자를 연결할 수 있는 적절한 수사(修辭 rhetoric)적 표현이 필요하다.

적절한 수사적 표현은 브랜드에 적절한 이미지를 부여함으로써 브랜드네임의 기억과 저장, 그리고 기억인출 과정에서 회상과 재인을 높여줄 뿐 아니라 호의적 연상을 풍부하게 하여 제품에 대한 호의적 태도를 형성하게 한다.

• 기업의 의도와 소비자의 욕구가 일치할 때

제품 콘셉트는 소비자의 필요와 욕구를 반영한 것이다. 따라서 다음 그림에서 볼 수 있듯이 원 4개가 모두 중첩되면 가장 이상적이다.

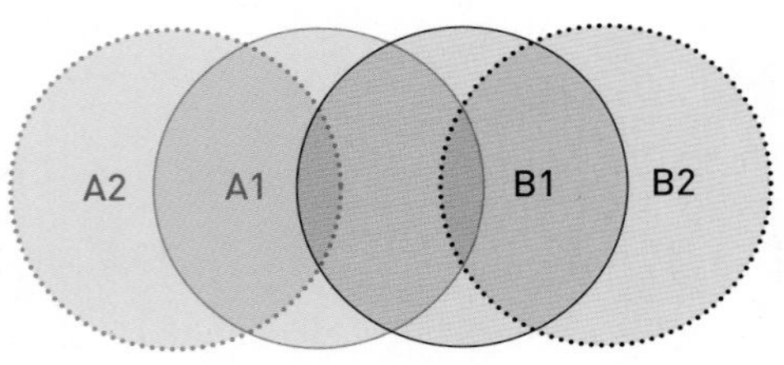

A1: 제품 컨셉트　B1: 소비자 필요와 욕구
A2: 기업의 숨은 의도　B2: 소비자 잠재욕구

거의 불가능하겠지만 우연이라도 기업의 숨은 의도가 소비자의 잠재욕구와 일치한다면 그 제품은 마케팅 비용을 많이 들이지 않고도 쉽게 성공할 가능성이 높다. 만약 제품 콘셉트와 소비자의 필요/욕구가 일치하지 않는다면 많은 광고비를 투자하더라도 그 제품은 성공하기 어려울 것이다. 여기서 브랜드네임이 제품 콘셉트와 소비자의 필요/욕구를 연결시켜주는 역할을 한다면 마케팅에서의 효율성은 극대화될 수 있다.

이러한 제품 콘셉트와 소비자의 필요/욕구를 연결시켜주는 역할을 충실하게 한 대표적인 사례로 유한킴벌리의 여성생리대 브랜드네임 '화이트'를 꼽을 수 있다. '화이트'사례*는 별도로 다루겠지만, 백색이 주는 이미지는 순수와 청결을 나타낸다. 기업에서는 생리대에서 가장 중요한 흡수기능이 대폭 향상된 제품 콘셉트로 신제품 출시를 준비하고 있었으며, 소비자들은 항상 청결한 상태를 유지하고 싶어한다. 바로 그 제품 콘셉트와 소비자의 필요/욕구가 중첩되면서도 매력적인 수사적 표현을 찾은 것이 '화이트'였다.

브랜드네임은 브랜드아이덴티티를 나타내는 가장 기본적인 요소이다. 세상의 모든 사물에는 이름이 있으며 그 이름이 그 존재를 인식하게 하는 아이

---

* 이 책 3부 중 '화이트'편 참조

덴티티이다. 어떤 사물의 이름뿐 아니라 모든 명사(名詞)는 아이덴티티이다. 브랜드 역시 브랜드아이덴티티를 명확하게 함으로써 브랜드네임을 구상할 수 있다.

그러나 이론적으로는 쉽지만 브랜드아이덴티티를 명확하게 한다는 것은 현실적으로 두 가지 차원에서 어려움이 있다. 하나는 브랜드아이덴티티를 명확하게 한다는 것이 무엇을 어떻게 해야 하는지 막연하다는 것이며, 다음은 무엇을 어떻게 해야 하는지는 알더라도, 막상 그것을 명확하게 하는 과정이 모호하고 어렵다. 이때 브랜드아이덴티티라는 개념보다는 제품 콘셉트와 소비자의 필요/욕구가 중첩되는 부분을 찾아야 하는 것이다.

• 입증하기 어려운 이론들

브랜드네임에 관한 많은 이론들이 있다. 대부분 기억 용이도, 제품과의 연관성, 호감도, 법적 문제 등이 중요하게 거론되며 이를 위해 단순성, 친숙성, 의미성, 차별성, 심상가(心相價, imagery value)** 등에 대한 이론들을 제시한다. 대부분 유익한 내용들이지만 가만히 살펴보면 그 이론들 중에는 이론을 위한 이론, 혹은 착각에서 나온 이론들이 발견된다. 그러한 이론들은 매우 그럴 듯 하지만 대부분 비현실적이다. 예를 들어 단순성, 친숙성, 의미성, 차별성 등은 매우 타당한 이론이다. 그러나 이 모든 조건을 충족시킬 수 있는 이름은 현실적으로 존재하기 어렵다. 때로는 단순성이 중요하며 때로는 차별성이 더 중요하다. 그러나 어떤 경우에 어떤 조건과 어떤 요소가 더 중요하게 작용하는

** 심리학용어로서 마음 속에 이미지화하기 용이한 정도를 말한다. 책상, 옷 같은 구체적인 단어는 심상가가 높으며, 생활, 노력, 본질 같은 추상적 단어는 심상가가 낮다.

지에 대한 명확한 근거를 제시하기 어렵다. 따라서 대부분 이미 성공한 브랜드의 사례를 들어 설명한다. 그러나 그 브랜드의 성공 이유가 브랜드네임에 있었는지 혹은 마케팅의 다른 영역에서의 성공 때문이었는지 알 수 없다. 단지 그 유명한 브랜드네임의 특성이 어떠하다는 것뿐이다. 브랜드네임이 좋았기 때문에 브랜드가 성공한 것인지, 브랜드가 성공했기 때문에 브랜드네임이 좋아 보이는 것인지 누구도 장담하기 어렵다. 성공한 브랜드의 브랜드네임을 좋다고 말하기는 쉽지만 한편 위험하다. 왜냐하면 그러한 이론을 맹목적으로 수용하여 현실에 적용할 경우, 만약 성공하면 다행이지만 실패할 경우 실패의 원인도 모르는 채 브랜드가 죽을 수 있다.

많은 전문가들이 브랜드네임은 짧고 단순한 것이 기억하기 쉽기 때문에 좋은 브랜드네임이라고 한다. 그러나 많은 브랜드가 짧고 단순하다면 오히려 조금 더 길고 특이한 브랜드네임이 차별화될 것이다. 실제로 '몸에 좋은 대추', '2% 부족할 때', '오븐에 빠진 닭', '듀스파타린' 등은 브랜드네임이 길거나 독특해서 더 기억하기 쉽다. 그래서 또 브랜드네임은 독특한 것이 좋다고 한다. 그러나 독특하다고 항상 좋은 것만은 아니다. 상황에 따라 다르고 활용하기에 따라 다르다.

브랜드네임은 브랜드 마케팅 전쟁에서 가장 중요한 무기 중에 하나이다. 무기를 잘못 사용하면 스스로 위험에 빠질 수 있다. 무기의 선택은 일반화될 수 없는 영역이다. 무기의 유형과 용도는 설명할 수 있지만 어떤 무기가 적합한지는 그 전쟁의 상황에 따라 전략적으로 판단하고 결정되어 한다. 전쟁의 상황, 경쟁자의 무기, 무기 사용자의 능력 등을 고려해야 한다. 다윗은 골리앗을 상대로 돌팔매를 무기로 선택하였다. 만약 다윗이 창이나 칼을 선택하였다면 어떻게 되었을까?

브랜드네임에 관한 많은 이론들은 대부분 유명 대기업의 사례들을 바탕으로 한다. 그리고 브랜드네임의 여러 유형을 설명하지만 그 역시 이미 성공하였거나 혹은 실패한 유명 브랜드를 대상으로 하고 있다. 그러나 브랜드네임에 대해 고심하는 기업 경영자들 대부분은 광고비를 충분히 사용하기 어려운 중소기업들이다. 따라서 대기업과 유명 브랜드를 대상으로 한 사례연구와 이론을 중소기업에 그대로 적용시킬 경우 전혀 맞지 않을 수 있다.

광고비를 충분히 사용할 수 있다면 브랜드네임에 대해 크게 걱정하지 않아도 된다. 우리가 알고 있는 유명 브랜드들은 대부분 연간 수 십억 혹은 수백억 원의 천문학적 비용을 투입하여 만들어낸 인지도의 브랜드네임들이다. 브랜드네임의 인지도는 대체로 브랜드네임이 소비자와 접촉한 커뮤니케이션의 누적빈도에 비례한다. 이미 인지도 장에서 '비용 × 기간 × 크리에이티브 = 인지도'라고 하였듯이 브랜드네임에 있어서도 크리에이티브는 비용 부족을 어느 정도 만회할 수 있는 유일한 방안이다. 막대한 비용을 들이고도 인지도에서 실패하였다면 크리에이티브가 형편없었거나 결정적인 실수를 하였다고 보아야 한다. 진정한 성공은 다윗처럼 열악한 상황에서 승리를 이끌어 낼 수 있어야 한다. 물론 다윗 같은 신화적 성공은 평범한 일상에서 기대하기 어렵다. 그러나 다윗 같은 신화는 아닐지라도 기업과 제품이 시장에서 죽지 않고 살아남기 위해서는, 내 기업만의 독특하고 적절한 브랜드네임을 만들어내야 한다.

• 정답이 없는 브랜드네임

뒤에 나오는 '형(形 form)편'의 내용을 미리 보면, 형이란 단지 어떤 모양(외형)의 의미로 그치는 것이 아니라 사물의 본질이 드러나는 형(形)이자, 동시에 그 본질까지 포함되는 것이 형(形)이다. 아리스토텔레스의 형(폼 form)이 사물의 존재 원인으로서 실체인 것은, 드러나는 형(形)에서 그 본질을 알 수 있기 때문이다. 이는 맹자가 형색(形色)은 하늘에서 준 것이라는 것과도 통한다. 모든 형(形)에는 그 특성과 힘이 내재되어 있다. 즉 본질과 구조, 스토리(역사)와 주변과의 인과관계가 들어있다. 또한 칸트에게 있어서 형(폼 form)은 세상을 인식하는 마음의 틀이다. 대상이 어떠하든 그것을 경험하는 사람이 어떻게 인식하는가에 따라 달라진다고 하였다.

이러한 형(form)은 이름(명사名辭)으로 그 본질을 드러낸다. 일반적으로, 또 근본적으로 무엇에 대한 이름은 그것의 형(形)에 대한 표현이다. 형(形)은 본질이기 때문에 이름은 결국 본질을 나타낸다. 그러나 이름은 본질의 표현이기도 하지만, 인식의 표현이기도 하다. 그렇다면 이름은 자기의 것인가, 부르는 사람의 것인가? 장미의 이름은 장미의 것인가 부르는 사람의 것인가? 코카콜라의 이름은 누구의 것인가? 코카콜라 기업의 것이기도 하지만 소비자의 것이기도 하다.

따라서 브랜드네임을 생산자 혹은 기업의 관점에서 제품의 본질을 표현하는 이름을 부여할 것인가? 혹은 소비자에게 인식시키고 싶은, 혹은 소비자들이 부르고 싶은 이름을 부여할 것인가?의 문제를 고민해야 한다. 이미 앞에서 말한 것에 답이 있다. 제품 콘셉트와 소비자 필요/욕구가 중첩되는 곳에 해답이 있다. 브랜드네임에는 정답이 없다. 효과적인 크리에이티브만 있을 뿐이다.

2) 심벌마크(Symbol mark)와 로고(Logo)

표시인가? 상징인가?

• 용어에 대하여

용어의 의미와 개념을 명확하게 규명하는 것과 어떤 것들에 대한 분류와 위계를 구분하는 것은 모든 학문의 기본이며 그 다음 단계의 논의를 가능하게 한다. 특히 외래어 용어와 새로이 만들어지는 용어에서는 그 언어적 뿌리를 아는 것이 창의적 사고의 확장을 가능케 한다. 심벌마크(Symbol mark)와 로고(Logo)도 이에 해당된다.

소비자가 제품 혹은 브랜드를 접촉할 때 브랜드네임과 함께 가장 먼저 만나는 구성요소가 심벌마크와 로고다. 브랜드정체성을 표현하는 시각적 요소 중에 대표적인 표식, 혹은 브랜드네임을 시각화하여 표현하는 표식을 흔히 심벌마크 혹은 로고라고 부른다. 그리고 트레이드 마크, 엠블렘, 상징표장, 로고타입 등 다양한 용어가 혼용되고 있다. 그 용어의 뜻을 명확하게 알면서 사용하는 사람도 있겠지만 대부분 정확한 의미보다는 대강 포괄적인 의미로 서로 암묵적으로 사용하고 있다. 먼저 이러한 용어들의 개념을 간략하게 정리한 후에 활용전략에 대해 설명하려고 한다.

C.I(Cooperate Identity)라는 용어가 등장한 이래 우리나라에서는 모든 기관에서 해당 기관 유형의 앞 글자를 따다가 대학의 경우 U.I, 병원은 H.I, 박물관은 M.I, 대통령은 P.I 등 모든 곳에 Identity를 붙인 이상한 용어를 사용하고 있다. 정부는 최근 심벌마크를 바꾸면서 '정부상징디자인'이라는 용어를 사용하였다. 다른 곳에서는 '정부상징표장'이라고 하기도 한다. 잘못된 표현은 아니지만 정확한 용어라고 하기도 어렵다.

심벌과 마크

심벌마크는 symbol(심벌=상징)과 mark(마크=표식)를 조합한 용어이다. 이를 우리말로 표현하면 '상징표식'이다. C.I(코퍼레이트 아이덴티티)의 일부로 써 아이덴티티 디자인 혹은 비주얼 아이덴티티에서 IBM, SONY처럼 마크를 사용하지 않고 문자로만 심벌마크 기능을 하는 레터마크(letter mark) 혹은 워드마크(word mark)를 사용하는 브랜드들이 늘어나면서 '마크'라는 용어를 사용하는 것이 적절하지 않게 되었다. 기존에는 심벌마크와 로고타입의 조합으로 구성되는 것이 일반적이었다.

그러던 것이 코카콜라를 비롯해서 문자로만 디자인된 워드마크(word mark)가 등장하면서 이러한 유형이 비주얼 아이덴티티 디자인에서 한때 유행되었다.

Coca-Cola IBM SONY

이러한 추세를 반영하기 위한 용어로 레터마크(letter mark) 혹은 워드마크(word mark)라는 용어가 등장하였지만 이 용어는 심벌마크와 로고타입의 조합으로 이루어진 기존의 심벌마크에 대응하는 용어가 필요할 때에 한정적으로 사용되었다. 따라서 심벌마크, 워드마크, 로고타입 등 여러 유형의 비주얼 아이덴티티 디자인 체계를 일컫는 간편한 용어가 필요하였으며, 이에 언제부터인지 모르지만 점차 '마크'라는 용어를 떼어버리고 단지 '심벌'이라는 용어를 사용하기 시작하였다. 그러나 이 '심벌'은 상징이라는 의미로 한정되기 때문에 '아이콘(icon)'과 로고타입의 의미를 수용하지 못한다. 따라서 아이덴티티 디자인을 대표할 만한 용어로서 '심벌'은 충분하지 못하다. 그러나 대다수 전문가들 사이에서 아직도 '심벌'이라는 용어로 통용되고 있다.

심벌마크와 아이콘

'심벌마크'와 '아이콘'의 의미가 어떻게 다른지 질문하면 답변을 제대로 하지 못하는 학생들이 더러 있다. 외래어이기도 하지만 일상적으로 그 의미를 심각하게 구별할 필요가 없기 때문이기도 하다. 심벌마크, 즉 우리말로 상징표식은, 어떤 표식 속에 상징이 담겨 있어야 한다. 상징이란 일반적으로 어떤 의미가 숨어 있는 것을 의미한다. 따라서 심벌마크는 그 상징체계를 공유하는 집단에서만 통용될 수 있는 시각적 언어이다.

상징적 표현의 대표적인 심벌마크로서 세계적으로 유명한 푸르덴셜(Prudential) 보험회사의 지브롤터 바위(The Rock of Gibraltar) 마크가 있다. 이 심벌마크는 역경을 이겨내는 요새를 상징함으로써 강인함, 안정성을 표현한다고 해서 외국의 브랜드 전문가들 사이에서 우수한 심벌마크로 인정받는다.

그러나 이 바위의 유래와 상징하는 의미를 모르는 사람에게는 그저 경사가 급격한 바닷가의 바위 모습일 뿐이다. 의미도 모를뿐더러 강인함과 같은 감성적 공감을 갖기 어렵다. 또한 푸르덴셜 보험회사와 어떤 연관성이 있는지도 모른다.

지브롤터는 스페인 남단 지브롤터 해협에 위치한 작은 반도로써 영국 영토이다. 아프리카대륙을 마주보는 해협을 향하여 지브롤터 바위가 서 있다. 대서양과 지중해를 연결하는 전략적 요충지로서 역사적으로 많은 사건과 스토리가 있는 지역이다. 이러한 사실을 모르는 사람에게 푸르덴셜의 바위 마크는 특별한 인상을 주지 못한다.

이 6각 형태(hexagram)는 단지 6각형 별의 형태로 보이지만 이스라엘 국기에 가운데 들어가는 상징마크이다. 다윗의 별(star of David), 다윗의 방패(Shield of David) 또는 솔로몬의 인장(Solomon's Seal)이라고 불리며, 유대 민족들에게는 많은 상징이 담겨있는 형태로써 이것을 착용하는 자는 악마로부터 보호받는다고 한다. 그러나 탄트라(tantra)에서는 남녀의 성적인 결합을 뜻하는 상징이었다. 이외에도 여러 지역에서 각기 다른 상징과 이야기를 가지고 있다. 똑같은 형태라고 하더라도 민족과 시대에 따라 상징성은 바뀔 수 있다. 그리고 숨어있는 공유관념을 모르면 단지 어떤 형태일 뿐이다.

즉, 상징성은 그 숨은 관념을 공유할 수 있는 사람들에게만 의미가 있다. 이에 비해 아이콘은 이미지와 같은 뜻이지만, 대체로 특정 사물이나 관념을 표현하는 대표적 이미지를 의미한다. 우리말에서는 도상(圖像)이라고 하지만 잘 쓰지 않는다. 오히려 아이콘이 더 쉬운 표현이 되었다. 아이콘은 누구나 쉽게 인식할 수 있어야 하며 특정 관념을 숨길 이유가 없다. 최근에는 브랜드아이덴티티의 표현을 위해 상징적 마크보다는 보다 쉽게 전달되는 아이코닉한 마크들이 많이 등장하였다.

이러한 표현은 형태마크뿐 아니라 워드마크에서도 다양하게 나타난다. 그러나 심벌(상징)과 아이콘(도상)은 개념적으로는 구분되지만 실제 표현에서는 명확하게 구분되지 않는 경우도 많이 나타난다. 이러한 변화 즉, 아이덴티티 디자인의 다양한 표현 양식의 추세를 '심벌마크'이라는 용어로는 충분히 표현하기 어려워짐에 따라 최근에는 로고(logo)라는 용어를 사용하는 전문가들이 늘어나기 시작하였다.

로고(Logo)

로고는 원래 logogram(로고그램), logograph(로고그래프), 로고타입(logotype) 등으로 사용되던 단어를 줄여서 사용하게 된 용어다. 어원을 살펴보면 '말'이라는 의미를 가진 logos(로고스)에서 시작된다. 특히 로고스(logos)는 기독교에서 하나님의 말씀을 의미하며, 학문, 담론, 진리 혹은 논리적이라는 의미로 사용되기도 한다.

로고스, 즉 말을 형태화한 것이 로고그램, 로고그래프이며, 말을 문자화한 여러 개 활자의 묶음을 로고타입이라고 하였다. 이 중에서 로고타입이 최근까지 사용되었는데, 주로 심벌마크와 함께 사용되는 브랜드네임의 고유한 문자 형태를 지칭하는 용어로 사용되었다. 로고타입을 줄여서 '로고'라는 용어로 사용하게 되었는데, 문자만 사용하는 워드마크가 유행하면서 '로고'라는 용어가 더 많은 사람들에게 통용되는 현상을 보이고 있다. 최근에는 점차 심벌마크, 아이콘마크, 워드마크, 복합적인 마크 등 모든 유형의 아이덴티티 디자인을 '로고'라는 용어로 간략하게 사용하는 추세를 보이고 있다. 음성언어인 브랜드네임을 시각언어로 형상화한다는 점에서, 또 브랜드아이덴티티를 시각언어화하는 것이라고 생각하면 '로고'가 새로운 용어로 자리 잡는 것도 나쁘지는 않다고 생각된다. 그러나 변화하는 추세를 미루어 볼 때, 조금 더 멀리 본다면 '로고'보다 '브랜드 아이콘'이라는 용어가 아이덴티티 디자인의 다양하고 새로운 유형들을 모두 충족시킬 수 있을 것이라 생각된다.

브랜드 아이콘

상품과 서비스의 브랜드뿐 아니라 기업과 조직, 지역, 개인까지 이제 모든 것이 브랜드가 될 수 있다. 그리고 브랜드아이덴티티를 표현하는 방식이 매우 다양해졌으며 또한 계속 새로운 방식이 시도되고 있다. 대표적으로 '플렉시블(flexible) 아이덴티티 디자인 시스템'과 '논버벌 로고(Non−Verbal Logo)' 등이 속속 등장하고 있다. 또한 브랜드계층구조 간의 결합된 표현 양식도 가능하리라 예측된다. 이러한 변화와 다양한 형식의 브랜드아이덴티티를 표현하는 데 적합한 용어는 포괄적이어야 한다. 일반적으로 어떤 대상을 시각적으로 기호화한 것에 대한 가장 포괄적인 단어는 '아이콘'이다.

따라서 '브랜드 아이콘'이라는 용어는 심벌마크, 워드마크, 로고타입, 심벌, 로고, 그리고 '플렉시블(flexible) 아이덴티티 디자인'과 '논버벌 로고(Non−Verbal Logo)'까지, 또 앞으로 어떻게 시도될지 모르는 새로운 유형의 디자인 시스템 등을 모두 포함할 수 있는 적절한 용어/표현이 될 수 있다.

• 디자인 표현 유형

지금까지 말한 것과 같이 심벌마크와 로고가 다양한 형태와 디자인, 표현 기법 등을 가지게 됨에 따라 이들을 분류하는 기준 또한 다양화되었다.

먼저 형태와 문자의 사용을 기준으로 분류해 볼 수 있다. 그림의 좌측은 심벌만으로 이루어진 심벌마크와 로고로서 상징 또는 업(業)을 연상시킬 수 있는 모티브를 활용하여 그래픽으로 표현한 형태이다. 이런 심벌형은 대상을 추상적으로 표현하여 철학이나 이념을 담기 쉬우므로 많은 기업과 단체들이 선호하는 형태이지만, 시각적인 약속이 선행되어야 하기 때문에 자칫 커뮤니케이션의 효율이 낮아질 수 있는 단점이 있다.

그림의 우측은 문자(레터 letter)만으로 이루어진 심벌마크와 로고의 형태이다. 문자형은 기업 또는 브랜드명을 그대로 보여주기 때문에 직관성은 높으나 업(業)을 연상시키기에 다소 어려움이 있을 수 있다. 그림의 가운데는 심벌과 문자를 혼합한 형태로써 커뮤니케이션 효율과 연상성이 높기는 하지만 표현요소가 많아 다소 복잡하거나 활용성이 떨어질 수 있다.

또 다른 분류 기준으로는 형태의 관점에서 볼 수 있다. 심벌마크와 로고의 형태가 배경과 확연히 구분되는 폐쇄형과 배경과 구분되지 않는 개방형으로 분류해볼 수 있다.

그림의 좌측은 심벌마크와 로고의 형태와 배경이 서로 통하는 개방형이다. 개방형은 모양을 자유롭게 디자인할 수 있다는 장점이 있는 반면에, 배경이 간혹 복잡한 이미지일 경우 배경의 형태와 색의 간섭으로 인하여 디자인이 훼손될 수 있다. 그림의 우측은 흔히 엠블럼형이라고도 부르는 전형적인 심벌마크 형태이다. 마크가 특정한 틀 안에 가둬져 있는 폐쇄형으로 주변 배경색에 영향이 적은 장점이 있지만 디자인의 차별성과 창의적 표현에 한계가 있다는 단점이 있다.

마지막으로 표현기법을 기준으로 분류하는 관점도 있다. 그림을 좌측부터 순서대로 살펴보면 묘사형은 대상의 형태를 사실적으로 표현한 것, 아이콘형은 보다 단순하고 압축적으로 표현한 것, 연상형은 특정 사물이나 의미를 연상할 수 있도록 추상적으로 표현한 것, 상징형은 원관념이 거의 드러나지 않아 집단 내에서 시각적 약속 및 의미 공유가 필요한 것을 말한다.

좌측으로 갈수록 의미 전달에는 용이하지만 차별화 요소는 낮아지며, 우측으로 갈수록 차별화된 이미지 전달에 용이해지지만 의미 전달이 어려워진다고 할 수 있다.

이러한 분류 외에도 어떤 관점에서 보는가 하는 기준에서 누구나 다양한 분류 유형을 말 할 수 있다. 비전문가라고 하더라도 나름대로의 관점으로 분류기준을 세워서 유형을 분류해 보면 심벌마크와 로고에 대한 이해가 더 깊어질 수 있을 것이다.

• 아이덴티티 디자인 유형의 두 가지 변화 추세

최근 아이덴티티 디자인에 있어서 두 가지 큰 변화의 추세는 '플렉시블(flexible) 아이덴티티 디자인 시스템'과 '논버벌 로고(Non-Verbal Logo)'의 유행이다. 플렉시블 아이덴티티 디자인 시스템은 조직의 하부 위계구조가 다양한 경우에 적절하게 활용될 수 있다. 대표적인 사례로서 호주 멜버른시의 아이덴티티 디자인 시스템, 덴마크 코펜하겐의 아이덴티티 디자인 시스템, 스페인 카나리아제도 국립공원 로고 등이 있다. 다음 그림은 멜버른시의 사례와 한국수목원관리원에서 관리하는 백두대간수목원, 세종수목원 등의 정체성과 구별성을 동시에 표현하기 위해 개발한 플렉시블 아이덴티티 디자인의 사례이다.

그리고 논버벌로고(Non-Verbal Logo)란 심벌마크+로고타입의 구조에서 브랜드네임을 표현하는 로고타입을 삭제하고 오직 심벌마크만 사용하는 로고를 말한다. 1995년부터 나이키가 'NIKE'라는 브랜드네임/로고타입을 삭제하고 오직 스워시마크만 사용하기로 하였다. 이외에도 애플, 스타벅스 등 많은 기업들이 로고에서 브랜드네임/로고타입을 삭제하고 오직 마크 형태만 사용하는 논버벌 로고(Non-Verbal Logo) 전략을 채택하고 있다.

이러한 논버벌 로고(Non-Verbal Logo)는 나이키 이전부터 이미 국제적 십자위원회(International Committee of the Red Cross) 마크 등에서 사용되고 있었으나 기업의 상표인 로고에서 브랜드네임을 삭제하는 정책은 매우 과감한 시도라고 할 수 있다. 언어적 표현 없이 특정한 형태만으로 브랜드아이덴티티를 나타낼 수 있다는 확신이 없으면 시도할 수 없는 정책이다. 함부로 따라 하면 위험하다.

• 아이덴티티 디자인 이론과 크리에이티브

용어와 유형이 어떻게 변화하든 심벌과 로고의 기능과 역할은 변하지 않는다. 다만 표현의 유형이 변화함에 따라 용어가 바뀌었을 뿐이다. 그렇다면 표현의 유형은 왜 바뀌는 것일까? 또 어떻게 디자인하는 것이 잘 하는 것인가?

대체로 표현유형이나 스타일이 바뀌는 것은 일시적인 유행인 경우가 많다. 그러나 심벌과 로고의 표현유형은 단지 유행이 아니라 브랜드의 경쟁력을 위한 일종의 신무기로 볼 수 있다. 디자이너들이 신무기 개발이라는 뚜렷한 의도를 가지고 디자인하는 것은 아니지만, 그러한 의도가 잠재의식 속에 내재되어 있다.

기술이 변하면서 라이프스타일과 가치관이 변하고 이에 따라 소비자가 원하는 것도 변한다. 이성 중심시대에서 이성과 감성이 혼재된, 오히려 감성적 가치가 더 중요하게 되는 시대로 변하면서 소비자의 잠재 욕구와 필요가 변한다. 표현양식도 이에 따라주어야 하며, 때로는 앞서 가야 한다. 탁월한 디자이너는 이러한 흐름을 몸으로 느끼고 디자인에 반영하면서 표현양식을 주도한다. 조금 우수한 디자이너는 탁월한 디자이너가 만든 새로운 표현양식을 따라 하면서 시대변화의 흐름을 이해하고 뒤처지지 않으려고 한다. 평범한 디자이너는 모든 것이 유행한 뒤에 따라한다. 우둔한 디자이너는 무엇이 어떻게 변하는지 잘 모른다. 간혹 개성이 강한 디자이너 중에는 유행이나 흐름에 개의치 않고 독자적인 디자인 스타일로 경쟁력을 유지하는 경우도 있다. 시대가 변해도 언제나 항상 공감받을 수 있는 공통적인 미학적 원리들이 있기 때문이다.

브랜드네임과 마찬가지로 로고 디자인에 관한 많은 이론들이 있다. 전문가들마다 나름대로 브랜드전략과 디자인 방법론을 바탕으로 독특한 지침과 조건들을 제시한다. 그러나 일반적으로 대체로 유사한 내용들이다. 예컨대, 심벌과 로고는 –

> 기업의 정신과 브랜드의 핵심 가치를 반영해야 한다. 감성이 담겨 있어야 한다. 문화를 표현하여야 한다. 구체적인 연상을 불러일으켜야 한다. 이해하기 쉬워야 한다. 친근감을 주어야 한다. 눈에 잘 띄어야 한다. 기억하기 쉬워야 한다. 차별화 되어야 한다. 트렌드를 따라야 한다. 시대를 초월해서 오래 사용할 수 있어야 한다. 단순해야 한다. 등 …

주로 이러한 내용들이다. 요약하면 의미성, 주목성, 연상성, 심미성, 단순성, 기억도, 전달력, 가시성, 응용성, 고급성, 개성, 차별성, 트렌드, 공감, 영원성 등등, 어떤 책에서는 10가지 조건, 또 다른 책에서는 7가지 방법 등 제각각 디자인 가이드라인 또는 좋은 로고를 만드는 데 필요한 요구조건들을 이론적으로 제시하고 있다. 이 외에도 여러 가지 디자인 힌트나 팁을 제시하는 이론들도 많이 볼 수 있다. 모두 나름대로 훌륭한 이론들이지만 실제 이 모든 것을 갖춘 심벌이나 로고는 없다.

이러한 여러 가지 이론적 지침을 말하기는 쉽지만, 대형 회화작품도 아닌 작은 형태 속에 그 많은 것을 담기란 거의 불가능하다. 작은 형태 속에 브랜드의 가치를 담는다는 것이 말처럼 쉬운 일이 아니다. 코끼리를 냉장고에 넣는 것만큼 어렵다. 또한 상반되는 요구조건도 많다. 트렌드를 강조하면서도 어떤 시대에서나 통할 수 있는 영원성도 요구한다. 어떤 마크는 단순해서 좋다고 한다. 거의 모든 전문가들이 단순해야 한다는 말을 하지만 정작 소비자들은 단순한 로고보다는 상대적으로 정교한 로고를 선호한다는 조사결과도 있다.[41]

따라서 여러 가지 이론적 지침을 모두 알아야 하겠지만, 현실적으로는 자기만의 방법을 찾아야 한다. 디자인 방법론도 좋지만 현실적 문제를 풀어가는 방법을 찾아야 한다. 현실적 문제를 풀어가는 가장 효과적인 방법은 우선순위(priority) 정하기이다. 즉 가장 중요한 것을 찾는 것이다. 모든 것을 만족 시킬 수 없기 때문에 반드시 지켜야 할 가장 중요한 것부터 우선순위를 정하여 상위 조건부터 만족시키는 방법을 택하여야 한다. 어떤 프로젝트이든지 요구조건은 매번 다르기 때문에 해당 프로젝트에 가장 적합한 우선순위를 찾아야 한다. 이것도 결코 쉬운 일은 아니다.

우선순위 정하기에도 여러 방법 혹은 과정이 있다.

첫 번째는, 모든 요구조건들 중에서 가장 먼저 다루어야 할 문제가 무엇인지 찾아야 한다. 의미성, 주목성, 연상성, 심미성, 단순성, 기억도, 전달력, 가시성, 등에서 가장 중요한 요인이 무엇인지를 결정해야 한다.

두 번째는, 위의 첫 번째 문제를 해결하는 방안의 근거로서 브랜드와 상황에 대한 적절성, 특히 기업의 규모와 커뮤니케이션 예산의 규모, 제품의 유형에 따른 미디어 활용도 등이다. 브랜드네임과 마찬가지로 작은 기업들은 가장 우선적으로 '기억거리'를 담아야 한다. 형태에 대한 선호도보다 '기억'이 우선 순위이다. 형태에 대한 선호도가 높으면 당연히 기억이 잘 될 수 있겠지만, 반드시 그렇지만은 않기 때문에 기억을 더 중요하게 생각해야 한다. 작은 기업은 생존이 우선이다. 커뮤니케이션에 지출할 비용이 없다면 한 번 보면 잊혀지지 않을 무언가를 표현해야 한다. 반대로 나이키와 같은 대기업은 커뮤니케이션 비용도 충분할 뿐 아니라 브랜드명칭을 오랫동안 사용하면서 쌓아 올린 높은 인지도 때문에 브랜드명칭을 더 이상 사용하지 않아도 된다.

세 번째는 상반되는 조건들 중에 먼저 지켜야 할 것을 결정하는 것이다. 위의 첫 번째 문제와 유사하지만, 많은 것들 중에서 순서를 정하는 것과 대립되는 개념을 비교하는 것은 차이가 있다. 간혹 상반된 조건을 동시에 요구 받는 경우가 종종 있다. 예를 들어 '부드러우면서도 강인한' '냉철하면서도 따뜻한' 이미지를 요구 받는다. 해결하는 방법은 위 두 번째 내용과 같다.

네 번째는 그리고 소비자의 잠재욕구를 읽어내는 분석, 그리고 시대변화의 흐름을 통찰하는 혜안이 우선되어야 한다.

우선순위를 정하여 디자인 작업에 착수하더라도 시각적 재치를 통해 영감을 표현해내는 과정은 이론적으로 설명하기 어려운 부분들이 있다. 가장 중요한 것은 시각적 이미지가 어떻게 사람들을 감동시키는지에 대한 원초적 직관이 있어야 한다. 그야말로 예술과 과학의 만남이다. 논리적 접근을 바탕으로 하는 예술적 행위이기 때문에 그만큼 판단하기가 쉽지 않다. 수많은 요구사항과 조건들을 염두에 두면서도 또 동시에 시각적 표현의 영감을 위해서 때로는 그러한 요구조건들을 잊고 몰두하는 과정도 필요하다.

3) 슬로건(Slogan)

브랜드가 하는 말

슬로건은 브랜드가 하는 말이다.

흔히 '말'은 그 사람의 품격이라고 한다. 반면에 사람은 이름만으로 품격을 판단하지는 않는다.* 브랜드도 마찬가지로 브랜드네임은 브랜드의 아이덴티티를 나타내기는 하지만 브랜드의 품격까지 나타내지는 못한다. 슬로건에 의하여 브랜드네임은 품격을 드러내게 된다.

따라서 슬로건(Slogan)은 브랜드네임과 로고가 할 수 없는 일을 한다. 종종 브랜드네임보다 더 위력적일 때가 있다. 슬로건은 브랜드아이덴티티를 정의하고 표현하는 가장 확실한 수단이다. 또한 브랜드이미지를 강력하게 유도한다. 그리고 오래 사용할수록 브랜드아이덴티티가 명확해지고 이미지가 확고해진다. 반면 필요에 따라 바꿀 수 있다는 장점도 있다. 브랜드네임과 로고를 바꾸지 않고도 어느 정도 브랜드아이덴티티와 이미지의 변화를 꾀할 수 있는 것이다.

브랜드 슬로건은 별도로 개발하기도 하지만 대부분 광고의 핵심 카피로

---

* 유명인들의 경우에도 인지도와 평판에 의해 이미 품격이 드러난 상태이기 때문에 이름이 품격을 나타내는 것이 아니라, 그 명성과 평판으로 품격을 판단하는 것이다.

개발되었다가 브랜드 슬로건으로 정착하는 경우가 많다. 왜냐하면 슬로건이야말로 소비자와 적극적인 커뮤니케이션을 하는 수단 중에 하나이기 때문이다. 슬로건은 브랜드네임과 달리 적극적이며 공격적으로 소비자의 태도변화를 촉구한다.

원래 'Slogan(슬로건)'은 전쟁에서 병사들이 적의 사기를 위축시키기 위해 지르던 함성을 의미하는 말이었다. 어원을 보면 스코트랜드 북부 하일랜드(Highland)지역과 아일랜드지방에서 사용하던 게일어(Gaelic) 'sluagh－ghairm'에서 유래된 말이다. 'Sluagh'는 군대라는 의미이며, 'ghairm'은 영어로 cry로 번역되는데 운다, 소리지른다, 울부짖다라는 의미이다. 이것이 정치적으로 의미 있는 문구, 혹은 사회적으로 명망 있는 사람들의 외침, 연설 중에 가장 핵심적인 문구 등을 의미하는 단어로 사용되다가 현대에 이르러 마케팅 용어로 자리잡게 되었다.

즉 슬로건은 적극적이며 능동적이기 때문에 때로는 선동적인 역할을 맡게 된다. 따라서 마케팅뿐 아니라 정치와 행정, 시민운동, 노동운동, 올림픽경기와 같은 행사 등에서 사회적 이슈를 전달하고 시민들의 공감을 얻기 위한 수단으로 자주 활용된다. 말하자면 이데올로기의 선봉장이 되는 것이다. 특히 선거 캠페인에서는 가장 핵심적인 언어적 무기로 활용된다.

거슬러 올라가면 고대 소크라테스와 아리스토텔레스 이전부터 등장한 경구(警句)와 수사학(rhetoric)을 시초로 볼 수도 있다. 그리고 인류 역사와 함께한 종교의 선교(프로파간다, Propaganda)와 정치적 프로파간다(선전, Propaganda)의 역사와 함께 슬로건을 이해할 수도 있다. 본격적인 슬로건의 등장은 20세기에 들어오면서 대중미디어가 등장하면서이다. 특히 제1차 세계대전을 계기로 정치적으로 대중을 선동할 목적으로 슬로건을 적극으로 활용하게 되었다.

• 정치적 슬로건_ 프로파간다

현대적 정치에서 가장 대표적 사례는 나치의 슬로건들이라고 할 수 있다. 히틀러는 천부적인 선전 선동능력을 가지고 있었다고 보인다. 그의 탁월한 연설능력은 마치 마법과도 같았다고 할 정도였는데, 그 연설 중에 나온 핵심적인 문구들은 대부분 슬로건으로 사용되었다.

"우리의 투쟁에 참가하라"
"Deutschland, erwache!"(깨어나라 독일)
"Heute Deutschland, morgen die Welt!"(오늘의 독일 내일의 세계)
"Groß Deutschland(위대한 독일), 예! 4월10일" (투표로 뽑아 달라는 의미)
"Die Deutschen immer vor dem Ausländer und den Juden!"(독일인은 언제나 외국인과 유대인보다 우선이다)

이러한 나치의 슬로건은 주인만 바뀌었지 그대로 반복되어 활용되고 있다. "우리의 투쟁에 참가하라"는 이후 노동운동과 사회적 약자라고 생각되는 집단에서 소속 구성원들의 결집과 동참을 유도하고 이탈을 막기 위한 도구로 항상 쓰이고 있다. 또 "위대한 독일"은 1950년 영국 총선에서 당시 25살의 마가렛 대처*가 의원 후보 연설에서 "위대한 영국의 재건(make Britain great

* 전 영국 수상, Margaret Hilda Thatcher, 당시에는 Margaret Hilda Roberts

again)"으로 거의 비슷하게 다시 사용되었다. 그리고 1980년 미국 대선에서 당시 로널드 레이건 공화당 후보의 슬로건 "위대한 미국의 재건(Let's make America great again)"으로 또다시 등장한다.

42

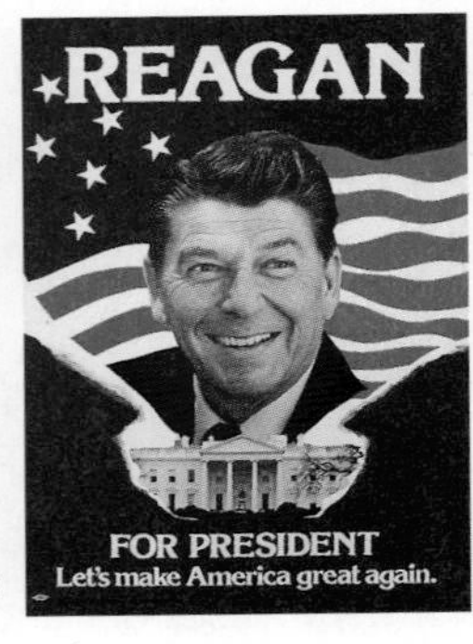

43

이 슬로건은 2016년 미국 대선 도널드 트럼프 공화당 후보가 똑같이 다시 사용하였다. 1980년 레이건만큼 호응을 얻지는 못하였지만, 트럼프의 당선에는 기여하였다.

나치가 시작한 '위대한 우리나라 …'라는 슬로건은 어느 나라에서나 국민을 선동하는 데 효과적이지만 시대적 상황에 적합해야 그 효과를 제대로 볼 수 있다. '위대한 우리나라' '위대한 우리국민' 등의 말은 내셔널리즘(국가우선주의)을 가장 효과적으로 선동 혹은 자극하게 된다. 국민들에게 애국심을 가장하여 집단정체성과 소속감을 강화시키는 전형적인 문구이다. 따라서 시대적으로 국가 구성원인 국민들이 경제 사회 등 내외부의 요인으로 인하여 불만이 고조되었을 때는 효과적이지만, 경제가 호황이거나 사회가 안정적일 때는 그다지 효과가 없다. 이는 국가뿐 아니라 조직이나 단체에서도 결집을 유도하거나, 누군가 자기의도에 동조해주기 원할 때 '우리끼리', '자랑스러운 우리학교', '전통과 역사를 자랑하는 우리 …' 등의 말을 통해 자연스럽게 구성원들의 집단정체성을 형성시킨다.

현대 정치슬로건은 아니지만 16세기 프랑스의 앙리 4세가 한 유명한 말 "모든 국민들에게 일요일에는 닭고기를 먹게 하겠다"는 국가 복지정책 슬로건의 효시라고 할 수 있다. 때문에 이러한 유형의 정치 슬로건은 앞으로 복지가 강조되는 시기에 더 자주 등장할 것이다. 문장은 다르지만 2012년 우리나라 대선에서 손학규 후보의 "저녁이 있는 삶"도 이와 유사한 슬로건이다.

"준비된 대통령" 우리나라 대선에서 가장 성공한 슬로건으로 꼽힌다. 이 슬로건은 문안보다 그 접근방법이 매우 전략적이자 효과적이었다. 당시 후보의 입장에서 확실하게 해결해야 했던 시급한 과제는, 대통령선거에 여러 차례 출마했을 뿐 아니라 정계은퇴 결정까지 번복하면서 대통령후보로 출마한 것 때문에 권력에 욕심이 많은 정치인이라는 이미지와 상대 진영으로부터 '대통령 병'에 걸린 정치인이라는 공격이었다. 이러한 부정적 이미지를 해결하기 위해 변명을 한다든지 혹은 문제를 회피하는 방법은 해결책이 되지 못한다. 이러한 상황에서 전략적 해결방안은 약점을 긍정적으로 활용하는 것이었다.

국가적으로는 불행한 일이지만 후보 입장에서는 다행히도 1997년 당시 우리나라는 소위 I.M.F라고 불리는 국가외환위기를 겪게 되었기 때문에 국가 지도자의 탁월한 능력이 요구될 때였다. 그러한 상황에서 "준비된 대통령"은 지금 국가가 필요로 하는 능력을 갖추었다는 적절한 메시지일 뿐 아니라, 상대가 공격하는 나의 약점을 거꾸로 활용하는 슬로건이었다.

"준비된 대통령"이라는 슬로건은 외부적 상황과 내부적 문제점을 동시에 해결하는 전략적 아이디어와 그러한 전략을 충족시킨 크리에이티브의 결과였다.

이러한 전략적 아이디어의 기반은 정확한 SWOT분석을 바탕으로 하고 있다. 쉽게 비유하자면, 옷을 입는 데 있어서 아무리 좋은 옷이라도 여름에는 겨울 옷이 적합하지 않으며, 또 내 몸에 맞지 않으면 소용없다. 여기서 계절은 외부적 요인이며, 내 몸은 내부적 요인이다. 이렇게 구체적인 대상을 비유하면 쉽게 이해되지만, 추상적이며 개념적인 변수가 많은 상황에서는 분석과 그 판단이 쉽지 않다. 슬로건 역시 전략과 크리에이티브의 조화로운 결합이 전제되어야 한다.

• 좋은 슬로건 만들기

슬로건에 대한 설명은 길게 하지 않아도 성공한 슬로건의 사례만 보면 그 역할과 위력을 알 수 있다. 슬로건 뒤에 브랜드네임을 밝히지 않아도 알 수 있는 브랜드들은 대부분 성공한 슬로건이라고 해도 좋을 것이다.

침대는 가구가 아닙니다.
한국 지형에 강하다.
고향의 맛
빨래 끝!
산소 같은 여자
순간의 선택이 10년을 좌우합니다.
우리강산 푸르게 푸르게
흔들어 주세요
벽을 넘어서
일하면서 싸우고 싸우면서 일하자

Just Do It !
Think Small
Think Different
A diamond is forever
United colors of Benetton
I Love New York

이 중에서 "United colors of Benetton"과 "I Love New York"은 슬로건에 브랜드네임이 포함되어 있다. 수식어와 브랜드가 하나로 묶였기 때문에 더욱 효과적이다.

UNITED COLORS OF BENETTON.

그냥 좋은 슬로건이란 없다. 모든 디자인, 모든 도구적 개념들이 그러하듯 목적에 적합한 슬로건이 좋은 슬로건이다. 목적에 적합한 좋은 슬로건을 만들기 위해서는 가장 먼저 목적을 명확하게 해야 한다. 슬로건의 역할과 범위를 명확하게 하는 것이 가장 중요하고 먼저 해야 하는 일이다. 이 부분이 전략이다. 즉 What to say(무엇을 말할 것인가)를 결정하는 것이며, 여기에는 이미 누구에게 말할 것인가(Target audience)가 고려되었어야 한다. 그 다음은 크리에이티브의 몫이다. How to say(어떻게 표현할 것인가)는 수사학적 지식과 응용력, 타고난 언어적 재능, 그리고 풍부한 경험을 필요로 한다. 타고난 재능이 부족하더라도 수사학적 지식을 바탕으로 많이 만들다 보면 좋은 아이디어가 튀어 나온다. 슬로건 표현전략과 크리에이티브를 위한 몇 가지 중요한 사항을 제시한다면, 먼저 '슬로건은 브랜드가 하는 말'이라는 것을 기억하면서

1) 다른 브랜드가 할 수 없는, 그래서 나만이 할 수 있는 말이어야 한다.
2) 현재의 소비자가 원하는 혹은 소비자도 모르는 잠재 욕구를 자극하는 말이어야 한다.
3) 내적 브랜드아이덴티티(목표이미지)를 명확하게 할 수 있는 말을 해야 한다.
4) 무엇보다도 순수함과 단순함을 강조하고 싶다.
5) 그리고 언어적 재치와 감성적 논리 혹은 논리적 공감의 결합, 즉 무엇을 말

하는 가와 어떻게 말하는가의 절묘한 조합이 관건이다. 같은 말도 표현 방법에 따라 그 위력이 달라지기 때문이다. 그 때문에 고대에서부터 수사학(rhetoric)이 발전한 것이다.

• 소비자의 관점

이제 관점을 바꾸어 보자.

한국인 또는 전 세계인의 미디어 접촉에 관한 통계자료, 즉 일년 간 몇 시간 동안 TV를 시청하며, 어느 시간대에 어떤 유형의 미디어를 주로 보는지, 하루에 몇 건의 미디어 정보를 접촉하는지 등의 통계자료를 인용하는 경우를 흔히 보게 된다. 그러나 그것을 다시 인용하고 싶어도 언제 조사한 자료인지 정확하게 알 수 없는 경우가 많기 때문에 선뜻 인용하기 어렵다. 미디어의 종류와 메시지 유형이 나날이 변할 뿐 아니라 급속도로 증가하는 최근 변화의 추세에서는 조금만 지나도 그 통계는 의미가 없어진다. 대량생산과 대량소비, 그리고 이것을 이어주는 대량 커뮤니케이션으로 인해 모든 것이 Mass(대량)화된 상황에다가 인터넷과 모바일 통신이 더해지면서 현대인은 미디어 홍수와 메시지 범람 속에서 살고 있다. 이러한 미디어와 메시지들은 대부분 우리를 설득하고 있으며, 우리는 알게 모르게 설득 당하고 있다. 즉 미디어와 메시지의 범람은 설득의 범람이라고 할 수 있다.

설득의 범람 속에 슬로건은 이미지와 함께 설득의 가장 첨병 역할을 하고 있다. 때로는 이미지와 결합되어서, 때로는 독자적으로 끊임없이 설득하고 있다. 슬로건은 반복적이다. 반복이라는 방식은 매우 위력적이다. 부정하면서도 어느새 나도 모르게 인정하고 있는 자신을 발견하게 된다. 슬로건의 반복적 노출은 일종의 세뇌와 유사하다.

'슬로건은 브랜드가 하는 말'이라는 것을 다시 생각해보자. 원래 인간만이 말을 할 수 있다. 인간은 말을 통해 스스로 인간이라는 사실을 확인한다. 한나 아렌트는 "사람은 말과 행위(Speech and action)를 통하여 다른 사람과 단순히 다르다는 것을 넘어 능동적으로 다른 사람과 자신을 구분한다, 말과 행위는 인간이 물리적 대상으로가 아니라 인간으로서 서로에게 자신을 드러내는 양식이다." [44]라고 하였다.

그러나 브랜드 슬로건이 하는 말은 사실이 아니다. 그렇다고 거짓말이라고 할 수도 없다. 그리고 사실여부와 상관없이 설득 당하면서 믿게 된다. 안토니오 프랫카니스(Anthony Pratkanis)와 엘리엇 아론슨(Elliot Aronson)은 "사람은 생각을 하지 않아도 설득 당하고, 생각을 많이 해도 설득 당한다"라고 하였다. 또한 이솝 우화(Aesop's Fables)로 유명한 고대 그리스의 이솝이 현대에 태어나 광고에 대한 글을 썼다면 "친숙성은 매력과 호감도, 더 나아가서 '진실'까지도 만들어낸다(Familiarity breeds attraction, liking, and even 'truth.')"라고 했을 것이라고 하였다. [45]

침대는 분명히 가구점에서 판매되는 가구다. 단지 독특한 기능이 있을 뿐이다. 그리고 모든 가구는 제각기 독특한 기능을 가지고 있다. 조미료는 고향의 맛이 아니다. 오히려 조미료는 고향의 맛을 지운다. 조미료를 넣지 않아야 원래 고향의 맛이다. 산소 같은 여자란 현실적으로 존재하지 않는다. 스포츠 용품의 품질은 대체로 비슷하다. 'Just Do It'은 어느 브랜드에나 적용될 수 있는 말이다. 그럼에도 우리는 어느새 특정 브랜드에 대한 고정관념과 같은 이미지를 가지게 된다. 사람과 브랜드의 상호관계가 아니라 브랜드가 일방적으로 하는 말에 의해, 반복적인 외침을 통해 친숙해지고 그것이 진실이라고 믿게 되는 것이다. 삶의 질과 가치 향상으로 위장하여 사람을 '소비자'로 만들어 브랜드에 매달리게 하는 일방적 메시지이다.

그렇다면 우리는 어떻게 대응할 것인가? 무엇을 어떻게 생각해야 하는가?

어떤 태도와 행동을 견지할 것인가? 가장 중요한 태도는 편견과 고정관념에서 벗어나는 것이다. 브랜드 슬로건뿐 아니라 일상에서 우리는 수많은 편견과 고정관념을 가지고 있다. 편견과 고정관념은 선입견을 만들어 사람을 처음 대할 때나, 무엇을 처음 마주 할 때 냉정하고 공정한 판단을 어렵게 한다.

아리스토텔레스는 『정치학(Politics)』에서 "모든 동물 중에서 유독 사람만이 언어 능력을 구비하고 있다. 언어는 무엇이 유리하고 무엇이 유리하지 않은지, 따라서 무엇이 올바르고 무엇이 올바르지 않은지를 말할 수 있게 한다." 라고 하였다. 그러나 언어는 그 이상이다. 아리스토텔레스의 말대로 사람은 누구나 자기 입장에서 올바른 말을 한다. 그리고 누구나 입장과 생각은 서로 다르다. 따라서 사람은 언어로 싸울 수 있는 유일한 동물이다. 언어는 설득하는 무기이다. 언어는 설득을 통해 설득 당하는 자의 판단을 흐리게 하는 능력을 가지고 있다.

'슬로건은 브랜드가 하는 말'이라고 했지만 브랜드가 하는 말이 아니라 기업가가 하는 말이다. 무대 뒤에서 보이지 않는 조종자가 인형극의 줄을 조종하듯이 우리들 중에서 누군가가 하는 말이다. 뒤에서 조종하는 자는 브랜드 슬로건으로 우리의 감성을 공격하고 판단을 흐리게 한다. 우리는 이성으로 방어해야 한다. 특히 미디어와 메시지가 범람하는 이 시대에서는 아무리 이성적이라고 해도 편견과 고정관념으로부터 자유롭기는 누구도 쉽지 않다.

• 제3의 관점

> "'꽃'이라고 나는 말한다. 그러자 내 음성이 모든 윤곽을 내쫓아버린 망각 속으로부터, 어느 꽃병에도 담아본 적이 없는, 모든 꽃다발에서 빠졌던 그 무엇 – 달콤하며 '이념' 바로 그것인 그 무엇이 음악적으로 솟아오른다." _ 말라르메

김춘수는 '내가 꽃이라 불러주었을 때 꽃이 되어 나에게 왔다'라고 하였지만 말라르메는 '꽃이라 말하였을 때 꽃의 부재'를 말하였다. 마르쿠제는 『이성과 혁명』의 서문에서 헤겔의 변증법적 언어와 시적 언어가 근본적으로 일치한다는 것을 입증하기 위하여 말라르메와 발레리를 인용하였다.[46]

진정한 언어에서 낱말은;

"사물의 표현이 아니라 그 사물의 부재(不在)를 의미한다. 낱말은 사물을 사라지게 하며 우리로 하여금 어떤 보편적인 결핍 그리고 그 낱말 자체의 결핍을 느끼게 한다." _ 말라르메

"생각한다는 것은 결국 존재하지 않는 것을 우리들 속에 살도록 만드는 작업이다" _ 발레리

마르쿠제가 인용한 말을 다시 패러디하여 브랜드 슬로건 언어에 대한 부정의 언어 즉, 변증법적 표현을 통해 브랜드와 슬로건을 다시 보자.

"'나이키'라고 나는 말한다. 그러자 내 음성이 모든 윤곽을 내쫓아버린 망각 속으로부터, 어느 누구도 신어 본적이 없는, 이미지화된 스포츠용품의 달콤한 상상이 음악적으로 솟아오른다."

브랜드 슬로건은;

"제품의 표현이 아니라 그 제품의 부재(不在)를 의미한다. 브랜드는 제품을 사라지게 하며 우리로 하여금 어떤 보편적인 결핍 그리고 소유의 결핍을 느끼게 한다."

"이매지네이션이란 결국 존재하지 않는 것을 우리들 마음 속에 살도록 만드는 작업이다."

"존재하지 않는 것, 즉 이미지의 도움이 없다면 우리는 무엇이 되겠는가?"

4) 캐릭터(Character)

브랜드스토리의 주인공

캐릭터는 브랜드를 의인화한 것이다. 캐릭터는 브랜드 구성요소 중에서 심벌 로고와 함께 브랜드 아이콘으로서의 역할을 하지만 모든 브랜드가 활용하지는 않는다. 그러나 캐릭터의 적절한 활용은 브랜드 전반에 활력을 불러일으킬 수 있다.

캐릭터는 원래 특성, 특질, 성격, 품성, 사회적인 특성을 가진 사람, 소설이나 극중의 인물 성격을 의미하였는데, 최근에는 만화와 애니메이션에 등장하는 인물이나 동물, 더 나아가서 식물이나 가상의 사물까지 독특한 개성을 부여하여 시각화한 것을 일컫는 의미로도 사용한다. 따라서 캐릭터는 용어상으로 크게 두 가지 의미로 사용되는데, 하나는 '드라마 주인공의 캐릭터'와 같이 성격과 특성을 말하는 개념적인 것이며, 또 하나는 뽀로로, 둘리, 미키마우스와 같이 성격이나 특성이 시각화된 형상을 의미한다.

형상화 된 캐릭터를 용도별 관점에서 분류하면, 만화 애니메이션 캐릭터, 게임 캐릭터, 인물 캐릭터, 홍보 캐릭터, 이벤트 캐릭터, 문구 팬시 캐릭터, 그리고 기업과 브랜드 캐릭터 등의 유형으로 구분할 수 있다. 이러한 유형에 따라 캐릭터 디자인에서 미세한 표현의 차이가 있다. 만화와 애니메이션 캐릭터는 실제 인물처럼 희로애락이 모두 표현될 수 있어야 한다. 문구와 팬시 캐릭터는 상품 속에서 소비자와 교감을 이루어 상품 판매를 유도해야 하기 때문에 상품의 종류에 따라 그 표현 방법에 차이가 있다. 게임캐릭터는 게임을 하는 사람의 아바타가 되기도 한다. 게임을 하지 않는 사람은 게임캐릭터를 무심히 보지만, 게임에 몰두하는 사람에게는 그 캐릭터가 나의 의지대로 움직여야 한다. 따라서 게임캐릭터와 나는 하나가 된다. 이벤트 캐릭터는 이벤트에 따라 다르긴 하지만 전반적으로 타깃층이 넓은 경우가 많다. 특정한 타깃을 상대로 하는 이벤트에서 캐릭터는 이벤트를 대표하는 호스트의 역할을 한다. 그러나 올림픽과 같은 국제적 행사는 전 세계인이 타깃이다. 이때 디자인의 표현은 매우 까다롭다. 모든 사람의 취향을 맞추기는 어렵기 때문이다.

브랜드 캐릭터는 브랜드아이덴티티만 표현하는 것이 아니라 브랜드네임과 슬로건의 관계처럼 심벌과 로고가 수행하기 어려운 역할을 맡고 있다. 심벌과 로고보다 활동적이기 때문이다. 다양한 변신을 통해 소비자와 교감하기 쉽다. 따라서 만화, 애니메이션, 게임, 상품, 이벤트 캐릭터와 같은 유형들의 캐릭터 특성을 모두 가져야 한다. 때로는 홍보대사가 되어야 하고, 때로는 상품 속에 들어가야 하고, 때로는 애니메이션의 주인공이 되어야 한다.

• 미쉐린타이어의 '비벤덤(Bibendum)' 사례

조금 쉽고 빠른 이해를 위해 브랜드 캐릭터의 가장 대표적 사례인 미쉐린타이어의 캐릭터를 먼저 보자. '비벤덤(Bibendum)'이라는 이름을 가진 미쉐린맨이다.

MICHELIN

미쉐린타이어는 1889년에 설립된 프랑스 회사인데, 창업자인 미쉐린 형제*가 1894년 프랑스의 리옹에서 개최된 박람회에서 쌓여 있는 타이어를 보고 팔 없는 모습의 캐릭터를 그렸다. 그리고 4년 후인 1898년 프랑스 만화가인 마리우스 로시옹(Marius Rossillon)에게 의뢰하여 현재와 유사한 형태의 비벤덤이 만들어졌으며 이후 여러 차례 수정을 거쳐 오늘날의 캐릭터 모습이 되었다. 100년이 훨씬 넘은 것으로 미루어 아마 가장 오래된 상업용 브랜드 캐릭터일 것이다.

이 비벤덤 캐릭터는 브랜드 캐릭터가 갖추어야 할 모든 것을 다 갖추었다고 해도 과언이 아니다. 브랜드 캐릭터에서 가장 중요한 점은 제품의 콘셉트와 브랜드의 성격을 제대로 표현해야 하는 것이다.

---

* Édouard and André Michelin, 프랑스 발음으로 미슐랭

이 미쉐린맨은 아무리 거칠게 다루어도 펑크가 나지 않을 것 같으며, 만약 펑크가 나더라도 안전할 것 같다. 그리고 친근하다. 미쉐린맨 캐릭터의 이름 Bibendum(비벤덤)은 라틴어로서 drink(마시다)라는 뜻인데, 도로 위의 모든 장애물을 마셔버린다는 메시지를 담고 있다. 그리고 비벤덤은 매우 바쁘고 변신을 잘한다. 그때 그때 해야 할 역할에 따라 동작과 표정을 바꾸어 다양한 역할을 수행한다.

• 캐릭터에는 캐릭터(성격)가 있어야

캐릭터란 단지 잘 생기기만 해서도 안되며 귀엽기만 해서도 안 된다. 눈만 동그랗게 크기만 해서도 안 된다. 우리나라의 브랜드 캐릭터들은 거의 모두 귀엽고 눈이 동그랗다. 그래서 캐릭터(성격)를 알 수 없다. 대부분 명랑하기 때문에 차별화가 안 된다. 만화나 애니메이션의 캐릭터들은 극중의 역할이 있기 때문에 자연스럽게 성격이 묘사된다. 그러나 어찌된 일인지 우리나라 기업이나 기관의 C.I, B.I 프로젝트로 개발된 캐릭터들은 거의 구별이 안 될 정도로 유사하다. 아래 그림은 순서대로 경찰청, 관세청, 특허청, 세종시, 양평군, 외교부 영사콜센터의 캐릭터인데 표정과 눈, 입 모양이 비슷하여 캐릭터(성격)가 거의 같아 보인다. 기관의 고유한 특성과 아이덴티티가 나타나지 않는다. 모두 코가 없거나 강조하지 않는 것도 공통점이다. 복장과 얼굴을 바꾸어도 구분하기 어려울 정도이다.

한국에도 태권브이, 태권왕 강태풍, 까치, 엄지, 홍길동, 둘리, 하니, 호돌이, 머털도사, 백구, 뿌까, 마시마로, 졸라맨, 뽀로로 등 캐릭터가 매우 많다. 그러나 대부분 만화와 애니메이션, 그리고 상품캐릭터로 유명한 것들이다. 대표적인 브랜드 캐릭터는 찾아보기 어렵다. 외국의 펩시맨, M&M's, Fido Dido(7up) 등은 제각각 고유한 캐릭터(성격)을 보여주고 있다. 굳이 브랜드네임을 밝히지 않아도 브랜드를 알 수 있는 대표적인 브랜드아이덴티티가 되었다.

이와 같이 브랜드 캐릭터를 마케팅에 효율적으로 활용하기 위해서는 캐릭터를 브랜드아이덴티티화 해야 한다. 캐릭터만 보고도 브랜드를 알 수 있어야 하고 소비자가 브랜드와 교감할 수 있도록 해야 한다. 그러기 위해서는 첫째, 생명력이 있어야 한다. 살아있는 모든 생명체에는 고유한 활동성의 특징, 즉 감정과 개성이 있으며 그 특징이 캐릭터가 된다. 특징에는 형태적 특징과 행동적 특징이 있다. 빠름, 느림, 경쾌한, 신중한, 차분한, 성급한, 유연한, 딱딱한, 절도 있는, 부드러운, 재미있는, 엄숙한, 진지한, 너그러운, 까칠한 등의 성격과 희로애락이 있으며, 웃음의 종류도 매우 다양하다. 즉, 다양한 감정과 개성이 생명체의 가장 큰 특징이다. 무생물이라도 캐릭터를 만들려면 감정을 통한 생명력이 표현되어야 한다.

다음으로는, 브랜드 캐릭터가 갖추어야 할 목표이미지를 명확하게 하고 캐릭터에게 어떤 역할을 부여할지를 먼저 고려해야 한다. 따라서 캐릭터를 개발하려고 할 때 먼저 만들려고 하는 캐릭터의 성격을 글로 써 두라고 권장하고 싶다. 디자이너 혹은 일러스트레이터가 그리기 전에 쓸 수도 있고, 클라이언트 혹은 브랜드 전략가가 쓸 수도 있다. 글로 써진 캐릭터(성격)를 함께 공유하면서, 이를 바탕으로 성격과 감정을 묘사한 결과가 캐릭터가 된다. 그리고 처음에 글로 썼던 성격이 제대로 표현되었는지 비교 검토하는 과정이 필요하다.

브랜드 캐릭터는 구체적인 형상을 통해 브랜드가 소비자에게 효과적으로 접근하도록 도와주며 교감까지 가능하게 된다. 브랜드를 친구로 느끼게 하고 친숙함을 갖게 한다. 기억거리를 제공하여 브랜드인지도를 높이는 데 기여할 수 있다. 독창적인 개성과 스토리를 통해 스토리텔링 마케팅을 가능케 한다.

이러한 기능과 효과를 감안하여 캐릭터를 개발할 것인가 아니면 브랜드 구성요소에서 캐릭터를 배제할 것인가를 잘 판단하여야 한다.

펩시콜라는 펩시맨이라는 브랜드 캐릭터가 있다. 코카콜라는 광고 모델로 간혹 사용하는 북극곰(Polar Bear)이 있지만 브랜드 캐릭터는 아니다. 어떤 브랜드가 캐릭터를 만들어 활용한다고 해서 따라 할 이유는 없다. 내 브랜드에 전략적으로 필요한지, 그리고 어떻게 활용할 것인지 잘 판단해야 한다. 자칫 이미지의 분산이나 충돌을 야기할 수 있다. 캐릭터의 주목성과 개성이 너무 강하여 캐릭터만 기억에 남고 브랜드는 소외될 가능성도 염두에 두어야 한다.

5) 소비자가 접촉하는 모든 것

브랜드파워는 C.I나 로고만으로 만들어지지 않는다.

소비자가 기업과 접촉하는 모든 것이 브랜드 구성요소가 될 수 있다. 브랜드네임, 심벌마크와 로고, 슬로건, 캐릭터들뿐 아니라 드러나지 않는 요소들이 더 중요하게 작용하기도 한다. 이미지가 어떤 하나의 원인에 의해 형성되는 것이 아니라, 모든 감각기관을 통한 지각과 경험, 간접경험까지 이미지를 만들듯이 브랜드 또한 마찬가지이다.

소비자가 기업과 접촉하는 것들 중에는, 구체적이며 명확하게 드러나는 요소들이 있는가 하면, 개념적이며 추상적 요소들로서 드러나지 않는 것들도 많다. 구체적이며 명확하게 드러나는 요소들은 누구나 알 수 있기 때문에 기업가나 브랜드 관리자의 의도에 따른 계획과 실행이 비교적 쉽다. 그러나 구체적인 것들 속에 내재되어 있어서 드러나지 않는 개념적이며 추상적 요소들은 언제 어떻게 작용되는지 전문가들조차도 알기 어려운 경우가 많다.

• 구체적인 요소들

구체적이며 명확하게 드러나는 요소들에는 대표적으로 제품과 포장디자인, 그리고 대중매체를 통한 광고, 홍보, SNS 등이 있으며, 그 외에도 건물, 차량, 복장과 유니폼, 명함, 직원들의 태도와 전화응대 그리고 인터페이스와 UX(사용자 경험)까지 기업활동과 관련된 거의 모든 것들이 해당된다.

제품과 포장은 굳이 브랜드요소라고 하지 않아도 될 만큼 워낙 기본적인 요소들이다. 브랜드요소가 아니라 브랜드 그 자체라고 보아야 한다. 즉 브랜드 리얼리티(Reality)에 해당되는 것이기 때문에 당연히 브랜드요소 중에 하나이지만, 브랜드요소라고 하기에는 다소 부담스러울 정도로 독립적인 부분이다. 그리고 여기서 다루기에는 워낙 광범위한 별개의 분야이기 때문에 생략한다. 단, 브랜드 리얼리티(Reality)라는 개념은 기억해두어야 한다. 브랜드가 주로 이미지를 지향하지만, 그 근원은 브랜드 리얼리티라는 실체로부터 시작된다. 따라서 브랜드 리얼리티 없이는 브랜드이미지도 없다.

광고와 홍보는 브랜드 커뮤니케이션의 일종으로 제품과 포장만큼 광범위하며, 브랜드가 존재하는 데 절대적으로 필요한 요소들이다. 그러나 광고와 홍보는 브랜드의 요소이면서도 도구적 요소로서 브랜드와 별도의 학문적 실무적 영역을 가지고 있다. 따라서 이 분야 역시 여기서 다루기에는 너무 광범위 하다.

건물은 사무용이든, 상업용이든, 또 공장이든 소비자에게 신뢰와 관계되는 강한 인상을 준다. 사옥을 보면 그 회사를 알 수 있다고 한다. 그리고 건물은 그 자체로 하나의 랜드마크가 될 수 있다. 그러나 그것보다 건물은 브랜드 아이덴티티와 이미지를 구체적으로 형성시킨다. 소비자는 어떤 제품을 구입하는가도 중요하지만 어떤 분위기의 장소에서 구입하는가도 매우 중요하다. 품질이 비슷한 제품이라면 가급적 고급백화점에서 구입하기를 선호한다. 또 브랜드를 출시한 본사의 건물이 독특하다면 그 이미지가 브랜드에도 영향을 미칠 뿐 아니라 소속 구성원들에게도 영향을 준다.

애플사는 애플캠퍼스2라고 명명한 '우주선' 모양으로 생긴 새로운 사옥을 건설 중이다.

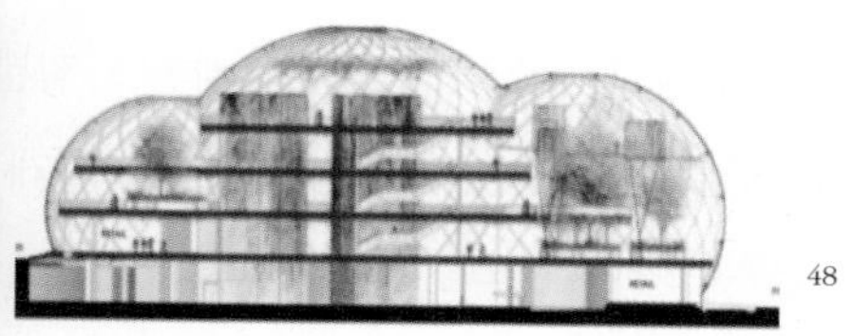
[48]

아마존은 거대한 구형 사옥을 건설 중이다. 바이오돔(biodome) 건물 가운데 유리온실 '바이오 스피어(biosphere, 생물권)'를 배치할 예정이라고 한다.

유명한 고급빌딩에 위치한 기업의 구성원들에게는 어느 회사에 근무하는가 이상으로 어느 빌딩에 사무공간이 있다고 하는 것이 자부심이 될 수 있다. 즉 어디서 일하는가 라는 질문에는 소속뿐 아니라 장소까지 포함된다.

• 드러나지 않는/ '숨어서 드러나는' 추상적 요소들

드러나지 않는, 개념적이며 추상적 요소들이란 소비자가 무의식적으로 받아들여지게 되는 요소들을 말한다. 점, 선, 면을 포함한 형(形)과 색(色), 질감 그리고 그 특징들, 그리고 통일, 조화, 대비, 균형, 비례, 변화 등의 조형원리와 형태의 특징, 공간, 거리, 향기, 빛과 조명 등 모든 감각적 요소들이 구체적인 구성요소에 내재/포함되어 '숨어서 드러나는' 것들이다. 제품과 포장, 브랜드네임을 포함한 기본적인 구성요소들, 그리고 건물 복장과 같은 추가적인 요소들에 내재되어 자연스럽게 소비자가 브랜드와 접촉하게 된다. 때로는 무의식적으로 접촉하게 됨으로써 소비자가 브랜드라는 것을 의식하지 못한 채 받아들여지게 된다.

'색'의 경우, 물리적으로 표현되는 색은 사람에게 직접적으로 지각되면서 감성을 자극하기도 하지만, 추상적 혹은 개념적 요소로서도 작용을 한다. 예를 들어, 파란색이 나타나는 상쾌한 느낌뿐 아니라, 파란색이 의미하는 평화, 낭만, 권위 등의 관념과 상징이 더 중요하게 작용되는 경우가 있다.

'색'뿐 아니라 모든 조형적 요소들에는 심리적 작용과 함께 관념과 상징들이 내재되어 있다. 세심하게 들여다 보면 추상적 요소들도 구체적으로 보이기도 한다. '숨어서 드러난다' 라는 의미는 마치 숨어있는 수열의 규칙처럼 무심코 지나치면 알지 못하거나 보이지 않는 것들이지만 세심하게 관찰하면 하나씩 그 모습과 원리가 드러나는 것들을 말한다. 예를 들어, 피보나치 수열*은 0, 1, 1, 2, 3, 5, 8, 13, 21, 34, 55, 89, 144, 233 … 순서로 전개된다. 이 숫자들이 증가되는 규칙을 모르면 그냥 지나치게 되지만, 알고 나면 재미있는 현상이 보인다. 피보나치 수열뿐 아니라 추상적 요소들은 대부분 쉽게 보이지 않는 특징을 가지고 있다.

또 다른 예를 들어보면, 곡선의 커브에서 미세한 완급의 차이가 어떻게 소

---

* 이탈리아 수학자 피보나치(Fibonacci, 1170 ~ 1250)가 발견한 수열. 자연에서 꽃, 솔방울, 해바라기 등 식물의 성장, 나선은하계, 태풍의 눈, 달팽이와 앵무조개 껍질 등에서 일정비율로 점점 많아지거나 커지는 자연현상을 말한다. 피보나치 수열을 생성하는 일정비율의 규칙은 첫 번째와 두 번째 항이 1이며 앞의 두 항의 합이 그 다음 항의 값이 되면서 반복된다.

비자 심리를 자극하여 어떤 이미지를 만들어 내는지 잘 모른다. 곡선의 형태에서 받는 느낌과 선호(選好)는 사람마다 다르지만, 미세한 차이에 숨어있는 감각의 차이는 브랜드아이덴티티와 이미지에 큰 영향을 준다.

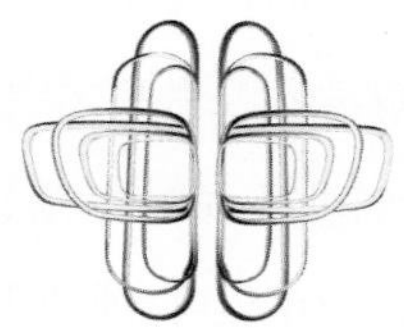

BMW만의 독특한 프론트 그릴인 '키드니(kidney) 그릴'은 몇 차례 반복해서 보면 누구나 그 독특한 디자인 스타일을 알아차린다. 따라서 BMW만의 차별화되는 이미지와 브랜드아이덴티티를 형성하게 된다. 이 또한 웬만한 전문가가 아니더라도 알 수 있는 구체적으로 드러나는 요소다. 그러나 이 키드니 그릴의 곡선들 속에 내재된 독특한 커브의 공통점과 미세한 감각적 차이는 쉽게 드러나지 않는다.

한 가지 예를 더 들어보자. TV 혹은 라디오 광고 나레이션(narration)에서 간혹 실수처럼 어색하게 들리거나 특이한 소리가 나는 경우가 있다. 처음에는 어색하고 신경 쓰이지만 오히려 이 때문에 주의력을 높이게 되고 결과적으로 그 목소리와 문장을 기억하게 된다. 배경음악이나 효과음(sound effect)에서도 마찬가지이다. 만약 브랜드네임이나 슬로건을 들을 때, 이와 같이 어색한 느낌이 든다면 그것은 오히려 의도적인 것이며, 반복되면 청각적 브랜드아이덴티티가 될 수도 있다. 이처럼 소리는 누구나 느낌으로 아는 것이지만, 특정한 이미지를 만드는 교묘한 음향효과는 특별한 전문가가 아니면 알아채기 어려운 부분도 있다. 누구나 듣기 좋은 목소리, 청아하고 부드러운 목소리 그리고 아름다운 음악이나 효과음을 선호한다. 그러나 브랜드 구성요소로서는 단지 듣기 좋거나 아름답다고 해서 효과적인 것은 아니다.

이렇게 우리의 주변에서 일상적으로 접촉하고 경험하는 것들에는, 보이지만 보지 못하거나, 들리지만 듣지 못하는, 감각적으로 접촉하면서도 인식하지 못하는 '숨어서 드러나는 것'들이 무수히 많다. 또 '숨어서 드러나는 것'들에는 감각적인 것뿐 아니라 이념적인 것들 역시 많으며, 그것을 보는 관점 혹은 학문적 입장에 따라서 다양한 담론이 도출될 수 있다. 어떤 하나의 대상에 대해서, 특정 관점에서는 너무 당연하게 보이는 것들이 다른 관점에서는 전혀 보이지 않거나 인식되지 않는 부분이 있다. 예를 들어, 색은 광학, 화학, 회화, 사진, 패션, 식품 등 관점에 따라 다루는 내용이 전혀 다르며, 꽃은 식물학의 연구 대상이자, 화훼산업의 상품이며, 시인과 화가들의 영원한 주제다.

많은 브랜드 구성요소들 중에서 드러나지 않는, '숨어서 드러나는' 추상적 요소들에 대한 이해 없이는 브랜드를 제대로 알 수 없다. 전통, 집단정체성, 카리스마, 규범적 권력, 개념적 형식, 형이상학 등 많은 것들이 겉으로 드러나지 않지만 브랜드와 연관되어있다. 특히 이미지와 정체성은 브랜드가 작동되는 원인이자 결과이다.

다음 2부에서는 이렇게 보이지 않는 것들에 대해서 설명할 것이다.

참고문헌 · 사진출처 · 주석

1. 미국 사전의 아버지라 불리는 노아 웹스터(Noah Webster, 1758~1843)가 편찬한 가장 권위 있는 영어사전
2. 헨리 캠벨 블랙(Henry Campbell Black, 1860~1927)이 편찬한 미국 내 가장 권위 있는 법률전문 사전
3. Tim Vrtiska. https://www.flickr.com/photos/74838209@N03/32469162771
4. http://brandirectory.com/league_tables/table/global-500-2017
5. Kevin Lane Keller (1998), *Strategic brand management: Building, measuring, and managing brand equity,* Pearson Education,
   이상민·김준석·최윤희 역 (2007), 『브랜드 매니지먼트』, 비즈니스 북스.
6. David A. Aaker (1991), *Managing brand equity, Simon & Schuster.*
7. Thomas Hobbs (1651), *Leviathan, or The Matter, Forme and Power of a Common Wealth Ecclesiastical and Civil,* Andrew Crooke, London,
   최공웅·최진원 역 (2009), 『리바이어던』, 동서문화사.
8. Robert Alan Dahl (1915~2014) 1946년부터 예일대학교 정치학과 교수, 1986년부터 예일대학교 정치학과의 스털링 명예교수, 미국정치학회 회장 역임. 주요 저서로는 『경제민주주의에 관하여』 (1956), 『누가 통치하는가』 (1961), 『민주주의와 그 비판자들』 (1989) 등
9. Steven Michael Lukes (1941~) 영국의 사회학자. 현재 뉴욕대 정치 사회학과 교수
10. Thomas Hobbs, *Leviathan, X: Of Power, Worth, Dignity, Honour and Worthiness*
11. John R. P. French (1913~1995) 프랑스 출신, 미시간대학 심리학과 명예교수
12. Bertram H. Raven (1926~) 미국심리학회정회원, 1956년부터 UCLA 심리학과 교수
13. Amitai Etzioni (1929~) 독일 태생, 미국 이주, 컬럼비아대학교 사회대학장, 저서로는 『조직의 사회학적 분석』 (1961), 『활력 있는 사회』 (1968) 『넥스트_좋은 사회로 가는 길』 (2001) 등
14. Robert A. Dahl (1957), *The Concept of Power, Behavioral Science, 2:3, p.201.*

15. Steven Lukes (1974), *Power: A Radical View,* Macmillan, London, pp.17~18, 서규환 역 (1992), 『3차원 권력』, 나남, p.23.
16. Amitai Etzioni (1968), *Organizational dimensions and their interrelationships: A theory of compliance, People, Groups, and Organizations,* New York: Teachers College, pp.94~109.
17. JRP French·B. Raven·D. Cartwright (1959), *The bases of social power,* Classics of
organization theory 7.
18. 『브랜드 매니지먼트』, p.45
19. 『브랜드 매니지먼트』 p.47
20. Marnik G. Dekimpe·Jan-Benedict E. M. Steenkamp·Martin Mellens·Piet Vanden Abeele(1997), *Decline and variability in brand loyalty,* International Journal of Research in Marketing 14.5, pp.405~420.
21. A. S. Dick·K. Basu (1994), *Customer loyalty: Toward an integrated conceptual framework,* Journal of the Academy of Marketing Science, 22, pp.99~133.
22. Alan S. Dick: Chair, Associate Professor Marketing Department, State University of New York at Buffalo.
Knal Basu (1956~): Saïd Business School, University of Oxford.
23. R.L Oliver (1999), *Whence Customer Loyalty?,* The Journal of Marketing Vol. 63, Special Issue, pp.33~44.
24. FCB 모델
25. William James (1890), *The Principles of Psychology,*
정양은 역 (2005), 『심리학의 원리』, 아카넷, p.1069.
26. William James, *The Principles of Psychology*
27. Valarie A. Zeithaml (1988), *Consumer Perceptions of Price, Quality, and Value: A Means-End Model and Synthesis of Evidence,* Journal of Marketing. Vol. 52, pp.2~22.
28. David A. Aaker (1991), *Managing Brand Equity,*
이상민 역 (2006), 『브랜드자산의 전략적 경영』, 비즈니스북스.
29. A. Parasuraman·Valarie A. Zeithaml · Leonard L. Berry (1985), *A Conceptual Model of Service Quality and Its Implications for Future Research,* The Journal of Marketing, pp.41~50.

30. 시바스 브라더스(Chivas Brothers)사가 제조 판매하는 스카치 위스키의 브랜드
31. Alina Wheeler (2009), *Designing Brand Identity: A Complete Guide to Creating, Building, and Maintaining Strong Brands,* John Wiley & Sons, p.4.
32. David Aaker·Erich Joachimsthaler (2012), *Brand leadership, Simon and Schuster./ David Aaker(2000), Building strong brands,* New York.
33. Jean-Noel Kapferer (2012), *The new strategic brand management: Advanced insights and strategic thinking,* Kogan page publishers.
34. Kevin Lane Keller (2013), *Strategic Brand Management: Building, Measuring, and Managing Brand Equity,* p.93.
35. Scott. M. Davis (2000), *Brand Asset Management,*
박영미·최원석 역 (2001), 『브랜드 자산경영』, 기획출판 거름, p.77.
36. http://bmwon.com/how-bmws-front-kidney-grill-evolved-during-the-years/
37. Kevin Lane Keller, *Strategic Brand Management,* p.142.
38. Jean-Noel Kapferer. *The new strategic brand management*, p.183.
39. 하쿠호도 브랜드㈜, 『한 권으로 읽는 브랜드마케팅』, 김낙회·유진형·홍성민 역 (2002), 굿모닝미디어, p.78
40. Umberto Eco (1983), *The Sign of Three: Dupin, Holmes, Peirce Advances in,* 김주환·한은경 역 (1994), 『논리와 추리의 기호학』, 인간사랑.
41. Bernd H Schmitt·Alexander Simonson (1997), *Marketing Aesthetics: The Strategic*
Management of Brands, Identity, and Image,
인피니트 그룹 역 (2007), 『번 슈미츠의 미학적 마케팅』, 김앤김북스, p.257.
42. Conservative Party Archive, Bodleian Library UNIVERSITY OF OXFORD http://www.bodleian.ox.ac.uk/cpa/collections/posters-collection
43. Donald Trump (2015), *Crippled America: How to Make America Great Again,* Simon & Schuster.
44. Hannah Arendt, *The Human Condition, with an introduction by Margaret Canovan,* University of Chicago Press, p.176,
이진우·태정호 역, 『인간의 조건』, 한길사, p.236.
45. Anthony R. Pratkanis·Elliot Aronson (2001), *Age of propaganda: The everyday use and abuse of persuasion.* Macmillan,
윤선길·정기현·최환진·문철수 역 (2007), 『누군가 나를 설득하고 있다』, 커뮤니케이션

북스.
46. Herbert Marcuse (1941), *Reason and Revolution,*
김현일 역 (1984), 『이성과 혁명(Reason and Revolution)』, 중원문화.
47. Forgemind ArchiMedia
48. http://www.nbbj.com/work/amazon/
- Robert A. Peterson (1970), *The Price-Perceived Quality Relationship: Experimental Evidence.* Journal of Marketing Research. Vol. 7, No. 4, American Marketing Association, pp.525~528.
- Bushnell Horace (1802-1876). *The Vicarious Sacrifice, Grounded in Principles of Universal Obligation,* Charles Scribner & Co., (1871), University of Michigan Library (2001), ISBN 1-4181-5431-8, 1871 edition

PART 02

이미지, 정체성, 형(形)

1. 이미지 image
2. 정체성 identity
3. 형(形)과 form

Chapter 01

이미지 image

들어가며 이미지, 실체인가 허상인가?

1) **'이미지 image'의 용어적 의미**
   - 사전적 정의
   - Image와 Imagery
   - Imagination(이매지네이션)
   - '이미지 image'의 유형
2) **고대의 이론들**
   - 플라톤의 이데아와 이미지
   - 아리스토텔레스의 견해
3) **17세기 이후의 담론들**
   - 토머스 홉스, 파스칼 등
   - 시인의 상상
   - 심리학자들의 견해
   - 미디어의 발전과 다양한 담론들
4) **미디어와 이미지**
   - 미디어의 변화와 이미지
   - 뉴미디어(New Media)와 이미지
5) **나오며**

이미지, 실체인가 허상인가?

1.

'이미지 image'란 무엇인가?

우리 마음 속에 존재하는 기억인가? 스마트폰 속에 들어 있는 사진인가? 또는 눈 앞에 펼쳐 보이는 광경, 즉 현실인가? 기억 속의 이미지는 지식인가 허상인가? 현실의 이미지는 눈을 감으면 바로 사라지면서 마음 속의 이미지로 저장되는데, 그러다 다시 눈을 뜨면 조금 전에 마음 속에 저장된 이미지와 지금 눈 앞에 있는 이미지는 어떻게 다른가? 오래전에 보았던 이미지와 그 이미지에 대한 지금의 기억은 같은 것인가 다른 것인가?

"그녀는 마치 장미꽃 같다"라는 표현은 그녀의 이미지가 장미 같다는 의미이다. 이때 이미지란 무엇인가?

디자인이란 흔히 이미지를 다루는 것이라고 한다. 그렇다면 자동차 디자인의 결과물은 자동차의 이미지인가 실체인가?

제품을 구입하는 것은 실체를 구입하는 것인가, 아니면 그 제품의 브랜드 이미지를 구입하는 것인가?

복면을 쓴 가수가 부르는 노래와 복면을 벗었을 때 노래는 그 느낌이 같은가, 다른가? 그 느낌을 이미지라고 할 수 있을까? 그 느낌은 가수의 이미지에 영향을 주는가, 혹은 무관한가?

TV드라마 속의 등장인물은 실제인가 상상(이미지)인가? 배우의 역할과 실제 성품 중에 어느 쪽이 그 사람의 이미지가 되는가? 그 이미지는 그 사람(배우)의 이미지인가 내 마음 속의 이미지인가?

많은 질문들이 있지만 명확하게 대답할 수 있는 것이 거의 없다. 과연 현실과 이미지는 구별 가능한 것인가?

2.

'이미지 image'라는 단어는 이제 완전히 우리말처럼 사용되고 있다. 하지만 이미지만큼 다양한 의미로 사용되는 단어도 드물 것이다. 때문에 '이미지의 의미가 무엇인가'라고 묻는다면 답변은 복잡해진다. 가장 간명한 답변은 "이미지가 이미지이지요"이다. 어쩌면 일상적으로는 가장 적절한 답변일 수도 있다. 굳이 그 의미를 따질 필요조차 없을 만큼 일상적으로 통용되기 때문이다. 그러나 이미지라는 단어가 함축하고 있는 의미의 범위와 개념은 분야마다 다르며, 사용하는 사람마다, 또 사용하는 상황에 따라 다르다.

각 분야마다 이미지를 다르게 정의하고 있다. 한글사전, 철학사전, 심리학사전, 영화사전 모두 이미지의 핵심개념과 사용되는 범위를 다르게 설명한다. (각 사전의 정의는 뒤에서 더 다루도록 하겠다)

3.

"현대는 이미지가 범람하는 시대"라고 한다. 매일같이 수많은 이미지가

2

만들어지고 그 이미지들은 우리 삶을 지배하고 있다. 게다가 미디어는 이미지의 과잉을 불러왔다. 사진과 영화, TV, 그리고 컴퓨터와 인터넷 통신을 기반으로 하는 다양한 영상매체까지 등장하면서 그야말로 이미지의 시대라고 불린다. 심지어 장 보드리야르[1]는 현대사회는 이미지가 현실을 대체하고, 현실은 이미지에 의해서 지배 받고 있다고 말하였다.

이미지에 대한 철학적 담론을 포함해서, 다양한 분야에서 이미지에 대한 논의가 반복되고 있다. 철학, 미술, 문학, 수학, 영화, 음악, 정치, 심리학, 패션 등 이미지를 다루지 않는 분야가 거의 없다.

따라서 이미지 전문가들도 많아졌다. 철학자, 기호학자뿐 아니라 영화와 TV관련 업무 종사자들, 메이크업과 헤어스타일리스트까지 이미지 전문가라고 한다. 즉 이미지가 물리적으로 대중화된 것뿐 아니라, 각 전문분야에서도 널리 활용되고 있다. 이제 이미지는 우리생활 속에서 공기처럼 숨쉬듯이 깊숙이 스며들어 있다.

이렇듯 이미지와 상상력에 대해 관심은 그 어느 시대보다 높은 것이 사실이며, 이미지를 생산하고 유포하고 심지어 소비하는 현대사회는 분명히 이미지 범람의 시대임에 틀림없다. 그러나 생활 속에서 이미지가 차지하는 시간과 공간이 늘었다고 해서, 이미지를 다루는 수단이 발전하였다고 해서 이미지가 현실을 지배한다고 새삼스럽게 말하는 것은 적절치 않다. 왜냐하면 이미지가 20세기에 갑자기 나타나서 세상을 지배하는 것이 아니라, 이미 오래전부터 세상을 지배하여왔기 때문이다.

문명이 시작되기도 전부터 이미지는 사람들과 함께 살아왔으며 없어서는 안 되는 것이었다. 어쩌면 현대보다 더 중요한 생활의 도구였을지 모른다. 구석기 시대의 알타미라와 라스코 동굴벽화의 그림은 인간이 어떻게 이미지를 이용하였는지를 보여주는 생생한 증거이다.

이러한 물리적 이미지뿐만 아니라, 유럽철학의 전반을 지배해온 소위 플라톤의 이데아론(theory of Idea, theory of Form)에서 이데아(idea)는 이미지와 어원이 같은 형(形 Form)이다. 또한 피타고라스의 기하학도 이미지 없이는 불가능하였다. 기하학자들은 눈 앞에 이미지를 그리든 머릿속으로 이미지를 그리든 이미지가 있어야 문제를 만들고 풀 수 있다. 동양의 4서(書)3경(經) 중에 하나인 『시경(詩經)』, 그리고 호메로스부터 현대 시인들에 이르기까지 시어(詩語)는 한 단어 한 단어가 모두 이미지들이다. 동서양의 수많은 고대 신화, 성서(聖書), 셰익스피어의 희곡들, 세르반데스의 『돈키호테』, 괴테의 『파우스트』, 『이상한 나라의 엘리스』 등 많은 이야기와 문학작품들이 상상과 이미지 없이는 존재할 수 없다.

동양 역사를 지배해온 한자(漢字)의 기원은 원래 그림 이미지에서 시작되었다. 『천자문(千字文)』의 내용은 대부분 이미지를 주제로 하고 있다. 영어의 알파벳, 한글 등 표음문자(表音文字)도 이미지 없이 생각하기는 어렵다.

언어학자는 언어가 사고의 근원이라고 하지만 시각예술학자들은 이미지가 사고의 근원이라고 한다. 기호학자들은 언어와 기호의 관계를 말하지만 그 기호들은 대부분 이미지이다.

한마디로 현대에 와서 미디어와 이미지의 양적 증가로 인해 사람과 이미지 사이의 외적, 물리적 관계가 변하였으나 이미지의 본질적인 개념과 내면적인 관계는 고대부터 현대까지 변함이 없다고 생각된다.

이미지는 근본적으로 정체성을 입증하는 대표적 수단이다. 타인이 나를 나라고 인식하기 위해서는 내 얼굴의 이미지가 가장 중요하듯이, 어떤 무엇을 그것으로 인식하기 위해서는 이미지가 필수적이다. 헤어스타일은 사람의 이미지에 매우 큰 영향을 준다. 작은 차이이지만 사람들은 헤어스타일에 대해 매우 민감해서 단골 이발소나 미용실을 웬만해서는 바꾸지 못한다. 우리나라는 상투를 성인의 상징이자 목숨처럼 생각했던 시대가 있었다. 아직도 영국의 법정에서는 법관들이 가발을 쓴다. 이는 힘을 보여주는 이미지이자 이미지의 힘을 보여주는 것이다. 따라서 권력을 확보하고 유지하는 사람들은 어김없이 이미지를 활용하였다. 현대의 새로운 권력 중 하나인 브랜드 역시 이미지를 떼어놓고 생각할 수 없다.

이 책의 '이미지 편'에서는 '이미지 image'라는 단어의 언어적 개념에 대한 명확한 규명과 이미지가 고대로부터 어떻게 사람의 마음을 지배하여 왔는지 살펴보고자 한다. 특히 이미지에 대한 더 깊은 이해는 브랜드를 제대로 이해하고 활용할 수 있는 전략적 발상의 기초가 된다.

한편 브랜드를 대하는 소비자 입장으로 관점을 바꾸어 보면 우리는 항상 브랜드로부터 설득 당하고 있다. 소비자는 브랜드를 통해 자기를 투사하고 동시에 자기를 비하하고 있다. 스스로 의식하지 못하는 채로 브랜드는 나의 욕망과 사고를 지배하고 있다. 이러한 브랜드의 영향력으로부터 자신을 방어하기 위해서라도 이미지에 대한 이해가 필요하다.

1) '이미지 image'의 용어적 의미

'이미지 image'라는 일상적 단어가 '용어'로 쓰일 때 그 의미는 다양해진다.

흔히 "그 사람 이미지가 어때?", "우리 회사 이미지를 높여야 해", "브랜드 이미지가 중요해" 이런 말을 많이 사용한다. 또 한편 "이미지 파일을 다운받았다", "광고에 들어갈 이미지를 만들어야 해" 이런 말도 자주 사용한다. 일상적으로 이미지(image)라는 단어를 쉽게 사용하지만 그 의미는 사용할 때마다 다르다. 마음 속의 연상(聯想)을 의미할 때가 있는가 하면 실제 그림을 의미할 때도 있다.

'이미지'라는 단어가 이처럼 여러 가지 의미로 사용되기 때문에 오히려 그 의미를 명확하게 설명하기가 어렵다. 이러한 경우 가장 기본적인 방법으로 사전적 정의를 먼저 확인한 후에, 보다 폭넓은 의미를 파악하는 과정이 순서라고 생각된다. 사전에는 언어사전, 백과사전이 기본이며, 각 전문분야의 용어사전이 있다. 전문분야의 용어사전은 같은 단어라도 그 분야에서 통용되는 의미를 주로 다루기 때문에, 학문분야에 따라 어떻게 이미지를 인식하고 정의하는지 비교해 보는 데 매우 적절하다.

• 사전적 정의

우선 기본적으로 언어적 의미를 확인하기 위해서 국립국어원의 '표준국어대사전'[3]부터 살펴보자.

이미지(image)
「1」『문학』=심상04(心象)「1」.
「2」 어떤 사람이나 사물로부터 받는 느낌. '심상04', '영상01', '인상06'으로 순화.

위와 같이 매우 간단하게 정의하고 있다. 이미 예상하였던 바이지만 이러한 언어사전적 정의만으로는 '이미지'의 의미를 제대로 알 수가 없다. 그리고 이미지를 설명하는 '심상(心象)', '영상', '인상' 등의 의미와 그 개념의 차이를 알아야 한다. 이어서 이 단어들도 같은 사전에서 차례로 찾아보자.

심상04(心象/心像)
「1」『문학』감각에 의하여 획득한 현상이 마음속에서 재생된 것.
「2」『심리』 이전에 경험한 것이 마음속에서 시각적으로 나타나는 상. 백두산을 머리에 그리는 경우, 지각만큼 생생하지는 못하더라도 그 형태라든가 산꼭대기에 쌓인 눈 따위가 떠오른다. 이것이 백두산의 심상이다.

영상01(映像)
「1」『물리』빛의 굴절이나 반사 등에 의하여 이루어진 물체의 상(像).
「2」 머릿속에서 그려지는 모습이나 광경.
「3」 영사막이나 브라운관, 모니터 따위에 비추어진 상.

인상06(印象)
어떤 대상에 대하여 마음속에 새겨지는 느낌. ≒ 잔기02(殘基).

『표준국어대사전』에서 설명하고 있는 이미지의 의미들은 두 가지 유형으로 나뉘는데 '사람의 마음속에 들어있는 것'과 '눈앞에 보이는 것'이다. '사람의 마음속에 들어있는 것'은 다시 '상(像)'과 '느낌'으로 구별되며, 그리고 '눈앞에 보이는 것'은 '실재하는 현실 상황의 상(像)'과 '인공적인 상(像)'으로 구별된다. 어학사전인 만큼 단순히 언어적 의미만을 간략하게 정의하고 있으나, 이미지라는 하나의 단어가 4가지 의미로 사용되고 있음을 알 수 있다.

좀 더 깊은 이해를 위해서 백과사전을 보자. 우리나라 백과사전 중에 지명도가 있는 『두산백과사전』[4]을 보면, 'image'에 대해 상(image, 像), 심상(image, 心像), 형상(image, 形象) 등 3가지 우리말 단어로 구분하여 설명하고 있다. 하나의 단어에 여러 가지 의미가 있을 수는 있지만 이 경우에는 그 의미들이 확연히 다르다는 점을 알 수 있다. 이미 예상한 대로이지만 백과사전인 만큼 보다 상세한 해설을 하고 있다. 상(像)은 주로 그림자, 혹은 광학적으로 맺히는 결과라고 하였고, 심상(心像)은 표상작용(表象作用)이라고 설명하고 있으며, 그리고 형상(形象)에 대해서는 감각적이거나 직관적인 구체적인 상(象)의 존재로 설명하고 있다.

이미지(image)에 대한 여러 사전들의 설명을 종합하면 다음 표와 같이 정리될 수 있다.

이미지	사람의 마음속에 들어있는 것, 정신적 이미지	언어적 사유, 느낌	심상(心象), 인상(印象)
		시각적 상상(想像)	심상(心像), 형상(形象)
	눈앞에 보이는 것 시각적 이미지	실재하는 상(像)	형상(形象), 영상(映像)
		인공적인 상(像)	영상(映像)

심상과 형상의 의미는 분명히 다르다. 그러나 영어에서는 이를 구분하지 않고 'image'라는 하나의 단어로 사용하고 있다. 우리도 일상적으로 '심상', '형상'이라는 용어를 사용하기보다는 '이미지'라는 말로 두루 다양하게 사용하고 있다. 그리고 그 사용처와 앞뒤 문맥으로 미루어 그 의미를 짐작하게 된다.

그렇다면 이렇게 제각각 다른 의미가 하나의 단어로 혼용될 수 있는 이유는 무엇인가? 이러한 의문을 풀기 위해서 이미지(image)와 밀접한 분야, 혹은 이미지(image)를 용어로서 자주 사용하는 여러 학문분야에서 만든 전문용어 사전을 통해 그 의미를 좀 더 심도 있게 파악해 보자.

대표적으로 이미지를 특히 많이 사용하는 분야의 사전으로서 『세계미술용어사전』, 『영화사전』, 『문학비평용어사전』, 『매스컴대사전』, 『실험심리학용어사전』, 『현상학사전』 등이 있다. 그런데 이런 전문용어 사전들의 내용이 모두 다르다. 전문분야에 따라 다소 차이가 있을 것이라고 예상하였지만, 예상보다 훨씬 크게 차이 난다.

먼저 『세계미술용어사전』[5]에서는 감각적인 성질이 강한 "직관적 형상", "외계의 자극에 의해 의식에 나타나는 대상의 직관적 표상"이라고 설명한다. 그리고. '영화사전'[6]에서는 그 분야의 사전답게 "사진적 처리, 스크린, 필름" 등의 물리적 기술과 도구에 의한 '재현'이라는 개념으로 정의하고 있다. 미술용어사전에서 "회화적이거나 조소적인 수단에 의하여"라고 한 것에 비해 영화사전에서는 "사진적 처리"와 "필름"이라고 한 것을 보면, 분야에 따라 수단에 대한 인식 차이가 있음을 알 수 있다.

『문학비평용어사전』[7]은 문학분야의 사전답게 이미지를 "마음속에 언어로 그린 그림(mental picture, word picture)"이라고 정의하고 있다. 여기서 중요한 점은 '언어로 그린'이라고 하는 점이다. 또한 부언 설명에서도 "복사와 모사의 방법은 선이나 색채가 아니라 언어이다."라고 하면서 감각경험의 복사와 모사의 방법이 '언어'라는 점을 강조하고 있다. 즉 이미지가 언어에 의해서만 형성된다고 설명하고 있지만, 이 사전의 후반 부분에서는 "정신적 이미지(mental image), 비유적 이미지(figurative image), 상징적 이미지(symbolic image)"* 등 이미지의

---

* 이 사전에서 "이미지의 유형은 프레밍거(Preminger)에 따르면"이라고 출처를 밝히고 있는데, 이

세 가지 유형을 소개하면서 그 중 정신적 혹은 심리적 이미지(mental image)는 시각, 청각, 미각, 후각, 촉각, 색채 등의 감각체험과 인상에 바탕을 둔 것이라고 하였다.

『매스컴대사전』[8] 역시 기업, 대중, 광고 등에서 사용되는 개념을 중심으로 정의하고 있으며, 이미지라는 용어가 매스커뮤니케이션의 발달에 의해 널리 쓰인 것이라고 하고 있다. 철저히 현대적 미디어 관점에서 출발하고 있다.

『실험심리학용어사전』[9]에서는 "표상의 저장 형태", "머릿속에 저장된 대상의 감각적 흔적" 등으로 짧지만 비교적 명확하게 설명하였다.

마지막으로 『현상학사전』[10]에서는 용어의 개념이나 정의를 설명하기 보다는 현상학적 이미지론을 소개하면서 사르트르의 이론에 대한 소개로 대신하고 있다. 그러나 정작 사르트르의 이미지론에 대한 명확한 설명은 없다. 단지 이미지를 이해하는 다양한 관점이 있다는 점, 베르그송과 메를로-퐁티 등의 이론도 간과할 수 없다고 하는 점에서 이 사전의 의미를 찾을 수 있다.*

이렇게 다양한 분야의 사전에서 이미지(image)의 의미를 찾아보았지만 명확히 정의하기에는 부족함이 있다.

Image라는 단어에는 여러 가지 파생어가 있다. 특히 'imagery'와

문구를 인용한 참고문헌인 『Encyclopedia of Poetry and Poetics』라는 책은 시학 전문사전으로써 여러 명의 저술자가 각 항목별로 따로 저술한 책이다. 이 책에서 프레밍거는 대표 편집자일 뿐이며 '이미지' 용어에 대한 내용은 'N.FRIE'가 저술한 것이다.

* 이 사전의 첫 문장에서 "현상학적인 이미지(이마주)론을 철학의 무대에 올린 것은 무어라 해도 사르트르일 것이다."라고 하였는데 이것은 사실과 다르다. 비록 사르트르가 이미지를 주제로 한 『상상력(L'Imagination 1936)』과 『상상계(L'Imaginaire 1940)』를 출간하였지만, 그 보다 앞서서 많은 현상학자들이 이미지에 대해 거론하였다. 특히 현상학의 창시자라고 할 수 있는 후설(Edmund Husserl 1859~1938), 여러 현상학자들에게 영향을 끼친 베르그송(Henri Bergson 1859~1941), 후설의 제자인 하이데거(Martin Heidegger 1889~1976), 사르트르와 동시대 학자인 메를로 퐁티(Maurice Merleau-Ponty, 1908~1961) 등이 있다.

'imagination'은 image(이미지)와 다소 특이한 관계를 가지고 있다. 먼저 imagery(이미저리)와 image(이미지)는 모두 우리말에서 '이미지'로 번역된다. 두 단어의 의미가 다름에도 불구하고 대부분 같은 의미로 취급한다.

이에 반해 Imagination(이매지네이션)은 우리말에서 '상상(想像)'과 '상상력' 두 가지의 의미를 갖는다. 또한 상상이라는 표현은 창의성과 유사한 의미로 사용됨으로써 이미지와 사뭇 다른 의미로 인식되기도 한다. 이 단어들을 명확하게 구분함으로써 이미지와 관련된 의미를 폭넓게 이해할 수 있을 것이다.

• Image와 Imagery

Image와 Imagery는 서로 다른 의미로 사용되지만 우리말에서는 구분하기가 어렵다. 사실 미국에서 네이티브 영어를 사용하는 일반인들도 대체로 image와 imagery를 구분하지 않거나 심지어 구분하지 못하는 사람들도 많다. 영어를 잘한다고 하는 미국인들에게 질문하였을 때 그 차이를 명확하게 답변하는 사람이 흔치 않았다. 그러나 학술적으로는 분명히 다른 의도로 사용된다.

예를 들어 W.J.T. 미첼의 저서 『아이코놀로지; 이미지, 텍스트, 이데올로기』[11]의 영문 원본에서 1편의 제목은 "The Idea of Imagery"로서 imagery(이미저리)를 사용하였다. 한글 번역본에서는 "이미지의 관념"이라는 제목으로 번역되어 있다. 그리고 본문에서도 imagery(이미저리)는 빈번하게 사용되고 있는데 그 중 한 예를 들면 "the phenomena called by the name of imagery"라고 하는 부분을 번역서에는 "이미지라고 불리는 현상들을"로 번역하였다. 그리고 바로 몇 행 뒤에는 'image'(이미지)를 사용하여 "all these things by the name of 'image'"라는 문장이 나오는데 이 역시 "'이미지'라고 불리는 이 모든 것들이"이라고 번역하였다. Imagery, image 모두 똑같이 '이미지'로 번역되었다. 뿐만 아니라 mental imagery는 심적 이미지로, optical imagery는 광학적 이미지로, architectural imagery는 건축적 이미지로, verbal imagery는 언어적 이미지로 번역되었으며 지각적 이미지로 번역된 원문은 perceptual images이다.

원저자 미첼은 이 두 단어를 분명히 다른 의미로 사용하였다. 그러나 우리말에서 마땅히 구분할 용어가 없는 상황에서 번역자도 어쩔 수 없었을 것이라고 이해되지만, 결과적으로 그 차이는 무시되었고 우리나라 독자는 원저자의 정확한 견해를 모르는 채 책을 읽은 결과가 되었다(명확한 이해를 위해선 두 단어와 문장의 구분이 필요하다). 또 이와 유사한 사례를 보면 케빈 켈러의 『브랜드 매니지먼트(Strategic Brand Management)』에서 Brand Image와 Brand Imagery를 몇 페이지 간격으로 별도로 설명하고 있다. 번역서인 『브랜드 매니지먼트』에서는 'Brand Imagery'를 '브랜드 심상'으로 번역하였는데, '브랜드 심상'을 틀렸다고 할 수는 없지만 그 용어가 사용된 내용의 전반을 미루어 볼 때 'Brand Imagery'가 갖는 의미를 충분히 표현하였다고는 할 수 없다.

이 두 경우가 아니더라도 이러한 사례는 많이 발견된다. 'image'와 'imagery'의 의미 차이를 어떻게 구별해야 하는가? 영어를 자국어로 사용하는 미국의 일반인들도 대부분 구분하지 않는 용어의 차이를 구태여 구분해야 할 필요가 있을까? 일상적으로는 구분할 필요가 없지만, 학술적 문장의 의미를 정확하게 이해하기 위해서는 이 두 단어의 구분이 반드시 필요하다고 생각된다.

먼저 'image'와 'imagery'가 사용된 문장들의 문맥을 통하여 그 차이를 파악한 결과 'imagery'의 의미는 image라는 넓은 개념 속에서 그 의미와 사용의 폭이 좁고 한정적인 의미를 가지고 있다.

'imagery(이미저리)'는 이미지를 만드는 사람 혹은 어떤 시스템이 '만들어낸 이미지'를 뜻한다. 그리고 imagination(상상력)의 결과물로서 심상, 비유언어 등, 그리고 어떤 대상에 대한 그림이나 사진 등에도 'imagery'라는 용어를 사용한다. 즉 서술적 이미지와 개념적 이미지의 은유적 매개체(vehicle) 등 조금 더 구체성을 갖는 물리적 이미지 또는 정신적으로 만들어진 이미지들에 대해 주로 imagery라는 용어를 사용하는 것이다.

예를 들어 컵이라는 단어는 컵의 이미지를 떠올리게 한다. 이때 추상적인 컵의 개념이 아니라 구체적인 어떤 형태의 컵, 즉 크기, 모양, 색채 등의 형태를 떠올릴 때의 기억심상 또는 컵의 그림, 사진 등의 시각적(물리적) 이미지를 말할 때 imagery라고 한다. 즉 imagery는 개념적 이미지가 아닌 어떤 형태를 갖는 시각적 이미지로서의 심상과 형상을 말한다.

image와 imagery의 차이에 대한 명확한 설명은 시학사전으로 유명한 『시와 시학의 백과사전(The Princeton Encyclopedia of Poetry and Poetics)』에서 찾아볼 수 있다. 1974년에 출판된 초판본[12] 에는 'image'라는 항목이 없이 단지 'imagery'라는 용어에 대해서만 8페이지에 걸쳐 설명하고 있으며, 2012년에 발행된 4번째 개정판[13]에는 image와 imagery를 별도의 항목으로 설명하고 있다.

'image' 항목의 설명 중에서, "그녀는 마치 장미 같다"라는 문장에서 그녀의 이미지는 장미의 image(개념적 이미지: 장미와 같은 느낌)와 비슷하다는 것을 나타내지만, 그 image이미지의 매개체인 실제의 장미 또는 장미의 imagery(서술적, 시각적, 물리적 이미지: 장미의 형태, 색, 향기 등)와 그녀의 모습이 비슷하다는 것은 아니다.[14]

즉 서술적 이미지, 개념적 이미지의 은유적 매개체 등 조금 더 구체성을 갖는 물리적 이미지, 또는 정신적으로 만들어진 인위적 이미지들에 대해 주로 imagery라는 용어를 사용한다. 한마디로 imagination(상상력)의 직접적인 결과물에 해당되는 것이 imagery이며, image는 보다 넓은 개념으로 보편적으로 사용하는 이미지에 해당된다. 따라서 일반적으로 imagery를 사용해야 하는 곳에 image로 대신 사용하여도 무관하나 image를 사용해야만 하는 곳에 imagery로 대신 사용할 수는 없다.

Image와 imagery의 이러한 차이를 바탕으로 켈러의 '브랜드 매니지먼트'

를 다시 보면 'Brand Imagery'는 단순한 브랜드 심상이 아니라 브랜드이미지를 만드는 데 매개체 역할을 하는 심상(이미지) 즉, 제품의 품질이나 사용경험, 포장 등에 대한 기억심상 같은 것들을 의미한다. 그리고 브랜드 심상(이미지)을 형성하는 요소들도 포함된다. 여기서 Imagery는 무형적이나 추상적인 것일 수는 있으나 단순한 느낌이나 심상이 아닌, 브랜드 혹은 제품의 어떤 특정한 외적 요소들을 통해 형성되는 것으로 어느 정도의 구체성을 갖는 것을 말한다. 따라서 Imagery는 제품 또는 브랜드가 소비자에서 보여주는 또는 보여지는 부분으로서 브랜드 관리자가 통제 관리하는 대상이며, 이를 통해 소비자의 마음 속에 image가 형성된다. 다시 말해서 제품, 포장, 심볼, 광고, 슬로건 등 브랜드 구성요소들이 보여주는 이미지와 그것들에 대한 기억심상은 Imagery이며, 그 Imagery를 통해 소비자 마음 속에 건실함, 부드러움, 고귀한 등과 같은 특정한 연상과 이미지가 형성된 것을 브랜드이미지(brand image)라고 한다. 즉 Brand Imagery를 통해 Brand Image가 형성된다고 볼 수 있다.

• Imagination(이매지네이션)

결론을 먼저 말하면 imagination(이매지네이션)은 한마디로 image(이미지)를 만드는 정신적 행위 혹은 능력이다. 바꾸어 말하면 image(이미지)는 imagination(이매지네이션)의 결과물이 된다. 그러나 imagination(이매지네이션)은 주로 '상상(想像)' 혹은 '상상력' 두 가지 단어로 번역되며, 반면에 '이매지네이션'이라는 표현은 흔히 사용하지 않는다. 뿐만 아니라 '상상(력)'과 '이미지'는 사뭇 다른 의미인 것처럼 느껴진다. Image(이미지)와 imagination(이매지네이션)은 같은 의미에서 나온 단어이며, 단지 어형변화에 따른 차이만 있는 것에 비해 '상상(력)'과 '이미지'는 그 의미가 근본적으로 다른 느낌을 준다.

심상(이미지)의 경우에는 상상(력)의 결과로 생각할 수 있으나 형상(이미지)과 영상(이미지)은 '상상(력)'과 멀게 느껴진다. 영상(이미지)는 다소 연관성이 있다고 하더라도 형상(이미지)가 '상상(력)'의 결과라고 하는 것은 쉽게 수용되지 않는다. 그러나 인위적 조형(造形)의 결과물인 형상이미지가 '상상'에서 출발하는 것이며 그 조형적 결과물인 형상을 '이미지'라고 하는 것은 당연하다. 그럼에도 불구하고 일상에서 사용하는 용어로서 '상상(력)'과 '이미지'를 인과관계를 갖는 하나의 단어라고 생각하는 사람들이 많지 않다.

왜냐하면 일반적으로 상상력이란 종합적 창의적 능력으로 인식하고 있으며, 이미지를 만들어내는 능력이라고 생각하지 않기 때문이다. 교육과 매스컴 등 대중적으로 그렇게 사용해왔기 때문이다. 말하자면 용어에 대한 선입견이 작용하여 '이미지'라는 외래어에서 오는 의미의 범위와 '상상(력)'이라는 우리말이 주는 의미의 범위가 서로 교집합(交集合)되는 부분이 적은 데에서 기인한다고 생각된다.

그러나 실제로 Image(이미지)와 imagination(이매지네이션)은 같은 의미서 파생된 단어이며 단지 어형변화에 따른 차이만 있을 뿐이다. 따라서 우리말에서도 '이미지'와 '상상'은 하나의 의미에서 시작되는 단어이며 인과관계를 가진다(상, 형상, 심상, 상상).

Image(이미지)는 11세기경, 라틴어 'imago'에서 파생되어 1200년대경 프랑스어에서 조각품이나 어떠한 사람이나 물건처럼 보이도록 인공적으로 그린 것이라는 의미를 갖는 'image'로 사용되다가, 14세기 후기 동사형으로 '정신적 그림(mental picture)'이라는 의미로 사용되었다. 즉, 현재 쓰이는 'image'라는 단어는 고대 프랑스어 image에서 가져온 것으로 보이며, 그 당시에는 물리적인 의미로만 사용되었고 그 뒤 14세기 말 영어에서 다시 정신적 의미를 포함하게 된 듯하다.

Imagination(이매지네이션)은 'image'가 물리적 이미지의 의미로 국한되어 사용되다가 '정신적 그림(mental picture)'이라는 의미로 확대되던 시기인 14세기에 "이미지를 만들거나 조작하는 정신적 능력"이라는 의미로 사용되기 시작하였다고 볼 수 있다.

사전을 완전하다고 할 수 없지만 대체로 신뢰할 만하다고 볼 때 'image'의 어원은 라틴어 'imago'로 보는 것이 가장 정확할 듯하다. 그리고 라틴어 'imago'는 '모방하다'는 의미를 가진 'imitate'에서 유래하였다. 더 고대로 거슬러 올라가면 그리스어에서 닮음을 의미하는 아이콘(eikon)과, 형태를 의미하는 에이도스(eidos)와 에이돌론(eidolon)으로부터 파생된 아이돌(idole) 등의 어원을 찾을 수 있다. 즉, 형태와 그 형태의 모방에서 image(이미지)와 imagination(이매지네이션)이 유래되었는데, 여기서 모방은 물리적 모방뿐 아니라 정신적 모방까지 포함됨으로써 상상(imagination)이라는 개념으로 확장되었다고 보인다.

지금까지의 내용을 미루어 보면 image(이미지)는 원래 물리적 의미로만 사용되었다. 그런데 이 image(이미지)를 만들거나 조작하는 능력을 imagination(이매지네이션, 상상력)이라고 하는데 이 능력은 정신적 능력이다. 이러한 정신적 능력인 imagination(이매지네이션)의 산물은 물리적인 결과물뿐 아니라 정신적 결과물까지 포함될 수 있으며 경우에 따라서는 물리적 결과물을 만들어내는 과정에 마음에 남아있는 어떤 기억의 잔재까지 결과물 image(이미지)로 볼 수 있다. 따라서 이러한 것들을 모두 image(이미지)로 일컬을 수밖에 없었다고 추측된다.

Image(이미지)가 먼저인지 imagination(이매지네이션, 상상)이 먼저인지는 단정할 수는 없지만 imagination(이매지네이션, 상상)이 정신적 작용이라는 것은 분명하며 image(이미지)는 그 결과물이다. 물론 물리적 개념일 경우 image(이미지)가 먼저일 수 있으며, 정신적 능력의 산물이 아닌 자연적 것까지 image(이미지)에 포함될 수 있다. 따라서 image(이미지)는 imagination(이매지네이션, 상상)과 함께 논의되어야 한다.

• '이미지 image'의 유형

지금까지의 논의를 단순하게 정리하면 이미지는 그 언어적 개념을 정의하는 것보다 그 용도와 유형을 분류함으로써 더 폭넓게 파악될 수 있다.

앞에서 이미 제시하였듯이 다음 표와 같이 이미지는 시각적(물리적) 이미지와 정신적 이미지로 구분할 수 있다. 정신적 이미지는 주로 언어적 사유와 감각적 지각에 의해 의식화된 것을 의미하며, 시각적(물리적) 이미지는 눈에 보이는 모든 것, 즉 눈앞의 현실, 그림, 도형 등을 의미하는 데 여기에는 인공적인 것과 자연적인 것으로 구분된다.

<table>
<tr><td rowspan="4">이미지</td><td rowspan="2">사람의 마음속에 들어있는 것,
정신적 이미지</td><td>언어적 사유, 느낌</td><td>심상(心象), 인상(印象)</td></tr>
<tr><td>시각적 상상(想像)</td><td>심상(心像), 형상(形象)</td></tr>
<tr><td rowspan="2">눈앞에 보이는 것
시각적 (물리적) 이미지</td><td>실재하는 상(像)</td><td>형상(形象), 영상(映像)</td></tr>
<tr><td>인공적인 상(像)</td><td>영상(映像)</td></tr>
</table>

이러한 구분과 유사한 분류는 이미 W.J.T.미첼이 『아이코놀로지; 이미지, 텍스트, 이데올로기』에서 다음 표와 같은 계통도[15]를 제시한 바 있다. 미첼은 "이미지(image)가 한 종족이라면, 그들의 계보학으로부터 어떤 의미를 구축해 볼 수 있을 것이다."라고 하면서 이미지라는 용어의 보편적 정의보다는 다양한 의미들 사이의 개념구분을 위해 이러한 계통도를 제안한다고 하였다. 미첼 역시 이미지의 보편적 정의가 모호하고 한계가 있으며, 따라서 다양한 용도와 그 의미들을 분류하는 것이 효율적이라는 점을 인식하였다고 보인다. 미첼의 계통

도가 앞에서 말한 분류와 구조는 다르지만 이미지를 유형별로 구분하여 파악하려고 했다는 점에서 의미 있다. 그러나 앞에서 제시한 분류와 미첼의 분류가 서로 일치하지 않을 뿐 아니라 두 가지 모두 충분하지 못하다는 생각이다.

위의 표와 미첼의 분류를 비교하면

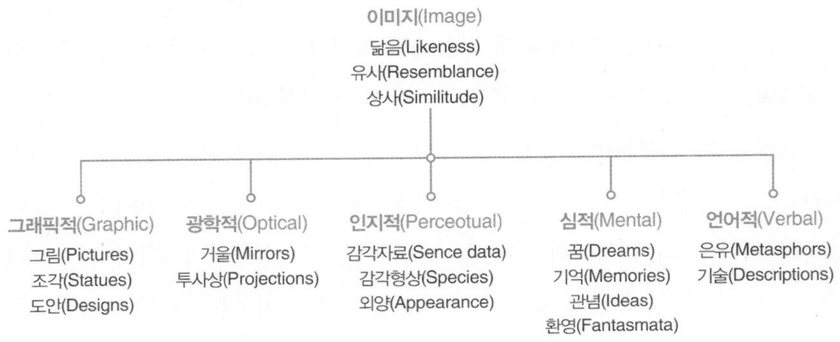

미첼의 분류에서 그래픽적 이미지(graphic imagery)는 시각적 이미지 중에서 인공적인 것에 해당되며 광학적 이미지(optical imagery)는 시각적 이미지 중에서 자연적인 것과 인공적인 것 모두 해당될 수 있다. 심적 이미지(mental imagery)는 정신적 이미지 모두에 해당되며 언어적 이미지(verbal imagery) 역시 정신적 이미지 중에 언어적 사유에 해당된다. 인지적 이미지(perceptual images)는 시각적 이미지 모두에 해당되는 것으로 볼 수 있으며, 뿐만 아니라 미첼이 스스로 분류한 그래픽적 이미지와 광학적 이미지가 모두 인지적 이미지에 해당된다고 생각된다.

그리고 이러한 분류에서 "심적 이미지(mental imagery)는 심리학과 인식론에, 광학적 이미지(optical imagery)는 물리학에, 그래픽적 · 조각적, 건축적 이미지(imagery)는 미술사가에게, 언어적 이미지(verbal imagery)는 문학비평가에게 각각 속 하며," 라는 부연 설명을 통하여 이미지의 유형과 학문적 영역을 연관지었다. 이러한 학문적 장르와 연계는 일견 타당하게 보인다. 그러나 오히려 학문적 경계와 구분에 의해 오히려 이미지가 갖는 유연하면서도 통합적인 의미를 감소시키는 것이 아닌가 생각된다. 이미지라는 단어는 각 분야에선 다르게 쓰이나 하나의 큰 의미에서 시작하고 공유한다. 이러한 연계나 구분은 한 분야에서의 용도나 의미를 이해하는 데에는 도움이 되지만 단어의 개념적 이해에는 도움이 되지 않는다.

지금까지 논의를 바탕으로 이미지 유형의 분류에 대해 다시 생각해보면 미첼의 분류도 매우 적절하지만 위계를 전혀 고려하지 않았다는 점에서 다소 아쉽다. 미첼이 정신적 이미지를 인지적, 심적, 언어적 등 3가지로 분류한 점은 매우 공감된다. 그러나 광학적 이미지의 유형은 다소 모호하다. Optical(광학적)은 자연적일 수도 있고 인공적일 수도 있다. 햇빛이나 달빛과 같은 자연광에 의한 현상도 해당되며, 또한 인공적인 영화 화면도 해당된다. 물에 비친 모습은 자연적 이미지이지만 사람이 만든 거울에 비친 모습은 어떤 이미지인가?

따라서 이미지를 '실재하는 시각적 이미지'와 '마음 속 정신적 이미지'로 크게 2가지로 구분하고 이를 각각 3가지 유형으로 구분하고자 한다.

'실재하는 시각적 이미지'는 '자연적 이미지'와 '인공적 이미지', 그리고 자연적 이미지와 인공적 이미지가 함께 존재하는 이미지 즉, '복합적 이미지'라고 할 수 있는 것까지 모두 3가지의 물리적 이미지 유형으로 분류할 수 있다.

'마음 속 정신적 이미지'는 감각기관의 지각으로 인해 발생한 생생한 '감각적 이미지', 마음 속에서 회상, 연상, 추상을 통한 자유로운 상상의 '시각적 이미지', 언어로 그린 마음 속 '언어적 이미지' 등 3가지 유형으로 분류할 수 있다.

자연적 이미지란, 눈앞에 보여지는 모든 것 즉, 풍경, 사물, 사람 모습처럼 자연 그대로의 이미지를 말하며, 인공적 이미지란, 사람의 상상력과 작업을 통해 만들어진 건축물, 조각, 회화, 영상 등 물리적 이미지를 말한다. 그리고 자연과 인공의 복합적 이미지란, 인공적 이미지가 자연의 현상에 의해 새로운 자연적 이미지를 연출하거나 자연에 인공적 행위가 가해진 이미지를 말한다. 예를 들어 자연적 이미지라고 할 수 있는 평범한 얼굴에 특별한 분장으로 새로운 이미지를 만들어 내는 경우, 이때 특별한 표정으로 새로운 이미지를 만든다면 그것도 포함될 수 있다. 꽃이 나타내는 자연적 이미지를 의도적으로 배열하여 새로운 이미지를 만들어내는 경우, 인공적으로 디자인된 스테인글래스를 통해 특정한 시간에 햇빛이 들어올 때 연출되는 이미지, 건축물 유리벽면에서 반사되는 독특한 이미지 등은 모두 인공적인 것과 자연적인 것의 복합적 이미지이다.

정신적 이미지 중에서 감각적 이미지란, 예를 들어 방금 본 아름다운 피겨스케이팅의 동작에서 느껴진 감각적 이미지, 지금 눈 앞에서 보글보글 끓고 있는 라면에서 느껴진 시각 후각 청각적 이미지, 아름다운 자연 풍경을 보고 감탄한 순간의 이미지, 달콤하고 부드러운 감촉의 아이스크림에서 느끼는 이미지 등은 모두 생생한 감각적 이미지들이다. 그러나 곧 사라진다. 그 감각적 느낌의 기억은 어느 정도 남아있겠지만 곧 사라진다. 또 사라져야만 한다. 음악을 들을 때 방금 지나간 앞 소절의 감각적 느낌이 사라지지 않으면 다음 소절이 감각될 수 없는 것처럼 순간적 감각들은 사라져야만 다음 감각을 지각하게 된다. 이러한 감각들이 만들어내는 이미지를 감각적 이미지라고 분류하고자 한다. 이는 미첼이 분류한 인지적 이미지와 유사한 것이며 이미 고대 철학자들이 말한 것들이다.

<table>
<tr><td rowspan="6">이미지</td><td rowspan="3">실재
시각적 이미지</td><td>현실</td><td>자연적 이미지</td><td>풍경, 얼굴 등</td></tr>
<tr><td>상상, 인공, 현실</td><td>복합적 이미지</td><td>분장, 화분 등</td></tr>
<tr><td>상상, 인공, 현실</td><td>인공적 이미지</td><td>그림, 조각, 사진 등</td></tr>
<tr><td rowspan="3">마음
정신적 이미지</td><td>감각, 지각</td><td>감각적 이미지</td><td>감각 이미지, 회상</td></tr>
<tr><td>상상, 추상</td><td>시각적 이미지</td><td>마음 속 그림, 연상</td></tr>
<tr><td>언어, 추상, 상상</td><td>언어적 이미지</td><td>마음 속 언어 그림</td></tr>
</table>

그 다음 상상의 시각적 이미지란, 감각적 이미지가 만들어 낸 기억들을 회상과 연상을 통해 새로운 것을 추상해내는 상상의 과정에서 만들어지는 다양한 시각적 이미지들을 말한다. 여기에는 특정 대상이 없는 추상적 상상에 의해 나온 이미지까지 포함된다.

마지막으로 언어적 이미지란, 말 그대로 언어를 통해서 마음 속에 상상의 이미지들을 만들어 내는 것을 말한다. 대체로 시적 표현과 문학, 정치, 광고 등에서 언어적 수사적(rhetoric) 표현으로 많이 나타난다. 그러나 언어적 이미지와 논리적 사유 사이의 경계가 모호하다는 문제가 제기될 수 있다.

2) 고대의 이론들

이미지가 무엇인지에 대한 의문은 현대인뿐 아니라 고대인들에게도 마찬가지였다.

"서구의 사상, 특히 프랑스 철학은 존재론적으로는 이미지(image)를, 심리론적으로는 상상 기능을 '오류와 허위의 주범' 이라고 평가절하하는 오랜 전통을 지니고 있다." [16]

질베르 뒤랑(Gilbert Durand)은 그의 저서 『상상계의 인류학적 구조들』[17]의 서론 첫 문장부터 이렇게 말하고 있다. 이미지와 이매지네이션(상상)은 서양의 고대철학에서부터 근대에 이르기까지 비이성적인 것이기 때문에 중요한 학문적 탐구의 대상이 되지 못하여 왔다. 주로 언어와 문자 그리고 논리적 사고에 의한 형이상학적 탐구만이 인정되었으며 이미지를 대상으로 하는 상상력의 분야는 하찮은 것으로 인식되었기 때문이다.

이러한 이미지에 대한 인식의 전통은 플라톤의 '이데아론'에서 시작되었으며 이후 서양철학의 전반에 이러한 인식이 지배하여왔다. 화이트헤드가 그의 저서 『과정과 실재』[18]에서 "유럽철학은 플라톤의 주석으로 이어져왔다"[19]고 했던 것으로 보면, 이미지에 대한 인식도 이러한 전통의 하나에 해당된다고 보인다.

이러한 유럽의 사상적 전통에도 불구하고 감각에서 지각과 기억에 이르는 이미지와 이매지네이션에 대한 탐구는 고대 철학자들의 주요 관심대상이었다. 따라서 이미지와 이매지네이션에 대한 다양한 견해들이 고대부터 현대까지 끊임없이 이어져 오고 있다.

• 플라톤의 이데아와 이미지

이미지와 이매지네이션에 대한 플라톤의 견해는 그 유명한 소위 '이데아론'에 담겨있다. 플라톤의 '이데아론'은 워낙 유명한 내용이기 때문에 그 이론을 상세하게 다룰 필요는 없겠지만 이데아론을 통해 그의 이미지에 대한 견해를 살펴보아야 할 것이다. (철학을 전공하지 않은 일반인들에겐) 대체로 '이데아론'이란 현실 세계 밖에 존재하는 변하지 않는 최고의 선으로서 현실세계의 모든 사물의 이상(理想)적인 원형이며, 따라서 이데아란 현실에 존재하지 않는 이상세계이며 현실은 그것의 모방이다 라는 정도로 알고 있다. 이러한 생각으로 이상세계라는 것과 '이미지'는 특별한 관련이 없는 것으로 여기기 쉽다. 그러나 우리가 흔히 '플라톤의 이데아론'이라고 부르는 것을 영어에서는 "theory of Ideas" 혹은 "theory of Form"으로 표현한다. 즉 '아이디어론' 혹은 '형태 혹은 형상론'이라는 용어를 사용한다. 철학을 전공하는 사람들에게는 생소하지 않은 내용이지만 비전공자들에게는 뭔가 석연치 않게 느껴지거나 다소 생소하게 들린다. 이데아라는 것은 현실 세계에는 존재하지 않는 '이상(理想)'적인 것으로 알고 있는데 그것을 형태(Form)라고 한다는 것은 얼른 납득하기 어렵다. 우리가 지금까지 알고 있던 이데아가 형태(Form)라니? 더구나 최근 영어로 저술되는 책에서는 "theory of Form"을 더 선호하는 경향이 있다.[20] 실제로 이데아론의 근원지인 플라톤의 『국가(The Republic. Politeia)』에도 "the idea or form"이라는 표현으로 idea와 form을 동시에 사용하는 문장이 자주 나온다.[21] 즉 idea와 form을 같은 의미로 사용하고 있다는 것이다.

원래 idea와 form은 같은 의미였는데 플라톤이 idea와 form이라는 언어로 소위 이데아론 이라는 개념을 제시한 이후 idea는 관념의 의미로 변하게 되었다. 관념론*이 발달한 독일에서는 이데아론에 대해 아직도 "theory of Form"보다 "theory of Ideas"라는 표현을 더 선호한다. 용어를 다시 정리하자면 우리나라에서 '이데아론'이라고 표현하는 '이데아'는 Idea의 라틴어 발음이며, 영어로는 '아이디어'라고 발음한다. 이데아와 아이디어는 발음의 문제이지 같은 것이기 때문에 플라톤의 철학용어라고 해서 굳이 이데아라고 부를 필요는 없지만 우리나라에서는 관행적으로 이데아로 표현한다. 그리고 Idea를 이상적 형상으로 보는 이데아론의 영어표현은 "theory of Ideas"과 "theory of Form"을 같은 의미로 함께 사용한다. 따라서 '이데아론' 역시 '아이디어론' 혹은 '형상론'이라고 표현해도 무방할 것이다. 그러나 우리나라에서는 '아이디어론' 혹은 '형상론'이라고 표현할 경우 일반적인 용어로 여겨져서 플라톤의 이론과 구별하기 곤란하다. 따라서 '플라톤의 아이디어' 혹은 '플라톤의 형상론'이라고 확실하게 구별해서 표현해야 하는데 이 역시 번거롭다. 그래서 관행적인 '이데아론'으로 표현하는 것이 쉽게 구별된다.

원래 'Idea'는 '보다(to see)'라는 의미를 가진 고대 그리스어 'iden(명사), idein(동사)'에서 유래된 단어이며 형태, 형상의 의미를 갖는 eidos(에이도스), ecdos(에크도스)도 어원상 유사한 관계를 가진다.

이렇게 Idea가 원래 form과 같은 형상(形相)의 의미이지만 이상(理想)이라는 의미로, 그리고 관념이라는 의미로까지 변화하게 되었던 것은 형상은 형상이지만, 단지 외형적인 형상이 아니라 '본(本)보기', '원형(原型, archetype)'이라는 의미를 부여하였기 때문이다.

---

* 관념론: 觀念論 영어 idealism, 독일어 Idealismus, 프랑스어 Idéalisme

플라톤은 인간의 정신세계를 네 종류로 구분하였는데 먼저 크게 두 가지로서 이성에 의한 '사유적인 영역'과 '감각적인 영역'으로 나누었고 그것을 또 각각 두 가지로 나누었다. 이성에 의한 사유적인 영역에서는 '지식의 영역'과 '추론적 사고의 영역'으로 구분하였으며, 감각적인 영역에서는 '믿음'과 '상상'의 영역으로 구분하였다. 즉 인간의 정신세계, 즉 지적 능력의 영역을 모두 네 종류로 구분하였다.** 이들을 배치하는 판단 기준은 그 대상들의 진리와 실재성(truth and reality)에 관계되는 명확성(clearness and precision)에 의한 것이다.[22]

여기서 가장 위에 배치한 인식(epistēmē)의 영역에서 추구하는 것이 이데아 혹은 형상(Idea, Eidos, Form)이며, 가장 아래에 배치한 영상들의 영역이 이미지이다. 따라서 플라톤이 구상한 이데아론(형상론)이란 현실에는 존재하지 않는, 그리고 변하지 않는 이상의 세계에 존재하는 본보기 같은 원형적(原型 prototype) 형태라는 개념이다. 따라서 감각적인 것들과 긴밀한 관계이면서

** 플라톤은 『국가』 6장 마지막 부분(509d ~511e)에서 소크라테스와 글라우콘과의 대화를 통해 설명하였다.

> "이들 둘이 있다고 생각하세. 그래서 하나는 지적(사유되는, the intelligible, noēton) 부류와 그 영역을 지배하는 반면에, 다른 하나는 가시적 부류와 그 영역을 지배하는 것으로 말일세. (중략) 즉, 지적인 것과 가시적인 것, (중략) 두 부분으로 나뉜 하나의 선분을 각각 다시 같은 비율로 나누어 보게 (중략) 이러한 마음의 네 가지의 활동 상태들을, 맨 위에 것에 대해서는 지적 직관(intellection or reason, 순수 사유 noēsis)을, 둘째 것에는 추론적 사고(understanding, dianoia)를, 셋째 것에는 확신(belief, 믿음 pistis)을, 그리고 마지막 것에 대해서는 상상(picture- thinking or conjecture, 짐작 eikasia)을 …"

즉, 플라톤은 인간의 정신 활동의 영역을 가지계(可知界)와 가시계(可視界)로 구분하는데 가지계(可知界)란 비가시적인 것으로서 지성적 영역이며, 가시계(可視界)란 감각에 의해 지각할 수 있는 감각적 영역을 말한다. 가지계(可知界), 즉 지성적 영역에서도 보다 더 우월한 것은 이성 혹은 지성에 의해 알게 되는 앎(noēsis) 혹은 지식 또는 인식(epistēmē)이며 이것을 가장 위에 배치하였다. 그 다음이 수학적인 것들의 영역의 추론적 사고(dianoia)이다. 가시계(可視界)에서는 실물들의 영역으로 믿음(pistis)이며, 영상들의 영역에서는 상상(eikasia)인데, 이것을 가장 낮은 곳에 배치하였다.

동시에 인식론과 존재론적인 개념을 담고 있다. 즉, 이상은 현실을 낳고 현실은 이상을 추구한다.

플라톤은 이 내용을 『국가』 10장의 초반부에서 '침대와 장인(匠人)의 비유' 그리고 '거울과 화가의 비유'를 들어 쉽게 설명한다. 이러한 비유가 나중에 이데아론을 비판하는 데 자주 거론되긴 하지만, 플라톤의 이데아론을 쉽게 이해하는 데는 적절한 비유이다. 우선 침대와 장인(匠人)에 관한 비유는 이렇다. 세상에 많은 침대가 있으며 그것을 만드는 장인(匠人)은 참다운 침대의 이데아(형상)에 주목하면서 침대를 만들지만 그 침대는 완전하지 못하며 단지 침대의 이데아를 모방한 특정한 침대일 뿐이다. 참다운 침대의 이데아는 신이 만든 것으로 자연(이상세계) 속에 하나밖에 없으며 따라서 누구도 참다운 침대의 이데아(형상)는 만들지 못한다.

그리고 거울 비유는 이렇다. 세상의 모든 것을 복제하는 방법은 거울을 들고 원하는 곳에 비추어 보면 바로 태양도, 하늘에 있는 것도, 땅과 다른 동물들, 가구와 초목들을 모두 만들어 낼 수 있다는 것이다. 이러한 의미에서 화가도 역시 침대를 만들지만 단지 보이는 것만 그린 것으로 모방일 뿐이다.

따라서 세상에는 세 가지의 침대가 있으며 그 관리자도 세가지가 있다. '신이 만든 이데아의 침대', '목수가 만든 침대', 그리고 '화가가 모방한 침대'이다. 여기서 목수가 만든 침대는 그것이 이데아는 아니지만 어떤 방향에서 보더라도 침대는 침대이다. 그러나 화가의 침대는 한 방향에서 보이는 것만 그린 것이다. 따라서 목수는 제작자라고 할 수 있지만 화가는 모방자일 뿐이라는 것이다.[23]

이 비유에서 알 수 있듯이 플라톤은 화가를 단지 모방하는 자로, 이매지네이션을 불확실한 것을 대상으로 하는 비이성적인 정신활동으로 정의하였다. 뿐만 아니라 플라톤은 시인과 시인들의 상상력까지 이미지의 모방으로 폄하하였다.[24]

플라톤의 이러한 견해와 사상은 그의 제자인 아리스토텔레스에서부터 근

현대의 철학자 버트런드 럿셀[25]과 질 들뢰즈[26]에 이르기까지 많은 비판을 받아 왔음에도 화이트헤드의 말처럼 유럽 철학의 근원이 되었으며 독일 철학의 관념론의 뿌리가 되기도 하였다. 아리스토텔레스는 이데아론에 대해 이상세계는 현실에 존재하지 않는 것으로서 실체일 수가 없다고 비판하면서 그 대안으로 '보편자 이론'을 제시하였다. 언어에는 보통명사와 고유명사 그리고 형용사가 있는데, 고유명사가 나타내는 대상은 '실체'인 반면, '인간답다'나 '인간' 같은 형용사나 집합명사가 나타내는 대상을 '보편자'라고 한다. 실체는 '이것(this)'이지만, 보편자는 '이러한 것(such)'에 해당하므로 개별 사물이 아니라 사물의 종류를 가리킨다. 따라서 보편자는 실체가 아니라 사물들의 공통된 무엇이라는 것이 아리스토텔레스의 '보편자 이론'이다.

영국의 철학자 버트런드 럿셀은 '보편자 이론'이 명료하지 않다고 지적하면서, 동시에 이데아론의 맹점에 대해서도 신랄하게 지적한다. 럿셀은 그의 저서 『서양철학사』에서 『파르메니데스』*를 인용하여 이데아론의 오류를 지적한다.

소크라테스의 이데아론에 대하여 파르메니데스는 사람이나 불과 물에도 이데아가 존재하는지를 질문한다. 이 질문에 소크라테스는 분명하게 답변하지 못한다. 또 이어서 파르메니데스는 머리카락이나 진흙, 먼지 등 혐오감을 주거나 가치 없는 것 들에도 이데아가 존재하는지 질문한다. 소크라테스는 "그런 것들은 단지 우리에게 보이는 것일 뿐이며 그런 것에 이데아가 있다고 여기는 것은 매우 불합리하다고 본다."라고 하였지만 명쾌한 답변이 되지 못하였다. 계속되는 토론에서 소크라테스는 '무한소급의 문제' ** 등 상당 부분 파르메니데

---

* 『파르메니데스』는 노년의 파르메니데스(Parmenides, BC 515추정~BC 445추정)와 중년의 제논(Zeno), 그리고 청년 소크라테스(Socrates)의 토론을 기록한 내용이다. 여기서 젊은 소크라테스가 이데아론에 대해 설명하고 이에 대해 파르메니데스가 질문하는 대목이 나온다.

** 『파르메니데스』에 나오는 내용으로, 예를 들어 쉽게 설명하자면, 원인과 결과의 모순 같은 것이다. '모든 것에는 원인이 있다'라고 할 경우, 원인의 원인은 무한하기 때문에 이 명제는 근본적인 모

스의 견해에 동의하게 된다.

러셀은 『파르메니데스』의 이러한 내용을 플라톤이 저술하였다는 점에서 "철학자가 행한 자기비판의 역사 속에서 특히 주목할 만한 사례 가운데 하나로 꼽힌다"라고 평가하였다. 그러나 유럽 철학에서는 이데아론에 대한 비평보다 이를 적극적으로 수용함과 동시에 다양한 개념적 전개와 새로운 해석 등 철학적 논의가 계속 이어져 왔다. 아마 유럽 철학에서 이데아론만큼 철학적 논의의 대상으로 끊임없이 이어져 온 주제도 드물 것이다. 이데아론은 독일의 idealism(관념론)으로 발전되는데 관념론(idealism)의 관념(idea)은 이데아(idea)와 같은 의미로 보아도 무방하다.

이렇듯 플라톤의 이데아론이 유럽철학의 근간이 될 뿐 아니라 이제는 동서고금을 막론하고 그 이론의 탁월함을 역사적으로 인정받고 있지만 일상적인 관점에서는 선뜻 동의하기가 어렵다. 아리스토텔레스와 럿셀의 비판과 다른 관점에서 이데아의 실재를 인정한다고 하더라도 지식의 영역과 이미지의 영역을 나누고 그 이미지를 가장 아래에 배치한 점은 더욱 동의하기 어려운 부분이다. 왜냐하면 이데아론에서 인간의 정신세계를 네 종류로 구분하면서 상상 즉 이미지의 세계를 가장 아래에 위치한 것은 논리적 모순이 아닐 수 없기 때문이다.

앞에서 말한 바와 같이 어원적으로 'Idea'는 '보다'라는 뜻을 가진 어원과 뿌리가 같으며 따라서 형상(Form)과 같은 의미이다. 이데아론(theory of Ideas)을 다른 표현으로 형상론(theory of Form)이라고 하는 것에는 이미 그 Idea라는 용어 속에 이미지를 내포하고 있다는 의미이기 때문이다. 그렇다면 형상론을 또 다른 말로 '이미지론'이라고 해도 언어적으로는 무리가 아닐 것이다.

또한 앞에서 인용한 이데아론의 침대 비유를 잘 살펴보면 이데아 속에는

순이라는 것과 같은 문제들을 말한다.

이미 이미지가 들어있다는 점을 알 수 있다. 이데아의 침대에도 어떤 모범적 형상, 즉 원형(prototype)이 있어야 하며 그 원형은 결국 이미지를 포함할 수 밖에 없다. 만약 플라톤이 침상의 이데아에 대해서 구체적으로 설명하였다면 어떻게 표현하였을까? 그것의 재료 성질 등을 비롯하여 본질적 요소들을 설명하게 되는데 여기서 형태 즉 이미지에 대해서도 설명하지 않을 수 없었을 것이다. 즉 이미지 없는 이데아는 상상하기 어렵다. 결국 플라톤은 이미지를 폄하하였지만 어원적으로 볼 때에도 이데아는 이미지와 따로 떼어서 생각할 수 없다는 것이다.

또한 평상시 우리는 어떤 사람이나 사물 혹은 존재에 대해 궁금할 때 흔히 "어떻게 생겼을까? 혹은 어떤 모습일까?"라는 표현을 사용하기도 한다. 이 표현 속에는 단지 외형에 대한 관심뿐 아니라 그 대상의 전반적인 것에 대한 관심이 포함된다. 특별한 경우에는 "그것의 본질은?" "구조는?" "성능은?" 등의 표현으로 질문을 하지만 이는 학술적이거나 특별한 상황에서 하는 표현이지 일상적 표현은 아니다. 즉 사물이나 존재의 전반적인 관심을 형태로 대신 표현하는 경우가 많다.

"그 사람 어떻게 생긴 사람일까?" "나는 어떤 모습으로 기억될까?" "어떤 형태로 합의하였는가?" "어떤 모습으로 신제품이 등장 할까?" "미래에 우리는 어떤 모습으로 살고 있을까?" "세상은 어떤 모습으로 발전해 왔을까?"

이러한 문장은 대부분 단지 외형에만 관심을 두는 것이 아니다. 그 대상의 모든 것이 이러한 표현에 담겨있다. 다시 말하자면 '이미지의 의식 과정' 즉 상상력을 통해 실체에 접근하는 사유의 과정을 말하는 것이다.

플라톤의 이데아는 상당 부분 이미지에 의한 사유과정 없이는 불가능하다. 플라톤 역시 인간의 정신세계를 네 종류로 구분하면서 이를 설명할 때 마음 속에서 선을 긋고 그것을 나누어 보라고 하였다. 마음 속에서 선을 긋는다는 것은 이매지네이션(상상)의 과정 없이는 성립되기 어렵다. 다시 말해서 이데아는 마음 속의 이미지(형상) 없이는 불가능하다.

• 아리스토텔레스의 견해

아리스토텔레스는 서양 고대철학 중에서 이미지와 이매지네이션에 대해 본격적으로 개념을 제시한 최초의 학자이다. 이매지네이션에 관한 논의가 가장 많이 이루어지는 곳은 『영혼에 관하여(De Anima)』[27] 중 3권 3장과 8장이다.

아리스토텔레스는 이매지네이션을 감각과 지식 사이에서 매개하는 것으로서, "실제 감각에 의한 결과로 나타내는 작용"(DA 428b1–2)이라고 정의한다. 『영혼에 관하여』 3권 2장에서는 '감각지각'에 대하여, 3권 4장에서는 '지식'을 다루고 있는데, 여기에서 이매지네이션을 '감각지각'과 '사고(思考 dianoia)' 사이에 있는 것으로 보았으며, 더 나아가 "이매지네이션은 감각지각과도 다르고 사고와도 다르다. 그것은 감각지각 없이 생겨나지 않으며, 그것 없이는 판단(hypolēpsis)이 생겨나지 않는다."(DA 427b14–16)라고 하였다. 이렇게 아리스토텔레스는 이매지네이션을 감각과 사고와 구분하여 생각하였으며, 이를 감각과의 관계 그리고 사고와의 관계를 통해 설명하였다.

먼저 감각과 이매지네이션의 관계는 다음과 같다. "감각은 시각처럼 잠재적이거나 또는 '봄'과 같은 현실적인 작용이지만, 이매지네이션은 꿈속의 대상들처럼 '감각들이 전혀 없이도' 어떤 것이 나타나 보인다. 그리고 감각은 항상 현존하지만, 이매지네이션은 그렇지 않다." (DA 428a6–9) 다시 말해서 감각 중에서 시각은 '보는 것'과 같이 실질적인 작용을 필요로 하지만, 이매지네이션은 잠을 잘 때와 같이 아무것도 감각하지 않는 상태에서 다양한 것들을 떠올릴 수 있다. 즉, 꿈에서 감각이 일어나진 않았지만 꿈의 내용은 감각적이다. 이처럼 꿈은 상상의 결과이며 이매지네이션을 위해서는 이전의 감각들이 필요하다.*

다음으로 사고와 이매지네이션의 관계를 보면 다음과 같다. 이매지네이션은 우리가 스스로 무엇인가 떠올리는 것이지만 대표적인 사고의 방식인 의견이라고 할 수는 없다. 의견은 믿음을 내포하고, 믿음은 설득을, 설득은 이성을 동반하고 있다. 하지만 의견은 감각의 대상 외에 다른 어떤 것을 대상으로 하지 않는다(DA 428a26). 즉, 감각의 대상을 필요로 하지 않는 이매지네이션은 의견으로서 존재하지 않는다는 것이다. 다시 말해 우리가 무엇인가를 떠올려 만들어 내는 것은, 감각과 사고 사이의 매개체로서 이매지네이션이 이전에 지각된 감각을 토대로 무엇인가를 떠올리고 이것이 사고의 토대가 되는 것이다. 그래서 감각을 이매지네이션의 필요조건으로, 이매지네이션을 사고의 필요조건이라고 하였다.

---

* 감각과 이매지네이션 간의 차이는 오류 가능성을 통해 알 수 있다. 아리스토텔레스는 이 오류 가능성을 나타내기 위해 참과 거짓의 기준으로 감각과 이매지네이션을 구별하였다. 그는 항상 참인 감각으로 '고유감각'을 인정하면서 '감각의 세 가지 양태에 따른 이매지네이션의 오류 가능성'을 설명하였다(DA 428b18−30).

첫째는, 고유대상들에 대한 감각이다. 예를 들면, 눈으로 색깔을 보고, 코로 향기를 맡고, 귀로 소리를 듣는 것으로서 이 감각은 참이거나 최소한의 거짓 가능성을 내포하고 있다.

둘째는, 고유대상들에 대한 우연적인 감각이다. 바로 여기에 오류 가능성이 있다. 예를 들어 색을 볼 때, 알아차릴 수 있지만 그 색을 가진 대상과 어느 곳에 위치하였는지에 대해서는 오류를 범할 수 있다.

셋째는, 공통 대상들에 대한 감각이다. 공통 대상들은 운동, 형체, 크기, 수, 단일성을 뜻하는데, 하나의 감각에 고유한 것이 아닌, 모든 감각들에 공통된 것들이다. 하지만 고유대상들에 대한 고유 감각기관들이 있듯이 공통대상들에 대한 고유한 감각기관을 가지고 있지는 않다. 그 이유는 모든 것들을 운동을 통해 감각을 하기 때문이다(DA 425a14−15).

이러한 아리스토텔레스의 이매지네이션에 관한 이론은 후대 아우구스티누스*와, 토마스 아퀴나스** 등에게 영향을 끼쳤다.

아우구스티누스는 신 안에서 인간을 찾기 위해 기억의 분야를 연구하는 과정에서 자연스럽게 이매지네이션을 논하게 되었다. 아리스토텔레스가 이매지네이션이 감각과 사고 사이에서 매개하는 것으로, 감각이 일어난 후, 이매지네이션이 일어나며 그것을 토대로 사고를 한다고 생각한 것에 비해 아우구스티누스는 이매지네이션이 지각과 사고 사이에 있으며, 지각을 통해 저장된 심상들을 기억해내는 것을 과거, 앞으로 일어날 일들을 심상들을 통해 예견하는 것을 미래라고 보았다. 즉, 이매지네이션이란 과거의 지각으로 이미지를 저장한 후, 새롭게 결합하는 것으로 보았다.

토마스 아퀴나스는 신과 인간의 사고구조 육체와 정신의 관계 등을 알고 밝히고자 감각을 크게 외적 감각과 내적 감각으로 나누었다. 외적 감각은 시각, 미각, 청각, 후각, 촉각으로 나누었으며, 내적 감각은 공통감각, 이매지네이션, 평가능력, 기억능력 등으로 나누었다. 여기서 기억능력은 아우구스티누스가 말한 과거에 대한 이매지네이션과 유사하다. 즉, 아리스토텔레스와 아우구스티누스, 아퀴나스의 이매지네이션에 대한 견해는 조금씩은 다르기는 하지만 감각과 기억의 사이에서 작용하는 정신적 작용이라는 점에서는 유사하다.

---

* Aurelius Augustinus(354~4300) 로마 제국말기의 신학자이자 초대 기독교 교회의 교부. 그의 저서 『고백록(Confessiones)』 10권과 11권에서 내적 인간에 대한 탐구를 바탕으로 감각과 기억, 이미지와 인식에 관한 신학적 통찰, 그리고 시간에 관한 탐구를 통하여 인간의 인식과 상상력에 대한 견해를 밝히고 있다.

** Thomas Aquinas(1225~1274) 이탈리아의 가톨릭 신학자. 신과 인간의 사고구조 육체와 정신의 관계 등을 알고 밝히고자 『신학대전』을 집필하였다. 이 책의 1부 78문제 4절에서 "내적 감각들은 적절하게 구별되는가"라는 문제를 통해 사람의 감각과 의식 인식 속에서 이매지네이션이라는 것이 어떻게 작용하는 것인지에 대해 피력하고 있다.

이들 외에도 이미지에 관한 담론으로 주목할만한 학자들로는 소크라테스 이전 시대의 파르메니데스와 테아이테토스(Theaitetos BC 414~ BC 369(?))가 있었으며, 기원 후 교부철학의 아우구스티누스와 스콜라철학의 아퀴나스 사이에는 이슬람의 아비첸나(Avicenna 980~1037, 라틴어로 이븐 시나(Ibn Sina))와 아베로에스(Averroes 1126~ 1198) 같은 걸출한 학자들도 있었다.

그리고 르네상스 시대에는 이탈리아의 플라톤주의 철학자인 마르실리오 피치노(Marsilio Ficino 1433~1499)가 있다. 피치노는 이매지네이션(상상력)을 긍정적인 의미에서 예술적 창조의 능력으로 파악하였다. 또한 이매지네이션을 인식론적 관점에서 특성을 논하기보다는 이매지네이션의 근원을 해명하는 데 관심을 두었다.

3) 17세기 이후의 담론들

이미지에 대한 새로운 인식과 위상변화, 그리고 다양한 관점들

근대와 현대에 와서는 철학뿐 아니라 문학 분야에서도 다양한 담론들이 전개되었으며, 특히 20세기 후반부엔 미디어 기술의 발전과 새로운 미디어의 등장으로 사회와 라이프스타일이 변화하면서 이미지에 대한 개념과 인식마저 바뀌고 있다.

이러한 변화의 시작은 유럽의 르네상스 시대와 그 이후 17세기부터라고 할 수 있다. 특히 유럽의 17세기는 여러 분야에서 눈부신 격변의 시기였으며, 이미지에 관해서도 괄목할 만한 담론들이 등장하기 시작하였다.

17세기 대표적 학자로는 토마스 홉스(Thomas Hobbes 1588~1679), 데카르트(René Descartes, 1596~ 1650), 파스칼(Blaise Pascal 1623~1662), 로크(John Locke 1632~1704), 라이프니츠(Gottfried Wilhelm Leibniz 1646~1716) 등이 있다. 18세기에는 흄(David Hume 1711~1776), 칸트(Immanuel Kant 1724~1804) 등이 대표적인 학자들이며, 문학에서는 코울리지(Coleridge, Samuel Taylor 1772~1834)가 대표적인 연구자이다. 19세기에는 심리학자이면서 철학자인 윌리엄 제임스(William James 1842~1910)가 대표적이다. 20세기에 와서는 가스통 바슐라르(Gaston Bachelard 1884~1962)가 이미지를 중심적으로 연구한 대표적 학자이며 질베르 뒤랑(Gilbert Durand 1921~2012)이 그 뒤를 잇는다. 근현

대 철학에서는 후설 베르그송, 사르트르, 퐁티, 벤야민, 들뢰즈 등이 있다. 이들의 연구 및 이론을 살펴보겠다.

• 토머스 홉스

『리바이어던』에서 토머스 홉스는 국가권력과 인간의 자연권에 대한 주장을 하기 위하여 먼저 인간의 본성에 대하여 논하였다. 『리바이어던』은 전부 4부 47장으로 구성되어 있다. 이 중 제1부는 16장으로 구성되어 있으며, 이 1부에서 '인간에 관해서'라는 소제목으로 인간의 감각, 본성, 인식, 지식, 욕구, 능력 등에 대한 견해를 전개하고 있다. 이 1부의 도입부 3개의 장에서 감각과 이미지에 대하여 설명하고 있는데, 첫 번째가 '감각(Of Sense)' 두 번째가 '이매지네이션(Of Imagination)' 그리고 세 번째가 '이매지네이션(상상)의 연속 또는 영향/인과에 대하여(Of the Consequence or Train of Imaginations)'라는 주제로 구성되었다. 홉스는 모든 사람이 동일한 속성을 지녔다는 것을 전제로, 혹은 동일하다는 것을 말하기 위해서 사람이 어떻게 생각하는가에 관심을 두었다. 그는 모든 생각의 근원을 감각(sense)으로 보았다. 사람의 마음에 떠오르는 생각은 모두 처음에는 전체든 부분이든 감각기관에 의해 얻어진 것이기 때문이라는 것이다. 이매지네이션(상상)과 기억은 용어만 다를 뿐이지 결국 같은 것이며, 많은 것에 대한 기억을 경험이라고 하였다.

> "어떤 대상이 우리 눈앞에서 사라진 뒤 그 인상이 남아도 더 현실적인 다른 대상이 나타나 시각에 작용하면 앞의 이미지는 흐려지고 약해진다. … 이 '쇠퇴하는 감각'을 표현할 때 '이매지네이션'이라고 하며, … 그리고 '쇠퇴한 것'이 과거의 것이 된 것을 '기억 (memory)'이라고 한다. 따라서 상상과 기억은 결국 같은 것이며, 고찰 방법에 따라 다른 이름을 가질 뿐이다. 여러 가지 기억

들, 즉 많은 것에 대한 기억은 '경험(experience)'이라고 부른다." [28]

또한, 이매지네이션을 단순이매지네이션(단순상상 simple imagination)과 복합이매지네이션(복합상상 compound imagination)으로 구분하였다. 단순이매지네이션은 감각에 나타난 대상 전체가 심상으로 나타난 것을 말하며, 복합이매지네이션은 전혀 다른 각각의 기억이 더해져서 새로운 이미지를 만들 때, 예를 들면 자기의 모습에 타인의 행동을 합칠 때, 혹은 자신을 영웅과 동일하게 이매지네이션(상상)하는 경우를 말하는 데 이 경우를 "자기 마음속의 허구에 불과하다"라고 하였다.

그리고 연상(association)이라는 용어는 사용하지 않았지만 이매지네이션 혹은 생각들의 영향/인과(consequence) 또는 계열(Train)이라는 용어를 사용하여 연상이라는 개념을 제시하였다. 사람이 무엇인가 탐구하기 위해서는 이매지네이션이 연속되어야 하며, 그러기 위해서는 과거의 경험 즉 기억을 끌어와야 하는데 이것을 회상이라고 하였으며, 이러한 이매지네이션의 연속을 '마음의 담화(mental discourse)'라고 하였다. 이 이매지네이션의 연속 개념은 로크에게서 '관념의 연합(Association of Ideas)' 혹은 연상이라는 용어로 나타나게 된다.

• 파스칼

파스칼은 데카르트와 같은 시대에 살았으며 그 역시 수학적 논리성을 철학에 적용하였으나 데카르트가 이성에 치우친 반면 파스칼은 현실을 더 중요하게 생각하였다. 그는 현실적 생활을 바탕으로 진리를 직관하는 철학을 보여준다. 『팡세(Pensées)』는 그러한 그의 생각을 단장(斷章)*들로 기록한 책이다. Pensées(팡세)는 'thoughts' '생각들'이라는 의미이며, 이 책은 모두 14장에 걸쳐 924개의 단장으로 구성되어있다.

이 책 제2장 '인간에 대한 인식' 중에 82번 'imagination(상상력)'이라는 주제의 글이 있다. 다른 글들이 대부분 3~5행의 짧은 글인 데 비해 'imagination(상상력)'은 6페이지의 분량으로 비교적 길지만, 이 역시 다른 학자들의 이론에 비하면 짧은 글(단장 斷章)이다. 따라서 파스칼의 imagination(상상력)에 대한 견해를 이론적으로 개념화하기는 어렵다. 그러나 오히려 현실적으로 정곡을 찌르는 내용이다. 발췌하기에 어려울 만큼 거의 모든 문장들이 현실적 의미를 담고 있다. 중요한 몇 문장을 직접 인용한다.

> "Imagination(상상력), 이것은 인간에 있어서 기만적인 부분이며, 오류와 허위의 여주인이다. 그녀가 사람을 속일 때에 언제나 일정하지 않다. 항상 속이지는 않기 때문에 더욱더 믿을 수가 없는 것이다. 왜냐하면 상상력이 거짓에 대한 확실한 기준이라면, 동시에 진리에 대한 확실한 기준도 될 수 있기 때문이다. 그러나 상상력은 대체로 거짓이지만, 진실과 거짓이 똑같이 보이기 때문에 자기의 특성을 조금도 나타내지 않는다."
>
> "상상력은 이성의 적이다."
>
> "상상력은 그 현명한 사람들에게 제 기능을 가장 잘 발휘한다."
>
> "상상력은 자신이 행복하다고 느끼게 하는가 하면, 또 불행하다고 느끼게 하기도 한다."
>
> "상상력은 감성(感性)을 멈추게도 하고 움직이게도 한다. 사람을 바보로 만들기도 하고 현자로 만들기도 한다."

---

* 산문체(散文體)로 몇 줄씩 토막을 지어 적은 글, 영어에서는 fragment(조각, 파편 a collection of fragments) 혹은 note (a collection of notes)라고 하는데 팡세는 fragment에 가깝다.

"유감스러운 것은 상상력은 이성이 할 수 있는 것보다 사람의 마음을 훨씬 더 만족시켜준다."

"명성을 부여하는 것은 누구인가? 사람이나, 일이나, 법률이나, 위대한 인물들을 존경하게 만드는 것은 바로 이 상상력의 기능이 아닌가? 세상의 모든 부(富)도 상상력의 동의가 없다면 보잘것없는 것이 되고 만다."

"상상력이 이성을 이기는 일은 보통 일이지만, 이성은 상상력에 완전히 이길 수가 없다."

"법관들은 이 비밀을 잘 알고 있었다. 그들의 빨간 법복(法服), 목을 감싸는 수달피 가죽, 재판을 하는 법정의 모든 위엄 있는 차림새는 꼭 필요한 것이다. 만일 의사들이 긴 가운이나 슬리퍼를 걸치지 않고, 또 박사들이 사각모(四角帽)나 넓은 학복(學服)을 걸치지 않았다면, 그들은 세상을 기만할 수 없었을 것이다. 세상 사람들은 그런 당당한 외모에 저항할 수가 없는 것이다. 만일 법관들이 공정한 재판을 할 줄 알고, 의사들이 참된 의술을 갖고 있다면, 각모 따위는 필요하지 않았을 것이다."

파스칼의 이 짧은 글들은 imagination(상상력)의 정신적 작용에 대한 것이 아니라 현실적인 통찰이다. 따라서 옳고 그름을 따질 수는 없다. 적용되는 경우도 있는가 하면 그렇지 않는 경우도 있을 수 있기 때문이다. 그러나 대체로 현실에서 일상적으로 나타나지만 사람들이 쉽게 보지 못하는 면을 예리하게 끄집어내었다. 이 글들에서 말하는 이미지의 현실은 대부분 현대 브랜드 마케팅에서 그대로 나타나고 있으며, 브랜드전략에 그대로 적용 가능한 내용들이다.

19세기에 들어와서 현상학의 창시자라고 불리는 독일의 철학자인 에드문트 후설(Edmund Husserl, 1859~1938)은 수학적 인식을 지향하는 한편 심리주의적 경향을 취했다. 후에는 순수논리학, 논리주의적 현상학을 지향하게 되었다. 후설은 이매지네이션(상상)을 '상의식(Bildbewusstsein)'과 '판타지

(Phantasie)'라는 두 가지의 개념으로 구분하여 보아야 한다고 주장하였다. 또한, 상상은 신념특성 및 대상의 실재성과 무관하게 대상을 지향하는 활동이며, 이러한 의미에서 상상은 대상 정립을 중립화하는 활동이라고 말하였다.

한편 같은 시기에 프랑스의 직관주의의 대표자인 앙리 베르그송(Henri Bergson, 1859~1941)은 이미지는 그 자체로써 실재하고 그 자체로 운동하며 부단한 변화 속에 있는 것으로 인식하였다.

노벨상을 거부하여 더 유명해진 장 폴 사르트르(Jean Paul Sartre, 1905~1980)가 있다. 작가이자 프랑스의 현대 철학을 대표하는 사르트르는 실존주의사상의 대표자 중 한 사람이다. 사르트르는 상상력과 지각 사이의 구분을 강조하였으며, 상상력이 의식의 하위범주에 놓여있다고 설명하였다. 또한, 상상은 무의식도 환영도 공상도 아닌 현실내의 의식으로부터 가능하다고 주장하였다.

• 시인의 상상

한편 영국의 시인이자 평론가인 새뮤얼 테일러 코울리지는 문학 분야에서 흔치 않은 이미지에 관한 철학자이다. 기존 철학자들의 이미지에 관한 담론들이 주로 사람의 정신활동으로서 감각, 지각, 기억, 사유 등과의 관계에서 그 작용의 원리를 규명하려고 한 것에 비해 코울리지는 시인의 입장에서 동시에 평론가의 관점에서 시(詩)가 창작되는 것, 즉 시적(詩的) 표현이 어떠한 정신능력에 의한 것인지를 탐구하였다. 이러한 면에서 당시로서는 이미지에 대한 담론으로서 새로운 접근이라고 할 수 있다. 그는 이매지네이션(상상력)에는 '일차적인 것'과 '이차적인 것'이 있다고 주장하였으며, 일차적 상상력이란 인간의 모든 '인식을 지배하는 살아 있는 힘' 또는 '일차적인 동인'이라고 하였으며, 이차적 상상력은 '자각 상태의 의지(the conscious will)'와 공존한다고 말하였다.[29]

또한 코울리지는 공상과 상상의 개념을 다르게 보았는데, 홉스가 Imagination을 그리스어로 fancy라고 하여 상상과 공상을 구분하지 않았던 것에 비해 코울리지는 공상과 상상을 전혀 다른 능력으로 구분하였을 뿐 아니라 그 용어의 사용과 개념의 혼란에 대해서 매우 집착하였다. 코울리지의 다음 언급을 보면 그가 얼마나 그 차이에 대해 명확한 신념을 가지고 있었는지 알 수 있다.

> "공상과 상상이란, 일반 사람들이 믿고 있는, 같은 뜻을 가진 두 개의 명칭이든가 아니면 고작해야 같은 능력의 저급한 것과 고도의 것이 아니라, 분명하게도 너무나도 다른 두 개의 능력이라고 생각하게 되었다."[30]

> "양식(良識)은 시인의 천재성이 갖는 육체, 공상은 옷감, 율동은 생명, 그리고 상상력은 모든 곳의 각 개체 안에 편재해서 이 모든 것을 우아하고 지적인 전체로 만들어내는 영혼이다."[31]

이렇게 상상력을 일종의 창의적 능력으로 생각한 데 비해 공상은 한낱 옷감과 같은 장식적 기능으로 보았다. 또한 코울리지는 이매지네이션을 익숙해 있는 일상적인 사물에 경이로움과 신기감을 부여하는 천재의 능력으로써 독자의 공감을 불러일으키는 힘이라고 하여, 주로 시작(詩作)에 있어서 표현 능력으로서의 상상력을 말하고 있다. 그러나 사실 오늘날 관점에 보더라도 이러한 능력은 시적 표현 능력에만 국한되는 것은 아니라 모든 분야에 적용되는 개념이라고 할 수 있다.

결론적으로 이매지네이션(상상력)이란 상반되는 개념들을 조화시키는, 즉 통일과 차이, 일반과 구상(具象), 관념과 심상, 신선감과 진부한 일상의 사물, 그리고 자연적인 것과 인위적인 것 등을 혼합시키거나 조화시키는 능력이라고 하면서, 이러한 설명의 이해를 돕기 위해 존 데이비즈(John Davies, 1570–1626)의 시 '영혼 불멸 (Immortality of Soul)'을 인용하였다.[32]

“영혼은 이상한 순화작용에 의해,
육체를 정신으로 바꾸는 것,
마치 불이, (그것이) 태우는 것을
불로 만들고,
또 우리가 먹는 것을 우리들의
생명으로 바꾸는 것과 같다.
영혼은 혼돈에서 형식을 추상하고
사물의 정수를 파악하며,
사물을 영혼 그 자체의 본성으로 바꾸어
자신의 천상의 날개 위에 가볍게 싣는다.
영혼이 이렇게 하는 것은,
사물의 개개의 상태에서 보편을 추상할 때이며,
보편은 갖가지 종류의 명칭과
운명의 옷을 다시 입고,
오관을 통하여 우리들의 마음에 들어온다.”

또한 19세기 후반 『악의 꽃』으로 유명한 프랑스의 시인 샤를 피에르 보들레르(Charles Pierre Baudelaire 1821~1867)는 이매지네이션은 분석과 종합이라는 이성적인 활동을 총괄하는 개념이라고 말하였다.

이렇듯 시인들을 포함한 모든 분야의 예술가들은 철학자들과 달리 상상력을 특별한 능력으로 생각한다. 창작의 고뇌와 과정을 알기 때문이다. 철학자들은 상상력을 정신활동의 하나로써 이성적 사유와 비교하여 파악하려고 한다. 따라서 상상력은 하나의 탐구 대상이다. 그러나 예술가들에게는 직접 체험하는 과정인 것이다. 때문에 코울리지나 보들레르의 상상력에 대한 인식이 철학자들과는 여실히 다른 것이다.

예술가와 철학자의 관점이 다른 것처럼 심리학자들의 관점은 대체로 '의식의 흐름' 혹은 '의식의 작용'이라는 점에서 다르다.

• 심리학자들의 견해

미국의 심리학자이면서 철학자인 윌리엄 제임스(William James 1842~1910)는 '의식의 흐름(Stream of Consciousness)'이라는 용어를 처음 사용하였다. 코울리지가 철학자들과 달리 시인들의 창작과 언어적 관점에서 이미지를 본 것과 같이 제임스도 철학적 관점보다는 다분히 심리학적 관점에서 이미지에 대하여 탐구하였다. 그러나 단지 심리학적 관점으로만 접근하는 것이 아니라 다양한 철학적 담론들과 비교하면서 자신의 견해를 심도 있게 전개하였다.

제임스는 이매지네이션이란 전에 느꼈던 원래 경험의 복사물을 재생하는 능력이라고 규정하였다. 그리고 원본을 그대로 재생하는 '재생적(reproductive) 이매지네이션'과 여러 원본에 있는 요소들을 재결합하여 새로운 전체를 형성하는 '창조적(productive) 이매지네이션'으로 구분하였다. 그리고 잔상(殘像 After-images)은 이매지네이션이라기 보다 감각기억이라고 할 수 있기 때문에 감각에 속한다고 보았다.

따라서 이매지네이션을 단순히 과거의 경험을 되살리는 회상과 구별하고 또 회상의 연결인 연상과도 구별하였다. 즉, 과거에 형성된 마음의 그림들이 그대로 재생되는 것이 아닌 경우에만 진정한 '이매지네이션 행위(acts of imagination)'라고 말할 수 있다고 주장하였다.

철학자로 인정받는 정신분석학자 자크 라캉(Jacques Lacan 1901~1981)은 언어를 통해 인간의 욕망을 분석하는 이론을 정립하였다. 저서 『에크리

(Ecrits)』에서 라캉은 실재를 '상상(the imaginary)'과 '상징(the symbolic)'이라는 다른 질서들과의 상관관계 속에서 언어학적으로 이해하고자 하였다. 실재는 상상적인 전체가 구성됨으로써 필연적으로 상징질서 밖으로 밀려날 수밖에 없는 어떤 것이라고 보았다. 실재는 '상징화를 거부하는 어떤 것'이며, 상징계의 바깥으로 보았다. 정신분석학자이지만 오히려 언어학에서 더 관심을 받는다.

• 미디어의 발전과 다양한 담론들

지금까지 홉스, 파스칼, 후설, 코울리지, 윌리엄 제임스 등 철학, 문학, 심리학 분야에서 저명한 학자들의 이미지에 관한 다양한 담론들을 살펴보았다. 이외에도 19세기 이후 20세기를 거쳐 최근까지 이미지에 관한 많은 학자들의 담론이 있으나 주제가 너무 다양해서 모두 소개하기는 어렵다. 19세기 후반부터 발전하기 시작한 사진, 영화, 라디오, TV, 전화기 등을 비롯하여 이후 컴퓨터, 인터넷, 게임 그리고 최근에는 인공지능까지 미디어가 급속도로 발전하면서 다양한 산업과 학문 분야, 그리고 미디어 장르가 종횡으로 결합되어 워낙 많은 종류의 담론과 이론들이 쏟아져 나오기 때문이다.

4) 미디어와 이미지

미디어의 발전에 따라 이미지에 대한 인식은 변할지라도 이미지의 본질은 변하지 않는다.

• 미디어의 변화와 이미지

이미지에 대한 인식과 담론의 변화는 미디어의 변화와 궤를 함께하고 있다. 원래 미디어는 지식 중심의 정보를 전달하는 것이었다. 그러나 이제 미디어는 이미지를 생산하고 그 이미지가 의미를 만든다. 이미지가 의미를 표현하는 것을 넘어 이미지가 의미를 만드는 시대가 되었다. 50년 전에 마샬 매클루언(Marshall McLuhan 1911~1980)의 '미디어는 메시지다'라는 명제로 현대 미디어의 기술적 사회적 파장과 인간의 감각기관에 미치는 영향에 대한 견해를 밝혔다. 이와 유사한 관점에서 볼 때 '미디어는 이미지다'라는 명제 역시 성립된다. 매클루언은 그의 저서 『미디어의 이해』에서 케네스 볼딩[33]의 저서 『이미지(The image)』를 인용한다. "메시지의 의미는 메시지가 하나의 이미지 속에 만들어 내는 변화다."[34] 즉 사람들이 현재 살아가고 있는 다양하고 복잡한 미디어의 시대에서는 미디어가 내보내는 정보, 메시지, 이미지들에 대해서 의미보다는 효과에 더 관심을 두게 된다는 것이다.

그림, 문자, 인쇄술, 사진, 라디오, 전화, 영화, TV, 컴퓨터, 인터넷, 모바일 등 기술의 발전을 통해 새롭게 등장하는 미디어는 생활을 바꾸고 세상을 바꾸어 왔다. 그림에서 문자로의 발전은 커뮤니케이션의 효율성뿐만 아니라 사유의 깊이를, 인쇄술은 정보의 대중화를, 사진은 복제와 이미지의 시대로, 라디오, 전화, TV는 전자 미디어 시대로, 그 중에서도 전화는 음성 인터랙션 미디어의 시작으로, 영화와 TV는 스토리와 영상 소리 색채 등 복합적인 예술과 미디어 산업의 시대로, 특히 사진과 라디오와 TV는 상업용 광고와 홍보를 위한 대중 미디어로, 컴퓨터는 아날로그에서 디지털 시대로의 혁명적 변화를, 인터넷은 컴퓨터의 네트워킹을 통한 커뮤니케이션 도구로, 더 나아가 전 세계에 걸친 집단화, 시간과 공간을 뛰어 넘는 커뮤니케이션 네트워킹으로, 모바일은 신유목민적 사회로, …… 또 어떤 변화가 우리 앞에 펼쳐질지 모른다. 잘 살펴보면 감각의 시대에서 사유와 이성의 시대로, 이성에서 이미지와 감성의 시대로 변해왔음을 알 수 있다. 특히 사진과 디지털의 융합은 얼마나 더 많은 변화를 가져올지 상상하기 어렵다.

글과 활자

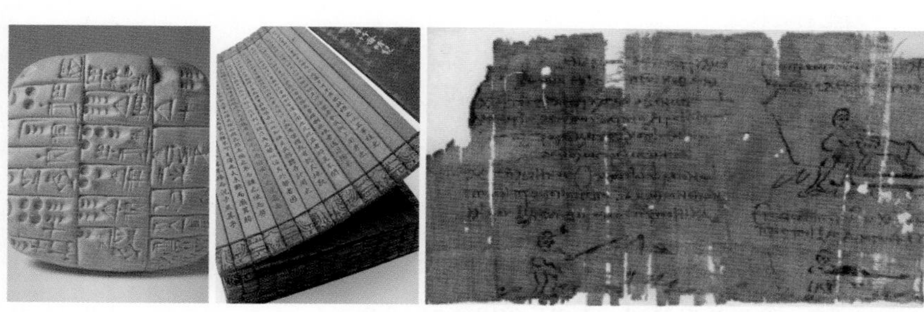

고대 수메르인은 돌과 진흙판에다 글을 새겨야 했고, 고대 그리스에서는 책을 만들기 위해 수많은 양이 희생되어야 했다. 또한 사마천은 엄청나게 많은 죽편(竹片)에 글을 써야 했다. 이 후 종이의 발명과 필기구의 발전이 이루어지면서 수많은 책들이 저술되었지만 그것은 글을 아는 특정 학자들과 종교 및 정치 권력층에만 해당되는 것이었다. 구텐베르그가 인쇄소를 세워서 대량의 도서가 생산되고 유통되면서 지식이 보편화되기 시작하였다. 금속활자를 누가 먼저 만들었는가 보다 누가 먼저 책을 보급하기 시작하였는가가 중요하다. 마치 스마트폰을 누가 먼저 개발하였는가 보다 누가 상품화하여 대중화시켰는가가 중요한 것처럼 금속활자의 개발보다 인쇄소가 설립되어 근대적 의미의 책을 대량 생산하기 시작하였다는 데 의미가 있다.

구텐베르그가 최초의 대량 출판물인 '구텐베르크 성서'를 발행한 것이 1450년이며, 메소포타미아에서 발견된 문자 점토판의 연대를 기원전 3000년쯤으로 추정하는 것으로 미루어 볼 때, 인류 역사에서 사람이 문자를 사용하기 시작한 이후부터 대중적인 책이 등장하기까지 대략 5000년이 걸렸다. 따라서 종교와 권위의 상징물이었던 책이 5000년 만에 완전하지는 않더라도 누구나 보편적으로 가까이 할 수 있게 된 계기가 만들어진 것이다. 즉 정보를 평등하게 접근할 수 있는 최소한의 장치가 마련된 것이다.

신문

앞서 보급과 대중화가 중요하다고 하였다. 그런 의미에서 신문은 큰 의미가 있다. 글, 정보의 대량생산뿐 아니라 빠르고 폭넓은 보급이 이루어졌기 때문이다. 신문이란 "사회에서 발생한 사건에 대한 사실이나 해설을 널리 신속하게 전달하기 위한 정기 간행물로 일반적으로는 일간으로 사회 전반의 것을 다루는 것을 말하지만, 주간 · 순간 · 월간으로 발행하는 것도 있으며, 기관지 · 전문지 · 일반 상업지 따위도 있다."[35] 뉴스를 포함한 정치 문화 스포츠 예술 등의 정보 및 평론, 맛집, 극장 시간, 각종 행사 등의 지역 정보, 그리고 날씨, 광고 등이 실린다.

고대 로마, 그리스에서 석판이나 철판에 글을 새겨 많은 사람들이 볼 수 있는 공공장소에 붙여 두었던 것이나 중국 한나라, 당나라 때 종이에 써서 관료들이 돌려보게 했던 것이 (지금의 신문과는 그 형태나 개념이 다르지만) 신문의 시초라 할 수 있다.[36]

구텐베르크 인쇄술이 개발된 후 신문의 대량생산이 가능해지면서 현재 우리가 알고 있는 형태의 신문이 생겨났다. 인쇄술로 인한 글의 대량생산의 대표적인 예가 신문이라 할 수 있겠지만 신문이 갖는 진정한 의미는 매체의 배포, 유통에 있다. 매일매일의 뉴스와 정보를 다루는 신문은 널리 신속하게 배포가 가능해야 했기에 신문사들은 가판대, 상점에서의 판매뿐 아니라 직접 배달을 하거나 우편을 이용하기도 하면서 배포 시스템을 발전시켰다. 배급소, 운반차량, 배달부 등의 시스템이 체계화, 조직화 되면서 더 넓은 지역에 더 빠르게 신문과 잡지를 배달할 수 있게 되었다.

인쇄술을 이용한 신문은 이미지를 포함할 수 있기 때문에 정보나 메시지의 전달에 효과적인데다 매일매일 반복적으로 대량이 배포된다는 점에서 광고에도 많이 이용되었다. 기술과 미디어의 발달로 신문의 인기나 영향력은 많이 떨어졌지만 여전히 많은 사람들이 (특히 나이가 있는 어른들은) 특정 지역 정보를 필요로 할 땐 신문에 의존한다.[37]

사진 1

1831년 루이 다게르(L.J.M.Daguerre, 1789−1851)에 의해 사진기술이 발명된 이후 커뮤니케이션미디어는 새로운 전기를 맞게 된다.

사진의 등장으로 회화 즉 그림 분야에 많은 영향이 있었던 것은 사실이지만 그보다 책에 더 많은 변화를 가져왔다. 문자와 활자에 의한 책이라는 미디어는 지식과 관계가 깊다. 책은 주로 저술자의 사상과 지식, 그리고 정보를 보관하고 전달하면서 지식을 생산해내는 미디어이다. 따라서 책을 쓰는 것과 그림을 그리는 것은 별개의 행위였다. 사진이 나오기 이전까지 책은 지식이며 그림은 이미지를 다루는 것이었다. 물론 책에도 그림이 없었던 것은 아니며 그림에도 글이 없었던 것은 아니지만 그것은 보완적인 것일 뿐이었다. 사진 기술이 등장하면서 이 구도는 변하였다.

메시지나 생각 느낌 등을 전달하고 인상을 심어주기 위해 언어를 사용한다. 언어는 말이나 글뿐 아니라 표정이나 몸짓, 사인, 여러 종류의 이미지들을 포함한다. 이미지, 즉 시각적 언어는 가장 효과적인 언어들 중 하나이다. 무언가를 기억하고 떠올릴 때도 흔히 시각적으로 또는 시각적인 요소들과 함께 떠올리게 된다. 시각적이지 않은 냄새, 맛, 소리, 촉각 등을 기억을 통해 느끼기는 힘들지만 그와 관련한 이미지를 마음속에 그리기는(심상) 훨씬 쉽다. 아리스토텔레스는 "영혼은 이미지 없이 사고하지 않는다"고 했다.

말이나 글은 어떠한 표현이나 설명에 있어서는 직접적일 수 있으나 느낌이나 인상의 전달은 오히려 간접적이다. 표현과 설명은 그 대상을 (대상의 이미지를) 떠올리게 하기 때문이다. 반대로 이미지, 시각적 언어는 표현이나 설명 자체가 직접적이지는 않을 수 있으나 느낌과 인상의 전달에 있어서는 더 직접적이고 강렬하며 기억에 남기 쉽다. 이미지는 생각과 심상에 더 확실한 형상과 구체성을 더해주기 때문이다. 백문(百聞)이 불여일견(不如一見), seeing is believing(보는 것이 믿는 것) 등의 말이 뜻하는 바와 같은 것이다. 즉, 추상적 개념에 구체적 모습을 줌으로써 여러 가지의 모습으로 이해되거나, 해석될 수 있는 개념, 그리고 아이디어에 한 가지 분명한 모습을 부여하는 것이다.

따라서 흔히 생각을 의미하는 단어에는 '본다'라는 의미를 가진 글자들이 많다. 관점, 견해, 주관, 의견 등의 단어들에는 모두 '본다'라는 의미의 관(觀)과 견(見)이 포함되어 있다. 이 단어들의 한자를 어원적 관점으로 직역하면 관점(觀點)은 보는 지점(viewpoint), 견해(見解)는 본 것에 대한 해석, 주관(主

觀)은 내(주인)가 본 것, 의견(意見)은 본 것에 대한 생각 등으로 직역할 수 있다. 물론 지금은 다른 의미로 사용되지만 이 모두 본 것에 의한 이미지를 바탕으로 하는 단어이다.

말이나 글은 전달하는 사람과 상대방이 떠올리는 모습에 큰 차이가 있을 수 있다. 이미지, 시각적 언어는 거기서 받는 느낌이나 이해의 차이가 말이나 글에 비해 비교적 작으며 (특히 비슷한 문화 안에서는 더), 양쪽이 하나의 모습, 이미지를 공유하게 된다. 때문에 메시지, 생각, 느낌 등의 전달에 있어서는 언어만 사용하는 것보다는 시각적 언어가 더 효과적이다.

사진 2

여러 종류의 이미지들 중에서도 사진은 앞서 말한 것들에 '사실성'을 더한다. 사진은 그 대상을 그리거나 만드는 식으로 재현하는 것이 아닌 대상에서 반사된 빛과 같은 전자기적 발광을 기계적, 화학적으로 담아내는 것이다. (사람의 눈 - 시각적 인식- 과 비슷한 방식. 일반적인 카메라는 사람의 눈과 비슷한 구조와 원리를 가진다) 사진 이미지의 실제 모습과 유사함을 verisimilitude라는 단어로 표현하는 데 우리말로는 '그럴듯함', '신빈성'(옥스퍼드사전), '진실인 듯함', '박진성'(동아출판), '사실 같음', '사실처럼 보이는 것'(YBM) 등으로 해석되며, 영영사전에선 'the appearance of being true or real'(Oxford): '사실적 또는 실제적인 모습', 'the quality of seeming real'(Merriam-Webster): '진짜처럼 보이는 성질' 정도로 풀이한다. 존 버거(John Berger)는 사진을 "대상의 렌더링이나 모방, 해석이 아닌 흔적/기록/투사("not a rendering, an imitation or an interpretation of its subject, but actually a trace of it")" [38]라고 표현했다. 수전 손탁(Susan Sontag) 역시 "사진은 단순히 이미지(그림이 이미지이듯)나 실제의 해석일 뿐 아니라 투사 또는 실제를 직접적으로 스텐실처럼 찍어낸 것(A photograph is not only an image (as a painting is an image), an interpretation of the real; it is also a trace, something directly stenciled off the real…)" [39]: 이라고 했다. 이는 사진 이미지 속 대상이 한때 어떤 식으로든 카메라 렌즈 앞에 실재했다는 것을 의미하고, 이것이 verisimilitude와 함께 사진에 '사실성'을 더해준다. (하지만 사진이 보여주는 것이 꼭 진실 또는 사실이라는 것은 아니다. 사실처럼 보여지거나 느껴지고 쉽게 그런 믿음을 준다는 것이다) 사진이 연출되거나 조작, 합성일지라도 이러한 특성이 사라지는 것은 아니다. 사진이 담고 있는 대상은 어떤 식으로든 카메라 앞에 존재했으며 그 모습이 사진에 기록된 것(의 변형)이기 때문이다.

사진은 이미 앞서 설명한 verisimilitude와 사실성 같은 특성들 때문에 이미 보는 사람들로 하여금 하나의 '작품'이나 '사진' 자체가 갖는 의미보다는 사진이 보여주는 이미지나 그 대상을 먼저 보고 집중하게 만든다. 사람들은 대체로 사진을 접할 때 이미지를 먼저 읽게 되고, 외적 요소들인 원작의 의미나 가치, (이미지를 만들어낸) 기술적 요소 등은 이미지를 읽는 데 큰 영향을 주지 않는다는 것이다. 이는 사진의 또 다른 특성인 복사나 모조가 아닌 원본이 여러 개 존재할 수 있다는 점 때문이기도 하다. 기계적, 화학적으로 만들어내는 사진은 작가가 직접 똑같은 사진을 똑같은 방식으로 대량생산할 수 있으며, 때문에 사진은 원작이 갖는 물건(object)으로의 가치는 줄어들고 전시적 가치가 올라간다.

유명한 사람의 초상화를 생각해보자. 회화/그림을 볼 땐 이미지 속 인물/대상만큼, 때론 그 이상 관심 있게 보게 되는 것이 작품으로서의 가치나 의미, 대상과의 유사성, 표현법과 같은 기술적인 면, 작가가 표현하고자 하는 바 등이다. 반면 사진은 일반적으로 사진 속 인물/대상을 우선적으로 인식하며, 사진이 나타내는 특징보단 인물의 특징을 더 깊이 살펴보게 되고, 이미지를 읽는데 나머지 요소들이 크게 작용하지 않는다.

실제와 같은 모습을 하고, 한 장의 '사진'보단 그 안의 이미지나 대상을 자연스레 먼저 인식하게 하기 때문에 사진은 어떤 인상을 심어주고 느낌을 전달하는 데 효과적이며 거기에 사실성은 설득력과 신뢰도까지 더해준다. 심지어 때론 실제로 보거나 겪었다는 착각을 주기도 한다.

Muybridge(머이브릿지)

말이 달릴 때 네 발이 동시에 땅에서 떨어지는지를 알고 싶어한 릴런드 스탠퍼드[40]의 요청으로 에드워드 머이브리지[41]는 연속 촬영이 가능한 카메라를 개발하였고, 그 기술로 말의 빠른 움직임을 여러 장의 정지된 이미지의 연속으로 잡아내는 데 성공한다. 이 이미지들로 다시 움직임을 재현하고 거기에 소리를 더한 것이 영상, 영화의 기초가 되었다.

현실의 정지된 한 순간만을 보여주던 사진이 이제 움직임을 보여주게 되면서 현실을 이미지로 재현하는 것이 가능해졌다. 훗날 여기에 언어, 소리가 더해지면서 언어의 직접성, 이미지의 구체성, 소리의 감정 등이 합쳐지고 이는 스토리텔링에 최적화된 영상/영화라는 매체로 이어진다.

[42]

머이브릿지의 움직임을 잡아낸 사진은 말의 움직임이나 사람의 눈으로 확인할 수 없었던 빠른 움직임들을 볼 수 있게 했을 뿐 아니라 그림, 더 나아가 사람들의 생각(심상)까지 변화시켰다. 잘못된 모습으로 그리던 것을 수정하고, 보이는 것이 바뀌면서 마음속에 떠올리는 이미지까지 바뀌게 된다. 직접 확인할 수 없었기 때문에 가지고 있던 잘못된 이미지가 바뀌고, 잘못된 지식(생각)이 같이 바뀌게 된 것이다.

축음기(phonograph)

43

원반 혹은 원통에 홈을 파서 소리를 기록하고 재생할 수 있는 장치로 1877년에 에디슨이 발명하였다. 더 좋은 소리를 낼 수 있게, 더 사용이 편리하게 점점 개선되면서 지금 우리가 알고 있는 레코드 플레이어, 턴테이블로 발전한 것이다.[44] 글의 인쇄처럼 소리를 찍어낼 수 있게 되면서 소리의 기록, 소유, 반복된 재생이 가능해졌다. 발명 이후 축음기와 레코드는 1980년대까지 집에서 소리나 음악을 재생하는 주된 수단이었다.[45] 다른 사람들과 함께 라이브로만 감상할 수 있던 음악이 이제 집에서 혼자 즐길 수 있게 되었고 이는 음악에 많은 변화를 가져왔다. 조용히 혼자, 그리고 반복적으로 감상할 수 있게 되면서 사람들은 소리의 질과 뉘앙스를 따지게 되었고 이는 연주와 녹음의 퀄리티 향상을 불러왔다. 축음기가 생겨나기 전, 19세기와 20세기 초의 라이브 음악은 대부분 상당히 길었으며 교향곡의 경우 1시간씩 이어지기도 했었다. 그러나 초기 축음기는 2~3분 정도밖에 녹음/재생을 할 수 없었기 때문에 여기 담을 수 있는 짧은 음악이 만들어지기 시작했다. 노스 캐롤라이나대 음악교수이자 Capturing Sound의 저자 Mark Katz는 "지금의 3분짜리 팝송은 축음기의 발명품이다"라고 하였을 정도로 축음기의 영향은 대단했다.[46]

그리고 축음기는 음악의 on-demand, 즉 듣고 싶은 음악을 듣고 싶을 때 들을 수 있는 시대를 열었다. 개인에 따라 선호하는 음악의 장르나 스타일이 생겨나면서 사람들은 특정 음악과 공감하고 자신을 동일시하게 되었다. 음악은 아이덴티티에 어필하기 시작했고 동시에 사람들의 아이덴티티를 만들었다(여기에 대해선 3부 '음악과 정체성 권력' 편에서 더 다루고 있다).

라디오

이후 라디오라는 생생한 육성과 음악을 전달하는 미디어가 등장하면서 사람들은 또 새로운 경험을 하게 된다.

라디오는 통신기술, 소리 저장기술, 소리의 전파변환 기술 등의 발전과 그 결합에 의해 발명되었다. 1876년 벨이 유선방식 전화 발명, 1878년 에디슨이 축음기 발명, 1888년 헤르츠가 전자기파 발견, 1897년 마르코니가 모스 부호를 이용한 무선 전신 발명, 1901년 지날드 페든슨이 소리의 전파변환 기술개발, 1906년 디포리스트가 전류증폭 진공관 발명, 1906년 12월 24일에 페든슨 최초의 라디오 방송 송출을 시작으로 라디오의 시대가 열리게 되었다.

소리를 통한 이미지와 상상의 세계를 경험하면서 미디어는 대중화되기 시작한다. 최근 다양한 매체들 사이에서 미디어로서의 비중이 위축되어 있는 것처럼 보이지만 실제로는 만만치 않은 영향력을 가지고 있으며 아직도 미디어로서의 그 저력은 무시할 수 없다. 이러한 라디오 매체가 등장하던 초기에 그 위력은 지금의 미디어 환경에서는 상상하기 어렵다. 당시에도 라디오는 주로 빠른 정보 전달과 감성을 자극하는 음악 중심이었다.

소리 역시 이미지를 만든다. 라디오는 소리를 이용하여 정보 전달과 함께 이미지를 형성하는 도구로 사용되었다. 뉴스와 같은 정보 전달에 있어서 아나운서의 목소리에 담긴 억양과 감정의 표현은 청취자에게 단순한 정보를 넘어 특정한 이미지로 수용된다. 특히 스포츠 중계를 할 때 긴박한 장면에서 아나운서가 담담하게 말하면 청취자들은 지루하고 답답하게 느낀다. 소리가 주는 특별한 이미지가 있다. 영어를 전혀 알아듣지 못하면서 매일 저녁 BBC뉴스를 듣기 위해 집중하는 아프리카인의 라디오에 대한 이야기가 있다. 그는 내용보다 울리는 억양에서 의미를 느꼈다고 한다.[47] 이러한 라디오의 특징을 가장 잘 이용한 사례는 나치 정권에서 찾아볼 수 있다.

나치제국은 집권초기부터 라디오 방송 체제의 개편과 수신기 보급 정책을 적극 추진하였다. 라디오를 "민족의 수신기(Volksempfänger)"라는 이름으로 저렴한 라디오를 보급하여 집권 3년이 되는 1936년에는 전 독일가정의 1/2이, 1941년에는 1천 6백만명이 라디오를 소유할 정도로 당시 세계최고의 보급률을 보였다. 나치는 전쟁을 일으킨 후, 수시로 독일군의 승전 소식을 열광적으로 전달하였고, 바그너의 음악극 '발퀴레(Wallküre)'의 행진곡을 배경음악으로 이용하여 그 효과를 배가시켰다. 특이한 점은 전쟁이 치열한 시기에 방송시간의 60% 이상을 클래식음악과 유행가, 그리고 잘 알려진 영화음악 등 오락음악을 방송했다는 점이다.[50] 이는 전쟁의 직접적인 선전도구뿐 아니라 음악을 통하여 독일인은 "음악적으로 우수한 민족이다"라는 이미지를 부각시키면서 민족적 정체성을 이끌어내기 위한 고도의 전략이었는데 이러한 점에서 라디오는 매우 적절한 미디어였다.

라디오는 TV, 인터넷, 스마트 폰 등 전자 미디어를 비롯한 디지털 미디어

48

49

즉, 현재 활용되고 있는 미디어들 중에서 가장 단순한 매체에 해당될 것이다. 그러나 이매지네이션(상상)과 관련해서는 오히려 다른 시각 미디어보다 더 흥미롭다. 시각 미디어는 눈앞에 현실이 드러나기 때문에 시청자가 스스로 상상할 여지가 없다. 그러나 소리만 들을 경우 청취자는 머릿속에서 나름대로 어떤 이미지를 그린다.

라디오의 또 한 가지 장점은 생생한 육성을 전달할 뿐 아니라 그것을 라이브로, 실시간으로 전달할 수 있다는 것이다. 과거 언젠가 녹음을 한 소리가 아닌 지금 하고 있는 말을 들려 준다는 것은(일방적이기는 하지만) 마치 대화와도 비슷해서 그만큼 감정전달에 효과적이다. 감정의 직접적 전달과 그것을 동시에 공유한다는 사실은 유대감을 이끌어낼 수도 있다. 즉 청취자의 상상의 여지를 많이 남겨놓는 미디어이기 때문에 역설적으로 보다 이미지에 가까운 미디어라고 할 수 있다. 그래서 이미 오래전 1950년대에 미국에서는 라디오를 "마음의 극장(theater of the mind)"이라고 하는 신조어가 유행하던 적이 있었다. 때문에 좋은 라디오 작가는 시각적으로 생각하고 그것을 소리(청각적 수단)로만 만들어 낼 수 있어야 한다.

감정을 효과적으로 전달하고 소리로 이미지를 상상을 하게 만드는 매체의 특성으로 자연스럽게 라디오 드라마가 인기를 끌고 발달하게 되었다. 마이

크나 녹음기와의 거리를 이용해 거리감, 위치감을 표현했을 뿐 아니라 다양한 소리를 재현하기 위한 음향효과 역시 발달하게 되었다. 얇은 철판을 흔들어서 천둥소리를 낸다거나 코코넛 껍질을 두드려 말발굽 소리를 내는 등 도구나 소품을 이용해 특정 소리를 재현했다. 이미지의 실제 요소 없이 이미지를 만들어내는 것이다.[51]

텔레비전

텔레비전(Television) 또는 TV는 '동영상 및 화상신호를 전송하는 원거리 통신 대중매체'이다. Television의 tele는 원거리를 뜻하고 vision은 본다, 보기를 뜻한다. 즉 영상을 멀리서 전송해서 보여주는 매체인 것이다. 사진에서 움직이는 이미지, 그리고 영화(극장)로 이어진 시각매체는 텔레비전과 함께 (라디오처럼) 멀리서 전송하고 집에서 감상하는 것이 가능해졌다. 앞서 설명했던 사진, 영화의 장점에 라디오의 (전달의) 직접성, 신속성, 광범위함이 더해진 것이다. 오락, 뉴스, 교육, 광고 등 여러 용도로 사용되며 전 세계 79%의 가정이 텔레비전을 가지고 있을 만큼 그 영향력이 대단하다.

20세기, 21세기엔 텔레비전이 사람들의 사회화에도 큰 영향을 미친다. 현실의 모습, 인간관계를 사실적으로 보여주는 텔레비전을 통해서 아이들은 사람들을 대하는 법, 인간관계에서의 위치 등 사회성을 간접적으로 배운다. 사회적 고립/격리를 겪고 있는 사람들은 텔레비전을 통해 대리만족을 느끼면서 외로움이나 사회적 박탈감을 피하기도 한다. 물론 반대로 (특히 과하게 사용할 경우) 직접적 사회경험의 부족으로 언어습득이 늦어진다거나 사회성이 떨어지는 악영향이 있을 수 있다. 그리고 사진을 다룰 때 설명했듯 텔레비전의 현실적, 사실적 묘사는 사람들의 생각, 옳고 그름, 미의 기준, 인식, 현실성 등에 영향을 미친다. 한 예로 CSI 신드롬이라는 것이 있다. 텔레비전 범죄과학수사 드라마 CSI의 과장되고 드라마틱한 묘사에 익숙해진 사람들이 (배심원들이) 법정에서 그러한 수준의 증거를 기대하고 요구하면서 문제가 된다는 것이다. 이미 상당히 효과적이고 큰 힘을 갖고 있는 영상은 널리 빠르게 전달이 가능해지면서 그 영향력이 막대해졌다.

활자에서 시작하여 텔레비전에서 극대화된 대중매체는 대량(mass)의 시대를 가져왔다. 매스미디어를 통한 매스커뮤니케이션, 혹은 매스커뮤니케이션이 가능한 매스미디어는 매스프로덕션(대량생산 mass production)과 매스마케팅을 가능케 하였다. 매스커뮤니케이션 시대라고 해서 이미지 본연의 기능이 변하는 것은 아니다. 단지 상업적 역할이 더 많아졌을 뿐이다. 이미지가 복제 전달되면서 공유 활용의 범위가 확대되었으며, 그러한 과정에서 이미지는

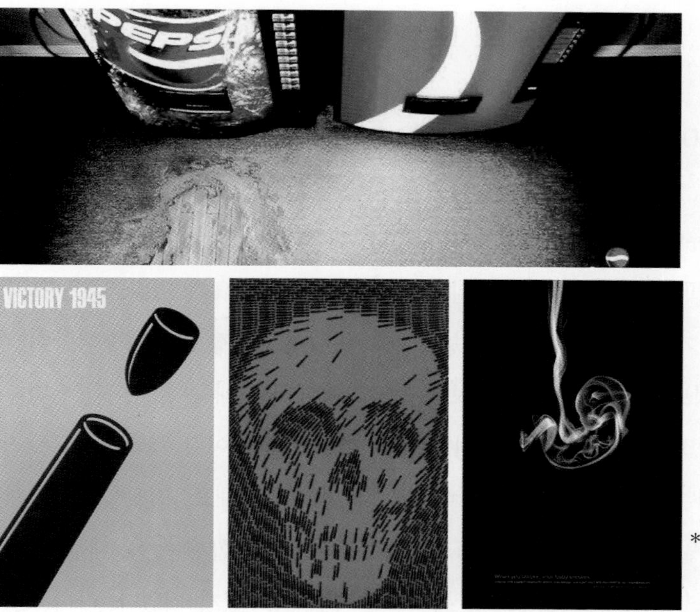

*

---

* 왼쪽 두 이미지는 일본의 유명한 그래픽디자이너 후쿠다 시게오(fukuda shigeo, 1932~2009)의 작품, 오른쪽은 미국 버몬트주 보건복지부(Vermont Department of Health)의 금연광고

돈으로 사고 파는 비즈니스의 대상이 된 것이다. 상업적이든 예술의 창작활동이든 화가와 시인 그리고 음악가들은 상상을 통해 제각기 다른 유형의 이미지를 만들어왔다. 하지만 이미지를 통해 감정과 의미를 만든다는 점에서는 이미지 창작자라는 공통점을 가지고 있다.

새로운 미디어가 만들어지면서, 기술과 산업의 구조가 변하면서 생활양식 또한 변하고 이에 따라 새로운 이미지 창작자들이 등장하게 된다. 사진작가, 영화감독과 촬영분야 전문가들이 그랬던 것처럼 현대의 디자이너, 광고 크리에이터, 브랜드 크리에이터들은 이미지를 통해서 메시지를 만든다는 점에서는 모두 이미지 창작자들인 것이다.

탁월한 시각이미지들은 굳이 문자언어가 필요 없다. 오직 상상력(이매지네이션)만 필요할 뿐이다.

• 뉴미디어(New Media)와 이미지

뉴미디어(New Media)를 다루는 데 있어서 지금까지 다룬 기존 미디어들이 어떤 식으로 변화하고 발전했는지 주목할 필요가 있다. 글은 활자, 인쇄기술로 기록, 복제, 소유가 가능해지고 똑같은 글, 정보의 대량생산이 가능해졌다. 정보를 말로 전달할 때보다 전달과정에서의 왜곡이 줄어들고 다수에게 비교적 정확한(동일한) 정보의 전달이 가능해진 것이다. 그리고 신문, 잡지와 함께 다수의 사람들에게 더 빠르고 더 편리하게 배포, 전달할 수 있게 되었다. 소리(말, 음악)도 축음기(phonograph)의 발명과 함께 녹음, 재생, 소유가 가능해지면서 집에서 언제든 반복적으로 들을 수 있게 되었다. 라디오의 등장은 소리를 빠르게 널리 전달할 수 있게 했을 뿐 아니라 실시간 전달을 가능케 했다. 정보(뉴스)의 전달이 그만큼 빨라진 것이다. 텔레비전과 함께 영상 역시 라디오처럼 멀리서 전송할 수 있게 되었고 현실의, 또는 현실적, 사실적 모습을 집에서 볼 수 있게 되었다.

기술/미디어 자체의 발전은 명확하고 정확한 전달을 중심으로, 이용/전달 방식의 발전은 더 많은 사람들에게 더 빠른 전달을 중심으로 이루어졌다. 이미지와 메시지의 힘(power)의 핵심요소 중 하나는 '전달'이다. 소수에게만 전달되고 빠르지 않다면 그만큼 효과는 떨어지고 그 힘이 약해진다. 전달 과정에서 왜곡되고 다수에게 동일한 정보의 전달이 안 된다면 결과를 예측할 수도 없고 원하는 바와는 완전 다른 결과를 가져올 수도 있다. (힘/권력 행사의 실패인 것이다) 즉 미디어의 발전은 전달을 중심으로 이루어진다. 그렇게 전달의 폭은 점점 넓어지고, 더 빨라지고, 그 방향도 일방적 전달에서 점점 다방향적 전달로 발전하고 있다.

앞서 다룬 미디어들은 (조금 부족할지라도) 간단 명료한 정의가 가능했다. 무엇을 어떻게 이용하는 매체인가, 글, 소리, 영상을 어떤 식으로 만들어 어떻게 전달하며 이용하는가가 비교적 명확하다. 그러나 뉴미디어는 이미 그 명칭부터가 모호하다. 새로운 매체라는 것 밖에는 알 수가 없다. 우선 뉴미디어의 정의를 보자면,

> "인터넷 같은 디지털 기술을 이용한 대중전달(매스컴) 매체"(옥스포드 사전)

정의 역시 명칭만큼이나 광범위하고 모호하다. 조금 더 설명을 덧붙인 정의를 보자;

> "전자공학기술이나 통신기술이 발달하면서 등장한 새로운 전달 매체. 이용자의 필요에 따라 정보를 쉽게 얻을 수 있게 하며 사회의 정보화를 촉진시킨다. 문자, 다중 방송, 쌍방향 케이블 텔레비전, 인터넷 따위가 있다."(네이버 국어사전)

"컴퓨터 기술을 통한 전자 통신을 이용해 사용 가능한 콘텐츠… 인터넷을 통해 온-디맨드(주문식, 요구에 따른) 사용이 가능하다. …사용자의 코멘트 등을 통한 사용자간의 실시간 소통이 가능하며 콘텐츠의 공유가 용이하다."(webopedia)[52]

설명을 살펴보면 뉴미디어라는 것은 특정 미디어라기보다는 '방식'을 나타내며 기존의(old)미디어들을 포함한다. 그리고 정보, 콘텐츠의 전달, 배포가 쌍방향 또는 다방향적이다. 추가적 설명을 더 들여다보면

뉴미디어는:
"웹사이트와 블로그, 오디오와 비디오 스트리밍, 채팅, 이메일, 온라인 커뮤니티, 소셜 미디어, 모바일 앱, 온라인 광고, 가상현실공간, 인터넷 전화, 디지털 카메라와 웹캠 등을 포함한다"고 한다.(webopedia)

즉 뉴미디어는 각종 기술들과 올드 미디어들의 집합, 전달방식의 변화와 그에 따른 사용방식의 변화+알파로 볼 수도 있겠다. 기존 미디어의 변화와 발전을 먼저 살펴본 이유도 이를 통해서만이 뉴미디어를 설명할 수 있고 이해할 수 있기 때문이다. 러셀 노이만[53]은 "전 세계적으로 연결된 오디오, 비디오, 전자 텍스트의 네트워크가 대인 커뮤니케이션과 매스 커뮤니케이션의 경계를 허무는 발전(… the evolution of a universal interconnected network of audio, video, and electronic text ommunications that will blur the distinction between interersonal and mass communication and between public and private communication.)" [54]이라고 표현했다.

앞서 말했듯 이미지/메시지의 파워는 전달에 달렸다. 더 빠르고, 더 폭넓은 전달은 더 큰 효과와 파워를 의미할 수도 있지만 전달의 다방향성과 많은 사람들이 정보를 쉽게 얻고 공유할 수 있다는 것은 일방적 힘의 행사, 즉 힘의 방향에도 영향을 준다는 것을 의미한다. 아이디어와 이미지의 교환/공유는 뉴

미디어의 잠재력에 있어 가장 중요한 부분이다.[55]

뉴미디어는 기존 매스컴의 one-to-many(하나가 다수에게) 모델에서 many-to-many(다수가 다수에게), 즉 다수간 커뮤니케이션 망으로 대체를 가능케 한다.[56]빈 크로스비[57]는 커뮤니케이션 미디어를 이렇게 세가지로 분류하였다.[58]

Interpersonal media (대인 매체) : one to one
Mass media (대중 매체) : one to many
New Media (뉴 미디어) : many to many

앤드류 사피로[59]는 "새로운 디지털 기술의 부상은 정보, 경험, 자원(자료)를 누가 관리하고 통제하는가에 급진적 변화를 가져올 수 있다."고 하였다.[60] 무바라크의 사진의 조작* 사례처럼 이미지와 정보의 조작이 어려워지고 아이디어의 통일이 어려워지며 이미지와 미디어를 통한 권력의 일방성이 어려워지는 것이다. 감각의 시대에서 사유와 이성의 시대로, 그리고 이미지와 감성의 시대로 변해온 것이 이제 다시 이미지와 감성의 이성적 이해의 시대로 변하는 것이다.

* 이 책 3부 '사진조작과 이미지의 힘'편 참조

5) 나오며

가령 'A'와 'B'가 싸우면 누가 이길까?

엉뚱한 질문 같지만 잘 생각해 보아야 한다. 이러한 질문을 하면 대부분 의아해 한다. 누가 강한지 알 수 없기 때문이다. 재치 있는 사람은 "강한 자가 이기겠지요."라고 답한다.

질문을 조금 바꿔보자. 실제로 강한 자가 이길까? 혹은 강하다고 느껴지는 자가 이길까? 이 질문의 경우에는 대답들이 엇갈린다. 하지만 실제로 직접 싸우는 경우는 쉽게 발생하지 않고 그 전에 이미 상대가 강하다고 느껴지면 대부분 물러서게 된다. 즉, 강할 것이라는 이미지를 가지고 있는 자는 흔히 싸우기 전에 이미 이기게 된다. 이는 권력이 이미지에서 나온다는 것을 쉽게 말해주고 있다.

이러한 경우는 브랜드에서도 똑같이 나타난다. 동일한 가격이라면, 실제 좋은 제품이 잘 팔리는가? 혹은 좋을 것이라는 이미지를 가진 제품이 잘 팔리는가?

실제 좋은지는 구매 후 직접 사용해 보기 전에는 알 수 없다. 때로는 직접 사용하면서도 그 차이를 비교하기 어려운 경우도 많다. 따라서 대부분 좋을 것이라는 이미지를 가진 제품이 시장에서 승리한다. 어떤 제품이 좋을 것이라는 이미지가 강력하게 작용할 때 그것을 브랜드파워라고 한다. 선거에서도 이미지는 똑같이 작용한다. 능력 있는 사람보다 그런 이미지를 가진 사람이 대체로 이긴다.

이미지와 지식 혹은 사실

보드리야르는 20세기가 끝나갈 무렵 이제 이미지의 시대가 되었다고 하였다. 실체를 압도하는 이미지가 세상을 지배하게 되었다는 것이다. 그러나 이미지가 실체를 압도한 것 이미 오래전부터였다. 고대부터 거의 모든 분야에서 이미 이미지가 실체를 압도하고 있었지만 그 사실을 인식하지 못하였던 것뿐이다. 이미지 보다는 구체적인 이성적인 지식의 영역을 고급 지식으로 인정하였기 때문이다.

화이트헤드가 말했듯이 그 근원은 플라톤에서 비롯되었다. 플라톤은 이미지를 현실세계에 없는 이상적 이미지인 이데아(Idea)와 인간의 정신세계 두 가지로 나누었다. 그리고 인간의 정신세계를 다시 네 종류로 구분하여 상상(想像, eikasia)을 그 중 가장 낮은 위치에 배치하였다. 이에 반해 아리스토텔레스는 이매지네이션을 감각과 지식 사이에서 매개하는 것으로서 “실제 감각에 의한 결과로 나타나는 작용”이라고 정의하였다.

이후 현대에 이르기까지 많은 철학자와 예술가, 그리고 심리학자들이 이 이매지네이션과 이미지를 명확하게 규명하고 정의하려고 하였으나 항상 모호한 부분이 남게 된다. 그러나 최근에는 다양한 미디어가 만들어내는 이미지 홍수 속에서 이미지의 의미에 대한 규명보다는 연관된 현상에 더 관심을 가진다.

이미지는 이렇게 모호하고 여러 의미를 가진 단어이기 때문에, 그리고 다양한 현상을 만들어 내기 때문에 혼란스러워하면서도 동시에 다양한 의미로 편리하게 사용하기도 한다.

최근에 사용하는 이미지의 의미는 결국 '보이는 것'과 '본 것에 대한 기억'이다. 그리고 상상과 그 결과물까지 포함된다. 이때 그것이 사실이든 아니든 상관없다. 이미지에는 사실과 지식이 포함되며 사실과 지식에도 이미지가 포함된다. 또한 지식이나 사실이 아닌 경우도 포함되기 때문에 "그건 사실이 아니야 단지 이미지일 뿐이야."라는 말도 성립된다. 즉, 비교 대상이 아니지만 비교할 수도 있다는 것이다. 또한 이미지는 논리적일 필요는 없다. 그렇다고 해서 이미지가 비논리적이거나 논리가 없다고는 할 수 없다. 단지 무관할 뿐이다.

의미와 이미지

한 장의 사진도 이미지이며, 일러스트도 이미지, 한 컷의 만화 삽화도 이미지, 영화도 이미지, 지금 눈앞에 있는 음식의 모습도 이미지, 그 음식의 맛도 이미지, 오래전에 맛보았던 잊을 수 없는 그 맛의 기억도 이미지, 선생님의 인자한 목소리도 이미지로 남는다. 지금 눈앞에 보이는 아름다운 풍경도 이미지이며, 한참 지난 뒤에 다시 떠올리는 그 장면도 이미지이다. 다시 말해서 지금 눈앞에 보이는 현실도 이미지이며, 눈 감으면 떠오르는 것도 이미지이다. 실재하는 실체와 현상을 인식하는 순간 그 인식은 이미지를 만든다.

즉 실체도 이미지, 연상도 이미지, 회상도 이미지, 재인도 이미지인 것이며, 그러한 이미지 중에는 의미 없는 단순한 이미지가 있는가 하면 매우 복잡한 의미를 갖는 이미지도 있다. 또 의미 없는 단순한 이미지가 새로운 의미를 만들기도 한다. 그런가 하면 또 의미가 이미지를 만든다. 실체가 아닌 의미가 이미지를 만들기도 한다. 이미지와 의미는 서로 생성작용을 하게 된다. 이때 의미들은 대부분 지식이 된다.

가령 빨간색의 동그란 형태는 그 자체로 시각적 이미지이다. 그것이 종이 위에 그려진 이미지일 수도 있고, 영상 화면의 한 부분일수도 있으며, 실제 현실 속의 한 부분 일 수 있다. 건물의 벽면 장식, 혹은 간판의 일부분, 혹은 빨간색 신호등, 혹은 어디엔가 떨어진 핏방울, 깃발 위에 새겨진 이미지일 수 있다.

비슷한 형태의 빨간색 이미지는 모두 각기 다른 심리적 이미지와 의미를 만든다. 어떤 이미지는 따뜻함을 느끼게 하고, 어떤 이미지는 위험을 알려준다. 또 어떤 이미지는 지식이 되고, 또 어떤 이미지는 특정한 사상과 이념을 만든다. 또는 특정한 국가의 연상이미지를 만든다. 즉, 시각적 이미지는 심리적 이미지를 만들기도 하고 지식이나 이념을 만든다. 형태는 같더라도 제각각 다른 이미지와 의미를 만든다.

이러한 시각적 이미지를 기호학에서는 기호라고 한다. 그리고 그렇게 보여지는 기호의 형태, 즉 단지 시각적으로 보여지는 이미지를 기표하고 한다. 그리고 그 시각적 이미지(기호)는 어떤 심리적 이미지를 만들거나 어떤 메시지를 담아 전한다. 이때 그 어떤 메시지를 기의(記意)라고 하며 그 기의(記意)가 의미하는 바를 안다면 그것을 지식이라고 한다.

모든 삼각형 내각의 합은 180도라고 할 때 우리는 머리 속에 수많은 삼각형을 그린다. 처음 배울 때, 배운 것을 다시 기억해 낼 때, 또는 새롭게 추리 할 때 우리는 머릿속으로 무수한 삼각형을 그린다. 즉 이미지로 지식을 생각해 내는 것이다.

감각, 기억, 이미지

감각을 심리학에서는 감각 기관이 어떤 자극을 받음으로써 생기는 의식 현상이라고 한다. 감각이 인식되는 과정에 관계되는 선행 감각의 기억과 지식,

감각하는 상황의 맥락 등 다양한 요소가 결합되어 지각(知覺)이 이루어진다. 우리가 무엇인가를 지각한다는 것은 감각을 통한 신체적 경험으로부터 시작하는 것이다. 감각은 지각으로 이어지고 지각된 감각은 특정한 기억으로 저장된다. 사르트르에 의하면 이 모든 지각에 의한 기억은 의식활동이며 바로 이미지라는 것이다.

느낌을 표현하기 어려울 때 "어떻게 형용할 수 없다" 라고 한다. 느낌을 표현하는 용어는 형용사에 포함된다. 형용의 사전적 의미는

> 形容 (형용) ① 생긴 꼴 ② 사물(事物)의 어떠함을 말이나 글 또는 시늉을 통(通)하여 드러냄.

容(용)의 뜻은 얼굴, 모양, 속내, 속에 든 것, 담다, 그릇 안에 넣다 등의 의미를 갖는다. '얼굴'과 '그릇에 담는다'는 다소 의미가 먼 것 같지만 같은 단어를 사용한다. 왜냐하면 사람의 얼굴 모습에는 그 마음이 담겨있기 때문일 것이다. 즉 이미지는 의미를 담는 그릇이다.

음식을 먹는다. 맛을 본다. 배고픔을 채우면 허기짐을 잊고 포만감과 풍족함을 느낀다. 이 느낌도 기억된다. 맛을 음미하고 느낀다. 이 느낌도 기억된다. 과자를 먹을 때 즐거움을 느낀다. 과자의 바삭함을 즐긴다. 부드럽게 녹는 느낌, 혀와 입 안의 촉감을 즐긴다. 이 즐거움도 기억된다. 이러한 입 속에서 느낀 감각의 기억이 다시 꺼내질 때, 즉 회상 혹은 재인될 때 그것도 이미지라고 한다. 이렇듯 음악과 소리, 촉감, 향기, 맛 등 모든 느낌에 대한 기억은 심리적 이미지로 변환된다. 한마디로 감각은 이미지를 만든다.

브랜드에 있어서도 그 수많은 요소들은 감각(경험)을 통해 기억 속에 이미지로 남게 된다. 특정 브랜드에 대해 사람들이 가지고 있는 이미지는 그 브랜드에 대한 생각과 정의이다. 즉 이미지는 그 브랜드의 정체성이 되는 것이다.

Chapter 02

정체성 identity

들어가며

1) '정체성'이란 무엇인가
   - Identity와 정체성
   - 동일률에서 시작된 정체성
   - 동일성에서 정체성으로
2) 소수집단들의 자각을 통해서 확장된 정체성 개념
   - 자기를 어떻게 스스로 인정하는가
   - 정체성 개념의 사회적 확산
3) 정체성에 대한 다양한 견해들
   - 이야기 정체성(Narrative Identity) 누군가의 정체성은 그의 이야기이다
   - 손상된 정체성 스티그마(Stigma) 타인의 반응에 의해 형성되는 자기
   - 정체성 권력 사회는 누가 지배하는가
   - 정체성과 폭력 환영에 의한 폭력
4) 역할정체성과 언어폭력
5) 집단정체성
   - 소속감과 정체성 나는 어디에 소속되어 있는가
   - 앙가주망(Engagement)과 자아정체성
   - 전통이라는 집단정체성을 통해 일체감과 내부결속력을 키운다
   - 권력의 도구가 되는 집단정체성
6) 탈 정체성 정체성의 속박으로부터 자유로울 수 있을 때
7) 나오며 다양하게 활용되는 정체성, 정체성을 표현하는 이미지

들어가며

앞서 '브랜드 편'에서 이미지와 정체성은 브랜드가 작동되는 원인이자 결과라고 했다. 특히 '브랜드아이덴티티' 항목에서 흔히 C.I로 사용되는 Corporate Identity와 함께 아이덴티티가 포함된 브랜드 용어들에 대해 설명하였다.

요약하면 캐퍼러는 브랜드전략에 있어서 브랜드아이덴티티가 가장 중요하다고 하였으며, 아커는 브랜드아이덴티티를 브랜드전략가가 창조하고 유지하려고 하는 브랜드연상이미지들의 묶음, 즉 목표이미지라고 정의하였다. 그러나 브랜드아이덴티티라는 용어는 디자인 분야와 마케팅 분야에서 서로 다른 의미로 사용되고 있을 뿐 아니라 마케팅 분야 안에서도 제각기 조금씩 다른 견해/용어들을 제시하고 있어서 '용어의 혼란'이 발생하였다.

특히 C.I라는 용어는 원래 코퍼레이트 이미지(Corporate image)로 사용되었다가 월터 마귤리스(Walter Margulies)[61]가 1950년대초에 코퍼레이트 아이덴티티(Corporate identity, C.I)로 사용하면서부터 용어의 개념이 바뀌었다. 그러나 아직도 코퍼레이트 이미지와 코퍼레이트 퍼스널리티(personality) 등의 용어가 유사한 의미로 함께 사용되고 있다.

이러한 문제를 설명하기 위해 아이덴티티를 간단히 정의하면 '확인'과 '구별'을 동시에 가능하게 하는 것이며, 나를 중심으로 보면 내가 나라는 것을 확인함과 동시에 나를 타자와 구별 가능케 하는 것이다. 어떤 것이라도 그것이 그것임을 확인할 수 있으며 동시에 다른 것과 구별할 수 있게끔 하는 것이 아이덴티티라고 하였다. 더 자세한 내용은 여기 '정체성'편에서 다루었다.

문자 그대로 직역을 하면 C.I는 기업정체성, B.I는 브랜드정체성이라고 해석/표현해야 하지만, 대부분 기업과 브랜드를 상징/대표하는 시각적 이미지를 의미한다. 원래 Corporate Image라는 용어로 사용되었으며, Corporate Image, Brand Image라는 표현이 더 쉬운데도 불구하고, Identity가 Image를 대신하게 된 이유는 무엇인가?

초기에는 기업이나 가문의 신원/신분을 나타내는 표식을 디자인하는 것에서 Identity Design이 시작하였지만 현대에 이르러서는 기업이나 조직의 신원뿐 아니라 그 이미지를 나타내는 것이 보다 중요한 의미를 갖게 되었다. 최근엔 Identity Design을 수행하는 데 있어서 해당 기업(기관)의 신원을 명확하게 나타내는 것보다 어떤 이미지로 나타내려고 하는가에 더 많은 관심을 가진다. 이는 제품이나 서비스의 브랜드에서도 마찬가지이다. 즉, Identity Design은 Image Design인 것이며, Identity라는 단어는 Image통합이라는 의미로 사용되고 있다. 그렇다면 Identity라는 의미는 Image통합과 같은 의미인가? Identity란 자기동일성을 나타내는 철학적 개념으로서 실체적 동일성을 요구하는 것인데 Image와 Identity가 동일시 될 수 있는 것인가? 과연 Image를 통합하면 Identity가 형성되는 것인가?

Identity(정체성)의 개념에 대한 폭넓은 이해는 이 문제의 해답을 넘어서 브랜드 전반을 이해하는 데 매우 중요한 기반이 된다.

또한 정체성과 아이덴티티라는 단어는 브랜드 분야뿐 아니라 철학, 인문학, 사회학, 자연과학 등 많은 분야에서 각각의 특정한 용어로 사용되고 있다. 단어는 하나이지만 그 적용범위와 의미는 사뭇 다르다. 앞서 거의 모든 것이 브랜드가 될 수 있다고 하였다. 이러한 점에서 브랜드는 해당분야의 이해를 기본으로 하며, 이를 위해선 각 해당분야에서 사용되는 Identity(정체성) 개념에 대한 이해는 반드시 필요하다.

1) '정체성'이란 무엇인가

"손에 돈을 쥐지 말고 쌀값도 묻지 말고, 날 더워도 발 안 벗고 맨 상투로 밥상 받지 말고, 밥보다 먼저 국 먹지 말고, 소리 내어 마시지 말고, 젓가락으로 방아 찧지 말고, 생파를 먹지 말고, 술 마시고 수염 빨지 말고, 담배 필 젠 볼이 움푹 패도록 빨지 말고, 분 나도 아내 치지 말고, 성 나도 그릇 차지 말고, 애들에게 주먹질 말고, 뒈져라고 종을 나무라지 말고, 마소를 꾸짖을 때 판 주인까지 싸잡아 욕하지 말고, 병에 무당 부르지 말고, 제사에 중 불러 재(齋)를 올리지 말고, 화로에 불 쬐지 말고, 말할 때 입에서 침을 튀기지 말고, 소 잡지 말고 도박하지 말라."[62]

이 내용은 연암 박지원의 '양반전(兩班傳)'의 한 대목이다. 정선 군수(旌善郡守)가 양반 신분을 사려고 하는 상민계급의 부자에게 양반이 지켜야 할 규범을 일러주는 대목이다. 소설에서 의도하는 바와 별개로 위 내용은 당시 양반의 정체성을 행동 규범을 통해 말해주고 있다. 일종의 계급사회의 신분정체성이라고 말할 수 있다.

정체성이란 무엇인가? 라는 질문에 대부분 선뜻 쉽게 대답하지 못한다. 그렇다고 해서 그 의미를 모르는 건 아니다. 대강의 의미는 알지만 명확하게 서술하기 어려운 개념이기 때문이다. 그럼에도 정체성이라는 용어는 다양한 분야에서 매우 흔하게 사용되고 있다.

자아정체성, 한국인의 정체성, 민족정체성, 문화정체성, 한국음악의 정체성, 이념정체성, 성정체성, 직업정체성, 지역정체성, 브랜드정체성, 디자인정체성 등 거의 사용되지 않는 분야가 없을 정도로 누구나 사용하는 용어이다. 그럼에도 불구하고 특정분야의 전문지식을 가진 사람들이 아니면 '정체성'의 개념이나 의미를 명료하게 설명하기는 쉽지 않다.

정체성을 아이덴티티라고 표현하는 경우가 더 많으며, 오히려 많은 사람들이 아이덴티티라고 표현할 때 더 쉽게 느껴진다고 한다. 아이덴티티는 이제 외국어라기보다는 우리말화된 외래어처럼 사용되며, 국립국어원에서도 '아이덴티티'를 외래어 표기법으로 규정하고 있다.[63] Identity를 사전에서 찾아보면 어학사전의 경우 신원, 신분, 정체, 정체성, 일체감, 자기동일성, 독자성, 유사성, 동질감, 동일함, 일치, 동일성, 독자성, 주체성, 본질, 신분증명서, 항등식(恒等式), 항등 함수 등 여러 가지 의미로 번역되어 있다.

Identity의 의미를 이해하는 과정에서 어려움은 단어의 번역이다. 외국어를 번역하여 사용하는 경우에는 문화적, 개념적 차이, 또는 마땅한 우리말 단어의 부재 때문에 원래 의미와 번역의 의미가 상이해지는 경우가 많다. 특히 난해한 철학적 용어의 경우에는 그 정도가 심해서 전혀 다른 의미로 해석된 경우도 많다. 특히 우리가 지금 사용하고 있는 단어들 중에는 개화기 때 일본에서 만든 단어를 그대로 사용하고 있는 것들이 많은데,* Identity와 정체성의 경우도 이에 해당된다. 더구나 Identity는 서양에서도 그 의미와 사용 용도가 변하여 왔기 때문에 우리말 번역에서는 더욱 복잡해질 수밖에 없다.

---

* 일본은 메이지유신 이후 서양의 문화를 들여오면서 서양의 언어에 해당되는 새로운 한자어를 만들어 사용하였다. 대표적으로 사회(社會), 정치(政治), 종교(宗教), 문화(文化), 신문(新聞), 사상(思想), 사고(思考), 지각(知覺), 존재(存在) 등이 있으며, Identity와 관련된 주체(主體), 신분(身分), 신원(身元), 본질(本質) 항등식(恒等式) 등의 단어들도 여기에 해당된다. 이러한 단어들은 대부분 일본 학자들이 서양 단어의 의미에 적합한 한자(漢字)를 선택 조합해서 2~3글자의 새로운 조어(造語)를 만들었다. 따라서 원래 서양 단어 의미와 전혀 다른 의미로 이해되는 경우도 있다.

• Identity와 정체성

Identity가 '정체성'의 의미로 사용된 것은 그리 오래되지 않았다. 에릭슨* 이 1950년에 발행한 그의 저서 『아동기와 사회(Childhood and Society)』[64]에서 sense of identity(정체감, 자아의식), ego identity(자아정체성) 등의 개념을 제시하기 전까지는 주로 동일성이라는 의미로만 사용되었다. Identity의 원래 의미인 동일성의 개념을 에릭슨이 "인간의 여덟 시기(Eight Ages of Man)"라는 생애주기이론을 제시하면서 사회 속에서 자기 자신을 이루는 변하지 특성에 대한 자기동일성 확인의 의미로 사용하였다. 그 이후 정체성의 개념이 사회 전반에 걸쳐 확대되어 사용되기 시작하면서 원래 Identity가 가지고 있던 동일성의 의미는 특정 분야에서만 사용되고 있다. 물론 정체성이라는 개념 속에는 동일성의 의미가 포함되는 것이지만 그것이 사용되는 현실적 의미에 커다란 차이가 있는 것도 사실이다.

Identity는 라틴어 idem이 어원으로서 14세기 프랑스어에서 'sameness', 'oneness'의 의미, 즉 동일성, 단일성의 의미로 'identité'가 사용되기 시작하였으며 영어에서는 1560년대부터 idemptitie로 사용되기 시작하였는데 이는 중세 라틴어 idemptitas에서 나온 것이다. 현대에 들어와서 정체성 위기, 정체성 혼란 등의 의미로 사용되는 "identity crisis"의 첫 사용은 1954년으로 기록되어 있다. 또한 신용도용, 개인정보도난의 의미로서 "identity theft"라는 단어는 1995년에 처음 인증되었다.[65]

다시 말해서 서양에서도 'Identity'를 사용하는 의미가 1950년대 에릭슨

---

* 에릭슨(Erik Homburger Erikson 1902~1994), 독일 프랑크푸르트 출생, 비엔나 정신분석 연구소(The Vienna Psychoanalytic Institute)에서 프로이드의 딸인 안나 프로이트에게 아동 정신분석학을 배웠고, 1933년에 미국으로 이주하여 예일대학과 하바드대학에서 강의하면서 미국 각지에서 임상(臨床) 연구에 종사하였다.

이후부터 '동일성'에서 '정체성'의 의미로 바뀌어 사용하게 되었으며 이러한 계기로 Identity라는 단어가 유행처럼 많은 분야에서 활용하는 사회현상이 나타났다. 즉, 정체성이라는 용어와 그 개념이 대중화된 것이다. 그 이유는 뒤에서 설명하겠지만 사회구조와 구성원들의 의식변화에서 기인한 것이다. 그렇다고 해서 동일성과 정체성의 의미가 전혀 다른 의미라는 것은 아니다. 정체성은 기본적으로 동일성의 의미에서 출발하며 단지 이 말을 사용하는 대상과 범위가 확대됨으로 해서 그 의미가 확장되고 다양해진 것이다.

Identity는 쉽게 간단히 말하자면 '같음'과 '다름'을 동시에 적용하는 개념이다. 무엇이 '같다'라는 것은 무엇과 무엇, 즉 같음의 대상이 있어야 하고, 동시에 '다른 무엇'이 있어야만 '같음'을 생각할 수 있는 것이다. 그럼에도 불구하고 Identity를 우리말 사전에서 다양하게 번역하여 사용하는 것은 그만큼 다양한 분야에서 Identity가 제각기 다른 의미로 사용되고 있기 때문이다. Identity가 사용된 맥락에 적합한 우리말 단어를 선택하는 과정에서 필요한 단어들이 등장하게 되었을 것이다. 어떤 맥락에서 어떤 의미로 사용하든(어떠한 경우든) 그것이 '같음'과 '다름'을 동시에 적용하는 개념이라는 것을 바탕으로 생각해보면 Identity의 우리말 번역에 해당되는 단어는 '동일성', '정체성', '신원' '주체성' 등으로 요약될 수 있다. 그러나 주체성은 '주체 subject'라는 의미로 볼 때 다소 파생적 개념으로 보인다. 따라서 요즈음에 통용되는 Identity의 의미는 '동일성', '정체성', '신원' 이 세 가지로 정리할 수 있는데 이들은 모두 동일한 뿌리를 가지고 있지만 현실적으로는 다소 다른 의미로 사용되고 있다. 이 세 가지 중에서 가장 본래의 의미는 '동일성'이다. 동일성은 가장 오래된 개념일 뿐 아니라 철학의 논리학과 수학에서 모순율과 함께 가장 기본적인 사유의 원리가 되는 개념이다.

• 동일률에서 시작된 정체성

동일성은 동일률(The Principle of Identity, Law of Identity)이라고도 하는데 'A=A이다'라는 사유의 기본 원리를 말하는 것으로 모순률, 배중률과 함께 증명할 필요 없는 공리에 해당된다. 이 원리들은 지켜지지 않을 경우 논리가 성립되지 않기 때문에 사유의 기본이 되는 것이다. 이러한 동일성 원리는 아리스토텔레스의 논리학을 최초로 꼽는다. 하지만 그 이전부터 유사한 주장이 나왔던 개념으로서 서양철학 역사 전반에 걸쳐 다루어져 왔다. 동일성에 관한 철학적 논의 중에서 최초(?)라고 알려진 것은 피타고라스와 소크라테스를 들 수 있다. 고대 철학에서 Identity라는 용어는 사용되지는 않았지만, 피타고라스로 대표되는 수(數)의 철학에서는 동일률과 모순율의 개념이 없이는 수학적 원리를 설명하기 어렵다. 위키피디아의 'Law of Identity' [66]에서는 『테아이테토스』에 나온 소크라테스와 테아이테토스의 대화를 동일성의 개념의 최초언급*이라고 한다.

소크라테스: 그러면 소리와 색깔 그 양자에 관해서, 우선 자네는 바로 이런 생각을 떠올리는가? 양자가 있다는 것 말일세
테아이테토스: 전 그런 생각을 떠올립니다
소크라테스: 그러면 그 양자가 각기 서로 다르지만 그 자신과는 동일하다는 생각도 떠올리겠군?
테아이테토스; 물론입니다.

---

* Socrates: With regard to sound and colour, in the first place, do you think this about both: do they exist?
Theaetetus: Yes.
Socrates: Then do you think that each differs to the other, and is identical to itself?
Theaetetus: Certainly.
Socrates: And that both are two and each of them one? Theaetetus: Yes, that too.

소크라테스; 양자가 두 가지이며 그 각각은 하나라는 것도?

테아이테토스; 그 또한 떠올립니다. [67]

즉, 소리는 색이 될 수 없으며, 색 역시 소리가 될 수 없다. 색과 소리는 각각 다르면서, 색은 언제나 색이며 소리는 언제나 소리로서, 그 각각은 언제나 동일성을 갖는다라는 대화이다.

이는 논리적 사유의 기본이 되는 모순율과 함께 동일성의 원리를 설명하는 것이다. 즉 Identity는 철학과 수학의 사유에서 논리의 기초가 되는 개념으로서 수학에서는 주로 Equality(같음)라고 표현하는 동일성이라는 의미로만 사용되어 왔다. 이러한 동일성 원리는 당연한 논리/원칙이지만 중요한 원칙/개념으로 서양철학에서 지속적으로 이어져 왔다.

존 로크는 1690년에 발행한 『인간지성론』[68] 에서 처음으로 '의식'의 개념을 통해 동일성의 의미를 신체뿐 아니라 인격에까지 적용하여 인간의 동일성과 인격의 동일성을 구분하였다. 인간에게 있어서 인격적 동일성은 의식에 기초하는 것이다. 즉, 의식이 인격적 동일성을 만들기 때문에, 실체가 변화해도 인격적 동일성은 유지된다고 주장하였다. 『인간지성론』 27장 '동일성과 상이성에 관하여(Of Identity and Diversity)'에서 Identity of substances(실체의 동일성), Identity of modes(양태의 동일성), Identity of vegetables(식물의 동일성), Identity of animals(동물의 동일성), The identity of man(인간의 동일성), Identity of soul(영혼의 동일성), Personal identity(인격적 동일성) 등에 대한 견해를 설명하면서 기존의 사유의 원리로서만 사용되던 Identity를 동식물 사물 등에까지 적용하여 동질성/정체성 등의 의미로 확대하였다. 『인간지성론』에서 Identity라는 단어는 90여회 이상 등장한다.

그로부터 49년 후 1739년에 데이비드 흄은 『인간본성론』[69] 을 출간하였는데, 흄 역시 인격의 동일성을 피력하지만 동시에 동일성 관념이 불가능하다는 것을 주장한다. 대상을 통해서 우리가 알 수 있는 것은 동일성의 관념이 아니

라 단일성의 관념(the idea of unity)일 뿐이라고 하였다.[70]

> 우리는 한 대상을 바라보는 것이 동일성의 관념을 전해 주기에 충분하지 못하다는 것을 살펴볼 수 있다. 하나의 대상은 그 자체로 동일하다는 명제에서, 대상이라는 단어가 표현하고 있는 관념이 그 자체라는 것이 의미하는 것과 전혀 구별되지 않는다면, 우리는 실제로 어떤 것도 의미한 것이 아니며, 이 긍정문에 주어와 술어가 포함 되어 있다고 하더라도 그 명제는 결코 그 주어와 술어를 포함하고 있지 않다. 하나의 단일 대상은 단일성의 관념을 전하는 것이지 동일성의 관념을 전하는 것은 아니다.[71]

이렇게 흄은 동일성과 단일성을 구분하면서 동일성은 현실적으로 불가능한 관념이라는 견해를 주장하였다. 이후 칸트와 헤겔을 거쳐 현대 학문뿐 아니라 다양한 분야에서 Identity는 사유의 법칙인 동일성 개념과 지금 흔히 사용하는 정체성 개념이 혼재되어 왔다. 영어에서는 Identity라는 하나의 단어로 상황에 따라 적절하게 사용 가능하지만, 우리말에서는 동일성과 정체성으로 구분하여 사용해야 한다. 하지만 이 역시 항상 엄밀하게 구분되는 것은 아니다.

동일성과 정체성의 개념 차이를 간략히 정리하자면, 동일성은 개념적, 추상적인 관념으로서 어떠한 원리에 대한 것이다. 'The Principle of Identity' 혹은 'Law of Identity'라고 하여 principle(원리) 혹은 law(법칙)라는 개념으로 사용한다. 즉 '동일률'이라고도 하는데, 어떤 규칙성이나 원리를 의미하는 것이다. 따라서 수학과 논리학 등의 학문 분야에서 주로 사용한다. 그러나 정체성에 대해서는 원리라는 개념을 부여하기 곤란하다. 정체성이라고 표현하지만 변할 수 있는 여지를 가지고 있다. 따라서 '정체성의 법칙' 혹은 '원리'라는 개념은 성립하기 어렵다. 왜냐하면 정체성은 현실적이며 구체적인 어떤 대상에 관한 문제이기 때문이다. 동일성이 "...이다" 혹은 즉 본질에 관한 것이라면 정체성은 어떤 동질성을 가지고 있는가? 혹은 어디에 속하는가 등 개념과 상황에 관계되는 개념이다. 예를 들어 "나의 아버지는 나의 할머니다"는 성립되지 않는다. 이것은 동일성이며, "나의 아버지는 애국심 투철한 직업 군인이다."라고 하면 나의 아버지라는 개인의 정체성에 해당된다. 만약 군에서 제대하면 전직 군인이 되기 때문에 직업과 정체성은 바뀌게 된다. 따라서 동일성은 유지되지 않는다.

물론 'personal identity'가 '개인동일성'이나 '인격동일성'을 의미하는 경우도 있다. 영어를 사용하는 국가에서는 identity라는 단어를 사용할 때 상황과 맥락에 적합한 이해를 할 수 있을 것이다. 그러나 한국어를 사용할 때에는 이 두 단어가 가지는 함의에 어느 정도 분명한 차이가 있기 때문에 언어의 기본적 개념은 구분 되어야 한다.

Identity라는 단어가 갖는 의미가 변한다는 것은 아이러니이다. 마치 '테세우스의 배'*와 같은 운명이 아닌가 한다. Identity의 포괄적 개념, 즉 동일성과 정체성을 설명하는 데 가장 적절한 사례로서 흔히 '테세우스의 배'의 일화를 말하는 데 Identity라는 단어가 바로 '테세우스의 배'의 비유처럼 변화하면서 변하지 않는 동일성이라는 의미를 갖는다는 것이 아이러니다. 내 몸의 세포가 매일 소멸되면서 동시에 새로 만들어지는 과정을 반복한다. 몸뿐만 아니라 정신도 새로운 생각과 잊혀지는 것들로 해서 기억이 변한다. 자아의 핵심인 기억

---

* 테세우스의 배(Ship of Theseus) 혹은 테세우스 패러독스(Theseus paradox)는 『플루타크 영웅전』에 나오는 이야기에서 비롯된 논쟁이다. 아테네의 영웅 테세우스가 크레타 섬에 사는 반인반수 괴물 미노티우로스를 죽이고 아테네에 무사히 돌아온 후, 그가 타고 온 배를 아테네 사람들이 천 년 이상 보존하였다. 그리고 배의 낡은 부분이 생기면 새로운 나무로 수리하며 보존했다. 철학자들은 그 배를 성장과 변화의 상징이라고 했는데, 한편 모든 목재가 교체된 그 배는 원래의 '테세우스의 배'인가 라는 논쟁이 생겼다. 이 패러독스는 플루타크의 글 이전에도 헤라클레이토스, 소크라테스 등의 고대철학자들에 의해서도 논의되었다. 그리스 철학자 헤라클레이토스는 "같은 강에 들어가도 계속 다른 물이 흐른다. 따라서 같은 강물에 두 번 발을 담글 수는 없다."라고 하여 이 패러독스를 풀어보려는 시도를 했다. 그리고 토마스 홉스는 첫 번째 배에서 떼어낸 부품들을 모아 또 하나의 배를 만든다면 어떤 배가 진짜 테세우스의 배인가를 물었다. 즉, 어떤 물체를 구성하는 구성물이 모두 바뀌어져도 그것이 사실상 같은 물체인가 하는 역설적인 질문을 말하는 것이다. 최근 생명공학과 유전자복제 기술의 활용에서 다시 대두되는 논쟁이다.

이 바뀐다면 자아정체성은 어떻게 되는가? 그래도 나는 나이며, 나의 정체성은 유지된다. 학교는 매년 많은 학생들이 입학하고 졸업하면서 바뀐다. 그 구성원과 분위기 등 모든 것이 조금씩 바뀌어 전혀 다른 기관/조직으로 바뀐다. 그래도 그 학교는 그 학교이다. 기업도 마찬가지, 국가도 마찬가지이다.

• 동일성에서 정체성으로

Identity라고 하면 최근에는 대부분 정체성이라고 생각하게 되었다. 동일성이라는 '사유의 법칙'의 의미보다는 '자아와 주체를 인식'하는 정체성으로서 의미로 사용하며, 또한 그렇게 알고 있는 사람들이 대부분이다. 그리고 이러한 정체성이라는 개념의 시작은 앞에서 언급한 바와 같이 에릭슨의 정체성 개념에서부터 비롯되었다. 그러나 자아의식과 관련된 심리학은 에릭슨보다 프로이드가 먼저이며 당연히 Identity라는 용어도 프로이드가 먼저 사용했음에도 불구하고 에릭슨을 '정체성' 개념의 시초라고 보는 이유는 무엇인가? 프로이드가 꿈과 무의식에 보다 중점을 두었다면 에릭슨은 자아의식뿐 아니라 사회와의 관계에 더 중요성을 두었기 때문일 것이다. 다시 말해 Identity를 정체성이라는 의미를 갖는 사회적 인식으로 확장시킨 것은 Identity의 의미를 단순히 개인의 정체성뿐만이 아닌 사회 속에서 관계되는 정체성과 소속감의 관계 등에 대한 개념으로 보았기 때문일 것이다.

Identity라는 용어와 개념을 동일성뿐만 아니라 정체성으로 사용한 사례는 프로이드와 에릭슨보다 훨씬 이전인 미국의 심리학자인 윌리엄 제임스가 1890년에 출간한 『심리학 원리(The Principles of Psychology)』에서 찾아볼 수 있다. 존 로크가 Identity를 동일성의 개념을 넘어 인격의 정체성으로 확장하여 사용한 이후 요즘과 같이 대중적으로 통용되는 '정체성'의 개념으로

Identity를 본격적으로 사용한 첫 번째 사례는 에릭슨이 아니라 윌리엄 제임스라고 하는 것이 맞다.

윌리엄 제임스는 프로이드의 『꿈의 해석』보다 9년 먼저 『심리학 원리』를 출간하였다. 이 책의 핵심 주제는 '자아와 의식'에 관한 것이며 의식의 작용과 과정을 중요시하였다. 이 책의 10장에서 '자기의식(The Consciousness of self)'이라는 주제(소제목)로 '자기의 구성 성분'과 그 구성 성분들이 일으키는 영향에 대하여 설명하면서 "개인 정체감(The Sense of Personal Identity)"라는 표현을 사용하였다. 그는 여기서 '자기의식'을 논하기 앞서 '자기(Self)'를 정의하였다.[72] 자기를 '경험적 자기(The Empirical Self)'와 '순수 자기(Ego)'로 구분하고, 경험적 자기, 즉 자신이 의식하는 '나'를 'I'가 아닌 'Me'로 칭하고 있다. 즉 자기를 대상으로 볼 때 경험적 자기인 나는 'I'가 아닌 'Me'가 되는 것이다. 여기서 특기할 만한 내용은 자기 혹은 나를 'I'와 'Me' 그리고 'Self' 이 3가지로 구분하고 있는 점이다. 원래 자기의식이란 자기와의 관계를 말하는 것이다. 그런데 어떻게 자기와 자기의 관계가 형성되는가? '내가 나를 의식한다' 혹은 '내가 나를 들여다 본다'라고 하는 것이 말은 쉽지만 선뜻 납득하기 어려운 부분이 있다. 이것은 근본적으로 언어의 문제 때문이다.*

자기의식과 관련하여 'I' 'Me' 'Self'에 대한 우리말을 생각해 보면 알 수 있다. 우리말에서 '나'를 칭하는 말은 '나'뿐이다. '나'는 항상 '나' 한 가지로만 표현한다. 내가 주체일 때도 '나'이며 내가 대상일 때도 '나'이다. '내가 ~' '나를 ~' '나의 ~' 조사만 달라질 뿐이다. 그러다 보니 내가 나를 대상으로 한다는 것이 생소하게 느껴진다. 영어 즉 서양 언어에서는 'I' 'Me' 'Self'가 구별된다. 나

---

* 서양철학의 용어들이 어려운 이유는 언어 때문이다. 번역 문제도 없는 것은 아니지만, 번역에 적합한 단어가 없는 경우를 생각해보면, 학술적 어려움의 근본적인 문제는 단어와 언어의 구조가 다른데 있다. 언어는 사고를 유도하고 지배하는데, 특히 의미의 뿌리가 다른 철학 용어를 제대로 이해하기 어려운 것은 당연하다.

를 목적어격, 즉 나를 어떤 대상으로 인식하는 용어가 구분되어 있다. Self에는 '자신'이라는 의미와 '스스로'라는 의미가 함께 들어 있다. 이는 '능동적 자기' 혹은 '경험하는 자기'의 의미가 내포되어 있는 것이다.

이러한 나 혹은 자기에 대한 개념의 구분을 바탕으로 하여 윌리엄 제임스는 '자기(Self)'를 세 가지로 구분하였는데 ① 자기의 구성 성분들(The constituents of the Self), ② 그 구성 성분들이 일으키는 감정과 정서(자기감정) 그리고 ③ 그 구성 성분들이 촉발하는 행위로 구분하고, 그 중 '자기의 구성 성분'을 (a) 물질적 자기(The material Self), (b) 사회적 자기(The social Self), (c) 정신적 자기(The spiritual Self), (d) 순수 자아(The pure Ego) 등 4가지로 구분하였다.[73] 이는 '자기'를 여러 요소들로 구성되어 있는 것으로 주장함으로써 그동안 단일적인 실체로 생각해오던 기존의 철학적 견해와 달리하고 있는 것이며 아울러 이후 에릭슨의 자아정체성 개념의 이론적 발전에도 많은 영향을 주었다. 다시 말해서 윌리엄 제임스가 에릭슨보다 약 60년 먼저 personal identity라는 용어로 개인정체성 혹은 자기정체성의 개념을 제시한 것이다.

그런데 왜 많은 학자들과 문헌에서 정체성 개념의 발단이 에릭슨이라고 하는 것인가? 그 이유는 정체성 개념의 사용을 person(개인 혹은 사람) 혹은 어떤 실체에 국한했던 제임스에 비해 에릭슨은 cultural identity(문화 정체감) 등의 용어를 사용하여 정체성을 비실체적이며 개념적인 대상에까지 확대하여 사용하였기 때문일 것이라고 추측된다. 에릭슨은 『아동기와 사회(Childhood and Society)』에서 cultural identity뿐 아니라 ethnic(민족) identity, evil(사악한) identity, ideal(이상적) identity, cowboy(목동) identity, collective(집단) identity, group(모임) identity, super(수퍼) identity, nation's(국가) identity, sexual(성적) identity, Psychosocial(심리사회적) identity, slave's(노예) identity, German(독일인) identity, American(미국인) identity 등 identity를 비실체적인 다양한 분야에 확대하여 사용함으로써 정체성의 개념을 새롭게 제시하였다. 특히 sexual identity는 여성들의 성 정체성에 대한 새로운 인식의 계기를, collective identity, group identity는 집단적 정체성 개념에 대한 관심을, ethnic identity, nation's identity는 국가와 민족, 종족들의 정체성에 대한 인식을 새롭게 하는 계기가 되었다는 점, 즉 제임스보다 사회적 파급에 더 큰 영향을 주었기 때문에 사람들은 에릭슨을 더 인상 깊게 생각하는 것으로 여겨진다.

지금까지 동일성의 개념으로 사용되던 identity가 어떻게 정체성의 의미로 변화되었지 살펴보았다. 다시 정리하면 동일성의 개념은 소크라테스 이전부터 철학에서 사유의 기본적인 원리로 인식되었지만 아리스토텔레스의 논리학에서부터 체계적으로 시작되었다. 그러나 당시에는 identity라는 단어를 사용하지는 않았다. 동일성의 개념으로 identity라는 단어가 등장하기 시작한 시기는 대략 14세기경으로서 'sameness', 'oneness'의 의미를 가진 라틴어 idem을 어원으로 하는 프랑스어 'identité'가 사용되기 시작하였다. 존 로크와 데이비드 흄에 의해서 Identity가 '동일성' 개념에서 보다 확장된 동질성/정체성의 의미까지 사용하게 되었으며, 이후 윌리엄 제임스의 '자기의식', 그리고 에릭슨의 '정체성의 위기'에 의하여 자아정체성의 개념으로 발전하게 되었다.

2) 소수집단들의 자각을 통해서 확장된 정체성 개념

정체성에 대한 인식은 개인과 소수집단들이 스스로의 자각을 통해서 점차 확산되었다.

• 자기를 어떻게 스스로 인정하는가

정체성 개념을 확장시킨 에릭슨은 임상(臨床) 연구를 통해 인간 형성을 문화, 사회와 관련지어 설명하고, 특히 청년기의 '정체성 위기(identity crisis)'라는 개념을 제시하였다. 정체성 개념은 프로이트로부터 시작한 정신분석학을 비약적으로 발전시켰으며, 인문학, 사회학 등 여러 학문과 사상에 미친 영향도 지대하다. 그는 인간의 발달단계를 다음과 같이 8단계*로 분류하였다. 각 단계는 단절된 것이 아니라 연속되고 축적되는 것이며, 불안과 갈등을 겪으면서 성장한다고 파악했다.

---

* 1단계: 신뢰성 대 불신(Trust vs Mistrust)(출생~18개월)
2단계: 자율성 대 수치심 및 회의(Autonomy vs Shame and Doubt)(18개월~3세)
3단계: 주도성 대 죄의식(Initiative vs Guilt)(3~6세)
4단계: 근면성 대 열등감(Industry vs Inferiority)(6~12세)
5단계: 정체성 대 정체성 혼돈(Identity vs Identity confusion)(12~20세)
6단계: 친밀성 대 고립감(Intimacy vs Isolation)(20~40세; 성인기 초기)
7단계: 생산성 대 침체성(Generativity vs Stagnation)(40~65세; 성인기 중기)
8단계: 자아통합 대 절망(Integrity vs Despair)(노년기)

이 중에서 5단계 청년기의 정체성 대 정체성 혼돈(Identity vs Identity confusion)에서 자아정체성에 대한 개념을 제시하였는데, 자아정체성(Self-Identity)을 자기정의, 주체성, 자각, 존재증명 등으로 설명하였다. "정체성이란 용어는 자신 내부에서 일관된 동일성을 유지하는 것과 다른 사람과의 어떤 본질적인 특성을 지속적으로 공유하는 것 모두를 의미한다." [74] 이러한 내적 동일성과 연속성을 주관적 측면이라고 한다면 자신이 속한 집단과 사회에 대한 일치성과 소속감을 가지는 집단정체성은 자아정체성에 대한 객관적 측면이라고 할 수 있다.

이러한 설명에도 불구하고 자아정체성은 여전히 애매한 개념이다. 윌리엄 제임스가 구분한 물질적 자기(The material Self), 사회적 자기(The social Self), 정신적 자기(The spiritual Self), 순수 자아(The pure Ego)의 차이를 구별하고 인식하면서 스스로 인정하는 것이 자아정체성이다. 즉 스스로 자기를 어떻게 인정하는 가의 문제로 이해하는 방법이 비교적 쉽다. 이 인정받는다는 것 중에서 남으로부터 인정받는 것도 중요하지만 자기 자신에게 인정받는 것이 가장 중요하다.

• 정체성 개념의 사회적 확산

정체성의 개념은 이제 거의 모든 분야에서 사용되고 있다. 정체성이라는 개념이 본격적으로 다양하게 활용되기 시작한 것은 1960년대부터 나타난 여성운동, 동성애자운동, 소수인종운동 등이다. 사회적으로 차별대우를 받던 집단인 여성, 동성애자, 소수인종 등이 기존의 사회 중심 주체인 남성, 이성애자, 백인 등의 집단과 구별되는 자신들을 나타내고 싶을 때 정체성은 매우 적절하고 요긴한 개념이었다. 정체성이라는 개념을 활용하여 특정 정체성을 지닌 사람들의 연대의식을 증진시키고 자신들의 존재감을 나타냄으로써 차별행위를 종식시키고자 하는 사회운동이 활발하게 나타나게 되었다. 이후 개인이나 특정집단의 자기 주장뿐 아니라 다양한 학문분야와 산업에 이르기까지 정체성의 개념은 폭넓게 활용되었다.

여성과 성소수자에게서 비롯된 성(性)정체성, gender의 개념을 넘어 생명체의 관점에서 보는 생물학적 정체성, 유전자적 정체성, 민족주의(Nationalism)의 관점에서 본 민족정체성과 국가정체성, 집단 혹은 조직의 정체성, 세대 간의 차이와 사회정체성, 심리학적 정체성, 지역 혹은 장소정체성, 문화정체성, 제품의 정체성, 브랜드정체성 등 이제 정체성을 거론하지 않는 분야는 거의 없다. 각 분야의 전문사전을 통해서 정체성에 대한 인식이 어떻게 다른지 알아볼 수 있다.

문학비평용어사전[75]에서는 정체성이라는 용어를 주체(subject)라는 개념으로 다룬다. 문학분야의 많은 이론가들은 "주체는 언제나 유동(流動)하는 상태에 있으면서 아무리 인간의 기능에 필요할지라도 궁극적으로는 달성되지 않는 전체성과 자아 됨의 환상을 추구한다" [76]고 말한다. 그러므로 정체성은 개인이나 개체뿐 아니라 그것을 중심으로 이루어지는 모든 것들에 대한 유기적인 결합을 이루게 하는 원인이라고 본다. 또한 정체성이란, 자기와 타자 간의 분류 근거로써 항상 비교 대상이 있다는 전제 하에 표현 가능한 것으로, 이를테면 '나의 정체성'이라고 하는 것은 '다른 사람과 나를 구분지어주는 것'이라고 한다.

이에 비해 사회학사전[77]에서는 정체성을 "어린이가 부모나 가족으로부터 차별화되고 사회에서 취득하는 과정을 발전시키게 되는 '자아'의 의미를 말한다."라고 설명하면서 정체성은 사회적 상호작용의 결과로써 형성되는 것이라고 한다.

또한 『정신분석용어사전』[78]에서는 "상당 기간 동안 비교적 일관되게 유지되는 고유한 실체로서의 자기에 대한 경험. 정체감은 주관적 경험으로서, 아동 자신이 세상 안에서 다른 사람들과 함께 한 개인으로서 존재한다는 자각으로부터 시작된다. 즉 정체감의 형성 과정에서 아동은 다른 사람들과는 달리 자신의 소망, 사고, 기억 그리고 외모를 갖고 있다는 자각을 갖는다."라고 설명하고 있다.

그리고 『21세기정치학대사전』[79]에서는 아이덴티티(정체성)를 세 가지로 설명하고 있는데 첫 번째는 "한 사람의 인간이 성장해 가는 과정에서 획득한 자기자신의 연속성과 안정성에 관한 자신(自信)" 두 번째는 "자신이 어떠한 사람인지를 타인에게 이해시킬 수 있는 형태로 나타내는 표지. 계속성이 있는 신체적 특징, 이름, 부모나 혈연집단과의 관계 명시, 그 외 사회가 중요하다고 생각하는 여러 집단·단체·조직으로의 귀속 명시 등이 표지로서 이용된다." 세 번째는 "자신이 어떠한 사람인지를 사회 속에서 위치 부여하고 타인과의 관계에서 애매함을 줄이기 위해 이용되는 집합적인 속성을 나타내는 추상적 개념" 등이다.

이렇듯이 각 분야에서 조금씩 달리 해석하고 있다. 매우 간단할 것 같은 'sameness', 'oneness' 동일성 단일성이라는 의미에서 출발한 개념이 학문적 관점에 따라, 그리고 개인인가, 집단인가, 또는 주관적인가, 객관적인가 등 관점에 따라 그 정의에 대한 접근 방법이나 개념이 다르게 나타나고 있다.

3) 정체성에 대한 다양한 견해들

다양한 분야에서 학문적으로 다루어지게 된 정체성

앞에서도 언급한 바와 같이 정체성 개념은 '자신의 정체성'뿐 아니라 '자신의 소속에 대한 정체성' '자신의 직업에 대한 정체성' '자기의 성적 정체성' '신분의 정체성' '학문 분야의 정체성' 등으로 확대되었다. 학문과 사회 여러 분야에서 정체성 개념을 적용하게 되면서 정체성에 대한 다양한 관점과 담론들이 등장하였다. 그 중에서 폴 리쾨르의 '이야기 정체성', 어빙 고프먼의 '손상된 정체성', 마뉴엘 카스텔의 '정체성 권력', 아마르티아 센의 '정체성과 폭력' 등 각기 다른 관점에서 접근한 중요한 몇 가지 담론을 소개한다.

- 이야기 정체성(Narrative identity)
  _ 누군가의 정체성은 그의 이야기이다

폴 리쾨르(Paul Ricoeur, 1913~2005)는 이야기 정체성(서술적 정체성 Narrative identity)의 개념을 제시했다. 자아란 스스로 인지될 수 없고 항상 문화적 · 상징적 매개를 통해 이해된다고 보았다. 그의 저서 『시간과 이야기(Time and Narrative)』에서 이야기(서술적) 정체성이란 '이야기된 시간' 즉 개인이나 공동체 그리고 모든 사물에는 그것의 역사가 되는 이야기가 있으며 바로 그것이 정체성이라는 것이다. 예를 들어 어떤 브랜드의 같은 볼펜이라고 하더라도, 만약 선물 받은 볼펜이라면 그 의미가 달라진다. 그것이 바로 그 볼펜의 역사가 되는 것이고, 그 볼펜에 대한 기억이 되는 것이다. 이렇게 모든 사물이나 인간에게는 이야기가 있다. 개인이나 공동체는 자신들의 실제 역사가 되는 이야기들을 받아들이고 기억함으로써 정체성이 형성된다. 어느 국가나 민족이나 모두 신화가 있다. 그 신화의 이야기들은 모두 그 민족의 정체성이 된다.[80]

모든 인간의 행위는 시간의 성격을 띠며, 그것이 진정 인간의 시간이 되기 위해서는 이야기되고 서술되어야 한다. 시간 경험은 그 자체로 인식될 수 있는 것이 아니며, 이야기로 표현될 때 비로소 시간적인 것으로 인식될 수 있다. 또한 행동으로 재현되기 위해서는 그에 앞서 행위의 의미, 상징, 시간성을 이해하는 활동, 즉 이야기(서사) 행위가 선행되어야 한다.

리쾨르에 따르면 모든 이야기는 필연적으로 세 단계의 미메시스 과정을 거친다. 첫 번째 미메시스는 '전(前)형상화(Prefiguration)'로, 이야기 이전의 시간이다. 이것은 볼펜을 선물 받기 이전을 이야기한다. 두 번째 미메시스는 '형상화(figuration)'로 본격적인 이야기로 서술하는 '줄거리 구성'의 시간이다. 볼펜을 선물 받는 순간이 형상화 단계가 된다. 세 번째 미메시스는 '재형상화(refiguration)'이다. 여기서 이야기를 수용하여 기존의 경험에 변용을 한다.[81] 볼펜을 선물 받고 그 볼펜을 특별하게 여기는 행위가 이 단계에 속한다. 결국 인간은 이야기를 하면서 자기를 이해하며, 또한 남의 이야기를 이해하면서 자기를 이해한다. 나의 정체성은 문화적 성과들을 자기에게 적용함으로써 만들어지는 것이며, 개인이나 공동체는 자신들의 역사가 되는 이야기들을 받아들임으로써 정체성이 형성되는 것이다.

이야기(서술적) 정체성은 개인 혼자서 만들어 낼 수 없기 때문에 상호 주체성의 성격을 가진다.[82] 그래서 리쾨르는 타자의 도움 없이 자기 스스로 경험하고 형성하는 "나(I)" 대신에 상호 주체적 관계 속에 존재하는 "자아(Self)"라는 표현을 사용했다.[83] 또한 다른 사람과의 관계를 통해 비교를 하며 파악을 하기 때문에 상호 관계성의 성격도 가진다. 따라서 "존재하기 때문에 의미가 있는 것"이 아닌 "의미가 있기 때문에 존재하는 것"이다. 이렇게 이야기(서술적) 정체성을 통해 존재론적인 목표들 사이의 괴리감을 점진적으로 줄여 나가고자 하였는데, 다음 리쾨르의 결론이 흥미롭다.

> "'누구'의 정체성은 따라서 서술적 정체성인 것이다. 서술 행위의 도움 없이는 인격적 정체성의 문제는 사실상 해결책 없는 이율배반에 빠지고 만다. …… 동일하다 뜻으로 이해된 정체성 대신에, 자기 자신이라는 뜻으로 정체성을 이해하게 되면, 딜레마는 사라진다. 동일성과 자기성의 차이는 바로 실체적 혹은 형식적인 정체성과 서술적 정체성의 차이이다."[84]

별도의 설명이 필요없을 것이다. 리쾨르는 동일성과 정체성의 개념적 혼란에서 자기만의 해법을 찾았다고 보인다.

이야기 정체성에 관한 리쾨르의 견해를 잘 모르더라도 광고와 브랜드 마케팅 분야에서는 이미 오래전부터 이야기 정체성을 자주 활용하여 왔다. 브랜드야말로 존재하기 때문에 의미가 있는 것이 아니라, 이야기와 그 의미 때문에 브랜드의 가치가 생기는 것이다.

• 손상된 정체성 스티그마(Stigma)
_ 타인의 반응에 의해 형성되는 자기

어빙 고프먼(Erving Goffman, 1922~1982)은 1963년 『스티그마(Stigma)』를 출간하였다. '스티그마는 오명(汚名), 치욕(恥辱), 낙인(烙印)이라는 뜻이며 이 책의 부제는 '손상된 정체성에 관한 비망록'(Stigma: Notes on the

Management of Spoiled Identity)으로서 사회적인 불명예나 편견 때문에 받는 고통과 정체성의 문제를 다룬 책이다. 고프먼은 정체성을 '사회정체성(social identity)', '개인정체성(personal identity)', '자아정체성(ego identity)'으로 분류하였다. 고프먼이 이러한 유형을 의도적으로 체계화하여 분류한 것은 아니며 이 책의 내용 구성에서 이와 같은 세가지 정체성을 중심적으로 다룸으로 해서 결과적으로 정체성의 유형이 제시된 것이다.

여기서 무엇보다 사회정체성이 가장 중요한 주제가 된다. 그는 어느 사회나 사람들을 범주화하는 방식이 있으며 각 범주에 속하는 사람들은 당연히 이러할 것이다라고 하는 속성이나 기질에 대한 기준을 가지고 있다. 이러한 범주를 사회적 정체성이라고 하였다. 그리고 사회 정체성을 '가상적 사회정체성(virtual social identity)'과 '실제적 사회정체성(actual social identity)'으로 구분하였다. 어떤 개인에게 회고적으로 기억을 통해 부여하는 개성을 '가상적 사회정체성'이라 하며 반면에 그 개인이 실질적으로 지니고 있는 범주와 속성을 '실제적 사회 정체성'이라고 하였다.[85]

이러한 사회적 정체성에 가장 큰 소상을 줄 수 있는 요인으로서 낙인(烙印)에 대해 주시하였다. 그는 낙인이 용어상 '심한 불명예나 수치를 가져오는 속성'이지만 속성보다는 관계적인 면으로 해석한다. 왜냐하면 같은 속성이라도 상황이나 관계에 따라 그 속성이 불명예가 아닐 수 있기 때문이다. 낙인을 세 가지 유형으로 구분하는데 이 모두 정체성과 밀접한 연관성을 가지고 있다. 첫째는 신체적인 혐오, 즉 다양한 신체적 기형이나 불구, 두 번째는 성격상의 결함으로써 예를 들면, 정신장애, 마약중독, 알코올 중독, 자살시도 등으로 나약한 의지, 횡포, 위험한 신념, 부정직 등으로 인해 나타나는 행동, 세 번째는 인종, 민족, 특정 종교 등을 말한다. 여기서 그는 '모럴 커리어(moral career)' 개념을 제시하는데, 모럴 커리어란 자기 정체성에 대한 인식으로서 주로 '타인의 반응에 의해 형성되는 자기가 누구인가에 대한 인식'을 의미한다.[86]

87

실제 누구나 스티그마(Stigma)를 경험한다. 그리고 그것이 바로 자기 정체성과 연관된다는 것을 알게 된다. 쉽게 이해하기 위해서 가벼운 스티그마의 예를 들자면 대머리를 들 수 있다. 이 경우는 첫 번째 신체혐오에 해당되는데, 혐오라고 할 수도 없는 자연스러운 신체적 특징으로서 나이가 들면서 많은 사람들에게 나타나는 현상이다. 그러나 그 사람의 이름보다는 대머리라는 신체적 특징으로 불리는 경우가 있다. 이는 다른 사람들에게 부정적인 이미지로 인식되는 현상으로 '낙인효과(Labeling effect)'라고도 하며 '피그말리온 효과(Pygmalion effect)'*와는 반대로 볼 수 있다.

이 스티그마가 결국은 자신의 일부가 되어 자아정체성과 사회 속에서 자신의 정체성을 형성하게 된다. 이 스티그마도 자신의 능력이나 본질적 실체보다는 이미지에 의해 좌우되는 정체성이다. 많은 경우에 이러한 스티그마 정체성 극복을 위해 브랜드에 의존하기도 한다. 자신을 명품브랜드로 감싸고 이를

---

* 그리스신화에 나오는 조각가 피그말리온의 이야기에서 유래한 용어. 피그말리온이 아름다운 여인상을 조각하고 갈라테이아(Galatea)라고 이름을 붙였다. 그리고 자기가 만든 갈라테이아의 아름다움에 빠져 진심으로 사랑하게 된다. 아프로디테가 피그말리온의 사랑에 감동하여 갈라테이아에게 생명을 주었다. 타인의 긍정적인 기대나 관심이 사람에게 좋은 영향을 미치는 현상을 말하며, 실제 하버드 심리학과 교수 로젠탈(Robert Rosenthal)이 1968년 초등학교 학생들을 대상으로 실험을 통해 입증하였다.

통해 자신을 투사하려고 한다.

• 정체성 권력_ 사회는 누가 지배하는가

마뉴엘 카스텔 (Manuel Castells 1942~)은 그의 저서 『정체성 권력, 정보시대: 경제, 사회, 문화』에서 정체성을 '정당화 정체성(Legitimizing identity)', '저항적 정체성(Resistance identity)', '기획적 정체성(Project identity)'으로 구분[88]하였다. 이러한 구분은 정체성의 본질적 개념에 대한 분류는 아니며 사회적 주체들의 소속 혹은 집단정체성에 대한 구분이다. 따라서 집단과 조직의 정당성, 권위와 지배, 특정 계층의 저항과 인식의 변화 등의 정체성에 대한 탐구이다.

정당화 정체성이란, 권위와 지배의 관점에서 본 정체성의 개념으로서 조직과 제도의 집합, 예를 들어 정당, 노동조합, 시민단체, 교회 등과 같은 시민사회에 내재된 정체성의 개념을 말한다. 이러한 시민사회는 구조적 지배의 원천을 합리화시키는 정체성을 재생산하며 이를 통해 지배를 확대 또는 합리화한다. 시민사회의 정체성은 직접적이고 폭력적인 공격 없이도 국가권력을 확보할 수도 있으며, 시민사회를 정치 변화의 영역으로 만들기도 한다. 이러한 면에서 정당화 정체성은 이중적이라고 할 수 있다. 이러한 사례는 정치권력화 되어가는 우리나라의 많은 시민단체에서 찾아볼 수 있다. 당초 시민단체나 공익집단이 시작될 때는 의도와 목표가 순수하였으며 또한 조직의 운영 역시 공정하게 추진되어가지만 점차 대외적으로는 이익집단화의 현상이 나타나고 대내적으로는 의사결정 과정에서 권력의 집중화 현상이 나타나는 경우를 보게 된다. 또한 겉으로는 공익과 공정을 외치며 시민을 위하는 척하면서 정당성을 확보하지만 속으로는 집단의 이익만을 추구하고 또한 집단 내 권력 투쟁의 양상을 보이는 경우도 많이 볼 수 있다.

저항적 정체성이란, 일종의 배척 받는 자들의 공동체 정체성으로써 억압에 항거하는 집합적 저항의 형태, 그리고 지배 논리에 의해 억압 받는 층에서 생성되는 저항과 생존의 정체성이다. 예를 들어 종족이나 인종으로 억압 받으면 민족주의라는 정체성이 형성된다. 이와 같이 정치적 혹은 경제적으로 사회적인 불공평한 상황에서 저항적으로 나타나는 정체성을 말한다. 노동자 단체, 장애인 단체 등에서 형성되는 정체성 등이 대표적인 사례라고 할 수 있다.

기획적 정체성이란, 주체를 생산하는 정체성으로서 사회 속에서 자신들의 지위를 향상시키거나 확고하게 하기 위해서 자신들의 영역을 재정의하는 새로운 정체성을 구축하는 것을 말한다. 예들 들어 여성들이 가부장적 가족제도로부터 자신들의 지위와 권리를 재정의 하기 위해 여성정체성 즉 페미니즘을 만들어 내는 것 등이 해당된다.

마뉴엘 카스텔의 출신 배경, 경력을 보면 왜 그가 이런 견해와 이론을 펼쳤는지 이해할 수 있다. 그는 지역적 정체성이 강한 스페인 바르셀로나에서 태어났다. 바르셀로나는 스페인 북동부 카탈루냐 지방의 중심 도시로서 스페인에서 분리독립의 의지가 매우 높은 지역이다. 또한 그가 태어나서 자란 시기는 프랑코의 군부독재 시대였다. 1936년에 쿠데타를 일으킨 프랑코의 쿠데타군이 스페인 내전에서 완전히 승리하며 정권을 장악한 1939년부터 1975년 11월 프랑코 사망 때까지 26년간 군부독재 시대였다. 그가 대학시절 독재 반대운동에 연루돼 파리로 망명할 때까지 태어나서부터 청소년시절을 독재 정권에서 성장하였다. 지역적 정체성이나 정치적 환경으로 볼 때 비슷한 시기의 우리나라 청년들과 유사한 점이 많다. 파리로 망명한 후 파리대에서 박사학위를 받고 1979년까지 파리대 교수를 지냈으며, 1979년 이후 25년간 캘리포니아대 사회학과 교수를 지냈다. 2004년 이후 고향 카탈루냐에 다시 돌아와서 교수로 활동하고 있다.[89] 이러한 그의 정체성 혼란의 경험은 그의 주요 전공분야가 정보시대의 네트워크 사회에 대한 것이지만, 정체성에 있어서 종교적 근본주의, 여성운동, 환경운동, 반세계화운동 등 '저항적 정체성'을 가진 공동체에 대해 관심을 가지게 한 것으로 짐작할 수 있다.

그는 서로 연결된 사회는 누가 지배하는가?라는 질문을 던지면서 네트워크 사회를 구성하는 근본은 역시 권력이지만, 그 권력은 제도, 국가, 대기업에 있는 것이 아니라 사회를 구성하는 네트워크에 존재한다고 주장한다. 따라서 네트워크에 자아정체성을 아우르는 상호 소통의 새로운 종류의 기획적 정체성을 만들어 가야 한다고 제언한다.

이러한 정체성권력의 개념은 비록 카스텔이 개념화하였지만 새로운 것은 아니다. 오래전부터 인류역사 내내 존재하여왔던 메커니즘이다. 이는 다음에 소개하는 '정체성과 폭력'도 마찬가지이다.

• 정체성과 폭력 _ 환영에 의한 폭력

아마르티아 센(Amartya Kumar Sen, 1933~)은 정체성을 '대조적(contrasting) 정체성'과 '비대조적(noncontrasting) 정체성'으로 구별하였다. 대조적 정체성이란 예를 들어 남자와 여자, 여당과 야당, 임원과 직원, 백인과 흑인 등과 같이 대비되거나 계층을 나누어 비교되는 경우를 말하며 비대조적 정체성이란 이러한 대조가 없는 순수한 정체성을 말한다. 예를 들어 '한국인'이라고 할 때 한국인은 모두 한국인이다. 학생은 항상 학생이다. 즉 소속에 관해서는 차이가 없다. 말하자면 대조적 정체성과 비대조적 정체성의 구별은 어떠한 절대적 구분에 의해서 구별하는 것이 아니라 정체성의 소속을 말할 때 상대적인 면을 말하는 것이다.

아마르티아 센의 이러한 구분은 정체성의 본질적 개념보다 사람의 소속정체성 관점에서 본 구별이다. 아마르티아 센은 인도출신의 경제학자이자 철학자이며 아시아인으로서 최초로 1998년에 노벨 경제학상을 받았다. 인도의 국립대학인 캘커타(콜카타 Kolkata)대학을 졸업한 후 영국 케임브리지 대학교에서 박사학위를 받았다. 옥스퍼드대학교 교수, 케임브리지대학교 교수를 거쳐 2004년 이후에는 하버드대 철학과와 경제학과 교수로 재직하고 있다. 이러한 경력에서 알 수 있듯이 아마르티아 센은 마뉴엘 카스텔보다 먼저 그와 유사한 정체성의 혼란을 겪었다.

센 역시 경제학자로서 윤리적 경제에 관심을 두고 빈곤과 평등의 경제학 연구를 하였으며 빈곤에 관한 '센 빈곤지수'(Sen—Index)는 그의 이름을 딴 용어이다. 주요 저서로는 『자유로서의 발전』을 비롯하여 『불평등의 재검토』, 『윤리학과 경제학』, 『경제적 불평등』 등의 저서들 중에서 특이하게 경제와 무관한 『정체성과 폭력』이라는 저서가 있다. 이 책을 쓴 이유는 그의 경력에서 짐작하였겠지만 인도인으로서 영국대학의 교수라는 위치까지 그의 인생은 정체성의 극복 과정이었기 때문이다.

『정체성과 폭력』의 프롤로그는 그가 케임브리지 트리니티 칼리지의 학장으로 재직하던 당시 그의 인도 여권을 살펴보던 영국공항 출입국관리소 직원으로부터 학장의 가까운 친구냐는 질문을 받으며 곤란을 겪은 일화를 소개하는 것으로 시작된다. 사소한 에피소드이지만 인도 태생으로서 영국에서의 그의 정체성을 상기시키는 사건이었다. 그리고 바로 이어서 사회적 정체성의 문제에 대해서 지적하면서 정체성은 환영(幻影)에 불과하며 정체성으로 인한 갈등을 '환영에 의한 폭력'이라고 하였다. 이는 앞서 언급한 어빙 고프만의 스티그마와도 같은 것이다.

> "실로, 세계의 무수한 갈등과 만행은 선택이 불가능한 독보적인 정체성이라는 환영을 통해 유지된다. 증오심을 구축하는 기술은 다른 관계들을 압도하는 정체성, 이른바 지배적인 정체성의 마력에 호소하는 형식을 취하며" [90]

이는 정체성이 무엇인가 하는 개념에 대한 관심보다 정체성이 유발하는 사회적 문제에 대해 지식인으로서 우려를 나타낸 것이다. 전 세계 사람을 '단일하고 지배적인' 분할 체계, 즉 인간을 문명이나 종교에 따라 분할하여 오로지 한 집단의 일원으로만 간주하는 이상한 사고방식에 대해 지적한다. 사람들이 모두 어떤 집단에 속하지만 한 사람이 동시에 여러 분야에 속할 수 있다. 그리고 각 집단은 그 사람에게 그 집단만의 특정한 정체성들을 부여한다. 그 중 어느 것도 그 사람의 유일한 정체성이나 소속이 아니지만 어떤 특정 맥락에서는 어느 것이 상대적으로 더 중요한지 결정해야만 한다는 모순을 지적한다. 그러한 모순이 그것으로 그치는 것이 아니라 갈등을 조장하고 폭력을 불러일으키는 것이 문제라는 것이다.

정체성을 인식하는 것이 긍지와 용기와 자신감의 원천이면서 동시에 정체성은 또한 사람을 죽일 수도 있다. 한 집단에 대한 소속감이 배타적이면서 강하게 나타날 때 다른 집단과 불화가 발생한다.

그리고 그는 새뮤얼 헌팅턴[91]의 '문명의 충돌'에 대해 비판한다. 문명권이라는 것을 단일 범주로 '서구 문명', '이슬람 문명', '힌두 문명', '불교문명' 등으로 구분할 수 있는가? 또한 이렇게 분류하여 세계인구를 분할하고, 그리고 이러한 분류가 우선순위가 될 때 편가르기를 조장하는 것이다라는 견해는 일리가 있다고 보인다. 그는 정체성이라는 미명으로 지금 전 세계는 편 가르기를 하고 있으며 그것을 더욱 부추기고 있을 뿐 아니라 인간을 단일 정체성이라는 틀 속에 인위적으로 축소시키는 것에 대해 경계하여야 한다고 주장한다. 만약 한 개인이 하나의 정체성만을 가져야 한다면 사람들의 선택은 '전부 아니면 전무(全無)'의 대결이 되며 결과적으로 정체성이라는 용어가 배타적인 용어로 변질될 수 있다는 것이다.

그가 경제학자이면서 배타적 정체성에 대한 우려를 나타내는 마음은 "세계는 눈부시게 풍족하면서도 동시에 참혹하게 피폐하다" [92]라는 말에서 그 심정을 느낄 수 있다. 그리고 E.M. 포스터[93]의 "만약 조국을 배반하는 것과 친구를 배신하는 것 중 하나를 택해야 한다면, 내게 조국을 배반할 용기가 있기를 바란다"라는 유명한 말을 인용한 것은 소속감의 정체성으로 인하여 정신적 고통을 겪는 사람들의 입장을 잘 대변해주는 것이다. 이 말은 우리나라에서도 정체성으로 고통 받는 많은 사람들, 또한 해외에 사는 한국계 동포들에게 용기를 줄 수 있다. 결혼하여 한국에 온 외국인들과 그 자녀들, 러시아로 귀화한 안현수 선수, 일본과 북한을 오가다 한국에 온 정대세 선수, 한국과 일본 사이에 끼어있는 여러 사람들과 그의 가족들 등 수많은 사람들이 국내외에서 대조적 정체성으로 인한 고통을 받고 있다.

4) 역할정체성과 언어폭력

사려 깊게 생각해야 할 "무엇 다음"

역할은 신분을 만든다. 역할에 대한 정체성은 자아정체성, 개인정체성, 집단정체성, 개념정체성 등과 모두 연관성을 갖는다. 개인이 가정과 사회 속에서 어떤 역할을 하고 있는가를 인식하는 것은 자아정체성을 의식하는 데 매우 중요한 요소일 것이다. 마치 배우가 드라마 속에서 어떤 배역을 맡고 있는가를 의식하는 것과 같다. 자신의 역할을 의식하는 것은 자기뿐 아니라 자기가 속한 집단 속에서 상대적인 것이기 때문에 타자와 자기와의 관계, 타자와 자기를 포함함 집단 전체와 자기와 관계, 그 집단 속에서 객관적인 관점으로 보는 한 개인의 위치 등 이 모두 관련되기 때문에 역할정체성은 자아정체성, 개인정체성, 집단정체성, 개념정체성 등과 연관 지어서 생각하게 된다. 이러한 연관성은 사람에게만 해당되는 것이 아니라 사물과 브랜드에서도 유사한 구조를 보인다. 어떤 사물도 연관된 다른 사물 없이는 독자적 기능을 수행하기 어려운 경우가 대부분이다. 따라서 그 사물의 정체성은 독립된 정체성을 갖기도 하지만 그 사물이 속한 전체의 구조와 그것을 활용하는 사람, 집단, 혹은 사회의 특성에 따라 그 위치와 존재의 가치가 달라지게 된다. 사물은 스스로 생각하지 않기 때문에 자아정체성과는 무관하지만 사물의 개별적 정체성과 전체 중의 하나로서의 정체성은 다른 의미를 가지게 된다. 그리고 그 사물이 어떤 사회 속에 존재하는가에 따라 그 사물이 갖는 의미는 달라지게 된다.

예를 들어 자동차가 어떤 지역 사회에서는 단지 운송도구에 지나지 않지만 다른 사회에서는 부(富)의 상징이 되기도 한다. 거울은 자동차의 주요 부품 중 하나로 내부와 외부에 모두 달려 있다. 원래 거울은 자신을 보는 기능에서 만들어진 것이다. 그런데 자동차의 거울은 나를 보는 것이 아니라 주변을 확인하는 기능이다. 거울은 다양한 개념과 상징성을 가지고 있다. 거울은 무엇인가 반영(反映)한다. 반영한다는 것은 의미 있는 무엇을 보여준다는 뜻이다. 나르시즘을 상징하기도 한다. 따라서 문학에서는 거울의 상징적 의미를 차용하기도 한다. 이러한 거울이 자동차의 부속이 되는 순간 다른 자동차와 충돌을 피하게 하는 안전장치의 기능을 갖게 된다. 거울의 역할정체성이 변하는 것이다. 또한 그럼에도 자동차가 부의 상징으로서의 정체성을 갖는 사회에서는 그 부속품인 거울 역시 고급스러운 형태를 가져야 한다. 거울도 자동차와 함께 부의 상징으로서의 역할정체성을 잃으면 안 되기 때문이다.

역할정체성은 주로 "무엇답다"로 표현한다. 그 역할에 적합한 행위와 형태를 갖추어야 하기 때문에 "무엇답다"라는 말이 가장 쉬운 표현이다. 아버지는 아버지다워야 한다. 선생님은 선생다워야 한다. 학생은 학생다워야 하고 군인은 군인다워야 한다. 선생님이 선생님답지 않으면 선생님으로 인식하기 어렵다. 이것을 정명(正名)사상이라고 한다.

정명사상은 『논어』 12편에 나오는 내용인데 제(齊)나라의 경공(景公)이 정사에 관하여 묻자 공자가 답하기를 "임금은 임금답고 신하는 신하답고 아버지는 아버지답고 자식은 자식다워야 합니다.(齊景公 問政 於孔子. 孔子 對曰: "君君, 臣臣, 父父, 子子)"라고 하는 구절에서 유래되었다.* 원래 정명사상은 그 역할에 맞는 인격을 요구하는 것이지 그 '무엇다움'에 얽매이라는 의미는

* 정명사상에 관한 내용은 이 책 3부 '권력에 필요한 것은' 편에서 자세히 다루고 있다.

아니었다. 그 '무엇 다움'을 누가 구별하고 판단하는가? '무엇다움'의 기준은 시대에 따라 변한다. 사회 전체에 어떤 획일화된 규범을 만들어서 그 틀 안에 가두려는 현상이 문제다. 개인의 진정한 정체성은 개인이 스스로 만드는 것이며 스스로 판단하는 것이 가장 중요하다. '무엇다움'을 잘못 해석하여 적용하면 속박이 되며 동시에 언어 폭력이 된다. 가장 간단한 예를 들면 "여자답지 못하게 …" "여자답게 행동해라" "남자답지 못하게 울지 말라" 이런 표현은 언어 기만(欺瞞)이자 폭력이다. 어떠한 자율적 판단과 행동을 제약한다. 또 다른 경우를 보면, 친구가 돈 빌려달라고 할 때 거절하면 "의리 없다"고 말하는 경우가 있다. 돈 빌리는 것 외에도 "함께 어디 가자" 등 자기 요청을 거절할 때 어떤 사정이 있는지 없는지 전후 사정 살피지 않고 "의리 없다"와 같은 표현으로 친구를 속박하는 기만적 표현을 하는 경우가 흔히 있다. 의도적이든 무의식적이든 언어적 기만이다. 그러나 '무엇다움'이라는 미명하에 속박을 요구하는 언어적 기만이 문제라는 것이지 '무엇다움'의 사상 그 자체가 갖는 기본적 윤리를 무시해도 좋다는 것이 아니다. 여기에는 맹목적 믿음 혹은 맹목적 복종의 문제가 숨어있다. 어떤 이데올로기가 시대를 지배하면 그 시대에 사는 대중들은 그 이데올로기를 당연한 이념으로 여기게 된다. 따라서 역할정체성은 사려 깊게 생각하여야 한다.

5) 집단정체성

소속감과 의식화 된 정체성, 자기보호인가? 자아상실인가?

정체성이라는 같은 단어를 사용하지만 개인에게 있어서 정체성이란 자아정체성 즉 자아를 인식하고 주체성을 확인하는 것, 사회 속에서 자기를 재인식하는 것 등 자기 중심적인 데 반해 집단정체성은 전혀 반대의 양상으로 자아의 상실 혹은 망각으로 이어지기 쉽다.

자아정체성에서는 자기가 자기의 주인이라는 자기주체성을 갖게 된다. 자기를 먼저 돌아보게 됨으로써 자기 안의 지속적인 동일성을 인식하게 되며 동시에 자기의 이미지를 통합하게 되고 또한 자기의 꿈 즉 성취 목표를 위해 지속적으로 수정해 나간다. 따라서 집단에서의 소속감보다 자기가 우선이 된다.

그러나 집단정체성에서는 개인이 없어진다. 자아의 상실 혹은 자아정체성의 상실로 이어진다. 자연발생적이든 인위적으로 조직된 것이든 어떤 조직이나 집단은 그 존재의 이유 혹은 설립의 이유가 있으며 그 구성원들은 싫든 좋든 구성원인 이상 조직의 근거 이유에 따라야 한다. 즉 집단이 개인보다 우선시 된다. 국가라는 집단을 살펴보자. 국민은 국가의 법을 준수해야 한다. 여기서 정치 사회학적인 국가론은 잠시 접어두고 단지 정체성에 관해서만 볼 때 국민들은 국가정체성에 충실하게 된다. 그렇기 때문에 태극기를 사랑하고 애국가를 부른다. 평소 장미꽃을 좋아하면서도 무궁화 꽃에는 또 다른 애정을 가지게 된다. 평소 일본제 상품을 좋아하면서도 축구 한일전에서는 흥분하면서까지 우리나라를 응원한다. 어느 나라나 마찬가지이다. 이럴 때 개인적 선호는 잠시 없어지고 국가와 민족만이 전부로 다가온다.

군대, 회사, 학교, 종교, 시민단체 등 다양한 조직과 집단에서 정도의 차이는 있지만 거의 비슷한 양상이 나타난다. 소모임의 경우 학교 동창회, 지역 동호회, 엄마들의 모임 등 다양한 형태의 친목 단체들이 있다. 그런데 그 안에서도 따로 또 소모임을 만든다. 취미나 직업 혹은 평소 친분이 두터운 사람들끼리 따로 작은 모임을 만든다. 모임의 이름도 신중하게 만든다. 작은 소모임도 모임의 목적과 비전을 담은 정관을 만들고, 규칙을 만들고, 회비를 걷고, 심지어 행동강령을 만들고 로고까지 만들기도 한다. 명문화하지는 않더라도 모임의 참가자에 대한 제한을 두는 경우가 많다. 동질성을 가진 사람들의 모임이어야 하기 때문이다. 즉 작은 소모임도 집단정체성을 형성하고 결속력을 강조한다. 그래서 단체복을 만들어 똑같이 입고 다니기도 하고 또 취미 생활을 함께하기도 한다. 서로서로 도우며 모임의 힘을 만들고 유지하려고 한다. 그러기 위해서 통일된 의견이 필요하고 이런 과정에서 자연히 집단정체성이 형성된다. 이때 전체와 다른 의견을 제시하면 집단적으로 배척 받기 쉽다. 점차 자기도 모르게 집단적 정체성에 물들에 된다. 대표적으로 '한 번 해병은 영원한 해병' 이 문구는 집단정체성을 강조하는 대표적인 슬로건이다. 그래서 많은 집단에서 슬로건을 개발한다. 슬로건은 마음 속에 (심상)이미지를 만든다. 이러한 슬로건 속에서 개인, 즉 자아정체성은 점차 작아진다. 집단정체성은 소속감과 동시에 의식화를 통하여 이미지화되며 이미지는 정체성을 더 확고하게 만든다. 이러한 현상은 권력의 입장에선 소속 구성원들의 통제를 수월하게 해준다.

• 소속감과 정체성_ 나는 어디에 소속되어 있는가

자기가 소속되어 있는 집단에 대한 애착과 소속감은 일종의 소속정체성으로 나타난다. 이는 자아정체성과 집단정체성이 혼합된 형태인데 자기의 소속이 자기정체성의 일부가 되기 때문이다. 따라서 사람들은 자기가 소속된 집단을 자기와 동일시하는 경향이 있다. 그러나 그 소속이 단일계층의 구조일 때는 소속감이 단순하겠지만 복잡한 위계구조를 가진 집단에 소속된 경우 다소 소속정체성에 대한 혼란을 겪게 된다. 이는 평소에 의식하지 않더라도 무의식 중에 잠재되어 있다. 소속된 집단의 위계는 집단 조직의 분류를 통해 파악될 수 있다.

집단의 경우가 아니더라도 대분류, 중분류, 소분류 등 분류 계층을 통한 위계 분류가 필요한 영역이 있다. 특히 최근 정보화사회가 되면서 정보의 양이 많아지고 인터넷 등에서 정보 검색이 필요한 경우에 이러한 위계분류는 필수적이다. 정보뿐 아니라 브랜드에 있어서도 브랜드계층구조라는 개념을 도입하여 브랜드의 위계를 설명하고 있다. 브랜드계층구조는 "기업브랜드> 패밀리브랜드> 제품/개별브랜드> 브랜드수식어" 이러한 위계구조로 정의된다. 학자마다 견해가 다르며 시장과 기업의 상황에 따라서 그 위계구조를 다르게 정의할 수 있다.*

집단 역시 일반적으로 위계적 구성이 필연적이다. 예를 들어 우리나라 중앙 행정부의 위계구조를 간단히 살펴보면 "대한민국 >각 정부 부처, 각 처 및

---

* 특히 우리나라의 경우 기업브랜드 위에 그룹브랜드가 있는데 간혹 여기서 혼란이 발생한다. 예를 들어 "삼성전자", "삼성생명" 등은 독립된 기업이며 이 기업명은 기업브랜드가 된다. 반면 "삼성그룹"은 개념적으로 존재하지만 법적인 실체는 아니다. "삼성"은 통상적으로 부를 때 만 사용되는 명칭이지 실체가 없는 것이다. 그러나 "삼성"은 세계적으로 상당한 브랜드 자산가치를 가지고 있는 강력한 브랜드이다. 이러한 경우는 우리나라의 특별한 기업구조에서 기인하는 현상으로 외국 학자들에게는 낯선 현상이다.

청 > 각 실, 국, 산하 기관 > 각 과 > 각 주무 담당" 이러한 위계 구조로 구성되어 있다. 지방자치단체를 보면 "대한민국 > 각 광역자치단체 > 각 기초자치단체 > 각 과, 각 동, 읍, 면"의 위계구조로 구성된다. 물론 이렇게 단순한 형식으로 복잡한 구조를 모두 담을 수 없지만 간단히 볼 때 이러한 위계구조로 파악될 수 있다. 또한 중앙 부처와 지방자치 단체에는 직속기구, 소속기관, 산하기관, 출자기관 등 여러 종류의 하부 기관이 있으며 또 그 안에 연속적인 하위조직으로 위계구조를 구성하고 있다.

따라서 이러한 조직에 소속되어 있는 모든 개인은 가장 상위의 조직에서부터 자기가 소속되어 있는 조직까지 동시에 여러 조직의 구성원이 된다. 예를 들면 서울 삼청동 주민센터에서 근무하는 공무원 'A'씨는 '서울특별시 소속 공무원'이자 '종로구청 소속 공무원'이자 동시에 '삼청동 주민센터 소속공무원'이 된다. 이러한 위계상 중복 소속은 어떤 조직에서나 항상 존재한다. 이러한 경우 중복되는 소속은 아마르티아 센의 구분에서 보면 '비대조적 정체성'에 해당된다. 상위 기관과 하위 기관은 수평적으로 대립되는 구조가 아니기 때문이다. 만약 서울시와 경기도 사이에, 혹은 삼청동과 효자동 사이에 이해관계 때문에 소속의 정체성 대립이 발생할 경우 '대조적 정체성'의 관점으로 볼 수 있다. 만약 위 'A'씨가 삼청동에 인접한 효자동에 거주하는데 두 동 사이에 이해관계가 발생하면 'A'씨는 그 문제를 어느 쪽 입장에서 볼 것인가? 이러한 현상은 전국적으로 공무원뿐 아니라 모든 사람들에게 해당되는 문제다. 그러나 수평적으로 대비 관계에 있는 상황 즉 '대조적 정체성'은 차라리 판단이 쉬운 편이다. 문제는 수직 구조에서 상위 기관과 하위 소속기관 사이에 발생하는 정체성 대립은 매우 골치 아프다. 특히 지역의 소속정체성은 현재 지방자치 행정에서도 많이 발생하는 문제이다. 나의 소속이 서울특별시인가, 종로구인가, 삼청동인가, 혹은 대한민국 정부인가? 모든 곳에 해당되지만 어디가 우선인가? 혹은 우선되어야 하는가?

여기서 '우선인가?' 혹은 '우선되어야 하는가?' 이 두 가지 질문은 그 의미가 다르다. 단지 '개인적인 선호'에 대한 질문인가 혹은 '공공적으로 어떤 것이 타당한가'에 대한 질문인가의 차이이다. 개인적 선호로는 삼청동 소속이 우선될 수 있으나 국가 공공적 관점에서 보면 대한민국 정부 소속이 우선되어야 할 것이다. 이러한 질문이 대수롭지 않을 수 있겠으나 만약 나에게 각 위계 구조의 조직에서 주어진 4~5개의 '배지(badge)'가 있다면 그 중 어떤 것을 선택하여야 하는가? 간단치 않은 문제다. '배지(badge)'는 신속하게 직관적으로 자기의 신분 혹은 소속을 나타내는 장치이다. 또한 '배지(badge)'를 만들기 위해서는 심볼마크를 만들어야 한다. 즉 기관의 아이덴티티 디자인이 선행되어야 하는데 여기서 소속기관의 정체성 문제가 대두된다. 독자들의 이해를 돕기 위해 '삼청동'을 예로 들었는데 실상은 국가 행정부와 그 직속기구에서 많이 발생하는 문제이다.

우리나라의 행정부는 청와대, 국무총리실 외 17부, 5처, 5실, 16청, 2원, 5위원회 그리고 수많은 산하기관 등이 있다.* 게다가 사법부, 입법부와 그 산하기관까지 합치면 정부 기구는 몇 천 개가 될 정도로 상당이 많으며 그 위계 또한 복잡하다. 그러나 그 기관들의 마크를 보면 그 어느 것도 대한민국 정부의 기관 중에 하나라는 표시가 전혀 없다.** 해외에 나가면 그들이 대한민국 공무원이라는 것을 알기 어렵다. 대한민국 정부의 정체성이 우선되어야 하지만 모두 개별 조직 단위의 정체성만을 나타내려고 한다. 미국 정부를 보면 구체적으로

---

* 정권이 바뀌면서 정부조직도 조금씩 변경된다

** 이러한 상황은 2016년 4월 전 부처에 공통으로 적용되는 통합형 정부상징디자인이 공표됨에 따라 반대의 상황이 되었다. 이러한 획일적인 통합형 역시 적절한 방법이라고 하기는 어렵다. 이제는 몇몇 기관을 제외하고는 모든 정부기관이 통합형 상징을 사용하기 때문에 오히려 각각의 정부기관을 구별하기 어려워졌다. 이미 상황이 바뀌었지만 필자가 의도하는 바를 설명하기 위해 통합형으로 변경하기 이전 상황을 토대로 서술한다.

어느 부처인지는 알 수 없어도 미국 정부 기관 중에 하나라는 것은 알 수 있다. 국가 정체성을 우선하기 때문이다. 이러한 현상은 정부 조직에만 나타나는 것이 아니다. 지방자치단체에도 마찬가지다. 도, 시, 군, 읍 등 모두 단위별로 정체성을 표시하는 무엇인가를 시도하려고 한다. 또 어떤 대학에서는 대학의 마크가 있는데도 불구하고 단과대학의 마크를 만든다. 또 단과대학 내의 세부 전공에서 전공만의 마크를 만든다. 작은 집단에서 자기들만의 영역에 대한 정체성을 형성하고 그것을 나타내려고 하는 의도는 좋으나 그것이 상위 집단의 정체성과 대립될 경우 그 혼란을 잘 생각해 보아야 한다. 이러한 위계 구조에서 나타나는 '대조적 정체성'의 문제는 위계 구조의 가장 상위 기관에서 정체성을 명확하게 하고 중심을 잡아야 한다. 이런 면에서 대한민국 정부의 최고 기관에서 국가정체성에 대한 재인식이 필요하다고 하겠다.

집단정체성은 결국 소속감과 일체감으로 요약되는데 대조적 정체성과 비대조적 정체성이 혼재가 되는 상황에서는 또 새로운 문제가 발생한다. 집단의 계층구조에 따른 소속감과 개인이 여러 집단에 소속된 경우의 문제이다. 하나의 예를 가정해보자. 다음 김, 박, 이, 최씨의 4명이 있다. 이들은 서로 친한 관계이지만 각자 정치적으로 보수와 진보로 나뉘고 반면에 종교적으로는 기독교와 불교로 나뉜다.

이럴 경우

	보수	진보
기독교	김기보	박기진
불교	이불보	최불진

김기보는 박기진과 이불보 중에서 누구와 더 동질성을 느낄까?
박기진은 김기보와 최불진 중에서 누구와 더 동질성을 느낄까?

또 다른 예를 가정해서,

박공무 씨는 서울특별시 종로구 삼청동 주민센터에서 근무하는 공무원이다. 현재 거주지는 경기도 분당구 판교동이며, 태어나서 자란 고향은 전라남도 작은 마을이다. 아직도 고향에는 부모와 친척들이 살고 있다. 군대는 해병대를 갔다 왔으며, 대학은 연세대학교를 졸업하였다.

이 사람의 소속이 복수인 것은 당연하고 자연스러운 것이다. 그러나 이 사람이 가장 중요하게 생각하는 자신의 소속감은 어디이며, 자랑스럽게 생각하는 지역적 정체성은 어디일까? 연세대학교와 해병대의 기억은 이야기정체성으로 인해 이미 자신의 일부가 되었을 테며, 삼청동과 판교동, 그리고 전라도 시골마을은 모두 지역적으로 자기정체성을 형성하는 일부이자 기억/이야기가 된다. 현재 공무원이라는 현실은 직업정체성으로서 자아를 형성한다. 그러나 이러한 요소들 사이에 대립이 발생하면 소속감에 따른 정체성의 혼란을 겪게 된다. 만약 주변 인물들 중에 연세대학과 해병대 출신 두 사람이 다투면 누구 편을 들것인가? 유치한 예를 들었지만 우리 주변에서 흔히 볼 수 있는 경우다.

위의 4사람의 관계에서도 소속감에 따른 정체성의 난처한 상황을 겪게 된다. 평소의 소신과 자신이 속한 정당의 당론과 다른 경우 국화의원들은 당론을 따른다. 자신의 정체성보다 정당의 정체성을 우선할 수밖에 없는 풍토이기 때문이다.

• 앙가주망(Engagement)과 자아정체성

자아정체성이든 집단정체서이든 정체성은 결국 '자기속박'을 만든다. 건전한 자기속박은 어떤 목표를 향하여 스스로 통제하는 것이기 때문에 그것이 자기 자신을 위한 것이든 자기가 속한 집단을 위한 것이든 목표지향적이다. 예를 들어 금연을 지키기 위한 자기구속, 질서를 유지하기 위한 자기구속 등은 스스로 욕구를 통제 함으로써 자기의 존재의식을 확인하게 된다. 이를 통해 자아정체성을 인식하고 자아가 확고하게 된다. 그러나 자기가 속박 당하는지 의식하지 못한 채 무의식적인 자기속박은 앙가주망과 다른 의미로서 자기속박이다.

사르트르의 앙가주망은 자기속박, 사회참여를 통한 책임감수 등의 의미로 해석된다. 원래의 의미에 적합한 우리말 단어를 찾기 어렵다. '자기약속'이라는 개념이 더 적절하지 않을까 하는 생각이 든다. 앙가주망은 원래 약속, 계약 등의 의미로서 이러한 경우 자기 자신과의 약속을 통해 사회적 책임을 다한다라는 의미로 볼 수 있다. 진정한 의미에서 정명사상과 상통한다. 그러나 맹목적 "무엇다움"을 통한 자기속박은 정체성을 빙자한 관습의 권력에 속는 것이다. 정명사상의 요체는 "무엇다움"을 확고하게 고정시키는 것이 아니며 또한 역할정체성을 통한 자기속박이 아니라 명(命), 즉 역할에 주어진 목표에 근접하는 충실성과 자기 수양을 의미한다. 팀플레이, 오케스트라 협주처럼 자기의 위치에서 자기의 역할에 충실하는 것과 "무엇다움"에 속박 당하는 것은 다르다. 즉 프로가 프로의식을 갖는 "무엇다움"과 맹목적인 "무엇다움"의 차이를 인식해야 한다.

마치 직(職)과 업(業)을 구분하는 것과 유사하다. 흔히 통상적으로 직업(職業)이라고 할 때 직(職)과 업(業)을 구분하지는 않는다. 그리고 직(職)과 업(業)을 엄밀히 구분하는 기준은 없다. 두 가지 단어 모두 직업에 해당하는 단어이기 때문이다. 그럼에도 직(職)과 업(業)을 구분하자면 직(職)은 주로 계급, 자리, 위치, 책임과 연관된다. 직책(職責) 직권(職權)이라는 표현에서 알 수 있듯이 업(業)에 비해서 직장 내의 위치에 관련된 의미가 더 가깝다. 이에 비해 업(業)은 직업의 본질에 더 가깝다. 업종(業種) 업태(業態) 등의 표현과 같이 종사하는 일의 성격과 종류에 해당되는 의미로 주로 사용한다. 따라서 직무

(職務)라고 하면 그 직책을 맡은 자리에서 해야 할 일을 말하고, 업무(業務)라고 하면 그 업종에서 해야 하는 일로 구분된다. 이러한 구분은 사전적 구분이 아니라 통상적이며 자의적 구분이다. 그러나 이렇게 구분하여 보면 무엇에 더 충실해야 하는가, 그리고 나의 정체성을 어디서 찾아야 하는가의 해답이 저절로 나온다. 직(職)은 변하기 쉽지만 업(業)은 변하기 쉽지 않다. 군인의 계급과 소속은 바뀌지만 군인으로서의 업(業)은 항상 그대로이다. 군인으로서의 정체성은 명료하지만 계급에는 정체성을 부여하기 어렵다. "군인다움"은 자연스럽지만 "대위다움"은 어색하다. "장교다움"도 가능하겠지만 "군인다움"이 우선되어야 할 것이다.

앙가주망과 직업정신은 전혀 다른 것이기는 하지만 자기가 속한 사회 속에서 '자기구속' 혹은 '자기통제'를 통해서 사회적 책임을 다한다는 점에서는 일맥상통한다. 이러한 '자기구속'은 맹목적 집단정체성보다는 성숙한 자아정체성에서 가능할 수 있다.

• 전통이라는 집단정체성을 통해 일체감과 내부결속력을 키운다

전통은 민족정체성과 문화정체성, 그리고 지역정체성의 총합이다. 전통은 공동체의 역사이며 집단기억이기 때문에 전통을 벗어나서 살아갈 수 없다. 전통이란 대체로 지키고 이어가야 할 바람직한 규범이라고 한다. 그러나 전통은 사실 잘 들여다보면 바로 이전 시대의 유행에 불과한 경우가 대부분이다. 예를 들어 우리가 말하는 전통 의상은 과연 얼마나 오래된 것일까? 우리 고유의 전통 음식이라고 자랑하는 김치와 고추장은 언제부터 고추 가루를 사용했을까? 요즈음 전통적이라고 하는 제사상의 상차림은 언제 시작된 것인가? 물론 아주 오래된 전통도 있겠지만 상당부분은 오래되지 않은 것들이다. 그러한 전통은 바로 그 이전 시대의 관행에 비추어 보면 파격적이었을 수도 있다. 지금은 전통이지만 처음에는 시대를 거스르는 새로운 것이었을 수도 있다.

예를 들어, 언제부터인가 제사상에 맑은 청주를 올려 놓으며 그것을 전통으로 알고 있다. 그러나 원래 막걸리를 먼저 올리는 것이 전통이었으며, 국가의 제례(祭禮)에서는 복잡한 절차와 법도*가 따로 있었다.[94] 조선시대를 비롯한 과거 전통의 전문적이며 학술적인 내용은 이제 전통문화 전문가들의 영역이며 대중적 전통과는 거리가 멀어졌다. 이러한 사례는 비단 술에 국한되는 것이 아니라 예절, 의상 등 우리 생활 전반에 걸쳐 대부분 어디까지가 전통이며, 어떤 것이 어떻게 변하였는지 잘 모른다. 그럼에도 불구하고 전통이라는 이름으로 우리의 정체성을 찾고 유지하려 한다. 이러한 관점에서 보면 정체성과 전통은 서로 원인이자 결과의 관계가 된다. 정체성을 형성하는 과정에서 전통이 만들어지고, 또한 전통에서 정체성을 찾는다.

전통은 새로운 창조적 사고를 가로 막기도 한다. 그렇다고 해서 전통과 창의적 발상이 공존하지 못한다는 것은 아니다. 전통에 대한 관점은 다양하게 나타난다. 기존의 관행을 그대로 유지해야만 한다는 고정관념이 있는가 하면 전통은 낡고 오래된 것에 불과하다는 급진적인 견해도 있다. 모두 일리 있으면서 동시에 과격하다. 전통이란 언어와 유사하여 시간과 환경이 만들어낸 규범과 관습이다. 전통은 시간에 비례한다. 시간은 역사가 된다. 오랜 시간 동안 자연스럽게 퇴적되어 형성된 전통이 있는가 하면 누군가 혹은 어떤 집단에 의

---

* 제사에서 술을 부어 신위(神位) 앞에 드리는 여덟 가지 술 '오제삼주(五齊三酒)'가 있다. 제례의 격식과 규모에 맞추어 전체 혹은 일부를 바쳤으며, 일반의 제례에서는 1~3종류만 사용하였다. 오제란, 범제(泛齊), 예제(醴齊), 앙제(盎齊), 제제(緹齊), 침제(沈齊)를 말하며, 삼주에는 사주(事酒), 석주(昔酒), 청주(淸酒)가 있다. 범제는 앙금이 뜨고 맛이 없는 술이며, 예제는 탁한 술이다. 앙제, 제제, 침제 순으로 더 맑은 술이다. 사주는 일이 있을 때마다 빚은 술이며, 석주는 겨울에 빚어 이듬해 봄까지 익힌 술이며, 청주는 겨울에 빚어 이듬해 여름까지 익힌 술로써 사주보다는 석주가 석주보다는 청주가 더 그 맛이 진하고, 빛깔이 맑다.

해 의도적으로, 또는 의도적이지는 않더라도 인위적으로 짧은 기간에 만들어진 전통도 있다. 그러나 전통은 지속적으로 변한다. 시간의 흐름 속에서 변화하고 전혀 새로운 모습과 형식으로 나타난다. 마치 강물의 흐름에 의해 강변의 지형이 바뀌고 강가의 조약돌의 모양이 바뀌듯이 전통은 새로워진다. 전통과 관습은, 변하기 전에는 그 형식과 룰이 절대적이다. 반드시 지켜야 하는 규범으로 생각하고 그 규범을 벗어나면 큰일나듯이 문제 삼는다. 그러나 시간이 지나서 새로운 관습이 자리 잡으면 그 당시 왜 그렇게 그러한 규범을 고집했는지 이해하기 어려운 경우도 많다. 특히 제례와 같은 행사, 복장 등에서 많은 사례를 볼 수 있다. 몇 백 년 전으로 갈 필요도 없이 1970년대만 보더라도 두발 단속, 미니스커트 길이 단속의 사례는 관습의 변화를 단적으로 보여준다. 이렇게 변화하는 중에서도 전통과 관습은 정치적, 문화적, 지역적 집단정체성을 형성한다. 집단정체성은 특정 지역의 정체성을 만들어서 우리지역은 다른 지역과 이렇게 다르며, 이러한 전통과 관습으로 일체감을 갖는다는 것을 내세운다. 그리고 특정 계층의 사람들은 자기들만의 특권의식을 위하여 어떤 전통과 관습을 만들어서 다른 계층과 차별화를 꾀한다. 즉 전통이라는 집단정체성을 통하여 내부결속력을 다지는 동시에 배타성을 키우기도 한다.

이러한 전통과 관습을 만드는 중요한 도구 혹은 요소로서 시각적 이미지를 중심으로 한 감각적 이미지가 매우 중요한 역할을 한다. 전통이란 정체성과 이미지의 결합의 대표적 사례이다. 전통과 관습은 주로 그것을 실행하는 사람들의 행위와 격식으로 표현된다. 행위와 격식은 대부분 시각적 이미지로 구성되어있으며 그것은 결국 정체성으로 귀결된다. 예들 들어 한복, 제사상 차림, 한옥 등 대부분 전통이라고 하는 것들은 이미지로 표현된다. 사람과 사람이 만나서 인사를 하는 모습도 시각적 이미지이며 제사상의 배치에 담긴 숨은 의미가 있다고 하지만 대부분 시각적인 것을 중요하게 여긴다. 어떤 행사의 절차에서도 시각적인 요소를 빼 놓고 생각하기 어렵다. 시각적 이미지가 아니거나 심상적 이미지가 강하지 않은 것들은 대부분 소멸되기 쉽다. 따라서 전통의 정체성은 대부분 시각적 이미지로 유지된다. 이러한 전통은 권력층의 도구로 활용되기도 하며 권력층에 의해 만들어지기도 한다.

• 권력의 도구가 되는 집단정체성

집단정체성은 구성원들의 결집을 유도하고 집단화를 가속시킨다. 집단이 지향하는 이념을 만들고 이념은 다시 집단화를 가속시킨다. 그리고 구성원의 이념화를 통해 상대적인 집단과 대립하게 만든다. 여성 대 남성, 노동자 대 사용자, 당 대 당, 학교 대 학교, 국가 대 국가, 민족 대 민족 등, 그리고 이는 권력자가 원하는 양상이다. 집단정체성을 통한 이념화, 그 이념화를 통한 집단정체성의 강화는 권력을 유지하고 구성원의 충성심을 강화하는 데 활용하기 좋은 도구이다. 집단정체성은 소속감을 형성하고 소속감은 연대의식과 동질감을 만든다. 이러한 연대의식과 동질감은 자연스럽게 집단에 헌신하는 마음을 유도하고 결과적으로 충성심을 이끌어낸다. 그리고 이것을 잠재의식 속에 뿌리 내리게 습관화를 시킨다. 집단정체성은 정체성을 느끼는 구성원 입장에서 보면 소속감을 갖는 것이다. 소속감은 구성원 간의 동질성을 느끼고 결속력을 갖게 한다. 아울러 소속집단의 힘을 자기의 힘으로 혹은 배경의 힘으로 느낀다. 따라서 보호받고 있다는 안정감을 갖게 한다. 때문에 이념적 도구로 사용되도록 고안된 경우가 많다.

개인적으로 약하더라도 집단의 힘을 행사할 수 있다는 자신감을 갖게 한다. 또한 결속력은 단결심을 불러일으킴으로써 집단적 능력을 배가 시킨다. 운동경기에서 팀플레이에 해당되는 사례이다. 그러나 소속감을 통한 안정감을 얻는 대신 소속집단에 기여하며 충성심을 내주어야 한다. 따라서 집단의 요구를 수용해야 하며 집단적 통일성과 일체감에 순응해야 한다. 집단적 결속력과 단결심은 내부적 응집력을 강화시키지만 반대로 외부적으로는 배타성을 강화시키고 대립을 조장한다. 이는 편견과 폭력을 유발한다. 외부적 대립과 폭력은 집단 내부의 결속력에 의한 결과이기도 하지만 반대로 내부의 결속력을 만드는 원인이 되는 경우도 많다.

소속감과 결속력은 구성원들의 사고의 정체성과 행동의 정체성, 그리고 이미지의 정체성을 통해서 더욱 확고해질 수 있다. 사고와 행동 그리고 이미지의 정체성은 동질성을 넘어 통일성과 획일화를 추구한다. 통일성이란 어떤 분야에서나 매우 필요한 요소이다. 통일성은 예술에 있어서도 예술답게 만드는 기본적 구성 원리이다. 사회 운영 시스템에서도 통일성은 혼란을 막고 체계적으로 운영되게 하는 기본 원리이다. 인간이 살아가는 모든 분야에서 통일성이란 반드시 필요한 요소이다. 그러나 지나친 통일성을 추구하는 것은 다양화를 막는다. 다양화가 막히면 사회와 문화의 발전을 기대하기 어렵다. 원래 자연의 기본적 원리가 통일성과 다양성의 조화이다. 따라서 다양성이 배제된 통일성은 획일화이며 이는 자연의 기본적 원리에 부합되지 않는 것이다. 집단정체성의 통일성과 획일화는 집단심리에 의해 자발적이며 자연스럽게 형성되는 경우와 상황적 필요에 의해 조직적으로 추진되는 경우가 있다. 또한 집단의 리더에 의해 의도적으로 은밀하게 추진되는 경우도 있다. 이 경우, 정체성은 기획적 정체성에다가 정당성을 포장하는 것이라고 할 수 있다.

6) 탈 정체성

정체성의 속박으로부터 자유로울 수 있을 때

정체성의 속박으로부터 자유로울 수 있을 때 주체성을 갖는 진정한 자유인이 된다. 자아정체성이든 집단정체성이든 초월하고 극복하여 넘어설 때 자신으로부터 자유롭고 집단으로부터 자유롭고 소속감을 초월할 수 있다. 정체성을 부정하자는 것이 아니라 정체성의 개념을 정확하게 이해하는 바탕에서 자아정체성을 인식하고, 그리고 자기가 소속된 집단의 유형과 소속감, 그리고 그 집단의 정체성을 냉정히 인식하여 자기 중심을 가질 수 있어야 한다. 그럼으로써 자칫 휩쓸리기 쉬운 집단정체성으로 인한 대립과 폭력성에서 벗어날 수 있어야 한다.

학문의 정체성에서도 장르를 구분하고 자기 전공영역에 대한 정체성 인식과 자부심이 자칫 다른 학문분야에 대한 몰인식과 편견으로 확대되지 않아야 한다. 사회적 혹은 집단적 정체성의 부정적 측면에서 벗어나고 긍정적인 면을 확대하기 위해서는 이분법적 대립 개념에서 벗어나서 탈정체성을 추구해야 한다. 탈정체성은 특별한 소수층이나 약자의 관점에서가 아니라 보편적으로 누구에게나 건강한 자아를 위해 필요한 개념이다. 자기 중심적 자아에 대한 집착을 탈피해야 할 뿐 아니라 맹목적 집단주의에도 휩쓸리지 않을 수 있는 단단한 뿌리가 필요하다. 그리고 타인의 고통에 대한 공감이 필요하다. 그러나 공감은 생각만큼 쉽게 실행되지 않는다. 아무리 가까운 사람이 고통을 겪어도 옆에 있는 사람은 몸으로 느끼지 못하기 때문이다.

이제 타인의 입장에 대한 공감과 동시에 집단적 정체성에서 자신을 분리시켜 자신만의 정체성을 확립하는 것이필요하다.

다양하게 활용되는 정체성, 정체성을 표현하는 이미지

정체성/아이덴티티는 테세우스 패러독스에서 알 수 있듯이 명확하게 규정하기 어려운 개념이다. 단어의 의미는 명확하지만 그 개념이 현실에 적용될 때에는 다양한 견해와 개념적 딜레마에 빠지게 된다. 정체성/아이덴티티의 기본 개념인 동일성은 개념적으로는 가능하지만 현실적으로는 불가능하다.

정체성은 동일성과 구별, 즉 '같음'과 '다름'을 동시에 적용하는 개념이지만 '같음'이 우선된다. 무엇이 '같다'라는 것은 무엇과 무엇, 즉 같음의 대상이 있어야 하고, 동시에 '다른 무엇'이 있어야만 '같음'을 생각할 수 있는 것이다. 나의 정체성은 내가 나와 같아야 하는데 이때는 나의 항상성(恒常性), 즉 과거의 내가 현재의 나라는 것을 바탕으로 한다. 그러나 '나'는 항상 '나'임에도 불구하고 항상 같을 수 없다는 딜레마가 있다. 이는 모든 개체에 동일하게 적용된다. 어떤 무엇의 정체성이란 그 무엇의 항상성(恒常性)을 말하는 것이지만 시간과 공간이 변하는 현실에서는 불가능하다.

이러한 딜레마적 구조가 복수에 적용될 때 혼란은 더 심해진다. '우리'의 정체성은 '우리'라는 복수와 그 구성원 모두의 항상성/동일성을 요구한다. 이 경우는 개체의 정체성보다 더 복잡한 혼란과 딜레마가 뒤따른다. 그럼에도 불구하고 정체성 개념은 다양한 분야에서 중요한 역할을 하고 있다. 국가와 집단은 정체성을 통해 단결을 추구한다. 민족 정체성을 통해 민족의 단합을 유도하고, 여성들의 성 정체성을 통해 여권신장을 추구한다. 이러한 개념을 가장 잘 활용하는 분야가 정치와 종교 그리고 브랜드다. 이들의 공통점은 모두 신뢰를 기반으로 권위와 권력을 추구한다는 점이다. 즉, 권력을 확보하는 과정에서 정체성은 가장 중요한 이념적 수단이 되는 것이다. 이러한 정체성을 활용하는 과정, 즉 정체성 이념을 만들고 표현하는 데 있어서 이미지는 반드시 필요한 수단이 된다. 바로 이 부분에서 정체성과 이미지가 중첩되기 때문에 동일하게 인식되기도 한다.

예를 들어, 모든 나라의 국기는 하나의 이미지에 지나지 않는다. 그러나 그 이미지는 그 나라의 정체성을 나타낸다. 국기에 경례를 하고 특별한 날에는 그 이미지를 내걸고, 국가 간 스포츠 경기에서는 그 이미지를 흔들기도 하고, 그 이미지 앞에서 눈물을 흘리기도 한다. 그 이미지를 나와 나의 국가와 동일시한다. 그러나 사실은 이미지를 숭배하는 것이 아니라 그 속에 들어있는 이념적 정체성을 지지하는 것이다. 하나의 이미지 속에 국가의 정체성이 들어있고 민족정신이 들어 있고 국민들의 희로애락이 들어있기 때문이다.

십자가 이미지는 대부분 비슷하지만 조금씩 차이가 있다. 매우 미미한 차이일 뿐이다. 그러나 그 작은 이미지의 차이에서 종교와 국가와 이념의 정체성이 구별되고 서로 치열하게 싸우기도 한다.

이러한 예는 비단 국기뿐 아니라 열거하기 어려울 만큼 무수히 많다. 이

와 유사한 가장 대표적인 예가 브랜드이다. 스워시 이미지를 보고 나이키라고 읽는다. 나이키라는 문자가 없이도 누구나 그 정체성을 인식하고 선호한다. 또 메두사(Medusa)의 머리를 보고 열광한다.

이러한 선호와 열광을 이끌어내기 위해 브랜드는 소비자 마음 속에 어떤 정체성 혹은 어떤 심리적 이미지를 심어주어야 할지 고민한다. 바로 그 목표이미지가 결국 브랜드정체성이 된다. 또 이를 위해 어떤 이미저리를 활용해야 할지 고민한다. 브랜드이미지와 브랜드정체성의 의미는 다르지만 결국 기본 개념의 뿌리는 같다.

또한 모든 권력에는 그 권력을 유지하기 위한 이념이 있으며, 그 이념은 권력의 정체성이 되고, 그 정체성은 이미지에 의해 표현된다.

Chapter 03

형(形)과 form

Form과 형(形) 세상의 모든 것은 형(形, form)으로 인식되고 구별된다.

1) **조형예술은 형(形)에 의한 예술** 콘텐츠(contents)는 형(形, form)에 의해 표현된다.
2) **게슈탈트 법칙(Gestalt laws)** 형(形)이란 실재인가 인식인가?
3) **형이상학(形而上學, metaphysics)** 형(形, form)의 위, 아래
4) **형(形)과 세(勢)** 모양에서 세(勢)가 만들어진다.
5) **손자병법의 형(形)** 형(形)을 감추는 무형(無形)의 단계가 승리하는 전쟁의 극치
6) **칸트의 폼(form, 형)** 폼(form)은 인식의 틀
7) **맹자의 형색(形色)** 형(形)과 형색(形色)은 어떻게 다른가?
8) **형(形)과 form의 다양한 의미와 개념** 형(形, form)이란 사물의 외형뿐 아니라 존재의 본질까지 의미한다.
9) **나오며** 형(形)은 이미지와 정체성을 형성하고, 세(勢)와 힘을 만든다.

세상의 모든 것은 형(形, form)으로 인식되고 구별된다.

형(形)과 폼(form)은 평소에 흔히 사용하는 단어이기 때문에 그 의미의 중요성에 대해서는 간과하게 된다. 자주 사용하면서 친숙한 일상적 단어가 되었기 때문일 것이다. 그러나 형(形)과 폼(form)은 생각보다 의미가 깊고 넓다. 이미지를 의미하는 경우가 많은가 하면, 정체성을 표현하는 용어에도 자주 사용된다. 때문에 브랜드와도 직간접적으로 광범위하게 연관된다.

형(形)과 폼(form)은 언어적으로 매우 유사점이 많다. 번역하는 데 그다지 어려움 없이 바로 바꾸어 사용할 수 있다. 많은 외국어들이 번역하는 데 적합한 단어를 찾기 어려운 데 비해, 이 두 단어는 영어에서 폼(form)의 자리에 형(形)을 붙이거나 우리말 형(形)의 자리에 폼(form)을 그대로 붙여도 대부분 그 의미가 변하지 않는다. 다소 어색한 경우도 있지만 거의 그대로 통용될 수 있을 만큼 유사한 부분이 많다. 용어의 의미만이 유사한 것이 아니라 특정 용어로서 그 사용 범위가 매우 다양하며 사용 분야와 언어의 맥락에 따라 의미가 다르게 적용된다는 점, 그럼에도 불구하고 직관적으로 이해하기 쉽다는 점에서도 유사하다. 이러한 점으로 미루어 볼 때, 오래전부터 형(形)과 폼(form)에 대한 동서양의 관념이 유사하였을 것이라고 추측된다.

그러나 의미가 광범위한 만큼 직관 뒤에 숨어 있는 의미까지 쉽다고 할 수는 없는 단어이다. 세상의 모든 것에는 형(form)이 있으며, 그 형(form)으로 인식되고 구별된다. 물질적인 것에 형(form)이 있다는 것은 당연하지만, 형태가 없으며 보이지 않는 개념적이며 추상적인 것에까지 형(form)을 부여하고 구분짓는다. 사람의 눈으로 식별이 어려운 박테리아, 바이러스뿐 아니라 DNA도 제각각 다양한 형태를 가지고 있으며, 원자의 핵도 형태를 가지고 있다. 운동선수의 동작과 자세도 폼(form)이라고 하며, 회화 조각 등 조형예술은 물론이며 언어, 음악, 수학, 철학 등 다양한 분야에서 조금씩 다른 의미로 사용되고 있다.

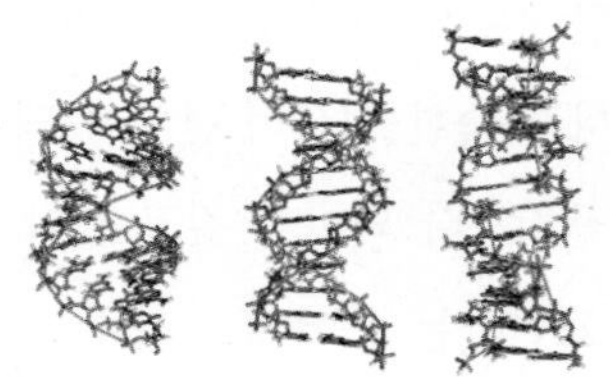
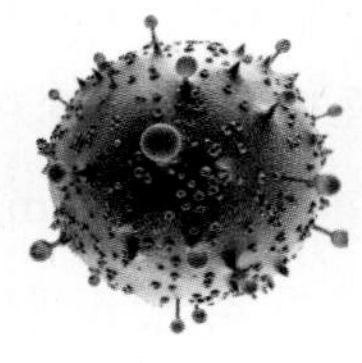
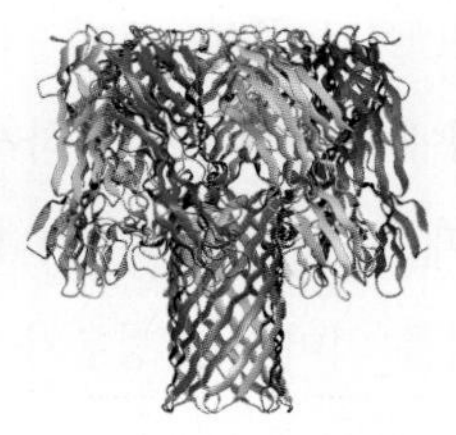
95

form(폼)은 영어에서 셰이프(shape), 스타일(style), configuration(외형, 형상) visual appearance(시각적 모습) structure(구조) disposition(배치) 등의 의미로 사용되며, 우리말로 번역하면 형(形), 그리고 형상(形相, 形象), 형태(形態), 모양(模樣), 형식(形式), 상태(狀態), 양식(樣式), 서식(書式) 등의 의미로 사용된다. 또 형(形)을 영어로 번역해도 폼(form), 셰이프(shape), 스타일(style), 타입(type), 이미지 등으로 번역된다.

형(形)과 폼(form)이라는 용어가 사용되는 다양한 의미들을 살펴보면, 정치형태(forms of political), 예술형식(art form), 생물형태(life form)*, 스윙 자

---

* 생물형태, 생명체를 의미하기도 하며 '존재의 방식에 관한 철학적 의미'까지 포함된다. 즉 여기서 형(形)은 체(體)를 의미한다.

세(swing form), 투구폼(pitching form, style), 책 형태(book form), 어형(word form), 참가신청서(entry form), 주문서 양식(order form), 논리 형태(logical form) 음악형식(musical form), 소나타 형식(sonata form) 등 매우 다양한 분야에서 사용되고 있다. 주로 '어떤 모양이다', '어떤 개념이다', '어떤 구조다', '어떤 장르다' 등의 의미를 표현하거나, 혹은 유사한 것들 간에 구분이 필요할 때 사용된다.

사람을 비롯하여 동식물, 무생물 등 모든 사물의 시각적 형태, 어떤 사물의 유형이나 종류, 특별한 표현 형식, 존재의 방식에 관한 철학적 의미, 어형변화를 비롯한 언어 형식, 음악 문학 등의 예술 장르, 동식물의 종(種) 혹은 품종(品種), 전통이나 관습의 절차와 예절 형식, 종교적 의식의 형식, 운동 경기에서 팀이나 선수의 상태, 운동 선수의 자세, 보고서나 인쇄물의 서식 형식 등 매우 다양한 분야에서 제각각 다른 의미로 사용되고 있으며 필요에 따라 이 용어의 적용범위가 확대되고 있다.

다시 말해서 세상의 모든 것에는 형(form)이 있으며, 그 형(form)으로 인식하고 구별한다. 보이지 않는 개념적인 것까지 형(形)을 부여하고 구분한다. 그것은 형(form)이 이미지를 만들며, 정체성을 표현한다는 의미이다. 즉, 형(form)은 무엇인가의 본질이며 동시에 본질의 모습이다. 그리고 형(form)은 형식의 근원이며 동시에 형식이다.

형(form)이라는 용어가 다양한 용도로 사용되며, 이 용어의 적용범위가 확대되고 있다는 것은 그만큼 구분해야 할, 즉 정체성을 정의하고 구분해야 할 대상이 점점 많아지고 있다는 의미이다. 이런 관점에서 볼 때 이미지와 정체성을 기본으로 하는 브랜드 역시 형(form)과 무관치 않다.

형(form)이 중요한 만큼 이와 관련된 다양한 이론과 담론들이 동서양 모두 고대에서부터 논의되어 왔다. 이 중 대표적인 몇 가지를 꼽자면 미술과 디자인, 건축 등을 일컫는 조형예술(造形藝術)에서의 형(form), 형태(게슈탈트) 심리학(Gestalt psychology)에서 말하는 게슈탈트 법칙(Gestalt laws), 『손자병법』 군형(軍形)편의 형(形), 『맹자』의 형색(形色), 플라톤의 '이데아론'이라고 하는 형상론(theory of Forms, theory of Ideas), 아리스토텔레스의 『형이상학(形而上學, 메타피직스, metaphysics)』과 『주역(周易)』 계사전(繫辭傳)의 형(形), 칸트 인식론의 폼(form) 등이 있다. 이 외에도 언어의 형태론, 음악의 형식, 엘리아데의 형태론, 현상학에서의 형태 등 매우 많은 담론과 이론들이 있다. 중에서 몇 가지 중요한 담론을 바탕으로 형(形)과 폼(form)에 대한 의미를 살펴봄으로써 이미지와 정체성과의 관계를 알아보고자 한다.

1) 조형예술은 형(形)에 의한 예술

콘텐츠(contents)는 형(形, form)에 의해 표현된다.

흔히 미술(美術)이라고 부르는 디자인을 비롯하여 회화, 조각, 공예, 건축 등 공간적, 형태적 아름다움을 추구하는 시각예술 전반을 조형예술(造形藝術, Plastic arts)*이라고 한다. 좁은 의미에서는 조각, 도자기, 건축 등 입체적 구조의 작품 분야를 말하며 넓은 의미에서는 평면을 포함하여 영상예술 분야까지 시각예술 전반을 말한다. 조형(造形)이란 단어의 의미 그대로 형(形)을 만드는 예술이기 때문에 조형예술에서는 형(形)이 기본이다. 조형예술의 기초 이론에서는 일반적으로 형을 이루는 점(點), 선(線), 면(面), 입체, 색(色) 등을 조형 요소라고 하며, 이 중에서 점, 선, 면이 형태의 기본인데, 여기서 형태란 shape(셰이프)를 말한다. 조형이론에서는 폼(form)과 셰이프(shape)의 의미를 구별해서 사용하는데, 셰이프는 평면적 형태 혹은 형상의 외형이나 윤곽 등 눈에 비추어지는 특정한 모양을 말하며, 폼은 구조적 형태 혹은 입체적 형

* Plastic arts(플라스틱 아트)라고 하면 플라스틱(합성수지) 재료를 가지고 조형물을 만드는 분야로 생각하기 쉽다. 특히 우리나라에서는 흔히 이렇게 사용하고 있기 때문에 자칫 오해하기 쉽다. 그러나 플라스틱이란 원래 가소성(可塑性, 형태가 만들어질 수 있음)이라는 의미이다.

상과 색채와 질감을 지닌 통합적 형태 전체를 말한다.*

엄밀하게 말하면 점, 선, 면, 그리고 형태(shape)는 현실적으로 존재하지 않는 가상적인 개념이다. 현실적으로 존재하는 모든 점(點)은 결국 일정한 면을 갖지 않을 수 없기 때문에 현실적으로 점은 존재하지 않으며 다만 개념적으로만 존재할 뿐이다. 즉 점은 크기가 없으며 개념적으로 위치만을 가지고 있으며 방향도 없다. 따라서 점은 조형의 가장 기본 단위이자 최초의 요소가 된다.

점이 현실적으로 존재하지 않는다면 점에 의해 만들어지는 선과 면 역시 현실적으로 존재할 수 없기 때문에 개념적인 것이다. 선이 현실적으로 존재하는 경우 면을 갖게 되며, 면은 또한 두께를 갖지 않을 수 없기 때문이다. 그러나 이러한 개념적 요소가 없다면 형을 상상하거나 설명할 수 없다. 그리고 이 개념적인 점, 선, 면들이 상상 속에서 형(形)을 만들며 그 형을 현실적으로 존재하게 하는 것이 조형이다.

현실적으로 존재하는 점, 선, 면은 모두 형의 일종으로써 크기와 두께 그리고 운동감을 가지고 있으며, 이러한 특징들이 표현될 때 감정과 사상을 나타난다. 그리고 여기에 색(色)과 질감(texture)이 더해지면 조형이 완성된다. 색과 질감은 형과 다른 별개의 요소이기 때문에 점, 선, 면의 단계와는 무관하게 독립적인 조형기능을 갖는다. 즉, 색과 질감은 형태(shape)와는 별개로 다루어지지만 넓은 의미에서 형(form)의 개념에는 포함된다.

형(形)은 기본적으로 정보를 전달하는 도구로 사용된다. 정보의 기본 개념이 구별 가능한 것이라고 할 때, 형(形)의 다양한 변화는 정보의 요소이자 전달의 도구가 된다. 형(形)을 이용한 '그림언어'는 말이나 '문자언어'보다 쉽고

---

* 번역자에 따라서 form을 형태로, shape를 형(形)으로 번역하거나, 또는 두 가지 모두 형(形) 혹은 형태로 구분 없이 사용하면서 영문을 병기하기도 한다. 영어에서도 일반적으로는 form과 shape는 엄밀히 구분되지 않는다. 다만 조형예술 분야에서 개념 구분을 위한 용어로 사용하는 것이다.

빠르다. 문맹에게도 외국어를 모르는 사람에게도 통한다. '픽토그램'을 올림픽 경기의 안내표시에서 문자언어 대신에 사용하는 이유는 그것이 어느 언어권에서나 통용 가능한 언어이기 때문이다.

또한 형(形)은 정보 전달뿐 아니라 감정의 표현 기능을 가지기 때문에 '조형 (Plastic)'이 '예술(Arts)'이 될 수 있는 것이다. 예술은 원래 정답과 원칙이 없다. 시대와 지역에 따라 그 선호와 판단이 다르다. 해석과 응용이 무한하다. 그렇다고 해서 아무렇게나 해도 괜찮다는 것은 아니다. 자연처럼 예술에도 보편적 원리가 있다. 형은 질서와 무질서, 간결, 명료, 부드러움, 따뜻함, 우아함, 유연함, 복잡함 등 다양한 느낌과 인상, 그리고 감정들을 만들어 낸다. 점, 선, 면, 입체, 색 등의 조형의 요소를 이용하여 감정과 사상 그리고 아름다운 형을 만들어 내는 과정과 방법에는 조형의 구성원리가 있다.

조형원리는 비례, 균형, 조화, 율동, 대비, 강조, 변화, 통일 등 조형 요소들을 배치하고 조합하는 방식을 말하는 데 가장 기본적인 원리는 통일성과 다양성을 동시에 구현하는 것이다. 통일성과 다양성은 상반된 개념이다. 상반된 개념을 동시에 추구하는 것은 일견 이율배반적이다. 그러나 이율배반적인 조건을 충족시킬 때 비로소 최소한의 예술적 성취가 가능하다. 통일성과 다양성 중에 하나만을 충족시키는 것은 비교적 쉽다. 그러나 한 가지도 제대로 충족시키지 못하는 경우도 있다. 통일성을 추구하다 보면 단조롭거나 지루해지기 쉽다. 다양성을 추구하다 보면 자칫 산만해 지기 쉽다. 단조로우면서도 산만한 경우는 최악이다. 통일성은 질서와 규칙성에서 나온다. 통일성을 이루는 방법들에는 반복, 연속성, 그룹화 등이 있다. 일정한 형태를 일정한 규칙으로 반복하거나 연속적으로 나열하는 기법은 통일성을 표현하는 가장 쉬운 방법이다. 대표적으로 포장지나 벽지에 사용되는 4방 연속 문양은 안정감을 주긴 하지만 지루하다. 그렇다고 해서 규칙성이 없으면 산만해진다.

통일성과 다양성을 동시에 이루는 방법 중에 질서와 변화, 반복과 변화,

규칙성과 의외성을 함께 적용하는 기법들이 있다. 대표적으로는 점층법(그라데이션)이 있는데, 단계적으로 변화를 주는 것을 말한다. 크기의 변화, 색상의 변화, 방향의 변화 등에서 점진적인 변화를 표현한다. 점진적 변화의 단계에도 질서와 변화가 동시에 있어야 한다. 변화의 규칙성에다 또 변화를 주어 규칙성이 있지만 그 규칙성을 쉽게 인식하지 못하게 하는 것이다. 점층법(그라데이션)은 예술가들이 많이 사용하는 방법 중에 하나다. 조형예술 분야뿐 아니라 음악, 시, 춤 등 모든 예술 장르에 걸쳐 다양한 형태로 나타난다. 그러나 점진적 변화만으로는 예술적 완성도를 구현하기 어렵다. 점진적 변화와 상반된 개념인 즉각적 변화, 즉 콘트라스트 역시 필요하다. 이 두 가지 상반된 변화의 조화가 궁극적으로 통일성과 다양성을 구현하는 예술적 구성의 원리인 것이다.

점진적 변화와 즉각적인 변화의 조화, 즉 질서와 변화, 반복과 변화의 조화에 의하여 통일성과 다양성이 동시에 구현되는 대표적인 분야는 자연이다. 자연은 가장 규칙적이며 질서를 가지고 있으면서 동시에 가장 변화무쌍하다. 통일성과 다양성은 자연의 기본적인 질서 혹은 섭리(攝理)라고 해도 과언이 아니다. 이러한 자연의 섭리는 예술뿐 아니라 인간 생활의 거의 모든 부분에서 나타난다. 우주의 태양과 행성의 운행, 밤과 낮, 계절의 규칙성과 변화, 그리고 동식물의 성장과 생존 등의 자연의 현상은 모두 규칙성이라는 질서를 바탕으로 변화하면서 동시에 규칙성이 단조롭게 나타나지 않는다. 규칙성이 단순하다면 달력은 지금보다 훨씬 쉬웠을 것이다. 태양과 지구와 달이 움직이는 궤적은 규칙적이지만 동시에 복잡해서 단순하게 계산되지 않는다. 하루를 24시간으로 나누어도 일 년을 정확하게 나눌 수 없다. 계절과 날씨 또한 규칙적인 질서를 가지고 있지만 예측하기 어려울 정도로 변화가 심하다. 수학적 질서를 기반으로 하지만, 그 질서가 잘 보이지 않거나 다루기 쉽지 않다.

이러한 원리를 예술에 적용한 사례는 음악의 평균율(平均率)과 순정률(純正律), 시의 운률(韻律), 특히 한시(漢詩)의 절구(絕句) 등이 있는데, 이것들의 공통점은 모두 질서와 변화를 통해 통일성과 다양성을 동시에 구현하는 규칙들이다. 동양철학의 주역(周易)은 이러한 자연의 변화와 질서를 철학적으로 해석하여 인간 생활에 적용하기 위한 지침서라고 할 수 있다.

이러한 규칙들은 점차 발전하고 해체되면서 다양한 구성 형식들이 새롭게 나타난다. 그러나 기존의 형식을 깨트려서 새로운 것이 등장하여도 그 역시 형식이다. 더 새로워도 모든 예술적 표현 형식은 결국 형(form)이다. 조형적 발상, 음악적 발상, 시적 상상 등 모든 예술적 발상에서, 말하고자 하는 것은 내용(contents)이며, 말하는 방식은 형식(form)이다. 즉 모든 내용(contents)은 형(form)에 의해서 표현된다. 또한 표현되는 다양한 양식과 그 유형들도 형(폼, form, 형식)이라고 부른다.

2) 게슈탈트 법칙(Gestalt laws)

형(形)이란 실재인가 인식인가?

게슈탈트 법칙이란 형(形)에 대한 지각과 인식을 말하는 것이다. 형(形) 자체에 대한 것보다는 형(形)을 지각하는 사람의 반응과 현상에서 나타나는 일련의 법칙들을 게슈탈트 법칙이라고 한다. 그리고 이러한 반응과 현상을 다루는 학문 분야를 게슈탈트 심리학이라고 한다. 게슈탈트(Gestalt)란 독일어로 형(form)을 의미한다. 따라서 '형태'라고 번역하기도 하지만 대부분 독일어 게슈탈트(Gestalt)를 그대로 전문용어로 사용하고 있다.

게슈탈트 법칙의 개념을 한마디로 요약하면 전체성 혹은 통합성이라고 할 수 있는데, 이는 사람이 형(形)을 지각할 때 형(形)의 부분 혹은 요소의 집합이 아니라 전체의 구조를 먼저 파악하게 된다는 것이다. 사람이 무엇을 본다는 것은 형(形)을 지각한다는 것이다. 이때 형(形)에 대한 정보들을 기억하기 쉬운 특정한 상태로 정리하여 보려는 성향이 있으며, 따라서 형태를 구성하는 요소들을 통합적으로 일정하게 형태화시켜서 보는 현상이 나타난다는 이론이다.

게슈탈트 법칙이라는 용어는 1890년 오스트리아 학파의 에렌펠스(Ehrenfels, 1859~1932)가 심리학에 처음으로 도입하였지만 게슈탈트 이론의 기본개념은 베를린학파인 베르트하이머(Wertheimer, 1880~1943) 등에 의해

서 구축되었다.[96]

주요 법칙으로는 근접성, 영역성, 정향성, 완결성, 대칭성, 유사성, 공통적 운명, 좋은 연속성, 동질성 그리고 단순성 등이 있다. 주로 어떤 대상을 볼 때 전체 모습을 보려고 하는 현상이 있으며, 부분들 사이에는 역동적 체제가 있기 때문에 전체적 일관성 혹은 단순성 같은 질서를 부여하게 된다는 이론이다. 단순성에 대해 아른하임[97]은 "형태(자극 패턴)는 주어진 조건이 허용하는 한 가급적 단순하게 보여지려고 한다"라고 하였다.[98] 이때 단순성이란 질서(order)와 연관성을 가지고 있기 때문에 양적인 문제가 아니라 구조적인 문제가 된다. 따라서 이러한 구조적 단순성은 대체로 집단성(Grouping) 혹은 전체성(Ganzheit, wholeness)의 양상으로 나타나게 된다. 전체성과 형태, 그리고 구조(Struktur, structure) 이 세 가지 용어는 언어적으로는 다른 의미이지만 개념적으로는 학자에 따라 같은 의미로 사용되기도 한다.[99] 어떤 하나의 구조가 그것의 부분 상황 간에 관계가 있을 경우에 그 구조를 '전체'라고 말할 수 있으며, 또한 구조란 근본적으로 전체의 속성에 포함된 부분의 배합이라고 할 수 있다. 따라서 '구조'와 '전체'라는 용어는 다른 말이지만 개념적으로 일치하는 면이 있다. 이러한 전체 혹은 구조는 '하나의 형(形)'으로 인식되고 그 형(形)의 구성요소들은 전체의 일부분으로 인식하게 된다. 따라서 어떤 대상이 '하나의 형(形)'으로 인식되는 경우 그것은 전체 혹은 구조가 된다.

게슈탈트 법칙/이론은 '단순성 혹은 좋은 형태의 법칙(Simplicity, Law of Pragnanz, Law of Good configuration)'과 '집단성의 법칙(Law of Grouping)' 두 가지로 압축하여 생각 할 수 있다. 이러한 법칙/이론들은 절대적인 원리라기보다 인간의 심리적 현상의 발견으로서 시대와 지역, 그리고 상황에 따라 그러한 현상은 다르게 나타나기도 한다.

단순성/좋은 형태의 법칙이란, 사람은 어떤 사실에 대해서 가능한 간결하게 인식하거나 표현하려는 심리가 있다는 심리학 이론이 있는데, 이것이 형태를 인식하는 데에 나타나는 것을 말한다. 흔히 '요약'을 선호하는 것도 이러한 사례라고 할 수 있다.

집단성의 법칙은 일종의 범주화(Categorization)와 연관지어 생각할 수 있다. 어떤 사물이나 의미들을 집단화(Grouping)할 때 무작위로 하지 않듯이 집단화는 의식적이든 무의식적이든 범주화로부터 시작된다. 형(形)은 시각요소 유사성 즉, 모양, 크기, 색상 등으로 범주화되며 근접성을 통해 패턴화될 가능성이 높다. 따라서 형(形)을 지각할 때 유사성과 근접성을 통해 하나의 그룹으로 인식되는 현상이 나타난다는 이론이다.

단순성과 집단성의 법칙에 해당되는 몇 가지 주요 법칙들을 살펴보면

(가) 근접성의 법칙(Nearness, Law of Proximity): 더 가까이 있는 시각요소들은 패턴이나 집단화된 그룹으로 지각되어 하나의 큰 형태로 인식하는 경향이 있다는 법칙.

(나) 유사성의 법칙(Law of Similarity): 유사한 시각요소들끼리는 서로가 멀리 있더라도 동일한 집단으로 느끼게 된다는 법칙.

(다) 폐쇄성의 법칙(Law of Closure): 불완전한 것을 완전하게 하려는 인간의 본능적인 것으로서 형태의 일부가 삭제되어 완성되지 않은 형태라도 기존의 기억과 상상력에 의해 형태를 완성시켜 인식하게 된다는 법칙.

(라) 연속성의 법칙(Law of Continuity): 비슷한 형태들이 일정한 흐름이나 방향성을 가지고 연속되어 있으면 다른 집단들과 별개로 하나의 집단으로 보인다는 법칙.
공동 행선(운명)의 법칙(Law of Common Fate): 연속성의 법칙과 유사한 것으로서 같은 방향으로 움직이는 물체를 묶어서 인식하는 것.

(마) 친숙성의 법칙(Law of Familiarity): 형태에 대한 기억과 연상에 관한 것으로서 특정 형태가 경험을 통해 익숙해지면 그 형태가 불완전하거나 단순해지거나 또는 매우 복잡한 상황에 놓여 있더라도 짧은 시간에 바로 인식할 수 있다는 법칙.

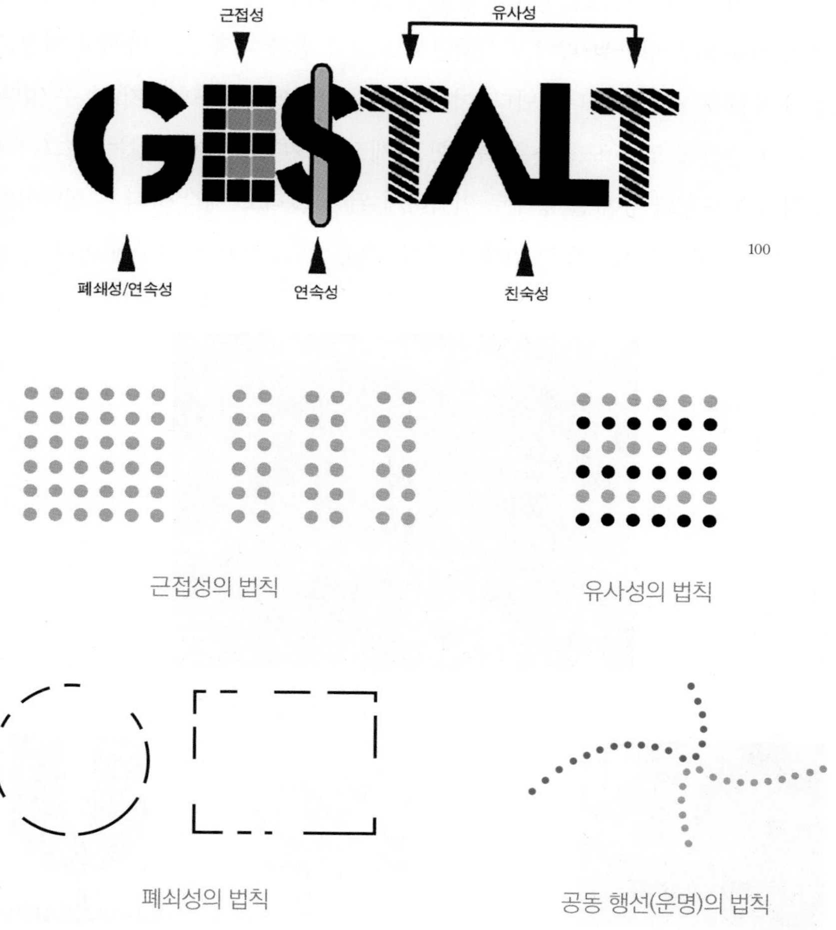

이러한 법칙 이외에도 다양한 이론과 법칙들이 계속 등장하였으며 이들은 실제 생활 속에서 유용하게 활용되고 있다. 기업에서 상품개발, 광고 표현, 인터페이스 디자인, 영화, 애니메이션, 건축 등 디자인과 마케팅을 비롯한 다양한 분야에서 알게 모르게 활용되고 있다.

재미있는 미술 작품의 사례 중에는 테셀레이션 기법을 활용한 네덜란드의 판화가 에셔(M.C. Escher)의 작품이 있다. '나는 새' '낮과 밤' '대칭'시리즈 등의 작품은 도형과 배경이 반전되면서 도형이 점차 배경으로 바뀌며 배경은 점차 새로운 도형으로 나타난다. 어디가 배경이며 어디가 도형인지 알 수 없다. 그리고 중간에 있는 도형들은 특정한 구체적인 형태로 보이지 않는다. 그러나 구체화된 도형과 유사한 형태로 인식하게 된다. 그리고 제각기 다른 형태이지만 그 점진적인 유사성으로 인해 전체를 하나의 도형으로 인식하게 한다.

101

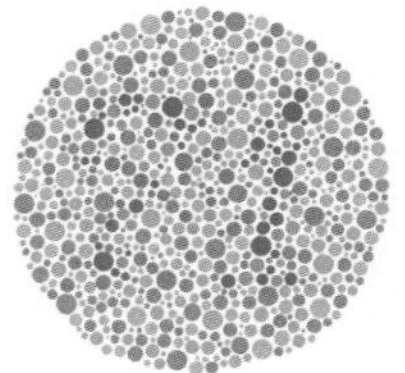

그리고 고대 건축의 장식에 사용된 타일을 사용한 다양한 이미지들, 고흐의 '별이 빛나는 밤'을 비롯한 인상파화가들의 점묘화법, 모자이크 기법을 이용한 미술 작품들, 운동경기에서 펼쳐지는 카드섹션, 앱솔루트 보드카 광고, 레고(Lego)로 대표되는 블록 모자이크를 이용한 장난감, 색맹 검사표, 세계야생동물기금(WWF)의 곰 심볼마크, IBM의 수평으로 반복되는 선의 마크,

NBC의 공작새 형상의 마크, 엘지그룹의 얼굴 심볼마크, 아디다스의 삼선 마크, 유니레버의 25가지 도형으로 만든 U형태 마크 등 다양한 심볼마크나 로고타입, 올림픽 경기에서 사용되는 운동 종목의 픽토그램들, 영화 '프랜스포머' '미이라'에서 자동차나 작은 입자들이 사람의 형상으로 바뀌는 과정의 장면들 또는 그 반대로 사람이 작은 입자로 바뀌어서 날아간다든지 하는 장면, 이 영화들뿐 아니라 많은 애니메이션과 영화 장면에서 물체가 다른 물체로 변화하는 장면들은 모두 의식적이든 무의식적이든 게슈탈트 법칙이 적용된 것이다. 원래 영화의 물리적 메커니즘은 정지된 화면을 연속적으로 빠르게 노출시켜 얻어지는 지각 효과를 활용한 것이다. 즉, 영화와 애니메이션과 같은 동영상의 원리에는 이미 게슈탈트 법칙이 담겨 있는 것이다. 사실 게슈탈트 법칙은 자연 속에 이미 다 있다. 나무의 형태, 잎 등 모든 식물, 얼룩말의 무늬를 비롯한 모든 동물의 형태에는 게슈탈트 법칙에서 말하는 요소와 원리가 모두 담겨있다.

법칙이라고 불리는 이러한 현상들은 형(形) 그 자체의 구조가 아니지만, 지각하는 사람의 의식 활동에 의한 것만도 아니다. 형(形)을 지각하는 순간에 일어나는 현상, 즉 형(形)에 대한 지각 현상으로서, 지각의 대상인 형(形)과 지각의 주체인 몸의 감각이 동시에 작용하는 현상이다. 자연 세계의 대상과 의식과의 관계는 학문 분야에 따라서 또는 학자에 따라서, 인식론과 물리적 실재론 등 다양한 견해들이 있다. 어떤 주장을 따르더라도 형(形)을 지각한다는 것은 형(形)과 의식과의 관계인 것만은 틀림없으며, 외부의 대상과 지각이 서로 얽혀있는 의식 현상이다. 이 현상에 대해서 메를로 퐁티는 다음과 같이 말한다.

"게슈탈트는 우리의 지각체험이 자발적으로 구조를 갖추게 되는 조직화이다. 이 구조 속에서는 전체가 세부적인 하부 전체(sub-whole)들로 분할되어 있고, 이 하부 전체들은 그들이 속하고 있는 더 큰 전체에 종속되어 있다. 우리의 지각체험의 형태는 '도형과 그 배경(figure on a background)'의 구조를 취하고 있다. 그러나 우리가 놓치지 말아야 할 중요한 사실은, 지각적 게슈탈트(perceptual Gestalt)는 다양한 유형의 게슈탈트들 가운데 하나일 뿐이라는 사실이다."[102]

"지각체험 그 순간에, 즉 사물들과 진리들과 가치들이 우리들에게서 구성되어지는 바로 그 순간에, 지각체험은 우리에게 현전하고 있다는 것이며 … 그리고 그 지각은 우리로 하여금 인식과 행위의 과제들을 떠맡게 만든다."[103]

게슈탈트란 지각체험이며, 지각은 형(形)뿐 아니라 우리의 지식과 그 합리성의 근거라는 것이 메를로 퐁티의 주장이다. 그는 심리학을 기반으로 하였지만 또한 게슈탈트의 한계를 지적하면서 기존의 형상(form)과 질료(matter)의 구분을 넘어 "질료는 형식을 잉태하고 있다"[104]라고 주장하였다. 즉 앞 '조형예술' 편에서 내용(contents)은 형에 의해서 표현된다고 하였지만 이미 내용에는 형이 내재되어 있다는 것이다.

형(form)이라는 의미를 갖는 독일어 게슈탈트(Gestalt)가 형이라는 언어적 의미를 넘어서 형을 지각하는 심리학 혹은 그 원리의 대명사가 되었으며, 퐁티를 비롯한 현상학자들에게 지각에 대한 담론의 계기와 영감을 제공하였다.

3) 형이상학(形而上學, 메타피직스, metaphysics)

형(形, form)의 위, 아래

형(形)과 관련된 용어 중에 형이상학(形而上學)이 있다. 학생들에게 '형이상학'이 무엇인가라고 질문하면 그저 웃는다. 분명히 배운 적은 있지만 무슨 뜻인지 잘 모르기 때문이다. 관련 전공자들이 아니면 정확히는 모른다. 형(形), 상(上), 학(學) 각각의 단어들은 쉬운데, 하나의 용어로 묶어 놓으니 이해하기가 어려워졌다.

형(形)은 형태를 말한다. 앞서 설명했듯 모든 사물들의 형태뿐 아니라 개념의 형태까지 의미한다. 상(上)은 위, 높음을 의미한다. 따라서 형이상학(形而上學)은 "형태보다 높은 학문"이라고 정의할 수 있다. 조금 더 복잡한 의미가 담겨있지만 우선 이렇게 쉽게 정의한 후에 천천히 접근하는 것이 좋다.

형이상학이란 아리스토텔레스의 『메타피직스(metaphysics)』라는 책의 제목에서 연유된 꽤 익숙한 철학적 용어이다. 그러나 많은 사람들이 알면서도 막상 그 의미를 설명하려면 난감해지는 모호한 용어이다. 아리스토텔레스의 『metaphysics(메타피직스)』의 원제목은 그리스어로 『ta meta ta physika(타메타타피지카)』로서 영어로는 'the after the physics(물리학의 다음 것)'로 번역된다. Physics(피직스는 일반적으로 물리학이라고 하지만 라틴어 physica(피지카)

는 원래 '자연의 것(the natural things)'라는 의미를 가지고 있으며, 메타(meta)는 '그 다음, 위에 있는, 넘어서, 초월(after, higher, beyond)' 등의 의미를 가지고 있다. 따라서 메타-피직스(meta-physics)라고 하면 '자연적인 것을 초월하는 학문'이라는 뜻이 된다. 그러나 『metaphysics(메타피직스, ta meta ta physika)』는 아리스토텔레스가 이러한 제목으로 저술한 책이 아니라 기원전 1세기 그리스의 철학자 안드로니코스(Andronicus Rhodius)가 아리스토텔레스의 저술을 정리하면서 만든 용어이다. 수많은 아리스토텔레스의 저술들을 논리학, 자연학, 윤리학, 창작 예술 분야 등으로 분류하고, 그 외 어디에도 포함시키기 어려운 일련의 저술들을 모아서 선집으로 묶은 다음에 이를 자연학 저술들의 다음에 배치하면서 메타라는 용어를 사용한 것이라고 한다. 여기에 포함된 저술들은 대부분 아리스토텔레스가 '제일철학(first philosophy)'이라고 언급하고 있는 내용들이기 때문에 형이상학 대신에 제일철학이라고 부르는 학자들도 있다. 즉 metaphysics(메타피직스)는 철학적 의미가 아니라 '자연학의 다음'라는 저술들의 배치 명칭이었다.*

형이상학이라는 용어의 시작은 일본 메이지 시대의 학자인 이노우에 데츠지로(井上哲次郎, 1856~1944)가 메타피직스를 '형이상학'이라는 일본 한자어(근대 번역어)로 번역하여 사용하면서부터이다.**

이 형이상학(形而上學)을 문자 그대로 해석하면 "형(形) 위의 학문", 즉 형

* 안드로니코스가 제일철학에 관한 저술들을 자연학 뒤에 배치한 이유는 자연학을 먼저 알고 난 다음에 제일철학을 연구하라는 학문의 순서를 제시하고자 한 의도였는데, 이것이 후대 철학자들이 잘못 해석하여 -의도적이라는 설도 있음- "자연학을 초월하여"라는 철학적 의미로 변한 것이 오늘날까지 사용되고 있다.

** 중국에서는 청나라 말기 사상가이자 번역가인 옌푸(嚴復, 1854~1921)가 "현학(玄学)"이라고 번역하여 사용하던 것을 근래에 와서 형이상학으로 사용하고 있다. 우리나라에서는 1906년에 '형이상학'이 사용된 기록이 발견되며 1907년에는 '무형학(無形學)'이라고 표현한 기록도 있다.

(形)을 초월한 분야에 대한 학문이라는 뜻이 된다. 그러나 형(形)에 위 아래가 있는가? 상징적 혹은 관념적 표현이라고 하더라도 형(形)이 자연에 해당되며 위(상, 上)가 초월의 의미가 되는가? 용어의 의미로만 보면 메타피직스 즉, '자연학의 다음/초월'이라는 의미에 부합되는 용어로서 '형이상학'은 적합해 보이지 않는다. 이 용어를 새로 만들던 19세기 후반 일본의 근대 번역어 상황으로 미루어 볼 때, physics에 해당하는 '물리', '물리학' 혹은 '자연', '과학' 등의 용어가 이미 만들어졌거나 아니면 거의 비슷한 시기에 만들어진 것으로 파악된다. 그렇다면 형(形)이라는 단어보다는 physics에 해당되는 '물리(物理)' 혹은 '자연과학'이라는 용어를 사용하는 것이 더 적절했을 텐데 왜 형(形)을 사용하였을까? 예를 들자면 물리초월학(物理超越學) 혹은 자연상학(自然上學)과 같은 이름을 만들 수 있었을 텐데 굳이 형(形)이라는 단어를 선택한 이유는 무엇인가?

형이상학의 형(形)은 공자와 아리스토텔레스의 생각이 교차하는 지점에서 의미를 찾을 수 있다. 형이상학(形而上學)의 '형이상(形而上)'은 원래 『주역(周易)』의 계사전상(繫辭傳上)*** 12장의 "形而上者謂之道 形而下者謂之器(형이상자위지도 형이하자위지기)"이라는 문장에서 유래하였다. 이 문장을 직역하면 "형상(形象) 위의 것을 도(道)라고 하고, 형상 아래의 것을 기(器)라고 한

*** '형이상(形而上)'의 출처인 『주역』의 계사전(繫辭傳)은 공자가 썼다고 알려진 십익(十翼) 중에 하나이다. 주역 경전(經傳)은 64괘에 대한 경(經)과 해설 및 주석에 해당하는 10개의 전(傳)으로 구성되어 있는데, 이중 전(傳)에 해당되는 부분을 십익(十翼)이라고 한다. 십익이란 "열 개의 날개"라는 뜻인데 64괘 경(經)에 날개를 달아서 원문 해석을 돕고, 자연현상과 인간세계의 원리를 철학적으로 설명하여 삶의 지혜를 준다는 의미이다. 원래 점서(占書)이었던 역경(易經)이 사서삼경에 포함되는 철학서의 지위를 갖게 된 것은 바로 십익 때문이며, 그 중에서도 계사전이 가장 핵심적인 내용이며 후대 성리학 사상의 이론적 기초가 되었다. 계(繫)란 "끈, 줄, 매다, 붙이다" 라는 뜻이며, 사(辭)란 64개의 괘(卦)를 설명하는 괘사(卦辭)와 효사(爻辭)를 말한다. 즉 계사전이란 괘사(卦辭)와 효사(爻辭)의 64경(經)에 붙인 설명이라는 뜻이다. 우리와 친숙한 음양(陰陽), 태극(太極), 건곤감리(乾坤坎離) 등의 용어도 이 계사전에서 시작된 것이다. 결국 주역은 계사전으로 인해 그 가치를 인정받는 것이다.

다"라고 번역 된다. 이 구절은 송(宋)나라 시대에 이기론(理氣論)의 개념으로 발전된 후 성리학 이론의 핵심 개념이 되었다. 주자학의 창시자인 주희(朱熹, 1103~1200)는 형이상자인 도(道)를 리(理)로, 형이하자인 기(器)를 기(氣)로 설명하였다.

> "형(形)은 이 형질(形質)이다. 그 이상이 바로 도(道)이고, 그 이하가 바로 기(器)이다. 이러한 분별이 가장 적절하다. … 형(形)이상은 허(虛)이므로 모두 도리(道理)이다. 形이하는 실(實)이므로 기(器)이다."
>
> "무릇 형(形)과 상(象)을 가지고 있는 것은 모두 기(器)이다."
>
> "형이상자(形而上者)는 리(理)를 가리켜 말한 것이고, 형이하자(形而下者)는 사물을 가리켜 말한 것이다. 사사물물(事事物物)에는 모두 그 리(理)가 있다. 사물은 볼 수 있는 것이지만 리(理)는 알기 어렵다."
>
> "태극은 리(理)로서 형이상자이다. 음양은 기(氣)로서 형이하자이다." [105]

이렇게 주희(朱熹)는 형이상자란 감각(感覺)으로 존재를 알 수 없는 관념적인 것이며, 또한 형체가 없는 것으로 도(道)이자 리(理)라고 정의하였고, 형이하자는 실체가 있으며 감각으로 알 수 있는 유형(有形)적인 것으로서 기(器)를 기(氣)라고 정의하였다.

한편 아리스토텔레스는 사물이 존재하는 원인을 '재료(matter, hyle)', '형(形 form, eidos)', '동인(動因, source of motion, to kinoun)', '목적(final cause, hou heneka)' 등 네 가지로 구분하였다.*

---

* 이 네 가지에 용어에 대해서 철학 분야에서는 전통적으로, '힐레(hyle, matter)는 질료인(質料因, material cause) 혹은 자료인(資料因)으로, '에이도스(eidos, form)은 형상인(形相因, formal cause)으로, 'to kinoun'(source of motion)은 작용인(作用因, efficient cause), 운동인, 시동인(始動因) 등으로 'hou heneka'는 목적인(目的因, final cause) 등의 용어로 사용하였다. 최근 김진성은 '형이상학'을 새로 번역하면서 "어떤 것의 밑감(재료)", "어떤 것의 꼴(형상)", "어떤 것을 움직이는(변하게

아리스토텔레스의 네 가지 원인 중에서 형(形, 꼴, eidos, form, formal cause)은 단순한 외형을 말하는 것이 아니라 사물의 본질과 실체를 말하는 것이다. "꼴(형)은 밑감(재료)의 원인이며, 꼴 때문에 밑감은 특정한 것이 된다"[106] (1041b 8)라고 하듯이 아리스토텔레스는 사물의 본질과 실체를 형(形)이라고 하였다. 예를 들어, 집의 경우, '움직임이 비롯하는 곳' 즉, 동인(動因)은 건축 기술과 건축가이며, '무엇을 위해서' 즉, 목적은 집이 사람을 보호하고 거주하는 기능이며, 밑감(재료)은 흙과 돌, 건축재료들이며, 꼴(형상)은 집의 본질에 대한 정의(定義)이다(996b).

한옥을 회사 사무실로 사용하더라도 외부에서 볼 때 그것은 회사가 아니라 한옥이라고 한다. 즉 형(形)에서 사물의 실체를 정의 할 수 있다는 것이다. 장미꽃은 장미꽃의 형태로서 장미꽃의 실체를 알 수 있다. 꽃밭에 있든, 꽃병에 있든, 장미꽃의 형태로서 장미꽃이다. 형태가 다른 꽃은 장미꽃이 아니다. 또 장미꽃에서 꽃 봉오리와 잎과 가시는 형태로서 그 실체를 구별할 수 있다. 같은 뿌리에서 함께 존재하지만 가시가 꽃봉오리일 수는 없다. 또 다른 예를 들어 자동차라고 할 때 그 형태로서 자동차의 종류 즉 본질과 실체를 알 수 있다. 어떤 재료를 사용하였는지 잘 알지 못하여도 외형으로 그것이 어떤 종류의 차인지 알 수 있다. 간혹 동종의 자동차에서도 수출용과 내수용의 철판 등 재료가 다르다는 말이 있다. 그러나 형태가 같으면 같은 자동차로 인식한다. 즉, 형에서 목적까지 유추된다.

형(form)은 아리스토텔레스의 제일철학 즉, 메타피직스(meta-physics)에서 가장 기본적인 탐구의 대상인 사물이 존재하는 원인의 4가지 중에 하나이다. 이렇게 아리스토텔레스의 형(form)은 사물의 원인이자 독립적인 실체이다.

『주역』 계사전의 형(形)과 아리스토텔레스의 형(form)은 시대와 공간을

하는) 것", 그리고 "어떤 것의 목적" 등으로 보다 쉬운 우리말로 번역하였다.

넘어 그 유사성을 가지고 있다. 그러나 아리스토텔레스의 형은 사물의 본질을 말하는 것이며, 계사전의 형은 현실 세계의 사물 즉, 감각할 수 있는 물질 그 자체를 말한다. 이를테면 계사전이 수직적인 이분법적 개념으로 형을 구분하였다면 아리스토텔레스의 형은 이분법적으로 구분되지 않는 개념이며 상하로 나누어질 수 없는 형(形)이다. 접근하는 관점이 다르기 때문이다. 이 형(形)에 대한 두 가지 개념은 유사하면서도 미묘하게 다르다. 오히려 『손자병법』의 형(形)이 아리스토텔레스의 형과 더 가까워 보인다. 『손자병법』의 형은 현실 세계의 물질적 형태가 아니라 그러한 것들을 모두 포함한 전반적인 상황을 말하는 것이다.* 즉 어떤 situation(시츄에이션) 혹은 state(상태)의 양상(樣相)을 형(形)이라고 한다. 예를 들면, 앞에서 말한 꽃의 형태가 꽃의 본질 혹은 실체라면 꽃이 시들었거나 활짝 피었거나 등의 상태는 『손자병법』의 형(形)에 해당된다. 이에 비해 계사전의 형은 사물로서의 꽃 그 자체를 말하며 형이상의 꽃은 꽃에 대한 관념을 말하며 형이하의 꽃은 현실 세계에 존재하는 꽃의 실체가 된다. 아리스토텔레스의 형(form)은 꽃의 존재 원인, 즉 본질에 해당된다.

증권시장의 그래프는 형이다. 실제 그 기업의 안전성과 주식가치가 형으로 나타내는 것이다. 이때 그래프의 형은 단순한 형태가 아니라 그 기업의 상황을 보여주는 것이다. 이것이 『손자병법』의 형(形)이자 세(勢)이다. 계사전 형(形)의 관점에서 보면, 주식가치는 형이상(形而上)이며 그래프는 형이하(形而下)에 해당된다고 볼 수 있다.

형이상학은 메타피직스의 적절한 표현이라고 볼 수 없으며 아리스토텔레스의제일철학의 중심적 내용은 계사전의 형이상(形而上)과는 다른 형(form)이다.

---

* 뒤 5. 손자병법의 형(形)에 자세한 내용이 있다.

4) 형(形)과 세(勢)

모양에서 세(勢)가 만들어진다.

토마스 홉스는 『리바이어던』에서 폼(form)이 힘이라고 하였는데 여기서 폼(form)은 외모를 말하는 것이다. 또한 계속해서 "모양이 불규칙하기 때문에 건축에 방해가 되는 돌은 거추장스러운 것으로 결국 버릴 수밖에 없다"[107]고 하여 구조적 형태의 중요성도 강조하였다.

한편 '폼 난다', '폼 잡는다' 등 폼이라는 말을 흔히 사용한다. 속어 같지만 외래어로서 우리 일상에 자리잡은 말이다. 실제로 폼(form)이 좋아야 힘이 생긴다. 야구, 골프, 역도 등 거의 모든 운동에서 기본적으로 폼이 좋아야 좋은 결과가 나온다. 이때 폼은 자세와 동작을 모두 포함하는 말이다. 자세는 일종의 구조이며 동작은 그 구조의 변화와 움직임이다. 즉, 형(形)은 구조이면서 동시에 구조의 표상이며 또한 구조에 대한 인식이다. 여기서 구조란 물리적 구조와 개념적 구조를 모두 포함한다.

어떠한 구조의 양상을 개념적으로 '상황'이라고 한다. 그리고 그 상황이 대립되는 경쟁 상황을 판단할 때 한마디로 '형세(形勢) 판단'이라고 한다. '형세(形勢)'는 파악 혹은 판단이라는 말이 뒤에 붙거나 앞에 유 불리(有 不利)를 붙여서 '유리한 형세'와 같은 표현을 한다. 전쟁 혹은 경쟁에서 상황의 유 불리

(有 不利)를 비교하여 분석하는 것을 의미한다. 그런데 왜 경쟁상황을 분석하는데 모양이라는 의미를 가진 '형(形)'이라는 글자와 힘을 나타내는 '세(勢)'라는 글자를 합쳐서 사용하는 것인가?

형세를 하나의 단어로 생각 할 수도 있겠지만 형(形)과 세(勢)로 나누어 생각하거나 형(形)과 세(勢)의 관계를 생각해 볼 수도 있다.

형세(形勢)를 국어사전[108]에서는 "살림살이의 형편, 일이 되어 가는 형편, 기운차게 뻗치는 모양이나 상태, (풍수지리에서)산의 모양과 지세를 이르는 말" 등으로 정의하고 있으며, 그 외 다른 사전에서도 "쌍방의 유리하고 불리한 차이, 좋고 나쁜 사정, 우세와 열세의 형편" 등으로 정의한다.

'형세'를 하나의 단어로 보면, 사전적 해석 그대로 '세(勢)의 형(形)', 즉 '세의 상황(모양)'이라고 할 수 있다. '세(勢)의 상황'이라는 의미로 사용하는 단어에 '상황(狀況)' '현황(現況)' 등으로 사용되는 '황(況)'이 더 적합할 수도 있는데 왜 형(形)이라는 글자를 사용하였을까?

'형(形)과 세(勢)'라는 의미로 두 글자를 나누어서 생각해보자.* 원래 형(形)과 세

* 우리나라에서는 습관적으로 두 글자 이상의 단어를 선호한다. 한 글자로 표현할 수 있는 단어를 굳이 두 글자로 사용한다. 형(形)을 형태(形態), 형상(形相)으로, 의(義)를 신의(信義), 의리(義理)로, 정(政)을 정치(政治) 정사(政事) 등으로, 학(學), 습(習), 업(業), 직(職)을 학습(學習) 학업(學業) 연습(練習) 직업(職業) 등으로 표현하는 것이 보편화되어 있다. 학습은 원래 學而時習(학이시습)에서 유래 된 것으로 학(學)과 습(習)이 합쳐진 단어다. 이렇게 합쳐진 단어들은 다른 의미가 섞여 원래의 의미가 변하는 경우도 많다. 예를 들어서 '색(色)'을 색채(色彩), 색상(色相), 색깔 등으로 구분 없이 사용하기도 한다. 엄밀히 말하면 색채라고 하면 채도(chroma)의 개념이 섞인 의미이며, 색상(hue)은 스펙트럼에서 분광되는 색의 계열을 말하는 것이다. 그러나 전문용어에서만 구분할 뿐 일반적으로는 구분하지 않는다.
따라서 단어의 개념을 엄밀하게 구분하기 위해서는, 한 글자 단어는 그대로 한 글자로 사용하는 것이 더 적절하다. 어떤 특정한 의미로 좁혀서 사용할 경우에만 그 의미를 제한하거나 더하는 글자를 붙여서 사용하는 것이 바람직하다. 세(勢) 역시 세력(勢力)보다 그대로 세(勢)라는 표현이 더 적합한 경우가 많으며, 형(形)의 경우에도 형상(形相, 形象) 형태(形態)보다 필요에 따라서는 형(形) 한 글자로 사용하는 것이 더 적절하다.

(勢)는 서로 인과관계를 갖는다. 형세에는 '세(勢)의 상황'뿐 아니라 '형(形)에서 세(勢)를 파악' 할 수 있다는 의미와 '형(形)에서 세(勢)가 만들어진다'라는 의미까지 포함되어 있다. 뿐만 아니라 게슈탈트 법칙을 적용하면 '형(形)을 지각'하는 것도 세(勢)가 될 수 있다.

'지각과 인식의 힘'과 '구조와 상황의 힘'

형으로서 세(勢) 또는 힘**을 말할 수 있는 근거에는 여러 가지 있겠지만 '구조와 상황으로서 힘'과 '본다라는 행위로서의 힘' 이 두 가지로 요약된다.

'본다'라는 행위로서의 힘이란, 지각과 인식의 원인성, 즉 커뮤니케이션 도구로서 힘, 시지각 이미지로서 감동과 공감의 힘, 시지각 이미지로서 정체성의 힘 등을 의미한다.

구조와 상황으로서의 힘이란, 균형 혹은 힘의 이동이 발생되는 것을 말한다. 구조와 상황이 안정적이 경우에는 힘의 균형이 유지되며, 구조와 상황에 차이가 있는 경우 힘의 이동이 발생한다. 즉 정(靜)과 동(動)의 관계이며 변화와 움직임이 세(勢)를 만든다.

본다라는 행위로서의 힘; 지각과 인식의 원인성

형(形)은 지각과 인식을 통해 커뮤니케이션 도구가 되며, 심리적 이미지를 형성하며 또한 정체성을 만든다. 형(形)을 보며 인식하는 것이 나의 행위이

** 세(勢)는 아직 힘(力 power)이 아니다. 힘(력力)과 세(勢)의 구별은 파워(power)와 에너지(energy)의 구분과 같다. 세(勢)와 에너지(energy)는 힘의 원천으로서 잠재되어 있는 정(靜)적인 것이며, 힘(력力) 혹은 파워(power)란 무엇인가를 움직이거나 변하게 하는 것을 말한다. 즉, 세(勢 에너지)는 힘(power 力)의 근원이며, 세(勢 energy)는 정태적(靜態的)이며 힘(power 力)은 동태적(動態的)이다. 여기서는 편의상 세를 포함한 넓은 의미로 힘이라고 표현하였다.

든, 혹은 형태가 나에게 와서 나의 마음을 움직이는 것이든 결국 형(形)은 내 마음 속에 기억으로 남는다. 김춘수는 "내가 그의 이름을 불러 주었을 때, 그는 나에게로 와서, 꽃이 되었다."라고 하였지만 이름을 불러주기 전에 다만 하나의 몸짓에 지나지 않았을지라도 이미 그 꽃은 마음 속에 이미지로 자리잡았다. 내가 꽃을 인식하는 것인가? 꽃이 나에게 와서 내 마음 속에 꽃이 된 것인가? '흔들리는 움직임' 역시 내가 인식한 것인가? '흔들리는 움직임'이 나에게 그의 이름을 부르게 한 것인가? 앞에서 인식이란 지각의 대상인 형(形)과 지각의 주체인 몸의 감각이 동시에 작용하는 현상이라고 하였다. 내가 꽃을 인식하는 것은 나와 꽃의 관계이며 지각의 현상이다. 꽃이 없었다면 나의 지각은 없었을 것이다. 따라서 꽃은 나의 인식에 영향을 주는 원인이다. 꽃이 나의 눈에 띄기 위해서 존재한 것은 아니지만 내가 꽃을 보는 순간 그 꽃은 나의 감각에 지각되고 인식된다. 또한 기억에 남는다. 이렇게 형(形)이 기억으로 변한 것을 이미지라고 하며, 이미지는 선호와 애착의 감정과 같은 희노애오욕을 유발한다.

모든 형(形)은 다름을 기초로 한다. 구별한다는 것은 다름을 안다는 것이다. 정보가 기본적으로 구별 가능한 것에서부터 출발한다면 결국 형은 그 구별 가능한 것의 가장 기본적 요소이다. 따라서 그 형은 정보의 기본이 되는 것이다. 쉽게 말해서 글자도 형태가 달라야 글자로서 구별이 되고, 숫자도 형태가 달라야 숫자로 구별이 되는 것이다. 정보의 기본이 된다라는 것은 커뮤니케이션 도구로서 기능을 갖게 되는 것인데, 형(形)은 가장 원초적인 커뮤니케이션 도구인 것이다. 형(形)없이는 어떤 언어도 기호도 생각하기 어렵다.

다름을 기초로 한다는 것은 또한 정체성을 나타내는 도구가 될 수 있다. '변형(transformation)'이라는 말은 근본적으로 형태의 변화를 말한다. 형태가 변하면 정체성 또한 변한다. 카프카*의 『변신』**은 단지(?) 몸의 형태만 바뀌었다. 몸의 형이 바뀐 것을 단지(?)라고 표현 한 것은, 정신을 몸보다 중요시하는 입장에 대한 의도적 표현이다. 주인공 그레고르의 정신과 자기의식은 그대로 변함이 없었다. 즉 정신적 정체성은 유지되었으나 그로 인해 그에 대한 다른 사람들의 인식 역시 변하였다.

정체성은 안과 밖의 복합적 요소로 이루어진 것으로 형은 결국 정신에 영향을 준다. 나의 '형(形)'은 나에 대한 남의 인식에 영향을 주고, 나에 대한 남의 인식은 나의 정체(正體)에 영향을 준다. 즉 형(形) = 체(體)다.

구조와 상황으로서 힘

구조와 상황으로서 힘의 가장 대표적인 예는 날씨이다. 대기 중에 공기의 구조와 상황은 구름의 형태로 나타난다. 날씨뿐 아니라 자연의 모든 것, 사회의 모든 것에서 힘의 균형과 이동은 구조와 상황에 차이에서 발생한다. 구조와 상황이 안정적인가 불안정적인가가 매우 중요하며, 그것은 형으로 나타난다. 『손자병법』은 이러한 것을 가장 잘 설명해 주고 있다. 『손자병법』에는 세 가지 형이 나온다. 전쟁 전에는 국가의 구조와 상황이 형(形)이며, 전쟁 중에는 부대의 전술적 배치를 형(形)이라고 하였으며, 교전 중에는 무기와 신호 체계를 형(形)이라고 하였다. 자세한 내용은 다음 '손자병법의 형(形)' 편에서 다룬다.

---

* 프란츠 카프카 (Franz Kafka 1883~1924) 유대계의 독일인 작가.

** 변신(變身, Die Verwandlung, 1916): 카프카의 대표작으로 주인공 그레고르 잠자가 어느 날 아침 깨어났을 때 자신이 흉측한 벌레로 변해있음을 알게 된다. 그리고 그 후 가족들과 겪는 갈등과 소외를 다룬 내용이다.

5) 손자병법의 형(形)

형(形)을 감추는 무형(無形)의 단계가 승리하는 전쟁의 극치

『손자병법』은 전쟁의 방법론에 대한 내용으로서 고대 서양철학처럼 개념과 본질을 찾는 것이 아니라 방법론에 관한 책이다. 그리고 『손자병법』에서 사용된 단어와 문장의 정확한 개념은 파악하기가 쉽지 않다.

『손자병법』의 네 번째 편(篇)의 제목은 '형(形)'이다. 주로 '군형(軍形)'편이라고 번역되지만 원래 제목은 '형(形)' 한 글자이다. 다섯 번째 '세(勢)편'은 대부분 '병세(兵勢)'편이라고 번역하는 데, 이 역시 원전대로 세(勢)로 표현하는 것이 원래의 의미를 제대로 이해할 수 있다. 여섯 번째 '허실(虛實)'편은 원전도 허실(虛實)이다.

'형(形)'편은 단지 군형(軍形)의 좁은 의미가 아니라 국가 전반의 전쟁을 위한 능력, 즉 물량의 상황과 구조라는 의미의 형(形)이며, '세(勢)'편과 '허실(虛實)'편은 전쟁에 있어서 세(勢)를 만들기 위한 세부적인 형(形)의 조건과 그것을 갖추고 다루는 방법을 제시하고 있다.

형(形)

『손자병법』 '형(形)편'에서 '形(형)'이라는 글자는 가장 마지막에 단 한 번 나온다.

> "勝者之戰 若決積水于千仞之谿者, 形也"
> (승자지전, 약결적수우천인지계자, 형야)
> 승리하는 자의 전쟁은, 고인 물을 천 길 아래 골짜기로 터뜨리는, 형이다.

이 마지막 구절에 대한 번역은 주로 "마치 가득 차 있는 봇물을 한꺼번에 천 길이나 되는 깊은 골짜기에다 터놓는 것과 같은 형세(形勢)이다"라고 번역되고 있다. 『손자병법』은 고대 한자(漢字)로 쓰여진 것이기 때문에 번역에서 조금씩 차이가 난다. 여기서도 마지막 글자인 형(形)을 대체로 '형세(形勢)'로 번역하지만 '군형(軍形)' 혹은 '형상(形相)'으로 번역한 경우도 있다. '형세'라고 번역한 경우는 그 형태가 가진 위력의 의미를 말하기 위해 그렇게 번역한 것으로 보이며, '군형'으로 번역한 경우는 군대의 배치에 더 무게를 둔 것으로 보인다. 이 두 가지 번역을 잘못되었다고 할 수는 없지만, 의미를 좁게 해석한 것으로 볼 수 있다. 이 형(形)의 의미를 조금 더 다양한 관점에서 살펴보기 위해 영어에서는 어떻게 번역되었는지 찾아 보았다.*

학자인 라이오넬 자일스는 형(形)을 '전술적 배치(Tactical Dispositions)'로 번역하였으며, 군인인 사무엘 그리피스는 '배치(Dispositions)'로, 마케팅 전문가로 가장 최근에 번역한 개리 개글리아디는 '포지셔닝(Positioning, 위치)'으로 번역하였다. 각기 자기 전공분야의 관점에서 번역한 것으로 보인다. 이 중 그리피스는 추가로 각주를 통해 "형(形)이라는 글자는 'shape', 'form', 'appearance'

* 손자병법을 영문으로 번역한 책들은 많지만 그 중에서 1910년에 출간된 영국의 학자이자 번역가인 라이오넬 자일스(Lionel Giles, 1875~ 1958)의 『Sun Tzu on the Art of War』와 미국 해병대 준장으로서 지휘관이었던 사무엘 B. 그리피스(Samuel B. Griffith II, 1906~1983)가 1963년에 발행한 『Sun Tzu: The Art of War』, 그리고 2003년에 출간된 마케팅 전문가 개리 개글리아디(Gary Gagliardi, 1952~)의 『Sun Tzu's the Art of War』 등이 대표적이다.

등을 의미하며 … 이와 같이 이 글자는 단지 물리적 배치만을 의미하는 것은 아니다."*라고 보충 설명하였다. 군사전문가로서 단순하게 'Dispositions(배치)'이라는 단어로만 번역하는 것이 만족스럽지 못하기 때문에 보충 설명을 추가한 것으로 짐작된다.

원래 형(形)을 번역할 때 가장 먼저 떠오르는 대표적인 영어단어는 Form(폼)이다. 그러나 전쟁의 전략서라는 관점과 본문의 내용으로 볼 때 단순히 Form(폼)이라는 단어를 채택하기는 어려웠을 것이다. 그러나 잘 살펴보면 오히려 Form(폼)이 더 적절하다. 우리말에서도 '형세'나 '균형'보다는 '형(形)'이라는 표현이 더 포괄적이며 적합하다. 그 이유는 형(形) 다음 편인 세(勢)편과 허실(虛實)편을 통해 알 수 있다. 제목이 형(形)인 편에서는 형에 대한 구체적인 언급이 없으며 오히려 세(勢)편과 허실(虛實)편에서 형(形)이라는 단어가 가장 많이, 그리고 구체적으로 언급되고 있다. 말하자면 형(形)편에서는 포괄적인 형(形)의 개념을 제시하고 있으며, 세(勢)편과 허실(虛實)편에서 현실적이며 구체적인 형(形)의 응용방법을 제시하고 있다는 것이다.

이 '형(形)'편의 제목으로서 이 글자가 의미하는 바를 좀 더 명확하게 이해하기 위해서는 '형(形)'편의 전체 내용을 보아야 하겠지만 가장 마지막 구절에서 '형(形)이라고 한다(형야 形也)'라는 문장을 제외하고는 형(形)에 대한 구체적인 언급이 전혀 없다. 또 영문 번역처럼 전술적 배치(Dispositions)나 포지셔닝(Positioning)에 해당되는 내용도 찾아 보기 어렵다.

'형(形)'편의 핵심 내용을 요약하면 –

昔之善戰者, 先為不可勝 以待敵之可勝 (차지선전자, 선위불가승 이대적지가승)

---

* The character hsing(形) means 'shape', 'form', or 'appearance' or in a more restricted sense, 'disposition' or 'formation'. The Martial Classics edition apparently followed Ts'ao Ts'ao and titled the chapter Chun Hsing(軍形), 'Shape [or 'Dispositions'] of the Army'. As will appear, the character connotes more than mere physical dispositions.

예부터, 전쟁을 잘하는 자는 먼저 적이 나를 이길 수 없게 만들고, 적을 이기려고 했다.

즉 전쟁 전에 미리 이길 수 있는 상황을 만들어 놓아야 한다는 의미이다. 이어서

"깃털을 들어올린다고 해서 힘이 세다고 하지 않으며 천둥소리를 들을 수 있다고 해서 귀가 밝다고 하지 않는 것처럼 누가 보아도 뻔히 승리를 알 수 있는 상황에서 승리한 것은 승리라고 하지 않는다. 또한 어렵게 이긴 승리도 최선은 아니다. 진정한 승리는 아무도 모르게 먼저 이길 수 있는 상황을 만들어 놓고 그 후에 싸우는 것이다. 즉 싸우기 전에 이미 진 것이나 다름없는 적을 만드는 것이다."

라고 하였다. 즉, 상황과 구조에 대한 언급이다. 이러한 전제로 시작하여 병법에서 고려해야 할 다섯 가지 요소를 제시하고 있는데 바로 이 부분이 핵심이다.

"一日度, 二日量, 三日數, 四日稱, 五日勝" (일일도, 이일량, 삼일수, 사일칭, 오일승)
"地生度, 度生量, 量生數, 數生稱, 稱生勝" (지생도, 도생량, 량생수, 수생칭, 칭생수)

'도(度)', '양(量)', '수(數)', '칭(稱)', '승(勝)' 등 이 다섯 가지의 의미는, 첫째, '도(度)'는 헤아림, 판단이다. '지생도(地生度)' 즉, '땅이 판단을 낳는다'는 것은 국토의 넓이 혹은 지형에 대한 판단을 말한다. 둘째, '양(量)'은 물질적인 자원, 즉 경제력을 말하는 것인데, '도생량(度生量)'은 국토의 넓이가 물질적 자원과 경제력의 근원이라는 의미로 해석하기도 하며 혹은 전쟁에 투입해야 할 물량의 계산으로 해석하기도 한다. 셋째, '수(數)'는 사람의 숫자, 즉 인구를 말한다. '량생수(量生數)'는 자원이 풍부하면 사람을 모이게 하여 인구가 많아진다라는 의미로 해석 가능하며, 또는 전쟁에 투입될 인원의 숫자로도 해석 가능하다. 넷째, '칭(稱)'은 저울, 즉 비교하는 것을 말한다. '수생칭(數生稱)'은 총체적인 군사력을 비교한다는 의미이다. 다섯째, '승(勝)'은 승리를 말한다. '칭생승(稱生勝)'은 저울질, 즉 비교를 잘해야 이길 수 있다는 의미이다. 결국 총체적

비교를 통한 상황분석을 정확하게 하라는 말이다. 이어서 이 후 문장이 그것을 말해주고 있다.

"故勝兵若以鎰稱銖, 敗兵若以銖稱鎰" (고승병약이일수칭, 패병약이수칭일)

"이기는 군사는 '일(鎰)'의 저울추로 '수(銖)'의 무게를 재는 것과 같고, 지는 군사는 '수(銖)'의 저울추로 '일(鎰)'의 무게를 재는 것과 같다"*라는 의미는 무거운 저울추로 가벼운 무게를 재는 것은 매우 쉬운 일이며, 가벼운 저울추로는 무거운 물건을 재는 것이 불가능하듯이 전쟁 또한 마찬가지라는 것이다.

그런데 정작 이 형(形)편의 제목인 형(形)이라는 글자는 마지막 구절 중에서도 가장 마지막 소절에 단 한 번 등장한다.

勝者之戰, 若決積水于千仞之溪者, 形也.

저자인 손무가 이 편의 제목에 해당되는 말을 가장 마지막에 단 한 번 언급한 이유를 헤아려 볼 필요가 있다. 또한 형(形)이라는 글자가 병법서의 소제목으로 사용할 만큼 중요한 의미가 있는 단어인가 라는 점도 다시 생각하게

---

* 일수칭(鎰稱銖)은 '일(鎰)'의 무게를 가진 추로서 '수(銖)'의 무게를 가진 추를 저울로 재는 것이며, 수일칭(銖稱鎰)은 그 반대를 말하는 것이다. '수(銖)'와 '일(鎰)'은 냥(兩), 근(斤) 등과 같이 과거 저울의 무게 단위로서 24수(銖)가 1냥(兩)이며, 20 혹은 24냥(兩)이 1일(鎰)이 된다. 따라서 무게가 480배 혹은 576배 차이 나는 저울추로 무게를 재는 상황으로 비유한 것이다.

된다. 이러한 점에서 영문 번역자들이 고심하였을 것이라고 짐작된다. 뿐만 아니라 우리말 번역서에서도 대부분 제목을 '군형(軍形)'이라고 한다. 그러나 이 편의 전체 혹은 어디에서도 군형에 관한 내용이 없다. 천 길이나 되는 깊은 골짜기로 쏟아지는 물길의 형상을 군형이라고 하기에도 적절치 않으며 또한 이런 정도의 내용을 말하기 위해서 이 '형(形)'편을 쓴 것이라고 보이지 않는다. 즉 군형, 형상, 형세 어떤 단어를 적용하더라도 이 형(形)편의 내용과는 들어맞지 않는다. 따라서 '형(形)'이라는 제목은 이 '형(形)편'의 전반적인 내용을 함축하는 의미로 해석하는 것이 타당하다. 이 '형(形)편'의 핵심은 전쟁 전에 미리 이길 수 있는 상황을 만들어 놓아야 하며, 이를 위해 '도(度)', '양(量)', '수(數)', '칭(稱)', '승(勝)'으로 무게를 저울로 재듯이 군사력을 비교해야 한다는 것이다. 이는 『손자병법』 두 번째 편인 '작전(作戰)'편에서 전쟁을 하는 데는 전차, 무기, 식량, 수송 등에 "日費千金 然後十萬之師擧矣(일비천금 연후십만지사거의) 비용이 하루에 천금이 발생하니 이것을 준비한 후에 십만 군사를 일으킬 수 있다"고 한 내용과 견주어 보면 이해가 쉬워진다. 즉 전쟁에 투입 가능한 물량을 비교하여 승리할 가능성이 있는지 판단하라는 의미이다.

따라서 여기서 형(形)이 의미하는 바는 전쟁을 위한 능력의 비교 즉, '구조와 상황'을 형(形)이라고 할 수 있다. 다시 말해서 우리가 무엇을 비교하기 위해서는 차이를 파악하게 되는데, 드러난 것의 차이는 파악하기 쉽지만 보이지 않는 부분의 차이는 파악하기 어렵다. 손무는 이러한 보이지 않는 구조적인 부분의 차이와 그 상황까지 보아야 한다는 것이며 그것을 형(形)이라는 한 글자로 표현한 것으로 이해할 수 있다.

이는 또한 '형(形)'편의 바로 다음이 '세(勢)'편이라는 점에서도 미루어 짐작할 수 있다. 그리고 이어서 여섯 번째 편이 '허실(虛實)'편인데 정작 형(形)에 대한 구체적인 설명은 여기서 나온다. 형(形)과 세(勢)를 각 편으로 구분하였지만 계속 이어서 다룸으로써 형(形)과 세(勢)의 연관성을 설명하고 있으며 오히려 '세(勢)'편에서 '형(形)'에 대한 언급이 더 많이 등장하는 것은 형(形)이 만들어 내는 직접적인 힘(力)과 세(勢)에 대한 구체적인 내용들 때문이다.

결론적으로 '형(形)'편이 의미하는 바는 '만약 승리할 가능성 즉, 승산이 충분한 상황과 구조를 만든 뒤에 싸운다면 높은 곳에서 물이 쏟아지는 것처럼 이길 수 있다. 이러한 것을 형이라고 한다.'라는 의미로 해석해야 한다. 전쟁을 위한 지형, 물량, 인구 등을 포함한 여러 가지의 상황과 구조가 형(形)이며, 구조적 유리함에서 힘(세, 勢)이 나오며, 구조적 유(有) 불리(不利)를 비교하는 것, 즉 형의 비교가 형세판단이다. 싸우기 전에 형세판단을 정확하게 하는 것은 승리를 확정 짓고 싸우는 것과 같다.

세(勢)

세(勢)편과 허실(虛實)편은 전쟁에 있어서 세(勢)를 만들기 위한 세부적인 형(形)의 조건과 그것을 갖추고 다루는 방법을 제시하고 있다. 먼저 세(勢)편의 중요한 부분만 몇 구절 소개한다.

1. 三軍之衆, 可使必受敵而無敗者, 奇正是也. 兵之所加, 如以碫投卵者, 虛實是也
   (삼군지중, 가사필수적이무패자, 기정시야. 병지소가, 여이단투란자, 허실시야)
   삼군의 군대가 적을 맞이해서 패배하지 않는 것은 기정(비정규 전술과 정규 전술)에 있으며, 군대의 공격이 바위로 달걀을 깨듯 할 수 있는 것은 허실에 있다.

2. 戰勢, 不過奇正, 奇正之變 不可勝窮也 (전세, 불과기정 기정지변 불가승궁야)
   전세는 기와 정뿐이지만 기와 정의 변화는, 이루 다 헤아릴 수 없을 정도로 무궁무진하다.

3. 激水之疾, 至于漂石者, 勢也. 鷙鳥之疾, 至于毁折者, 節也.
   (격수지질, 지우표석자, 세야. 경조지질 지우훼절자, 절야.)
   거세고 빠른 물살이 돌을 띄워 떠내려가게 하는 것을 '세'라고 하며, 사나운 새가 순식간에 덮쳐서 먹이를 찢어 발기는 것을 '절'(완급의 조절 혹은 타이밍)이 라고 한다.

4. 勇怯, 勢也. 强弱, 形也. (용겁. 세야. 강약. 형야.)
故善動敵者, 形之, 敵必從之. (고선동적자, 형지, 적필종지)
용맹함과 비겁함은 세(기세, 전력)에 달려 있으며, 강함과 나약함은 상황의 형태(배치, 상황)에 달려 있다. 그러므로 적을 잘 움직이는 장수가 형(배치, 상황)을 사용하면 적은 반드시 따라 움직인다.

5. 其戰人也 如轉木石 木石之性, 安則靜 危則動 方則止 圓則行
(기전인야 여전목석 목석지성, 안측정 위측동 방측지 원측행)
전투 중인 사람들은, 목석을 굴리는 것 같다. 본래 나무와 바위의 특성은 바닥이 고르면 가만 있고, 기울면 움직이고, 모가 나면 멈추고, 둥글면 구르게 마련이다.

6. 故善戰人之勢, 如轉圓石於千仞之山者, 勢也
(고선전인지세, 여전원석여천인지산자, 세야)
그러므로 지휘를 잘하는 자는 마치 천길 높은 산에서 둥근 바위를 굴리는 것과 같다. 이것이 '세(勢)'다.

'세(勢)'편의 결론은 마지막 구절(위 6번 구절)로서 바로 앞 '형(形)'편의 마지막 구절과 유사하다. 내용뿐 아니라 결론을 말하는 방법에서도 '형(形)'편과 '세(勢)'편은 매우 유사하다. '형(形)'편의 마지막 문장이 "형야 形也(~이 형(形)이다)" 인 것처럼 세(勢)편의 마지막 문장도 "세야 勢也(~이 세(勢)이다)"로 결론 내린다. 그리고 두 가지 모두 유사한 은유를 사용하고 있다.

若決積水于千仞之溪者, 形也. (약결적수우천인지계자, 형야)
如轉圓石於千仞之山者, 勢也 (여전원석여천인지산자, 세야)

형(形)편에서는 "천길 계곡의 물"이며 세(勢)편에서는 "천길 산의 돌" 즉, 물과 돌이라는 점에서만 차이가 있을 뿐이지 높은 곳에서 한꺼번에 떨어져 내리는 위력이라는 점에서는 똑같다. 결론에 해당되는 마지막 구절만 보자면 형(形)편과 세(勢)편은 크게 다르지 않다. 그렇다면 형(形)과 세(勢)는 어떻게 다른가? 그러나 대부분의 많은 『손자병법』의 번역 혹은 해설서에서는 이렇게 제목과 내용이 전혀 다른 두 편의 결론이 같은 것에 대해서 특별한 설명이 없다.

앞에서도 언급하였듯이 마지막의 글자인 "형야(形也)"가 마지막 문장에 해당되는 것이 아니라 형(形)편 전체의 결론이라고 한 것과 같이 "세야(勢也)" 역시 세(勢)편 전체의 결론에 해당되는 것으로 보면 이 문제는 자연스럽게 풀리게 된다. 세(勢)편의 내용을 요약하면 '기정과 허실' 그리고 '기정과 허실의 무궁한 변화' '속도와 타이밍', '형(배치, 상황)의 활용', '형(사람)의 특성에 따른 인재 활용' 등으로 요약된다. 형(形)편에서 거시적 관점에서 형(形)이란 무엇인가를 말하였다면, 세(勢)편에서는 현실적으로 형을 활용하여 세(勢)를 형성하는 방법을 제시하였다. 그리고 형(形)과 움직임의 자연적 원리를 통하여 세(勢)와 형(形)의 관계를 간명하게 나타내고 있다.

'세(勢)'편의 중요 문장을 다시 살펴보면, 위 1번 구절은 세(勢)편의 핵심인 첫 구절의 두 번째 소절로서 전쟁의 승리는 정규군과 기습의 운용, 그리고 허허실실 전략의 중요성을 말하고 있다. 그리고 2번 구절의 요점은 변화이다. 기와 정은 고정된 것이 아니라 변화가 중요한 것이라는 점을 말하고 있다. 3번 구절은 속도와 타이밍의 중요성에 대한 언급이다. 세란 속도가 필요하며 동시에 타이밍을 조절할 줄 알아야 한다는 의미이다. 4번과 5번 구절은 형과 세의 관계 이해하는 데 중요한 단서를 제공하고 있다. 용맹함과 비겁함이 세에 달려 있다는 것은 물리적 자산과 심리적 힘의 관계를 말하는 것인데, 가진 게 많으면 심리적으로 용감해진다는 것과 같은 의미이다. 강함과 약함이 형에 달려 있다는 것의 의미는 배치와 구조적인 문제를 말함이다. 군대의 배치를 어떻게 하는가에 따라 강해질 수도 약해질 수도 있다는 의미이다. 따라서 형의 변화 즉 유능한 장수는 아군의 배치 혹은 구조의 변화를 통해 자신의 의도대로 적을 기다리게 할 수도 있고 유인할 수도 있다는 의미이다. 5번 구절은 형(形)의 속성과 사람의 특성을 비유하고 있다. "바닥이 고르면 정지되고, 기울면 움직이고, 모 나면 멈추고, 둥글면 구른다."라는 이 문장은 너무나 당연한 말이지만 형(形)에 따른 운동의 자연적 원리를 간명하면서도 명확하게 표현하였다.

그런데 세(勢)편의 도입부인 1번 구절에서 허실이 언급되고 있다. 그 다음 편이 '허실'편인데 미리 허실을 거론한 이유는 무엇인가? 이는 세(勢)와 허실의 관계를 말하기 위한 것으로, 단지 형을 위한 형이 아니며, 허실을 위한 허실이 아니라 모두 세를 위한 형과 허실이라는 점을 말하기 위해서이다.

허실(虛實)편의 중요한 몇 구절을 보자.

> 故善攻者 敵不知其所守 善守者 敵不知其所攻. 微乎微乎 至於無形 神乎神乎
> (고선공자 적부지기소수 선수자 적부지기소공. 미호미호 지어무형 신호신호)
> 그러므로 훌륭한 공격은, 적이 어디를 방어해야 할지 모르게 하는 것이다. 훌륭한 방어는 적이 어디를 공격해야 할지 모르게 하는 것이다. 미묘하고 미묘하다. 마침내 형이 사라졌다. 신묘하고 신묘하다.
>
> 故形人而我無形 (고형인이아무형)
> 그러므로 적은 형이 나타나고 우리는 보이지 않는다.
>
> 故形兵之極, 至於無形. 無形, 則深間不能窺
> (고형병지극, 지어무형, 무형, 측심간불능규)
> 그러므로 전쟁에서 최고의 형은, 형이 사라지는 것이다. 형이 사라지면 깊이 숨어 있는 간첩도 엿보지 못한다.
>
> 夫兵形象水 (부병형상수)
> 전쟁의 형은 물을 닮았다.
>
> 故兵無常勢, 水無常形 (고병무상세, 수무상형)
> 그러므로 전쟁은 일정한 세가 없고 물은 일정한 형이 없다.

정작 '허실'편에서 형(形)이 많이 나온다. 그러나 허실편의 핵심은 무형(無形)이다. 형을 감추는 것이 허실의 전략이다. 보여주지 않거나 물의 형상처럼 일정하지 않아야 한다는 것이다. 강함과 약함의 문제가 아니라 어떻게 보여주고 감추는가의 문제이다. 형(形)편에서 시작된 형(形)과 세(勢)의 관계는 허실편에서 정리된다. 형(形)편에서는 상황을 비교하는 것이 형(形)의 시작이며, 세(勢)편에서는 형(形)을 활용하는 방법을, 허실편에서는 형(形)을 감추는 무형(無形)의 단계가 승리하는 전쟁의 극치라는 것을 말하고 있다. 형을 감추는 것은 무형(無形)이라기보다 유연한 형(形) 혹은 기만(欺瞞)이라고 이해할 수 있다.

형(形), 세(勢), 허실 이 세 편에서 형(形)은 상황과 구조, 배치 그리고 기만(형의 감춤)이라는 의미로 사용되었다. 그리고 이러한 형(形)의 적절한 활용이 세(勢)와 승리의 기본이 된다는 것을 강조하고 있다.

6) 칸트의 폼(form, 형)

폼(form)은 인식의 틀

폼(form,형)은 칸트의 인식철학에서 가장 기초가 되는 개념으로서 질료(matter)와 함께 인식의 두 가지 기본요소 중에 하나다. 칸트의 『순수이성비판』에는 형(形)을 의미하는 Gestalt(게슈탈트)와 form(폼) 두 가지 단어가 나온다. 일반적으로는 Gestalt(게슈탈트)와 form(폼)은 특별한 의미 구분 없이 혼용된다. 그러나 칸트의 『순수이성비판』에서는 의미를 구별하여 사용된다. Gestalt(게슈탈트)는 물리적 형태의 의미로 사용되었으며, form(폼)은 형이상학적 의미로서 '인식의 틀' 혹은 '형식'이라는 의미를 갖는 용어로 사용되고 있다. 『순수이성비판』의 영어번역을 보면, 독일어 form은 영어에서도 form으로 번역되었지만, Gestalt(게슈탈트)는 주로 shape으로 번역되었다.

칸트의 인식철학에서 사용하는 폼(form, 형)의 의미는 '인식의 틀' 혹은 '인식의 형식'이다. '인식의 틀'이란 사람이 외부로부터 무엇인가를 경험할 때 감각을 통해 지각을 하게 되고 그 지각을 인식하게 되는데 이 과정에서 누구나 각자의 인식의 틀을 통해 이해하게 된다는 것이다. 즉 세상을 인식하고 이해하는 관념적인 '틀'로서의 폼(form, 형)이다.

예를 들어, '눈으로 본다' '귀로 듣는다'라는 의미는 사람 눈과 귀로 지각

가능한 주파수 범위 내에서 인식하는 것이다. 인식 가능한 범위는 선천적으로 타고난 것이다. 이 선천적 인식 능력을 칸트는 "선험적(a priori)"이라고 하였다.

영국의 경험론과 대륙의 합리론의 대립적인 개념을 결합한 칸트는 스스로 코페르니쿠스적 사고의 전환이라고 자랑하였다.

합리론의 입장에서는 "무엇을 보는가?"가 중요하였으며 경험론의 입장에서는 "어떻게 보이는가?"가 중요하였다. 이 문제를 칸트는 "무엇이 어떻게 보이는가?"의 문제로 정리하였다.

칸트의 궁극적인 관심사는 『순수이성비판』 후반부에 다음과 같이 요약하고 있다.[109]

> 나의 이성의 모든 관심은 다음의 세 물음으로 통합된다.
> 1. 나는 무엇을 알 수 있는가?
> 2. 나는 무엇을 행해야만 하는가?
> 3. 나는 무엇을 희망해도 좋은가?

여기서 "나는 무엇을 알 수 있는가?"라는 질문은 '경험적으로 무엇을 얼마나 알 수 있는가'가 아니라 "경험으로부터 독립적으로 알 수 있는 부분이 있는가?"라는 질문이며 이에 대하여 "선험적(a priori) 인식능력"을 통하여 가능하다는 견해를 제시한다. 인식을 하기 위해서는 두 가지 조건이 필요하다. 하나는 인식의 질료(matter)이고 다른 하나는 인식의 형식(form)이다. 즉 경험을 통한 인식은 질료와 형식으로 구성된다. 질료는 감각을 통해 경험할 수 있는 감각 자료들이며 이는 그 자체로 인식이 될 수 없다. 이 감각 자료들을 정리 정돈하는 인식의 선험적 형식(form)을 통한 의식 활동에 의해 비로소 인식이 된다. 여기서 정리정돈한다는 것은 "비슷한 것들끼리" 짝을 짓고, "내용의 양에 따라" 분류하는 것을 말하는데 이것을 "범주화"라고 한다. 이러한 범주화는 "사고의 형식"이며 "인식의 형식"이자 동시에 "판단의 형식"이기도 하다.[110] 칸트의 『순수이성비판』에서 폼(form)에 대한 언급을 몇 가지 직접 인용하면[111]

"현상에서 감각에 대응하는 것을 나는 그것의 질료라고 부르며, 그러한 현상의 잡다한 것이 일정한 관계에서 질서지어질 수 있도록 만드는 것을 나는 현상의 형식(form of appearance)이라고 부른다."

"비록 모든 현상들의 질료는 단지 후험적으로만 주어진다 하더라도, 그러나 그것들의 형식은 그것들을 위해 모두 마음에 선험적으로 준비되어 있어야 하고 따라서 모든 감각과 분리해서 고찰될 수 있어야 한다."

"그러니까 감성적 직관들 일반의 순수형식(pure form)은 마음에서 선험적으로 마주치는 것이고, 그 안에서 현상들의 모든 잡다는 일정한 관계에서 직관되는 것이다."

"감성의 이 순수한 형식(pure form of sensibility) 그 자신도 순수한 직관이라고 일컬어진다."

이와 같이 칸트는 경험과 무관한 선험적인 감성적 직관을 '순수형식(pure form)'이라고 하였으며 이 순수형식이 현실의 경험에서 마주치는 질료(matter)를 정리하는 것을 '현상의 형식(form of appearance)'이라고 한다. 그리고

"우리 인식은 마음의 두 원천으로부터 유래한다. 그 가운데 첫 번째 원천은 표상들을 받아들이는 능력(곧, 인상들의 수용성)이고, 두 번째 원천은 이 표상들을 통해 하나의 대상을 인식하는 능력(즉 개념들의 자발성)이다."

"직관이 없이는 어떠한 개념들도, 또한 개념들이 없이는 어떠한 직관도 인식을 제공할 수가 없다."

"순수한 직관만이 그 안에서 무엇인가가 직관되는 형식(form)을 포함하며, 순수한 개념만이 대상 일반을 사고하는 형식(the form of thinking)을 포함한다." [112]

칸트는 자발적이든 수동적이든 인식이 이루어지기 위해서는 직관과 개념이 동시에 작용해야 하며, 직관과 사고(thinking)에도 형식(form)이 있다는 것을 주장한다. 형식(form)과 연관된 그의 주장들을 요약하면 –

무엇을 알 수 있다는 것은 질료(matter)와 형식(form) 이 두 가지 요소에 의해 가능한 것이며 질료(matter)는 외부로부터 주어지는 경험의 대상이며 형식(form)은 내 속에 들어있는 틀이다. 이 틀, 즉 형식이 경험을 통해 그대로 받아들인 다양하고 무질서한 감각자료를 정리 구성함으로써 그 대상을 알게 된다는 것이다.

7) 맹자의 형색(形色)

형(形)과 형색(形色)은 어떻게 다른가?

『맹자(孟子)』에는 형(形)이라는 글자가 세 문장에서 나온다. 1편 양혜왕(梁惠王) 상편에 나오는 "不爲者與不能者之形(불위자여불능자지형) 하지 않는 것과 할 능력이 없는 것의 모습은 어떻게 다른가요"라는 구절과 12편 고자(考子) 하편에 "有諸內 必形諸外(유제내 필형제외) 마음 속에 있는 것은 반드시 밖으로 나타나 보인다." 라는 구절, 그리고 13편 진심(盡心) 상편에 "形色天性也 惟聖人然後 可以踐形(형색천성야 유성인연후 가이천형) 형색이란 하늘이 준 본성이요, 오직 성인이 된 후에 형에 맞추어 살 수 있다."라는 구절 등 모두 3문장에 걸쳐 4번 나온다.

이 세 구절에서 나오는 형(形)은 같은 단어이지만 그 의미가 조금씩 다르다. 첫 번째 양혜왕(梁惠王) 상편의 "不爲者與不能者之形(불위자여불능자지형)"을 쉽게 표현하면 "안 하는 것과 못 하는 것은 어떻게 다른가요"라는 의미이며 대부분 이렇게 번역하고 있다. 그러나 '다르다'라는 뜻의 한자(漢子) 글자는 없으며 그 대신에 형(形)이라는 글자로 그 의미를 나타내고 있다. 여기서 '다르다'라는 의미로 형(形)이라는 단어를 사용한 이유는 무엇일까? 단지 '다르다'라는 의미보다는 '드러난다' '표시가 난다,' 즉 '겉으로 보아도 알 수 있다'라는 의미를 담기 위해서 형(形)이라는 글자를 선택한 것으로 추측된다. 이러한 추측은 고자(考子) 하편의 "有諸內 必形諸外(유제내 필형제외)" "마음 속에 있는 것은 반드시 밖으로 나타나 보인다."라는 구절에서 확인된다. 이 구절에서도 "나타난다, 드러난다" 등의 표현 대신에 형(形)이라는 단어를 사용하였다.

이 두 구절에서 형(形)이 사용된 직접적 의미는 다르지만 내재된 의미는 같다. 첫 번째 구절에서는 '다르다' 대신에 사용되었으며 두 번째 구절에서는 '드러난다' 대신에 사용되었다. 그러나 두 가지 모두 '보인다' 혹은 '보면 알 수 있다'라는 의미가 함축되어 있다. 이 두 구절에서 형(形)의 쓰임새와 그 의미를 이해하는 데는 큰 어려움이 없다. 그러나 3번째 등장하는 진심(盡心) 상편의 "形色天性也 惟聖人然後 可以踐形(형색천성야 유성인연후 가이천형)" "형색이란 하늘이 준 본성이요, 오직 성인이 된 후에 형에 맞추어 살 수 있다."라는 구절에서 형색(形色)과 형(形)에 담겨있는 의미는 좀 까다롭다. 이 구절은 고대부터 현대에 이르기까지 권위 있는 학자들 사이에서 해석이 매우 다양하게 나타난다. 허성도*는 이 구절의 해석에 대한 문제를 주제로 '孟子의 形色論(맹자의 형색론)'[113]이라는 논문을 발표했다. 이 논문은 오직 이 한 구절의 해석에 관한 내용만을 다루고 있다. 특히 형색(形色)과 형(形) 이 두 단어에 집중되어 있다. 『맹자(孟子)』 진심(盡心) 상편에 등장하는 形色(형색)과 형(形)의 의미를 파악/구별하기 위해서 이 논문의 내용을 요약하여 소개한다.

허성도가 주제로 삼는 가장 근본적인 문제는 왜 형색(形色)으로 시작한 문장이 형(形)으로 끝나는가이다. 이 문장에서 말하는 形色(형색)과 형(形)의 의미가 다른 것인가? 혹은 같은 것인가? 다르다면 어떻게 다른가? 같다면 문장의 앞에서는 형색(形色)이라고 하고 뒤에서는 오직 형(形)이라고만 한 이유가 무엇인가? 다르다면 어떻게 다른지에 대한 언급이나 추가 설명이 없기 때문에

---

* 서울대학교 중어중문학과 명예교수

그 의미를 명확하게 구별하기 어렵다는 것이다.

또한 최초의 『맹자』 주석서인 맹자장구(孟子章句)를 저술한 漢나라 시대에 조기(趙岐 108추정~201)를 비롯하여 송(宋)나라 시대 주자학의 창시자이자 『맹자집주(孟子集註)』를 저술한 주희(朱熹), 청나라 시대 『맹자자의소증(孟子字義疏證)』을 저술한 대진(戴震 1723~ 1777)과 『맹자정의(孟子正義)』의 초순(焦循 1763~1820), 『맹자역주(孟子譯注)』를 저술한 중국의 근대 사서연구가 양백준(楊伯峻 1909-1990), 그리고 우리나라 조선시대의 이퇴계, 이율곡, 그리고 『맹자요의(孟子要義)』를 저술한 정약용에 이르기까지 모두 그 해석이 조금씩 다를 뿐 아니라 형색(形色)과 형(形)의 구별에 대한 해석이나 주석이 명료하지 못하며 수긍하기 어렵다는 것이다.

허성도의 '맹자의 형색론' 몇 문장을 직접 인용해보면 -

> 楊伯峻의 번역문을 보기로 하자.
>
> '사람의 신체용모는 하늘이 부여한 것이다. [이러한 외표적 美는, 내재적 美에 근거하여 충실성을 보장받는 것으로써], 오직 성인만이 이행할 수 있으며, [그리하여 이러한 천부적 기능에 부끄럽지 않게 된다.]' 楊伯峻
>
> 위 번역은 '形色'이 '신체용모'를 나타낸다고 보고 있다. 이 번역에는 세 가지의 문제점이 있다. 첫째는 '신체용모', 즉 '形色'이 하나의 개념을 나타내는 복합어인가의 문제이다. 그렇다면 성인은 무슨 이유로 '色'을 버리고 '形'만 실천할 수 있는지를 설명할 수 없다. 둘째, '形'이 '신체'를 나타내고, '色'이 '용모'를 나타내는 병렬적 개념이라면, 그들은 어떻게 다르기에 성인이 되어야만 '신체'를 행하고, '용모'는 실천할 수 없는 것인지가 설명되지 않는다. 셋째, 실천 대상으로서의 '形'이 무엇을 의미하는지가 위 번역문에는 제시되어 있지 않다. 이러한 문제 때문에 위의 번역문은 문장 자체가 자연스럽지 않으며, 어색한 다

른 요소들의 도움을 받아야만 한다.
朱子의 견해는 그 내용이 분명하지 않다. 그 이유는, 形色을 사람이 갖추고 있는 요소로 보면서도, 形色이 무엇을 지칭하는지를 분명하게 정의하지 않았기 때문이다. 이런 상황에서 踐形과 같이 形의 실천 문제를 설명해야 하므로, 그는 理의 개념을 동원할 필요성을 느꼈을 것이다. 그러나 形色의 개념을 제시하지 않은 채 진행된 그의 설명은 공허할 수밖에 없다.
丁若鏞은 〈孟子要義〉에서 다음과 같이 말하고 있다.

'鏞案, 形者, 身形也, 色者, 顔色也, 性者, 天命也. 人之形色, 於萬物之中, 最爲尊貴, 斯亦天命也. 惟聖人爲能踐履, 不負此形. (내가 보기에, 形이란 몸의 형체이며, 色이란 안색이며, 性이란 天命이다. 사람의 形色이 만물 가운데 가장 존귀하니, 이도 또한 천명이다. 성인만이 (천명을) 잘 실천하여 이 形을 저버리지 않는다.)'

丁若鏞은 形色을 몸의 형체와 안색으로 구분한다. 이에 의하면 踐形은 몸의 형체를 실천한다는 말이 되는데, 몸의 형체를 실천한다는 것은 무슨 의미인가, 그리고 무슨 이유로 성인이 되어야만 안색이 아니라 몸의 형체를 실천할 수 있다는 말인가? 우리는 丁若鏞의 설명에서도 이러한 의문에 대한 답을 찾을 수 없다.

허성도의 인용에서 등장하는 해석의 내용들은 대체로 형색(形色)과 형(形)을 같은 의미로 보는 학자와 다른 의미로 구별하는 학자들로 나뉜다. 또 형색(形色)을 하나의 단어로 보는 관점과 형(形)과 색(色)으로 구분하는 관점도 있다. 대부분 형색(形色)을 '신체용모' 또는 '체구와 안색' 그리고 '눈 · 귀 · 손 · 발과 같은 신체기관과 안색' 등으로 해석하거나, 또는 추상적으로 만물 혹은 사람의 도(道)로 해석하기도 하였다. 그러나 형색(形色)의 정확한 개념, 그리고 천형(踐形)에서 색(色)이 제거되고 형(形)만 선택된 이유, 그리고 형(形)과 색(色)의 비교 개념 등을 찾을 수 없었다는 것이 허성도의 견해다.

이어서 허성도는 형(形)과 색(色)의 개념을 비교하기 위해서 유클리드의 이론을 도입한다.

> "모든 물체의 형태가 지각되는 것은 색채 때문이며 색채를 제거하면 그 물체의 형태는 보이지 않을 것이다. 그러나 색채는 물체의 본질은 아니다. 이러한 논리에 의해서 만물의 외형적 모습은 색(色)이며 보이지 않는 순수원리는 형(形)이며 이것이 곧 하늘이 준 성질이라는 것이다. 따라서 '천형(踐形)'은 '순수원리의 실천'이라는 개념으로 이해할 수 있으며, 또한 이 문장에서의 '형(形)'은 플라톤의 이데아(형상론)의 개념과 유사하다."

라는 견해를 제시한다. 그러나 플라톤의 이데아(형상론)와 어떤 면에서 유사한지에 대한 구체적 언급이 없는 점이 아쉽다.

허성도의 형색(形色)과 형(形)에 대한 문제 제기는 매우 의미 있으며 또한 그의 견해 역시 상당 부분 타당하다고 생각된다. 선현들의 해석에 대한 문제 제기는 학문적인 바탕과 더불어 순수한 학자적 용기 없이는 시도하기 어려운 일이다. 그리고 자구(字句)에 대한 추상적 분석이 아니라 기하학과 시지각(視知覺)의 관점에서 형(形)과 색(色)의 개념을 구별하는 접근 방식 역시 훌륭하였다.

다만 '천형(踐形)'에서의 형(形)은 플라톤보다는 아리스토텔레스의 form(형) 개념에 더 가까워 보인다. 왜냐하면 플라톤의 form(이데아)은 현실세계에 존재하지 않는 이상적인 것이며 아리스토텔레스의 form(형)은 현실세계에 실재하는 사물에 관한 것이다. 『맹자』의 형색이 사람에 관한 것이며 그리고 형이 실천의 대상이라면 그것은 현실적이라고 볼 수 있다. 따라서 현실세계를 대상으로 하는 아리스토텔레스의 form(형) 개념이 더 가까운 것으로 보인다.

그리고 색(色)에 대하여 조형예술적 관점에서 조금 더 깊이 보았다면 또 다른 해석이 도출될 수 있었을 것이다. 아리스토텔레스의 form(형)은 사물존재의 4가지 원인 중에 하나로서 사물의 본질에 해당된다. 그리고 조형예술적 관점관점 볼 때 형(形)은 구조와 윤곽에 해당되며 색(色)은 표현에 해당된다. 색은 그 자체로도 존재하지만 물체 외부의 표면에 존재한다.* 이러한 관점에서 형(形)과 색(色)의 개념을 구분 하자면 형(形)은 사물의 존재 이유로서 기능적 본질이며, 색(色)은 기능적 본질 위에 추가된 기능과 감정이 포함된 것이다. 따라서 형색은 사물의 전체를 말하는 것으로 불교에서 말하는 색즉시공의 색과 유사하다. 예를 들어 손의 형(모양)은 손의 존재 이유이며, 피부색은 손의 존재의 이유에 해당되지 않는다. 키 큰 사람, 뚱뚱한 사람, 건장한 사람, 예민하게 생긴 사람, 날렵하게 생긴 사람 등 사람의 형에서 그 사람의 특성이 나타난다. 피부색은 전혀 무관하다고 할 수 없지만 특성을 나타내지는 않는다. 의상에서도 역시 형(形)은 기능이며 색은 장식에 해당 된다.** 따라서 형색은 타고난 품성과 기질 등 모든 것을 말하며, 형은 역할과 존재의 이유를 말하는 것으로 해석할 수 있다. 따라서 형색(形色)이라고 하면 사물의 본질과 표현, 즉 사물의 모습을 말하며, 형(形)은 존재의 원인인 본질에 해당된다. 『맹자』의 형색(形色)과 형(形)을 다시 살펴보면,

> "形色天性也 惟聖人然後 可以踐形(형색천성야 유성인연후 가이천형)"
> "형색이란 하늘이 준 본성이요, 오직 성인이 된 후에 형을 실천할 수 있다."

---

* 광원의 빛과 투광에 의한 빛은 그 자체로 존재하며 물체의 색은 빛의 반사에 의한 색으로서 대부분 물체의 표면에 존재한다. 물체의 표면에 존재하는 것이 아니라 표면에서 인식되는 것이라는 표현이 정확하다. 물론 대부분의 물체가 그 내부 즉 물체 자체로서 색을 가지고 있다. 그러나 이 경우에도 색을 지각하는 것은 빛의 반사에 의한 것이기 때문에 우리가 볼 수 있는 것은 그 자체로 표면이다.

** 색이 나타내는 의미와 기능이 많지만, 색만으로는 사물의 존재 이유가 되기는 어렵다.

이 문장은 분명히 사람에게 적용하는 내용이다. 따라서 하늘이 준 '형색(形色)'이란 사람의 존재와 표상 모두를 말하는 것이라고 생각된다. 그리고 천형(踐形)의 천(踐)은 실천함을 뜻하는 것이며, 형(形)이란 사람이 실천해야 하는 본질, 즉 존재의 이유를 말하는 것으로 추측된다. 따라서 천형은 존재의 이유를 실천하는 것으로 해석할 수 있다.

또 다른 추측으로는 앞에서 양혜왕(梁惠王) 상편 "不爲者與不能者之形(불위자여불능자지형)"과 고자(考子) 하편 "有諸內 必形諸外(유제내 필형제외)"에서 형(形)의 의미가 '나타난다', '드러난다.'로 해석되었듯이 천형(踐形), 즉 형을 실천한다라는 것은 '드러냄을 실행한다'라는 의미로도 볼 수 있다.

두 가지 추측과 해석을 합쳐보면 여기서 형(形)은 '존재의 이유를 드러낸다.' 혹은 '본질을 나타내다.'가 된다. 여기서 존재의 이유나 본질을 사람에게 적용한다면 그것은 '자신의 정체성' 즉, '자기(自己)'라고 할 수 있다. 따라서 천형은 '자기를 드러낸다.'로 해석할 수 있다.

"形色天性也 惟聖人然後 可以踐形(형색천성야 유성인연후 가이천형)"

이 문장을 다시 풀이하면 "형색이란 하늘이 준 본성이요, 오직 성인이 된 후에 자기를 드러낼 수 있다."라는 의미가 된다. 형색(形色)과 형(形)의 정확한 의미는 맹자만이 알 수 있겠지만 이 문장에서 분명한 것은 '성인이 된 후에야 실천할 수 있는 것이 형(形)'이다.

8) 형(形)과 form의 다양한 의미와 개념

**형(形, form)이란 사물의 외형뿐 아니라
존재의 본질까지 의미한다.**

조형예술의 형(形)부터 칸트의 형식(폼 form)까지 다양한 형(폼 form)을 살펴보았다. 일상적으로 무심코 사용하는 형(폼 form)이라는 단어는 의외로 다양한 의미로 사용되고 있다. 아리스토텔레스와 맹자 그리고 칸트의 형(形)은 형이상학적이며, 조형예술과 게슈탈트 그리고 손자의 형(形)은 현실적인 형(形)이다. 현실적 형(形)은 형이하학적 실체가 형이상학적 개념으로 구조화되고, 다시 형이상학이 형이하학으로 환원되는 순환과 융합의 과정을 거친다. 이러한 면에서 형이상학과 형이하학의 구분은 '형(形)'을 이해하는 데 별 도움이 안 된다.

형(形)이란 단지 어떤 모양(외형)의 의미로 그치는 것이 아니라 사물의 본질을 드러내며 동시에 그 본질까지 포함하는 것이다. 아리스토텔레스가 형(폼 form)이 사물의 존재 원인으로서 실체라 한 것은, 드러나는 형(形)에서 그 본질을 알 수 있기 때문이다. 이는 맹자가 형색(形色)은 하늘에서 준 것이라는 것과도 통한다. 또한 칸트에게 있어서 형(폼 form)은 세상을 인식하는 마음의 틀이다. 이러한 칸트의 견해는 게슈탈트 법칙으로 이해하면 쉽게 수긍이 간다. 물론 칸트의 인식론과 게슈탈트 심리학은 근본적으로 개념이 다른 것이며 여기서 사용되는 형(폼 form)이라는 용어 역시 그 의미가 다르다. 하지만 대상과 인식을 구별한다는 점에 있어서 유사성이 있다. 게슈탈트 법칙에서의 형태는 칸트가 말하는 인식의 대상으로서 질료(matter)에 해당된다. 그리고 그것을 지각하는 것은 경험인 것이며, 그 경험(지각)은 사람마다 가지고 있는 인식의 형(폼 form)에 의해서 인식된다는 것이다. 게슈탈트 법칙 역시 근본적으로는 지각의 대상인 형태에 대한 논의가 아니라 그것을 지각하는 사람의 지각과 인식의 구조에 대한 심리학이다. 즉, 단어의 의미와 사용은 달라도 큰 개념은 칸트의 형과 일맥상통한다. 퐁티는 그것을 현상으로 파악하였다. 질료(matter)와 형식/형상(폼 form)의 구분이 아니라, 질료(matter)에 이미 형식(폼 form)이 내포되어 있기 때문에 지각의 대상인 형(形)과 지각의 주체인 몸의 감각이 동시에 작용하는 현상이라는 것이다. 제각기 견해는 다르지만 결국 형(形)은 사물의 본질과 구조까지 포함되는 것이며, 그리고 그것을 사람이 인식하는 것 역시 형(形)이라는 개념이 성립된다. 사물의 본질과 구조뿐 아니라 이념과 사상을 포함한 추상적 개념까지 형(形)으로 인식된다.

이념이란 생각의 틀에서 만들어진다. 누구나 마음 속에 어떤 생각의 형식(틀)을 만들어놓고 그 안에서 생각하게 된다. 그것이 이념이 되고 그 이념이 공론화되면 이데올로기가 된다.

즉, 세상의 모든 것(사물과 사실)은 형(形)을 가지고 있으며 그 형(形)에 의해서 그 본질을 이해한다. 사물뿐 아니라 생각과 언어에도 형(形)이 있다. 사물의 형(形), 생각의 형(形), 언어의 형(形) 등 형(形)이 없으면 구별하지 못한다. 구별하지 못하면 다름을 알 수 없다. 생각과 언어에는 형(形)이 있는 것이 아니라 부여하는 것이다. 이는 형(形)을 부여하여 적용하지 않으면 다름을 구별할 수 없기 때문이다. 결국 관념이라는 것은 보이지 않는 생각에 추상적 형(形)을 부여한 것이다. 본 것은 그 자체로서 관념이 되지 않는다. 본 것이 관념이 되기 위해서는 형(形)이 적용되거나 혹은 부여되어야 한다. 형(形)은 인식의 대상이자, 인식하는 방식이기도 하며, 구체적으로 만들어지는 것이며 또한 추상적으로 부여하는 것이기도 하다.

형(形)과 본다는 것

사람은 누구나 형(모양)을 탐닉한다. 좋은 형(모양)을 추구한다. 형(形)을 찾고 만든다. 자연의 모든 것들은 모양으로 말한다. 자신의 존재를 형(形)으로 나타낸다. 산은 산의 형(形)으로, 물은 물의 형(形)으로 자신의 존재를 드러낸다. 은행나무는 은행나무의 형(形)으로, 대나무는 대나무의 형(形)으로, 바위는 바위의 형(形)으로, 잠자리는 잠자리의 형(形)으로 자신의 존재를 드러낸다. 자연적인 것이나 인공적인 것이나 볼 수 있는 사물은 모두 형이 중요하다. 보이는 사물뿐 아니라 상황도 형(形)이다. 언어도 형(形)이 중요하다. 음악에도 형(形)이 있으며 서류에도 서식이라는 형(形)이 있다.

예술가는 형(조형 요소)을 이용하여 형(작품)을 만들고, 형(작품)을 통해 세상과 대화한다. 기업가는 기업의 형(구조)을 만들고, 제품과 서비스의 형을 만든다. 의사는 먼저 환자의 형(병색)을 통해 진단한다. X선 영상으로 신체 내부의 형(상태)을 파악하며, 현미경으로 외부에서 침투한 미세한 형(세균)을 찾는다. 천체물리학자는 망원경으로 우주의 형을 살핀다. 운동선수는 몸의 형과 동작의 형을 통해 경기한다. 요리사는 형으로 맛을 낸다. 정치가와 연예인은 자신의 형(정체성과 이미지)으로 자신을 팔고 권력과 인기를 만든다.

희노애락도 형(표정)으로 나타난다. 성격을 형태로 표현하는 것이 캐릭터이다. 바꿔 말하면, 캐릭터란 형태가 성격을 갖는 것이다. 즉 모든 형(形)에는 그 특성과 힘이 내재되어 있다. 즉 본질과 구조, 스토리(역사)와 주변과의 인과관계가 들어있다.

형(形)을 잘 활용하거나 만들기 위해서는 우선 형(形)을 볼 줄 알아야 한다. 본다는 것은 보이는 것만 보는 것이 아니다. 보든 것에는 여러 단계와 수준이 있다, 본다는 것은 수동적으로 보는 것 즉, 보이는 것을 보는 것과 의도적으로 보는 적극적 행위 두 가지가 있다. 후자를 보는 '행위'라고 한다면 전자는 행위가 아니라 일종의 '작용'이다. 행위로서 본다는 것은 단지 외형을 보거나 감상만으로 그치는 것이 아니라 그 내면까지 들여다 보고 구조와 본질을 파악하는 것이다. 다시 말해서 보이지 않는 부분까지 읽어 내는 것이다.

나뭇잎의 형(形)에서 나무의 종류가 보이고, 운동 선수의 형(形)에서 그 선수의 기량이 보이며, 자동차의 외형에서 그 차종과 상태를 아는 것, 얼굴의 현재 형(상태)에서 미세한 감정상태를 아는 것처럼 보면 알게 되는 것들이 있다. 그러나 이렇게 보는 행위의 수준은 사람마다 다르다.

보는 행위가 어느 경지에 이르면 보는 행위 없이도 저절로 보이게 된다. 말하자면 의도적 행위가 아닌 보이는 작용에서도, 즉 그저 스쳐지나 갔을 뿐인데도 보이는 것 그 너머까지 보인다. 일상적으로 경험이 많이 쌓이면 누구나 그저 보면서 무의식적으로 알 수 있는 것들이 있다. 그러나 특정한 분야에서는 상당한 수준에 도달해야만 보이는 것들도 있다. 나뭇잎에서 나무의 종류가 아니라 그 나무의 건강상태가 저절로 보이는 경우, 운동 선수의 형에서 기량뿐 아니라 습성과 장단점, 그리고 연습량까지 보인다. 자동차의 움직임만 보아도 그 내부의 고장 상태를 아는 것, 얼굴만 보고도 그 사람의 건강상태와 지병을 알아차리는 경우 등 다양한 분야에서 이러한 능력들이 나타난다. 이때 보이는 것들은 의도적인 파악과 분석의 과정 없이 그저 곧바로 알게 된다. 물론 순식간에 이러한 과정이 압축되어 나타나는 현상이기는 하겠지만 거의 무의식적인 인식에 이른다. 이러한 현상에 대해 "척 보면 안다"라고 한다. 척 보면 아는 경지를 넘어, 보려고 하지 않았는데도 저절로 보이기까지 하는 경지가 있다. 이러한 경우에는 '행위'도 '작용'도 아니다. '현상'이란 말이 가장 적절하다. 보이는 현상 즉, 보면서 그냥 알게 되는 현상이다.

사물과 상황을 의식적으로 보려는 행위와 관찰, 그리고 그 행위와 관찰을 넘어 저절로 보이는 현상까지, 보는 것에는 단계와 수준이 있다. 그리고 다음 단계의 보는 행위에는 현재 상태를 알아차리는 것뿐 아니라 과거와 미래를 추측하는 것까지 포함 된다. 형이 보여주는 대상의 구조와 본질을 넘어 그 속에 담긴 역사와 스토리를 아는 것과, 현재의 형이 어떻게 변할 것인지를 추측하게 되는 것이다. 도미노 카드 하나가 넘어지면 그 다음에 어떤 현상이 발생할 것인지를 미리 보는 것이다. 이것을 선견지명(先見之明)이라고 한다. 선견지명이라는 말은 너무 흔하게 사용되어 그 의미와 가치를 쉽게 생각하는 경향이 있다. 그러나 선견지명이란 매우 어렵다. 예지력이라고도 하지만 단순히 어떤 영감에 의한 것이 아니라 형(대상)을 보는 높은 수준의 결과다.

유방(劉邦)의 야심을 알아챈 범증(范增)은 유방이 항우(項羽)에게 위험한 인물임을 예견하고 홍문(鴻門)의 연회에서 유방을 죽이려는 계획을 세웠으며, 이 계획을 알 수는 없지만 전후의 상황으로 미루어 볼 때, 장량(張良)은 유방의 위험을 내다보고 미리 대비하였다. 범증이 유방을 제거하려던 계획은 실패하였지만 그의 선견지명은 탁월한 것이었다. 항우는 패배한 이후에야 범증의 선견지명을 알게 된다.

"새로 임금이 될 분(연산군)의 눈동자를 보니 제 목이 보존된다면 다행이다." 라고 미리 앞날을 내다보고 사직하여 고향에 돌아온 점필재(佔畢齋) 김종직(金宗直, 1431~ 1492)의 유명한 선견지명 사례,[114]도 있다.

모두 사람의 외모(형)에서 그 사람의 속(성품)을 들여다보고 앞날에 일어날 상황을 예측하는 것이다. 이렇게 알 수 있는 것은 개인이 타고나는 능력도 있겠지만 '힘의 원리'와 '반복과 변화'라는 자연의 법칙에서 배울 수 있기 때문이다.

자연은 계절이 반복되고 물과 공기가 순환되는 반복과 변화의 기본 질서를 가지고 있으며 그것들은 모두 형상으로 나타난다. 마찬가지로 인간과 사회 역시 반복적인 형상을 역사로 보여주고 있다. 그러나 그것을 보는 사람이 있는가 하면 보고도 보지 못하는 사람이 있다. 형(形)은 나타나는 것이기 때문에 보여주고 있는 것인 동시에 보는 것이기 때문에 인식의 범위라고 할 수 있다. 즉, 보는 사람이 어디까지 보느냐에 따른 것이다.

'본다'라는 행위는 형(形)의 구조를 파악하고 판단이 동시에 작용되면서 그것에 대한 대응을 하게 된다. 예를 들어, 글을 읽는 사람은 글자의 형(形)으로 문장의 의미를 파악하고 해석으로 이어진다. 그리고 그 다음 문장을 파악하기 위한 준비 단계로 진행한다. 이러한 과정이 순식간에 무의식적으로 진행된다. 뜻을 모르는 생소한 형태의 글자를 만나면 순간 당황하지만 상황에 따라 다음 대응이 나타난다. 야구 타자는 빠른 속도로 날아오는 공의 형(形)에 대해서 매우 빠른 대응을 해야 한다. 피겨선수는 자기의 동작이 만들어내는 형을 몸이 스스로 지각한다. 조리사는 음식 재료와 상태가 보여주는 형태, 그리고 불의 형태로 맛을 판단한다.

즉 '본다'는 행위에는 느끼고, 판단하고, 사고하는 과정이 모두 포함된다.

9) 나오며

형(形)은 이미지와 정체성을 형성하고, 세(勢)와 힘을 만든다.

모든 형(形, form)은 구조와 본질에서 출발하며 제각각 특성을 가지고 있으며 그것이 고유한 힘이 된다. 꽃의 힘은 그 꽃의 특성 즉 형(形)의 구조에서 나오며, 칼은 예리함이라는 형(形)에서 그 힘이 나온다. 웃는 모습이 끌어내는 매력의 힘은 웃는 얼굴의 형(形)에서 나온다. 아름다움과 매력, 두려움 등을 느끼게 하는 것은 이미지의 힘이다. 운동선수의 힘은 동작에서 나온다. 운동선수의 동작 역시 물리적인 작용이지만, 그것은 구조적인 형에서 시작되는 것이며 동시에 이미지가 된다.

다시 말해서, 형(形)이 형상으로 나타날 때 '이미지'가 되며, 그 이미지는 감성적 힘(세勢)을 갖는다. 형(形)이 특정 사물, 즉 실체로 나타나는 것을 형체라고 하며, 형(形)이 개념을 정의하거나 사실을 나타낼 때는 형식이 된다. 이러한 이미지와 형체 그리고 형식은 모두 정체성을 형성한다. 그리고 정체성은 동질성과 집단화에 의한 세(勢)를 형성한다.

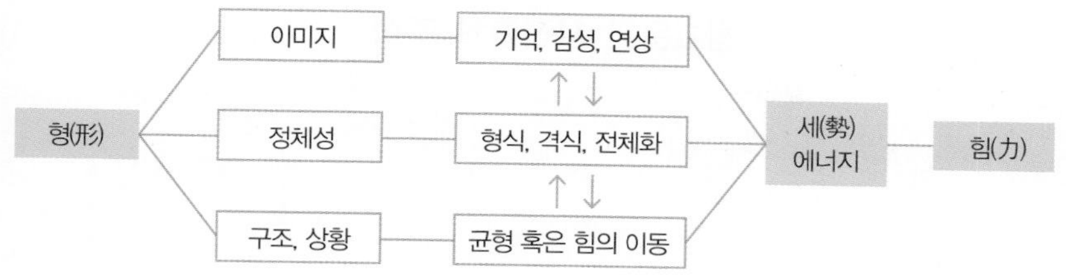

형(形)이 이미지로 나타나거나, 정체성의 표현이 될 때 형(形)은 그 자체로 세(勢)가 되며 또한 세(勢)를 이루는 구조 혹은 상황을 형(形)이라고 한다.

요약하면

형은 다양한 의미를 갖는다.
형은 사물의 존재 원인이 되는 본질이다.
형은 구조이자 상황이다.
형은 인식의 틀이다.
형은 감각으로 지각되는 인식의 대상이자 동시에 지각 현상이다.
형은 구별의 기본이며 정체성을 만든다.
형은 세(勢)의 기본이자 동시에 세가 된다.
형은 마음을 움직이는 원인성, 즉 힘으로 작용한다.

그리고 형(形)은 항상 같은 것, 고정된 것이 아니라 항상 변화한다. 그 변화는 필연성과 우연성이 있으며, 필연성은 대체로 규칙성을 바탕으로 하지만 또한 그 변화 역시 항상 알 수 없다. 우연성은 알 수 없는 것이기는 하지만 어느 정도의 필연성이 내재되어 있는 경우도 있다. 즉 형(形)은 사계절처럼 일정한 규칙이 있으면서도 항상 불확실하다. 구름처럼 일정한 형태를 보이면서도 모두 다른 형태이며 또한 항상 변한다.

참고문헌·사진출처·주석

1. Jean Baudrillard(1929~2007): 프랑스 사상가로서 사회학자, 철학자, 정치평론가, 그리고 사진 작가로도 활동하였다. 주요 저서로 『사물의 체계』(The System of Objects 1968), 『소비의 사회』(The Consumer Society 1970), 『시뮬라시옹』(Simulacra and Simulation 1981) 등이 있다.
2. https://www.geek.com/geek-pick/white-house-sponsored-hack-for-change-project-bad-joke-1536957/
3. 표준국어대사전. 국립국어원 http://stdweb2.korean.go.kr
4. 두산백과, http://www.doopedia.co.kr/
5. 세계미술용어사전, 월간미술 1999. http://terms.naver.com/entry.nhn?docId=894904&cid=42642&categoryId=42642
6. 영화사전, 2004. Propaganda. http://terms.naver.com/entry.nhn?docId=349933&cid=42617&categoryId=42617
7. 문학비평용어사전, 한국문학평론가협회, 2006. 국학자료원 http://terms.naver.com/entry.nhn?docId=1530696&cid=41799&categoryId=41800
8. 한국언론연구원. 1993
9. 곽호완·박창호·이태연·김문수·진영선, (2008), 『실험심리학용어사전』, 시그마프레스㈜ http://terms.naver.com/entry.nhn?docId=273696&cid=41990&categoryId=41990
10. 木田元 (1994), 現象學事典, 이신철 역 (2011), 현상학사전, 도서출판 b http://terms.naver.com/entry.nhn?docId=1717788&cid=41908&categoryId=41972
11. W.J.T. Mitchell (1985), *Iconology: image, text, ideology,* The University of Chicago Press, 임산 역(2005), 『아이코놀로지; 이미지, 텍스트, 이데올로기』, 시지락.
12. Alex Preminger · TVF Brogan (1993), *The Princeton Encyclopedia of Poetry and Poetics,* Princeton: Princeton University Press

13. Roland Greence 외 6명 (2012), *The Princeton Encyclopedia of Poetry and Poetics 4th ed,* Princeton: Princeton University Press.
14. *The Princeton Encyclopedia of Poetry and Poetics 4th ed,* p.664, "my love is like a red, red rose," images like the color, texture, or odor of a rose are figures for a lady's blush, her delicate skin, her fragrance."
15. W.J.T. Mitchell. *Iconology: image, text, ideology,*
16. Gilbert Durand(1960), *Les Structures Anthropologiques de l'Imaginaire,* 진형준 역(2007), 『상상계의 인류학적 구조들』, 문학동네, p.17.
17. 질베르 뒤랑(Durand, Gilbert)의 첫 번째 저서 *Les Structures Anthropologiques de l'Imaginaire* 로서 이미지를 체제와 구조로 분류하는 주장을 제시하였음.
18. Alfred North Whitehead (1929), Process and Reality: An Essay in Cosmology.
19. "The safest general characterization of the European philosophical tradition is that it consists of a series of footnotes to Plato."
20. Theory of Forms-Wikipedia, https://en.wikipedia.org/wiki/Theory_of_Forms
21. Plato, *Republic*. 596a. Perseus Digital Library. eng1:10.596a http://data.perseus.org/citations/urn:cts:greekLit:tlg0059.tlg030.perseus-eng1:1.327a . Benjamin Jowett(1888), *The Republic of Plato,* Oxford, Clarendon Press.
22. 김인곤(2004), 『플라톤 「국가」 해제』, 철학사상 별책 제3권 제8호, p.150.
23. Plato, *Republic.* 596~597
24. Plato, *Republic.* 600
25. 버트런드 아서 윌리엄 러셀(Bertrand Arthur William Russell, 1872 ~ 1970): 20세기 대표적인 영국의 철학자, 수학자, 역사가, 사회비평가
26. 질 들뢰즈(Gilles Deleuze, 1925~1995): 20세기 후반 프랑스의 철학자, 사회학자
27. Aristoteles, De Anima
28. Thomas Hobbes(1651), *Leviathan,* Andrew Crooke. London (1968).
29. 박기현(2002), 『낭만주의 상상력 연구』, 불어불문학연구 제56집.
30. Samuel Taylor Coleridge(1817), *Biographia Literaria,* 김정근 역(1995), 『문학전기』, 한신문화사, p.41.
31. 『문학전기』 p.54.
32. 『문학전기』 p.53.
33. Kenneth Boulding(1910~1993): 미국의 경제학자이자 사회철학자로써 학문 분야간의 영역 범위를 확대하였다. 이미지를 사회와 인간의 행동을 이해하는 단서로 접근하였다.

34. Marshall McLuhan (1964), *Understanding Media,* 김상호 역(2011), 『미디어의 이해』, 커뮤니케이션북스.
35. 구인환, Basic 고교생을 위한 국어 용어사전, 신원문화사, 2006 http://terms.naver.com/entry.nhn?docId=939379&cid=47319&categoryId=47319
36. https://en.wikipedia.org/wiki/Newspaper
37. www.journalism.org/2011/09/23/role-newspaper
38. John Berger(1980) *Uses of Photography,* Selected Essays, 287
39. Susan Sontag(1977), *The image-world,* p.154.
40. Leland Stanford(1824~1893): 스탠퍼드대학교(Stanford University) 설립자, 철도 건설업자이자 캘리포니아주지사와 상원의원을 지냈다.
41. Eadweard Muybridge(1830~1904): 영국의 사진작가
42. By Eadweard Muybridge - Provided directly by Library of Congress Prints and Photographs Division, Public Domain, https://commons.wikimedia.org/w/index.php?curid=57260211
43. https://commons.wikimedia.org/wiki/File:19thCentEdisonPhonographTuxtla.jpg
44. https://en.wikipedia.org/wiki/Phonograph
45. https://www.britannica.com/technology/phonograph
46. http://www.smithsonianmag.com/arts-culture/phonograph-changed-music-forever-180957677/#TBMQ4U7AZD0B9o8t.99
47. 『미디어의 이해』 p.75.
48. https://commons.wikimedia.org/wiki/File:Ve301w.jpg
49. Holger Schramm. Musik im Radio. 2009. https://www.researchgate.net/publication/281216129
50. 이경분(2009), 『음악, 라디오 그리고 프로파간다』, 탈경계 인문학 제2권 1호.
51. https://www.britannica.com/topic/radio
52. www.webopedia.com/TERM/N/new_media.html
53. W. Russell Neuman: 미디어와 커뮤니케이션 분야에서 저명한 미시건대학교 교수
54. David Croteau·Hoynes William(2003), *Media Society: Industries, Images and Audiences (third edition),* Pine Forge Press.
55. Webopedia
56. https://en.wikipedia.org/wiki/New_media
57. Vin Crosbie: 뉴미디어 전문가. 로이터 통신의 기자였으며 현재 Digital Deliverance

LLC사의 대표

58. Vin Crosbie (2002), What is New Media?
59. Andrew L. Shapiro: 작가, 변호사, 사업가. 예일대학교 법과대학(Yale Law School)에서 강의. 저서 『테크놀러지와 통제혁명(The Control Revolution 1999)』는 Industry Standard Magazine이 선정한 1999년 중요한 책 10권에 선정.
60. David Croteau·William Hoynes(2003). *Media/Society: Industries, Images, And Audiences,* Sage Publications, p.322.
61. Walter Margulies(1914~1986): Lippincott & Margulies Inc.의 창립 파트너
62. 양반전. 박지원. 연암집(燕巖集). 한국고전종합DB. http://db.itkc.or.kr
63. 국립국어원, (주)낱말, 능률한영사전, 두산동아프라임영어사전, Oxford University Press 등 네이버 사전
64. Erik H. Erikson(1951), *Childhood and Society,* Paladm Grafton Books.
65. Online Etymology Dictionary, http://www.etymonline.com/index.php
66. https://en.wikipedia.org/wiki/Law_of_identity: The earliest recorded use of the law appears to occur in Plato's dialogue Theaetetus (185a)
67. Plato (B.C.369), *Theaetetus,* 정준영 역 (2013), 『테아이테토스』, 이제이북스, p.162.
68. John Locke (1690), *An essay concerning human understanding,* 정병훈·이재영·양선숙 역 (2014), 『인간지성론』, 한길사.
69. David Hume (1739), *A treatise of human nature,* Courier Corporation(2003).
70. 장동익 (2004), 『흄 인성론 해제』, 철학사상 별책 제3권 제15호.
71. 『흄 인성론 해제』 재인용
72. W. James, *The principles of psychology, Vol I,* 정양은 역(2005), 『심리학의 원리』, 서울: 아카넷, / https://ebooks.adelaide.edu.au/j/james/william/principles/complete.html
73. 『심리학의 원리』
74. Erikson, *Childhood and Society*,
75. 문학비평용어사전, 한국문학평론가협회, 국학자료원, 2006.1.30
76. 김욱동 (1992), 『모더니즘과 포스트모더니즘』, 현암사출판사.
77. 고영복 (2000), 『사회학사전』, 사회문화연구소.
78. 이재훈 (2002), 『정신분석용어사전』, 미국정신분석학회, 서울대상관계정신분석연구소[한국심리치료연구소], http://terms.naver.com/entry.nhn?docId=655991&cid=48639&categoryId=48639

79. *21세기 정치학대사전,* 정치학대사전편찬위원회, 한국사전연구사 http://terms.naver.com/entry.nhn?docId=728498&cid=42140&categoryId=42140
80. 양명수 (2005), 『인간의 자기 이해는 어떻게 일어나는가? (리쾨르 회고)』.
81. Paul Ricoeur (1983), *Temps et récit,* 김한식·이경래 역 (1999), 『시간과 이야기 1권』, 문학과지성사.
82. Paul Ricoeur (1985), *Temps et récit,* 김한식·이경래 역 (2004), 『시간과 이야기 3권』, 문학과지성사.
83. 강미랑 (2012), 『관계적 자아정체성 개발을 위한 리쾨르의 Narrative 정체성 이론 연구』, 기독교교육논총 32집. Paul Ricoeur (1992), *Oneself as Another,* Kathleen Blamey 역, Chicago: The University of Chicago Press.
84. 『시간과 이야기 3권』
85. Erving Goffman (1963), *Stigma,* 윤선길·정기현 역 (2009), 『스티그마(Stigma)-장애의 세계와 사회적응』, 한신대학교출판부.
86. 『스티그마』, p.56
87. 장 레온 제롬 (Jean-Léon Gérôme, 1824~1904), Pygmalion and Galatea(1890), The Metropolitan Museum of Art, New York / 장 밥티스트 레노(Jean-Baptiste Regnault, 1754~1829) L'Origine de la sculpture/ Pygmalion Praying Venus to Animate His Statue(1786), Salon des Nobles du Château de Versailles
88. Manuel Castells(1997), *The Power of Identity,* 정병순 역(2008), 『정체성 권력』, 한울아카데미.
89. 마누엘 카스텔은 2012년에 예술과 인문사회과학 분야의 노벨상이라고 하는 홀베르그상(Holberg Prize)을 수상하였다. 홀 베르그 상은 노르웨이에서 예술과 인문학, 사회과학, 법률, 신학 분야의 연구에 뛰어난 공헌을 한 학자에게 매년 수여하는 상이다.
90. Amartya Sen(2006), *Identity & Violence,* 이상환·김지현 역(2009), 『정체성과 폭력』, 바이북스.
91. Samuel Huntington(1927~2008): 미국 하버드대 정치학과 교수, '문명충돌론'으로 널리 알려진 보수적 정치학자. 저서로는 『제3의 물결-20세기 후반의 민주화』 『문명의 충돌』 등
92. 『정체성과 폭력』, p.201.
93. Edward M. Forster(1951), *Tow Cheers for Democracy,* London E. Arnold.
94. 박봉주(2011), 『조선시대 국가 제례(祭禮)와 존(尊), 뢰(罍)의 사용』, 조선시대사학보 58, p.171~p.240./ 한국고전용어사전(네이버) http://terms.naver.com/entry.nhn?docId=103577&cid=41826&categoryId=41826 http://terms.naver.com/

entry.nhn?docId=96207&cid=41826&categoryId=41826

95. https://commons.wikimedia.org/wiki/File:A-DNA,_B-DNA_and_Z-DNA.png, https://commons.wikimedia.org/wiki/File:Como-se-origino-el-sida-1.jpg, https://commons.wikimedia.org/wiki/File:7ahl_opm.png
96. 김경희(2000), 『게슈탈트심리학』, 학지사, p.55
97. Rudolf Arnheim(1904~2007): 미국에서 활동한 독일 태생의 예술 및 영화이론가, 저서로는 『미술과 시지각』, 『시각적 사고』 등
98. Rudolf Arnheim (1954), *Art and visual perception*, 김춘일 역 (1995), 『미술과 시지각』, 미진사, p.59.
99. 『게슈탈트심리학』, p.34
100. https://commons.wikimedia.org/wiki/File:WMCON_2016_-_Learning_Day_-_Tools_rotation_Data_Presentation.pdf
101. Pentocelo. https://commons.wikimedia.org/wiki/File:Roof_hafez_tomb.jpg
102. Merleau-Ponty (1934), *Die Natur der Wahrnehmung*, 한정선(2010), 『초기 메를로-퐁티에게 있어서의 게슈탈트 심리학의 중요성과 한계』, 신학과세계, 69: p.438~p.468
103. 한정선(2010), 같은 논문. Merleau-Ponty (1946), *The Primacy of Perception and Its Philosophical Consequences.*
104. 한정선 (2010), 같은 논문.
105. 황갑연 (1999), 『주자어류, 형이상자와 형이하자 개념에 대한 주자의 이해』, 범한철학 19: p.327~p.346, 재인용
106. 김진성 (2007), 『아리스토텔레스, 형이상학』, EJ 북스.
107. Thomas Hobbs (1651), *Leviathan, or The Matter, Forme and Power of a Common Wealth Ecclesiastical and Civil*, Andrew Crooke, London (1954), p.54, p.93.
108. 국립국어원 http://www.korean.go.kr/
109. Immanuel Kant (1781), *Critique of Pure Reason*, A805 B833, 백종연 역 (2006), 『순수이성비판』, 아카넷.
110. 백종연 (2006), 『순수이성비판 해제』, 아카넷, p.47.
111. *Critique of Pure Reason*(순수이성비판) A20..
112. *Critique of Pure Reason*(순수이성비판) A50
113. 허성도 (2014). 孟子의 形色論. 중국문학, 78, 23-42.
114. 한국향토문화전자대전

- Bertrand Russell (1945), *A History of Western Philosophy*, 서상복 역 (1996), 『서양철학사』, 을유문화사,
- 김미덕 (2013), 『공감, 정체성, 탈동일시 (Disidentification)』, 사회와 철학 26, pp.317~354.
- 성승연·윤호균 (2005), 『심리치료에서의 탈동일시』, 한국심리학회지: 상담 및 심리치료 17.2, pp.265~275.

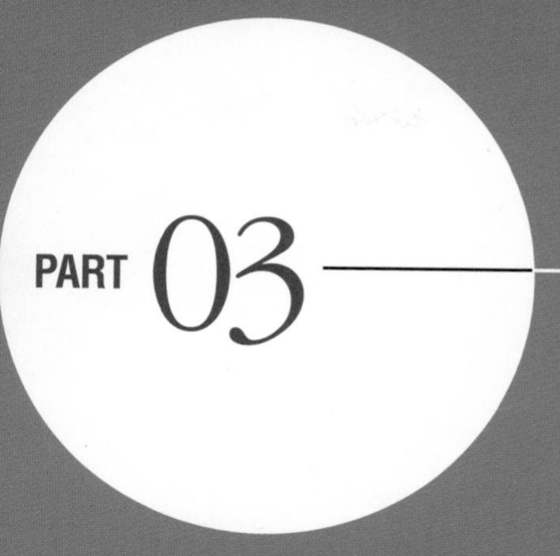

PART 03 브랜드와 새로운 관점들

Chapter 01

사진조작과 이미지의 힘

사실이라고 믿게 되는
사진이미지의 위력과
권력을 위한 이미지 조작

사진의 특성과 효과를 얘기하면서 실제 같은 모습, 현실/실제의 투사, 현실과의 연결성, 사실성들을 중요하게 다뤘다. 그렇다면 조작하거나 합성한 사진의 경우는 어떨까? 앞서도 설명했듯 사진이라는 것은 근본적으로 그 대상이 한때 어떤 식으로든 카메라 앞에 존재했었다는 것을 의미하므로 이러한 특성들이 정도의 차이는 있을지라도 완전히 사라지지는 않는다. 존 버거는 몽타주 사진이 갖고 있는 특이한 장점은 짜깁기에 쓰여진 각각의 이미지들이 익숙한 사진의 모습(이 사진의 모습은 앞서 말한 현실/실제적 모습이다)을 간직한다는 점이라고 하였다. 이처럼 사진 자체의 조작은 이미 찍힌 사진에서 더하고 빼거나 변형시킨 것이므로 각 요소들의 사실적 묘사나 그것들이 카메라 앞에 존재했었다는 사실은 변하지 않는다. 미리 연출된 사진 역시 인위적일지라도 대상이 카메라 앞에 존재했거나 일어난 일이며, 전후 상황이나 조작/연출의 여부를 숨기기가 쉽다. 때문에 연출되거나 조작된 사진은 실제로 보여주기 어렵거나 다른 방법으로는 전달하기 어려운 상황, 느낌, 메시지를 사실적, 효과적으로 전달할 수도 있다. 물론 반대로 실제나 진짜가 아닌 것을 진짜인 것처럼 착각하게 할 수도 있고 그릇된 사실을 전달하고 잘못된 믿음을 줄 수 있기 때문에 경우에 따라 사진의 조작은 큰 논란이 될 수도 있다.

기술의 발달로 사진의 조작/합성이 쉬워지고 또 흔해졌다. 일반적으로 포토샵 등의 디지털 조작을 우선 떠올리지만 디지털 방식/컴퓨터가 있기 전에도 사진의 조작은 존재했으며 단순한 콜라주나 몽타주만 있었던 것 역시 아니다. 1856년에 구스타브 르 그레이(Gustave Le Gray)는 조합인화를 선보였다. 이 기술은 여러 장의 음화를 이용해 한 장의 사진을 인화하는 것으로, 명암의 차이가 커서 한 장의 음화로는 제대로 담기 어려운 장면/상황에 사용되었다.

Gustave Le Gray., Brig upon the Water. 1856.

이 사진은 르 그레이가 조합인화를 이용해 만든 사진이다. 밝은 하늘과 어두운 바다가 있는 풍경은 하늘이 제대로 나오게 찍으면 바다가 너무 어둡게, 바다가 제대로 나오게 찍으면 하늘이 너무 밝게 나오기 때문에 하늘과 바다를 각기 다른 음화에 담아 하나의 사진으로 인화했다.

르 그레이가 노출의 문제 때문에 사용한 이 기술은 1857년 오스카 구스타브 레일랜더(Oscar Gustave Rejlander)에 의해 완전히 다른 방식으로 이용된다. 한 장면을 여러 음화로 나눠 담는 게 아닌 여러 장면이나 대상의 음화들을 하나의 장면으로 합쳐 한 장의 사진으로 인화한 것이다. 조합인화를 이용한 정교한 몽타주 사진을 만든 것이다.

다음 사진은 서로 다른 32장의 음화를 정교하게 하나의 사진으로 인화한 것이다. 일반적으로 사진을 사실적, 객관적 기록의 수단으로 생각하던 당시에 사진으로 창의적인 이미지를 만든 레일랜더는 예술사진(art photography)의 아버지로 불리기도 한다. 그리고 우리가 일반적으로 생각하는 조작/합성 사진의 시작일 수도 있겠다. 물론 앞서 언급한 논란의 시작이기도 하다. 당시 그의 사진이 선풍적이고 인정을 받았던 동시에 큰 논란이 되기도 했다. 기계적으로 실제의 모습을 담아내던 사진은 그 무엇보다 정확하고 객관적인 기록의 수단이었으며 많은 사람들은 이것이 사진의 고유한 성질, 목적이자 절대적 가치라 믿었다. 하지만 레일랜더의 사진은 '찍은' 것이 아닌 '만든' 것이었고 사진이 갖는 사실적, 실제적 모습을 간직한 허구의 이미지였다. 때문에 기록도구로서 사

Two ways of life. 1857.

진이 갖고 있던 가치와 신뢰도에 문제가 생길 수 있게 돼버렸고 이는 많은 사람들의 반발을 불러 일으키기도 했다.

우리 생활 속에 큰 영향력을 가지고 있는 시각적 언어인 이미지에 우리는 끊임 없이 노출되고 있고 이는 우리의 인식에 큰 영향을 미친다. 문제는 이 수많은 이미지들 중엔 조작된 이미지들도 있으며 조작된 사진들 중에는 조작의 여부를 알기 어려운 경우도 많다. 때문에 이미지의 조작은 윤리의 문제를 종종 동반하며 이는 이미지의 효과와 메시지 전달의 효과와도 연결된다. 이미지의 조작이 항상 옳거나 그른 것이 아니고 항상 효과적인 것도 아니다. 하나의 조작된 이미지가 상황이나 목적에 따라 문제가 될 수도 있고 아닐 수도 있으며 이런 옳고 그름의 문제와 맞물려 역효과를 내는 경우도 있다.

실재하지 않거나 다른 방법으론 재현할 수 없는 상황을 이미지 조작을 통해 만들어내면 보여주고자 하는 이미지와 느낌을 원하는 대로 정확하게 전달할 수 있고 이는 광고나 풍자, 패러디에 상당히 효과적일 수 있다.

스마트사의 스마트 자동차 광고에서는 환경 오염의 현장에서 스마트의 와이퍼가 닦고 지나간 자리만 오염되지 않은 깨끗한 모습을 하고 있다. 저공해 자동차라는 점을 광고하는 이 이미지는 그냥 사진으로는 표현하기 힘든 공해와 저공해의 비교를 사진의 합성으로 간결하고 한 눈에 바로 알아보기 쉽게

표현했다. 그리고 와이퍼가 닦고 지나간 부분을 바라보는 운전자(1인칭) 시점으로 표현하여 이 차를 운전함으로써 공해를 줄이는 데 직접 참여한다는 인상을 준다. 또한 앞으로 뻗은 길은 맑고 깨끗한 환경으로 이어져있어 보는 이로 하여금 미래를 생각하도록 한다.

이미지가 각종 미디어와 커뮤니케이션의 주를 이루는 지금 이미지는 종종 기준(norm)이나 잣대를 제시하고 이를 통해 사람들의 생각에 변화를 준다. 가장 흔하고 대표적인 예가 미(beauty), 미의 기준이다. 특정한 모습을 좋게 표현하거나 나쁘게 표현함으로써, 또는 조작된 사진의 비현실적인 모습이 사진의 현실성/사실성과 맞물려 현실 속의 기준(미의 기준)이 되어버리는 경우가 종종 있다. 때문에 광고나 화보에서 사진의 조작을 이용하는 것이 계속해서 논란이 되며 그 허용 범위를 법적으로 제재하기도 한다.

이 사진은 한때 논란이 되었던 로레알의 염색약 광고로 미국의 유명가수 비욘세를 모델로 하고 있다. 실제 광고에 나타난 비욘세의 모습은 피부가 실제보다 눈에 띄게 밝게 표현됐으며 이 때문에 사진조작/보정의 의혹이 제기되면서 논란이 되었다. 로레알은 이런 의혹을 부정하고 광고에 쓰인 사진 속 비욘세의 피부색을 밝게 보정하지 않았다고 했다. 실제 로레알이 일부러 피부색을 밝게 보정했는지 아닌지는 알 수 없으나 (조명과 앵글, 인쇄 등 여러 가지 요인이 이유가 될 수 있다) 광고 속 비욘세의 피부는 분명 실제보다 밝게 보이고 이는 사진 보정의 의혹을 불러 일으킨 것이다. 문제는 광고의 경우 사진의 보정은 대체적으로 '더 나은 모습', '더 매력적인 모습'으로 '개선'을 목적으로 한다는 것이고 때문에 피부색과 미의 기준, 인종차별 등의 문제가 겹쳐지면서 논란이 됐던 것이다. (유색인종에 대해 부정적 인상을 줄 수 있으며 더 밝은 피부가 더 나은, 더 아름다운 모습이라는 인식을 줄 수 있다) 이런 경우 회사의 도덕성이 의심을 받을 수 있고 이는 오히려 광고의 (사진조작의) 역효과를 불러올 수도 있는 것이다.

• 저널리즘과 이미지 조작

사진조작이 가장 큰 논란이 되고 문제가 되는 분야는 저널리즘이다. 신문/뉴스 등에서 보도사진이 조작될 경우 윤리적/도덕적으로 큰 문제가 될 수 있다. 사진이 예술을 포함한 여러 분야에서 쓰이고 조작/합성도 수월해졌지만 사진이 가지는 사실성과 기록수단으로써의 가치는 여전히 남아있다. 그리고 사람들은 뉴스를 믿는다. 보도매체는 사실을 왜곡하지 않고 전달한다는 약속/믿음을 전제로 하기 때문이다. 그래서 이 경우 왜곡된 사실이나 거짓이 쉽게 진실처럼 보일 수 있다. 그리고 때로 이런 믿음을 이용해 사실을 조작하거나 거짓을 전달해 이득을 취하기도 한다. (금전적 이득, 개인 또는 특정 집단의 입장이나 신념의 확산, 선동 등)

거짓이 아닌 상황, 현장분위기, 메시지 등의 효과적 전달을 위한 조작이나 보정의 경우도 거짓을 통한 진실의 전달이라는 모순이 생기게 된다.

2010년 미국의 오바마 대통령이 해상 석유유출 사건 때문에 루이지애나 해변에 나와있다. 더 이코노미스트지는 현장의 모습을 잘라내고 오바마 옆에 있던 두 사람을 사진에서 지워버리면서 오바마가 홀로 외로이 서있는 듯한, 그리고 절망에 고개를 떨군 듯한 모습으로 표현(조작)했다. 원본 사진엔 오바마가 해안경비대 Thad Allen과 그 지역 행정을 맡고 있는 Charlotte Randolph와 함께 바닷가를 내려보며 사태에 대해 논의 중인 모습을 하고 있다.

1

The Economist 2010년 6월 18일자 표지 사진과 그 원본

이 조작은 사람들의 이목을 쉽게 끌기 위해 사실과 전혀 다른 방향으로 드라마틱한 이미지를 만들어냈고 오바마가 문제를 해결하고 있는 게 아닌 절망하고 있는 모습으로 표현했다. 보도사진의 목적에서 벗어난, 보도매체로서 절대 하지 말아야 할 조작을 한 것이다. 이런 경우 조작의 여부가 알려지면 단순히 그 하나의 사건이나 사실의 잘못된 전달로 끝나는 것이 아닌 보도매체의 생명과도 같은 신뢰성에 큰 타격을 입을 수 있다. (물론 알려지지 않을 경우 사실의 왜곡/잘못된 믿음이라는 더 큰 문제가 생기게 된다)

• 이미지 조작의 유형

사진조작을 단순한 형태별로 구분해본다면 조작을 하지 않은 사진(현장도, 사진도 건드리지 않은 경우), 사진 자체의 조작, 현장의 조작이나 연출 등 세 가지로 구분할 수 있다. 이미지의 조작을 다루는 데 있어서 조작하지 않은 사진을 포함시키는 것은 사진의 조작 없이도 보는 사람에게 전달하는 이미지/메시지의 왜곡이나 조작이 가능하기 때문이다. 사진은 정해진 프레임 안에 어떤 한 순간을 담아내는 이미지이며 이 안에 무엇을 포함시키고 무엇을 제외시킬지, 그리고 언제 찍을지는 사진을 찍는 사람의 선택에 달렸다. 크롭/크로핑(crop: 사진을 원하는 부분만 잘라내는 것)을 통해 사진이 어떻게 변하는가를 보면 프레이밍의 효과를 쉽게 이해할 수 있다.

2

언제 무엇을 보여주느냐에 따라 의미가 완전히 바뀔 수 있음을 보여주는 그림.

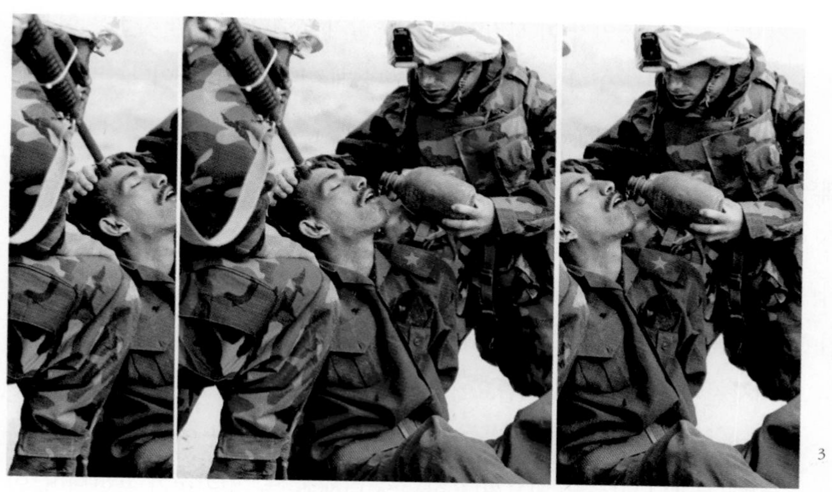

3

이 사진이 실제 보도사진인지 아닌지는 알 수 없으나 위 그림처럼 프레이밍에 따라 의미가 달라질 수 있음을 쉽게 보여주는 사례

가운데 사진에서 어떤 부분을 선택해서 보여주느냐에 따라, 즉 찍을 당시 어느 부분을 프레임에 담고 어느 부분을 (고의적으로) 제외하느냐에 따라 사진의 의미가 어떻게 달라질 수 있는지 보여주는 예이다. 왼쪽만 볼 경우 한 군인이 바닥에 주저앉아 있는 포로의 머리에 총을 겨누고 있는 듯한 모습이다. 잔인하고 무섭게 느껴질 수 있으며, 전쟁 중 군인들의 행동과 전쟁포로의 비인도적 대우에 대한 논란을 불러올 수도 있는 이미지이다. 하지만 오른쪽만 본다면 완전히 반대의 이미지가 돼버린다. 쓰러져 있는 적군/포로를 부축해 물을 주는 모습으로 인간적인 면을 부각시켜 군/군인에 대한 (또는 특정 국가에 대한) 인식을 긍정적으로 끌어올 수 있다. 그리고 양쪽이 다 보여지는 가운데 사진의 경우 보는 시각에 따라 그 의미가 달리질 수 있을 것이다. 또한 가운데 사진 역시 총을 들고 있는 군인의 모습은 잘려 있다. 실제 총을 겨누고 있는 것인지 그저 옆에 서있던 군인의 총이 사진의 각도 때문에 포로의 머리를

져눈 것처럼 보이는 것인지 이 사진만을 봐선 알기 어렵다. 이러한 사진은 현장의 조작도 사진의 조작도 없이 '이미지'의 조작이 쉽게 이루어진 사례이다.

사진조작, 합성사진을 얘기할 때 가장 일반적으로 떠올리는 것이 사진 자체의 조작이다. 이미 찍은 사진, 즉 물리적 이미지의 조작으로 어떤 이미지 또는 이미지의 요소를 더하고 지우고 변형시키거나 여러 사진이미지들을 합쳐 하나를 만드는 것 등을 포함한다. 카메라 앞에 존재했던 것이나 이미 일어난 일에 대한 (즉 현실에 대한) 개입이 전혀 없이 그대로 담아낸 이미지를 전달하는 과정(사진=전달매체)에서 필요에 맞게 변형, 조작하는 것이다.

우리가 늘상 흔하게 접하는 인물의 피부, 몸매 보정이 여기에 속한다. 사진 속 어떤 물체나 인물을 지우거나 합성해 더해 넣는 것도 여기 포함되며, 앞서 언급했던 조합인화 역시 여기에 속한다. 기술의 한계로 한 장에 담아낼 수 없는 모습, 또는 가상/상상 속 모습을 하나의 사진으로 담을 때 유용하다.

4

위 사진은 Ralph Clevenger가 1998년에 찍은 빙산의 사진이다. 거대한 빙산의 해면 윗부분과 밑부분, 바다의 경계까지 한 장의 사진에 담았다. 하지만 해면 밑부분 빙산의 거대한 크기와 바닷속의 가시거리 때문에 이렇게 사진을 찍는다는 것은 실질적으로 불가능하다. 이 사진은 4장의 사진이 합쳐진 것이며 심지어 4장의 사진을 찍은 장소도 각기 다르다. 하늘과 바다는 캘리포니아에서 찍었으며 빙산의 해면 윗부분은 남극에서 찍은 것이다. 해면 밑부분은 알래스카에서 찍은 빙산 윗부분의 사진을 뒤집은 것이다.

이 사진은 다른 방식으론 담아내기 불가능했던 빙산 전체의 모습을 현실성 있게 재현해냈으며, 다큐멘터리나 보도의 목적으로 만든 것이 아닌 상업적 용도를 위해 만들어진 사진이기 때문에 법적으로도 도덕적으로도 전혀 문제가 안 된다. (자연의 신비나 위대함, '빙산의 일각'같은 표현을 시각적으로 표현하는 데 효과적인 이 이미지는 실제 굉장히 잘 팔리는 스톡사진이기도 하다).

이 사진의 경우 조작이 전혀 문제되지 않을 뿐더러 조작여부를 보는 사람들이 알고 모르고가 도덕적, 윤리적 차원에서 크게 중요하지 않다. 그럼에도 불구하고 합성에 대해 알게 됐을 때 실망하거나 배신감을 느낀다는 사람도 적지 않았다. 이는 사진조작의 효과와 사진이 갖는 사실성의 힘이 그만큼 크기 때문일 것이다.

• 권력을 위한 이미지조작

사진 자체를 조작하지 않더라도 사진의 대상이나 현장을 조작하거나 연출하는 방식으로 이미지의 조작이 가능하다. 사진을 찍기 전에 현장에 무엇을 더하거나 뺀다든지 대상을 조작/변형하는 방식, 그리고 처음부터 원하는 이미지를 구상하고 연출해서 찍는 방식 등이 포함된다. 자연적으로 일어나기 힘든 상황을 꾸며내서 사진을 만들 수 있으며, 방식에 있어선 인위적 일지라도 실제 카메라 앞에 재현해서 찍기 때문에 현실성이나 사실성이 비교적 강하다. 정치인들이 (특히 선거철에) 시장 상인들과 찍는 사진이라든지, 각종 서민들의 일터에 찾아가 찍는 사진들이 대부분 여기에 속한다.

이 두 장의 사진은 박정희 전대통령의 이미지를 극명하게 대조시킨다. 왼쪽 사진은 혁명군의 엄격하고 냉정한 이미지를 느끼게 한다. 반면 오른쪽 촌부에게 막걸리를 따라 주는 사진은 서민적 풍모를 보여줌으로써 군인의 냉정한 이미지를 완화시키고 인간적으로 따뜻한 내면을 가지고 있다는 이미지를 표현한다. 오른쪽 한 장의 사진은 이미지 형성의 대표적인 성공 사례이다.

• 연출과 조작

다음 사진은 최초의 전쟁사진가들 중 하나인 로저 펜튼의 Shadow of the Valley of Death라는 사진이다. 당시 기술적 한계 (이동식 암실을 끌고 다녔으

Roger Fenton. Shadow of the Valley of Death. 1855.

며 사진의 노출시간도 길었다) 때문에 전투의 현장이나 장면을 찍는 건 어려웠다.

아무것도 없는 황량한 벌판엔 수많은 대포알만이 어지럽게 널부러져 있다. 어려운 상황 속에서 전쟁이 지나간 자리의 모습을 잘 담아낸 사진이지만 또 한편으론 현장조작과 관련해 큰 논란이 되었던 사진이기도 하다. 같은 곳을 찍은 사진 중에 대포알이 없는 것도 있으며 (여전히 정확히 밝혀지진 않았지만) 전문가들에 따르면 이 사진은 현장에 대포알을 인위적으로 배치하고 찍었을 가능성이 크다. 그리고 이것이 사실일 경우 당시 이 사진을 보도사진으로 알고 접했던 수많은 사람들에게 거짓(또는 거짓을 통한 진실의 전달/과장)을 전하게 되는 것이다. 하지만 로저 펜튼은 처음부터 영국 정부가 전쟁터에 나가 있는 가족을 걱정하는 국민들을 안심시키기 위한 목적으로 파견한 사진가였다. 때문에 그의 사진은 대부분 정적이거나 시적이었으며 참혹한 모습을 담은 사진은 찾아볼 수 없었다. 이 사진에서도 황량함, 대포알 등으로 전쟁터의 느낌은 표현하면서도 전쟁의 직접적인 피해모습이나 잔혹함은 전혀 찾아볼 수 없다. 기술적 한계와 원래의 목적을 생각하면 이 연출은 효과적이라 볼 수 있다.

• 사진조작과 윤리

사진의 조작을 그 방식에 따라 세 가지로, 물리적 조작을 놓고 봤을 땐 두 가지로 구분하였다. 이렇게 보면 각각의 조작방식이 서로 크게 다르게 느껴질 수 있지만 보여주는 '이미지'와 그를 통해 전달하는 인상/메시지를 조작한다는 점에서 (특히 보는 사람들의 입장에선) 크게 다를 바가 없다. 위에서 예를 들었던 사진들을 살펴보면 조작이 받아들여지거나 논란이 되는 경우, 또는 조작이 효과적이거나 반대로 역효과를 불러오는 경우 모두 사진의 사실성과 믿음에 관련해있다. 중요한 차이/구분은 사진의 목적/용도와 그에 따르는 '약속', 보는 사람들이 조작여부를 아는가 모르는가, 또는 (조작여부가) 상관이 있는가 없는가이다. 조작여부가 뻔하거나 상관이 없는 경우인가, 아니면 숨겼거나 해선 안 되는 (법적/도덕적으로 옳지 못한) 경우인가로 다시 나누는 것이다.

위에서 했던 방식에 따른 구분을 방금 말한 사항들로 다시 나눠보자. (물리적 조작이 이뤄지지 않은 사진은 더 구분할 필요나 추가할 내용이 없으므로 넘어간다).

사진조작 _ 뻔하거나 상관이 없는 경우

조작 자체가 시각적으로 뻔히 보이고 안 보이고를 떠나 조작의 여부가 당연하거나, 그렇지 않더라도 조작 여부가 전혀 상관이 없는 경우이다. 풍자나 패러디, 또는 가상이나 상상을 현실적인 모습으로 재현할 때 많이 쓰인다. 내용의 사실성이나 진실성보다 만들어(재현해)내고자 하는 이미지, 메시지 또는 미적인 부분이 목적인 경우 허용된다. (하지만 허용 범위는 사진의 특성이나 목적 등에 따라 달라질 수 있다) 스마트 자동차 광고 사진과 빙산사진이 여기에 속하며, 비욘세를 모델로 한 염색약 광고 사진이 (고의적 조작이 사실일 경우) 이를 잘못 이용한 예, 또는 허용범위를 벗어난 예라고 할 수 있겠다.

르노 자동차에 달려있는 네비게이션 시스템의 우수함을 홍보하는 광고물이다. 이미지 속 주유소가 누구나 어디에서든 쉽게 찾을 수 있게 비현실적인 크기로 주변 다른 건물들보다 훨씬 높게 솟아있으며, 광고 하단에 네비게이션 시스템에 22만 개가 넘는 관심지역정보가 들어있다는 카피문구가 들어가 있다. 자주 사용하게 되는 주유소 같은 장소들을 검색하기 쉽다는 점과, 복잡한 도시 속에서도 목적지를 쉽게 찾을 수 있다는 점을 간단한 조작을 통해 쉽게, 효과적으로 표현했다. 이 경우 조작의 물리적 흔적은 찾기 힘든 자연스럽고 정교한 조작이지만 이미지(내용) 자체의 비현실성과 이미지의 특성/용도 때문에 합성이라는 점이 명백하게 드러난다.

사진조작 _ 숨겼거나 옳지 않은 경우

조작 여부가 눈에 보이지 않으며 그 사실을 숨기는 경우, 그리고 조작을 해선 안되지만 하는 경우이다. 조작이 문제가 되지 않는 사진도 간혹 조작사실을 숨기거나 속여서 문제가 되기도 한다. 기술적인 부분을 과시하거나 사실성을 높여서 이미지의 가치를 올리려고 그러는 경우가 있으나 이런 경우 보통 이미지 자체나 그 의미 때문에 문제가 생기는 일은 드물다(작가의 신뢰도, 상업적/금전적 문제가 더 크다). 가장 대표적이고 크게 문제가 되는 분야가 기록사진과 보도사진이다. 앞서 살펴봤던 군인과 포로 사진, 펜튼의 전쟁사진, 이코노미스트지의 오바마 사진들이 여기 포함된다.

5

위 사진은 2010년 백악관에서 열린 중동지역 평화회담 때의 사진으로 미국 오바마 대통령과 중동국가 대표들이 함께 걷고 있는 모습이 담겨있다. 첫 번째 사진이 원본이고 두 번째 사진이 이집트 국영 신문 Al-Ahram에 실린 조작된 사진이다. 가장 뒤 끝자리에 있던 당시 이집트 대통령 호스니 무바라크가 조작된 사진에선 선두에 있고 오바마를 비롯한 나머지 각 국가 정상들이 뒤따르는 듯한 모습이다. 이집트 국민에게 보여지는 무바라크의 국제적 위상 때문에 정치적 목적으로 조작해서 보도한 것이었으나 이는 다른 여러 나라들의 보도매체/신문에 실린 조작되지 않은 사진 때문에 금방 들통이 나면서 역효과만 불러왔다. 국제적 망신과 함께 절박한 대통령의 이미지만을 남기게 됐다.

현장 조작 _ 뻔하거나 상관이 없는 경우

뻔히 보이고 안 보이고를 떠나 조작이나 연출의 사실이 당연하거나, 그렇지 않더라도 조작의 여부가 전혀 상관이 없는 경우이다. 광고사진이 여기에 속하는 경우가 많으며 정치적, 사회적 등 특정 목적을 갖고 어떤 인상이나 메시지를 함축적으로 표현하고자 하는 경우에도 많이 쓰인다. 조작의 여부가 뻔한 경우 사진에 대한 믿음이나 설득력이 떨어진다고 생각할 수도 있으나, A.D. Coleman은 이런 사진이 순간의 믿음, 또는 불신의 보류에 의존한다고 말한다. 그는 연출된 사진도 첫눈엔 (얼핏 보기엔) 조작되지 않은 사진이 주는 믿음을 불러 일으키며, 이것이(믿음이) 계속 이어질 필요는 없다고 한다.[6] 영화를 생각하면 이해가 쉽다. 우리는 영화가 연출된 것이고 배우들의 연기라는 것을 당연히 알고 있으나 영화를 보는 동안은 그런 것들을 생각하지 않고 '불신'을 보류한다.

다음 사진들은 Armstrong사의 진짜 나무바닥처럼 보이는 라미네이트 바

닥재 광고들이다. 제임스 딘, 딘 마틴, 말론 브란도처럼 보이는(분장한) 모델들이 등장하고 인테리어는 각 스타들에게 어울리게 연출했으며 바닥엔 물론 나무처럼 보이는 라미네이트 바닥재가 깔려 있다. 그리고 'It only looks like the real thing'(진짜처럼 보이는 것뿐)이라는 카피문구가 들어가있다. 이 제품이 얼마나 진짜 나무바닥처럼 보이는가를 진짜 배우들처럼 보이게 꾸민 모델들과 연출로 보여준다. 얼마나 잘 연출했는지, 분장했는지를 보여주며 이 제품이 얼마나 그럴듯한지, 얼마나 나무바닥처럼 보이는지를 강조하면서 동시에 이 바닥재가 어떤 인테리어나 분위기를 얼마나 잘 연출할 수 있는지도 보여준다. 즉, 이미지를 통한 이미지를 판매하는 것이다.

현장조작 _ 숨겼거나 옳지 않은 경우

사진이 아닌 현장을 조작하거나 연출한 것뿐 '사진조작의 숨겼거나 옳지 않은 경우'와 크게 다를 건 없다. 로저 펜튼의 전쟁사진이 여기 포함된다. 1855년도에 찍은 이 사진은 그 조작의 여부가 2007년에서야 제기됐다(조작으로 완전히 판명난 것은 아니지만 거의 확실시 되고 있다). 150년이 넘는 세월 동안 사람들은 이 사진을 보이는 그대로 믿어온 것이다. 앞서 설명했듯 어떤 대상이나 장면을 카메라 앞에 재현해서 한 장의 사진으로 찍기 때문에 경우에 따라 조작하지 않은 사진과 전혀 구분하지 못하기도 한다.

7

Joe Rosenthal이 다시 찍은 사진

위 사진은 이오지마 전투에 승리한 미군이 전쟁터에 성조기를 게양하는 장면으로 세계적으로도 유명하고 역사적으로도 큰 의미를 갖는 사진이다. 하지만 이 사진에서 우리가 보고 있는 모습은 어느 정도의 '연출'과 함께 '다시' 찍은 사진이다. Louis Lowery라는 작가가 찍은 오른쪽 사진이 처음 성조기를 게양하던 모습이고 현장에 있던 수많은 군인들이 환호했던 장면이다. 성조기도 작고 깃대로 쓴 파이프도 크지 않았다. 현장에 도착한 중령이 이를 보고 더 큰 깃발로 다시 세우라고 명령했고 훨씬 큰 성조기에 훨씬 크고 무거운 깃대를 이용해 다시 게양하는 모습을 찍은 것이 위에 있는 유명한 사진이다. 훨씬 역동적이고 드라마틱한 사진이 탄생했고 이 사진을 찍은 Joe Rosenthal은 퓰리처 보도사진상을 받았다. 하지만 여기엔 기록사진/보도사진의 조작이라는 문제 말고도 또 다른 문제점들이 몇 가지 있다.

우선 사진에 대한 부분만 놓고 봤을 때 이 연출이 사진을 위한 연출인지 아닌지 모르기 때문에, 그리고 사진작가가 이 장면이 연출인 것을 몰랐을 가능성 때문에 연출사진으로 봐야 하느냐가 명확하지 않으며 이 부분에 대해선 주장들이 엇갈린다. 게다가 처음으로 작은 성조기를 게양했던 군인들과 그 장면을 찍은 사진작가는 어떤 명성도 얻지 못했지만 다시 큰 깃발을 올린 군인들은 영웅 대접을 받았으며 사진작가 로젠탈은 퓰리처상을 받았다.

두 번째 장면이 연출되지 않았더라면, 또는 연출된 장면을 기록하거나 보도하지 않았더라면? 물론 Lowery가 퓰리처상을 받고 그의 사진이 유명해졌을 거라는 보장은 전혀 없다. 역동적이지도 않고 극적이지도 않은, 비교적 밋밋한 내용의 역사적 중요성을 감안하더라도 보는 사람들에게 큰 임팩트가 없었을 수 있으며 Rosenthal의 사진만큼 유명해지지 않았을 수도 있다.

이 두 사진은 이미지 조작의 힘이나 효과와 조작이 불러올 수 있는 문제점을 동시에 보여준다.

Louis Lowery가 찍은 사진

Chapter 02

Heaven(천국)에서 universe(우주)로, 하늘의 이미지와 권력

하늘에 대한 지식의 변화로
하늘의 위상은 낮아지고,
권력은 사라진다.

죽는 날까지 하늘을 우러러
한 점 부끄럼이 없기를,
잎새에 이는 바람에도
나는 괴로워했다.
별을 노래하는 마음으로
모든 죽어가는 것을 사랑해야지
그리고 나한테 주어진 길을
걸어가야겠다.

오늘밤에도 별이 바람에 스치운다.-
- 1941년 11월 20일, 윤동주

"In the beginning God created the heavens and the earth."
"태초에 하나님이 하늘과 땅을 창조하시니라." (창세기 1장1절)

"내 위의 별이 빛나는 하늘과 내 안의 도덕 법칙"
"Starry heavens above me and the moral law within me."
"Der bestirnte Himmel über mir, und das moralische Gesetz in mir"(1788년, 칸트)

칸트와 윤동주는 왜 '하늘'에 대해 부끄럼 없기를 바랬을까?

• 하늘이란 무엇인가?

하늘이란 무엇인가? 어디서부터 어디까지가 하늘인가?
하늘은 만들어진 것인가?
하늘이 만들어진 것이라면 그 이전에는 무엇이었는가?
하늘이란 실체로 존재하는 것인가?
하늘은 실체인가, 이미지인가?

동양 한자(漢字) 문화권에서 가장 기본적인 교재인 『천자문(千字文)』은 하늘 천(天)으로 시작한다.

天地玄黃(천지현황) 宇宙洪荒(우주홍황)
하늘은 검고 땅은 누르며, 우주는 넓고 거칠다 - 천자문 첫 구절

하늘 천(天)은 현(玄)하며, 땅 지(地)는 누렇다. 우(宇)는 넓고, 주(宙)는 거칠다. 라는 문장으로 시작되는 『천자문』은 네 개의 글자가 하나의 구(句)를 이루는 4언구(四言句)가 모두 250구(句)로 구성된 긴 시(詩)라고 할 수 있다. 그리고 앞 4언구 뒤의 4언구가 앞의 4언구를 대구(對句)하는 형식이다. 따라서 宇宙洪荒(우주홍황)은 바로 앞 구절 天地玄黃(천지현황)의 대구(對句)에 해당된다. 『천자문』은 압축된 표현 형식으로 인하여 그 해석에 모호한 부분이 있으며, 바로 첫 문장의 '현(玄)'자부터 여러 가지 해석의 여지가 있다. 그동안 '검을 현(玄)'이라고 하여 하늘은 검고 땅은 누렇다고 배웠는데, 왜 하늘을 검다라고 했는가? 즉 현(玄)을 (검은) 색으로 해석해야 하는가에 대한 의문을 제기할 수 있다. 박지원의 연암집에는 어린아이들이 하늘이 푸른데 『천자문』에서는 푸르지 않다라고 했다는 구절이 나온다. 현(玄)의 사전적 의미를 보면 검다

는 의미 외에도 오묘하다, 심오하다, 깊다, 고요하다, 멀다, 아득하다 등의 의미가 있다. 따라서 "'현(玄)' 은 하늘의 구체적인 색깔을 지칭한 것이라기보다는 그 현허(玄虛)한 속성을 추상적으로 표현한 것이다."[8] 라는 주장이 일리 있다고 보인다. 즉 현(玄)은 물질적 속성인 색으로만 하늘을 표현한 것이 아니라 추상적으로 심오하고 아득함의 의미로서 현(玄)이라는 글자를 사용한 것으로 생각된다.

그리고 『천자문』 해석에서 '우주(宇宙)' 역시 다시 생각해 볼 여지가 있다. 언제부터인가 우주(宇宙)라는 하나의 단어로 사용되고 있지만, 『천자문』이 각각의 글자를 개별적 의미로 사용한 구성 원리로 보면 '우(宇)'와 '주(宙)'는 별개의 의미로 보는 것이 타당하다. 『천자문』을 외울 때 '집 우(宇) 집 주(宙)'라고 하는데 집과 집이 우주인가? 『천자문』을 만들 당시에 우(宇)와 주(宙)의 의미를 지금의 우주와 같은 의미로 사용하였을까? 이 역시 한자(漢字) 사전을 보면, 우(宇)는 집이라는 의미 이외에 지붕, 처마, 하늘, 국토(國土), 영토(領土) 등의 의미가 있으며, 주(宙) 역시 집이라는 의미와 함께 때, 무한(無限)한 시간(時間), 하늘, 천지(天地)의 사이 등의 의미를 가지고 있다. 그리고 옛 중국(中國)에서는 宇(우)는 공간적(空間的) 확대, 宙(주)는 시간적(時間的) 격차라 생각하였다고 한다.[9] 따라서 『천자문』에서의 우(宇)와 주(宙)는 모두 하늘을 지칭하면서 우(宇)는 공간적, 주(宙)는 시간적 개념으로 사용하였을 것으로 추측된다. 그러나 이렇게 우(宇)와 주(宙)의 해석을 정리한다고 하더라도 공간적 개념에서 '하늘이 넓다'라는 홍(洪)은 이해되지만, 시간적 개념의 하늘이 '거칠다'라는 荒(황)은 하늘의 어떤 속성을 말하는 것인가?

• 시간적 하늘은 거칠다

荒(황)의 의미를 다시 살펴보면 단순히 '거칠다'라는 의미가 아니라, 풀이 무성(茂盛)하게 자라서 매우 황폐(荒廢)해진 넓은 땅을 표현하는 의미에서 시작된 단어이다. 따라서 미개척 상태의 황량하다는 의미로서의 황(荒)으로 이해할 수 있다. 그리고 시간적 하늘이란, 공간은 시간 없이 존재할 수 없다는 것을 전제(前提)할 때 해석 가능하다. 공간이 실체의 공간으로서 존재하거나 인식될 때 반드시 시간이 함께 존재하게 된다. 공간을 마음 속에서 개념으로만 생각하는 것이 아니라 눈 앞에 현전할 때 반드시 시간이 함께 인식될 수밖에 없기 때문이다. 즉 시간적 하늘이란 시간을 말하는 것이 아니라 공간의(시간적) 변화로 이해하는 것이 타당할 것이다. 공간은 시간에 따라 변하지 않을 수 없다. 아침의 하늘은 낮의 하늘로, 낮의 하늘은 밤의 하늘로 변한다. 시간에 의해 변화되는 하늘 공간은 항상 새롭다. 시시각각 변하는 하늘 공간의 변화는 대기의 변화이자 기후의 변화이다. 항상 반복되는 기후의 변화는 또한 항상 새롭다. 사람에게는 항상 새로우면서 또한 준비해야 하는 환경이다. 즉 하늘 공간의 시간적 변화는 사람에게 거칠게 작용된다고 해석하는 것이 적절할 것이다.

• 하늘 천(天)과 우주(宇宙)는 어떻게 다른가?

왜 하늘을 천(天)으로 표현하고도 또다시 우(宇)와 주(宙)라는 하늘을 반복하여 말하고 있는가? 현(玄) 홍(洪) 황(荒) 모두 아득히 넓고 황량하다는 의미인데 반복적이며 중복되는 표현을 한 이유는 무엇인가? 그렇다면 하늘 천(天)과 우주(宇宙)는 어떻게 다른가?

하늘은 하늘이지만 같은 하늘이 아니기 때문일 것이다. 우(宇)가 세상의 무한하고 아득한 공간으로, 주(宙)가 영원한 시간 속에 항상 거기 있는 변화무쌍한 공간의 의미로써 우주(宇宙)라고 짝을 이루어 사용되었다면, 천(天)은 지(地)와 함께 사용되었다. 천(天)의 하늘은 땅 지(地)에서 바라보는 즉, 사람을 중심으로 볼 때 발을 딛고 있는 아래는 땅이며, 머리 위는 하늘이라는 의미이다. 다시 말하면 땅에 대응하는 개념으로서의 하늘을 천(天)이라고 이해할 수 있다. 우(宇)와 주(宙)가 무한한 하늘 공간을 말하는 것이라면 천(天)은 지(地)에 대응하는, 즉 실체가 아닌 개념적 하늘이다. 여기서 개념적이란 "학문, 사랑, 이성, 공감, 신뢰" 등과 같이 실체 없이 추상적 의미만 있는 용어를 의미한다. 따라서 개념적 하늘이란 실체 없이 개념으로만 통용되는 용어로서, 실체적인 우주 공간과 다른 의미를 갖는다. 따라서 천(天)의 하늘은 공간을 의식하는 현상으로서 이미지인 것이다. 하늘은 이미지이기 때문에 실체가 보이지 않으며 만져지지도 않는다. 단지 개념뿐이다.

그러나 실체가 보이지도 만져지지도 않기는 우주(宇宙) 공간도 마찬가지이다. 우주(宇宙)의 하늘인 공간 역시 실체라고는 하지만, 말 그대로 아무것도 없이 비어있는 공간, 즉 실체 없는 실체인 공간에 대한 인식뿐이다. 물론 우주 공간에는 태양과 달과 별들이 있으며 낮은 공간에는 구름이 떠다닌다. 그리고 수많은 전자기파와 각종 입자들과 먼지들이 움직인다. 그러나 그것들은 그 공간에 존재하는 것이지, 그것들이 공간을 구성하는 것은 아니다. 세상에 실재하는 것 중에 감각과 지각을 통하지 않는 인식의 대상은 오직 우주 공간뿐이다. 실체가 없는 공(空)의 간(間), 즉 허공(虛空)이기 때문에 하늘은 실재하지 않는 것과 같다. 그러나 실재하지 않기 때문에 존재할 수 있는 것이 공간이다. 없는 것(공空)과 없는 것의 사이(간間), 빈 것(공空)과 빈 것의 사이, 즉 없음이 있으므로 해서 존재할 수 있는 것이 공간이다. 공간이 채워지면 공간이 아니듯이 우주 공간인 하늘이 채워지면 그 속에 아무것도 존재할 수 없으며 그것은 우주 공간이 아니다. 마치 종이가 백지로 비어 있어야 글을 쓰거나 그림을 그릴 수 있듯이 우주 공간은 비어 있어서, 즉 아무것도 없어야 만물을 품을 수 있는 우주 공간이 된다.

『천자문』에서 천(天)의 하늘과 우주(宇宙)의 하늘을 구별한 이유는, 아무것도 없는 공간으로서 실체의 우주(宇宙)와 그리고 그것을 의식하는 사람 마음 속의 이미지로서의 하늘 천(天)을 구별한 것이라고 생각된다. 이는 영어의 하늘에서도 마찬가지이다. 천국이라는 Heaven의 하늘과 물리적으로 인식하는 Sky의 하늘과의 차이와 유사하다. Heaven, Sky, Universe, Space, Air 등 영어의 하늘에도 미묘한 차이가 있다.

• 권력의 원천, heaven 천국

이러한 이미지로서의 하늘은 인류에게 언제나 권력자였다. 그러나 하늘이 스스로 권력을 만들고 행사한 것이 아니라, 사람들이 하늘에게 권력을 부여하고 스스로 복종해 왔던 것이다. 특히 '혁명(Revolution)'이라는 말의 연유가 된 코페르니쿠스의 『천체와 지구의 회전(Revolution)』[10] 에서 시작한 하늘에 대한 인식과 이미지의 변화가 생기기 전까지 사람들에게 가장 영향력이 큰 권위 있는 존재는 '하늘'이었다.

> 天命之謂性 率性之謂道 修道之謂敎(천명지위성 솔성지위도 수도지위교)
> 하늘의 명(命)을 성(性)이라고 하며, 성(性)을 따르는 것을 도(道)라고 하며,
> 도(道)를 닦는 것을 교육이라고 한다. – 중용

하늘이 권위와 권력으로만 존재한 것이 아니라 인간의 본분까지 하늘의 뜻이었다. 하늘은 정신적으로나 물질적으로나 일상생활 전반을 주관하였다. 인류의 역사는 땅의 역사인가 하늘의 역사인가? 인류는 고대부터 현재까지 발

은 땅 위를 딛고 살고 있지만, 생각은 하늘에서 살아 왔다. 오히려 하늘이 사람의 마음을 지배하여 왔다고 해야 옳겠다. 전쟁은 땅 위에서 했지만, 전쟁의 명분과 원인은 하늘에 있었다. 땅 위에서 권력을 행사했지만 그 권력의 원천은 하늘이었다.

루소는 『사회계약론』에서

> "어느 시대나 건국자들은, 하늘을 끌어들여, 자기들 자신의 지혜를 '신들'의 것으로 떠받들지 않을 수가 없었는데, 그것은 국민들이 자연의 법칙에 따르듯이 국가의 법률에 따르고, 인간의 형성과 나라의 형성에서 똑같은 힘을 인정함으로써, 거리낌 없이 복종하도록, …"

하늘이 권위와 권력의 상징이었던 이유는 무엇인가? 인류의 발을 디디고 살아가는 거주지는 지구이지만, 이 지구에 존재하는 생명체의 생존에 필요한 빛과 물의 공급원이자 밤과 낮 그리고 계절 변화의 근원지라는 점에서 하늘은 생존의 필수 조건이다. 농사는 땅 위에서 하지만 하늘이 도와주지 않으면 불가능하다. 하늘에서 공급해주는 빛과 물이 없으면 인류는 생존할 수 없다. 밤과 낮의 변화가 없다면 모두 정신이상자가 되거나 다른 종류의 생명체로 변할 것이다.

그러나 하늘이 두려운 더 근본적인 이유는 인간이 갈 수 없는 곳, 알 수 없는 곳이기 때문일 것이다. 그리고 하늘은 인간이 다다를 수 없는 미지의 대상이었기 때문에 그 자체로도 사람들에게 경외감과 공포감을 주는 대상이었다. 알 수 없는 것은, 관심의 대상이 되기도 하지만 두려움의 대상이 된다. 끝없이 비어있는, 그리고 도무지 알 수 없는 공간, 그리고 그 공간에 떠 있는 해, 달, 별들까지 알 수 없는 물체들, 이 존재들이 지구에 여러 가지 작용과 영향을 미치고 있기 때문에, 하늘과 사람 사이에는 무엇인지 모르지만 어떠한 인과 관계가 분명히 있을 것이라는 생각(믿음)이 생겼을 것이다.

그러한 생각(믿음)은 인간이 알 수 없는 것, 혹은 알면 안 되는 '신(神)의 비밀', 즉 '신비(神秘)'로운 영역을 만들었다. 이 신비로운 영역은 하늘에 만들어진 것이 아니라 사람의 마음에 만들어진 것이다. 하늘은 항상 그대로이지만 사람이 그 신비의 영역을 만들고, 그 신비의 영역에 대한 이야기를 만들어내고(신화 神話), 그 이야기는 종교(宗敎)가 되거나 아니면 미신(迷信)이 된다. 사실 종교와 미신의 차이는 구별하기 어렵다. 신비의 세계는 사실을 알 수 없기 때문에 이미지에 의해서 판단된다. 신화의 주인공, 즉 이야기의 실질적인 주인공이 되는 신(神)의 힘에 의해 종교가 되거나 미신이 된다. 신의 이야기가 사회적 합의와 제도적 승인을 받으면 종교가 되며 그렇지 못하면 미신이 되는 것이다. 사회적 합의란 신(神)의 이야기가 일반인들의 공감과 지지를 받아야 한다는 의미이며, 제도적 승인이란 인간 사회의 권력층 혹은 법적인 승인을 말한다. 다시 말해 신(神)도 인간 세계의 제도적 승인을 받아야 비로소 신(神)으로 인정받는다. 그렇지 않으면 미신(迷信)의 대상으로 전락한다. 그리고 신(神)의 힘이 강해지기 위해서는 그의 이야기에 대해 사람들이 공감하고 지속적으로 지지를 보내야 한다. 지속적 지지는 맹목적 복종과 투철한 믿음에서 더욱 강화된다. 따라서 종교(지도자들은)는 신도의 지속적인 지지를 위해 이야기뿐 아니라 그 이야기의 극적인 효과를 높이기 위한 장치를 심어 놓는다. 인간 세계에서는 불가능한 시공을 초월한 기적을 만들어내고, 때로는 공포를 조장하여 이야기에 대한 공감뿐 아니라 복종심을 끌어낸다. 그리고 사람들이 이야기에 심취한 것인지 신(神)에게 복종하는 것인지 구분하기 어렵게 만든다. 지구상에서 인류가 존재하는 곳 어디에서나 신(神)의 이야기는 등장하며 그 내용과 구성에도 유사한 점이 많다. 그 이유는 지구상 어디에나 하늘이 있으며 그 하늘은 거의 같은 양상으로 나타나기 때문이다. 하늘의 모습과 그 현상이 다르다면 신(神)의 비밀 이야기 역시 모두 다른 양상으로 나타날 것이다. 즉 모든 신(神)의 이야기는 하늘의 이야기이다. 지구의 여러 지역에서 나타난 하늘의 이야기들을 살펴보면, 이들 대부분의 특징은 하늘에서 메시지가 내려온다는 것, 인간 사회의 지배자인 최고 권력자는 하늘로부터 그 권력을 부여받은 것이라는 것, 하늘은 인간사회를 모두 알고 있다는 것, 심지어 사람 개인의 마음까지 알고 있기 때문에 하늘을 속일 수 없다는 것, 하늘에 제물을 바치는 제사를 지내야 한다는 것, 따라서 필연적으로 권선징악이 이루어진다는 등의 내용이다.

그리고 이 하늘의 이야기에는 해와 달과 별들의 이야기가 항상 함께하며 하늘의 메시지를 전하기 위한 전달의 수단, 즉 전달자(메신저)가 어떤 형태로든 등장한다. 하늘의 메시지를 전달하는 형태는 다양하지만, 대표적으로는 인간의 형상에 특별한 능력을 추가한 사자(使者)의 형상으로 등장하는데, 주로 하늘을 다니는 데 필요한 날개를 달았거나 혹은 형태를 보이지 않는 상황을 연출한다. 주로 하늘에서 온 사자(使者)라고 하여 천사(天使)라고 부른다.

또 다른 전달 방법으로는 동물을 활용하는데 주로 '새'가 등장한다. 왜냐하면 새는 지구상의 동물 중에서 유일하게 하늘을 다닐 수 있는 동물이기 때문이다. 우리나라 『흥부전』의 제비가 대표적인 예이다. 새의 대용품을 사용하기도 한다. 솟대는 살아있는 새를 사람 마음대로 왔다 가게 할 수 없기 때문에 인공적인 새를 만들어 세워 놓고 사람의 마음을 하늘에 전달하는 장치로 사용되었다.

또 하늘의 메지지를 전달하는 방법으로서 어떤 징조를 보여주는 방법이 있다. 징조의 수단은 대부분 하늘에 속한, 하늘의 하수인이 될 수 있는 해, 달, 별, 비, 바람 등 모든 자연 현상이 망라된다. 별들의 움직임, 일식(日蝕) 월식(月蝕), 태풍, 가뭄 등, 이 모든 것들이 하늘의 뜻이 작용하는 것으로 이해되었다. 이 중에서도 단연 별이 가장 많이 활용되었다.

서양별자리

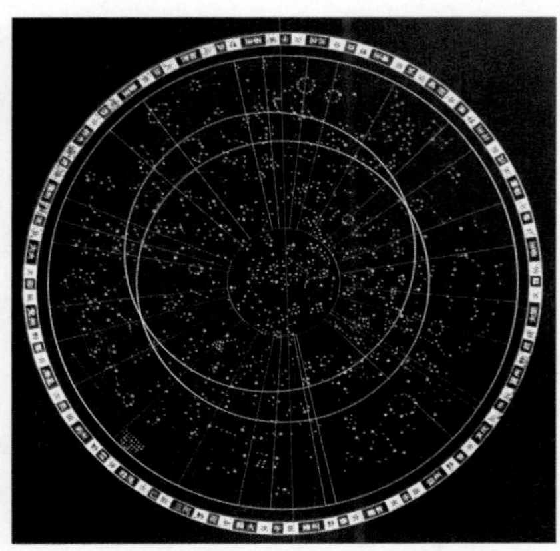
우리별자리 천상열차분야지도
(天象列次分野之圖)

별과 별자리의 이야기는 대표적인 하늘의 이야기로서 국가와 민족 등 문화에 따라 제각기 다른 별자리와 이야기가 존재한다. 별들의 움직임은 하늘의 의지가 작용한 것으로 이해되지만, 그 해석이 매우 어렵기 때문에 오히려 그 해석을 권력에 활용할 수 있었다. 별과 별자리 이야기들은 현대 천체물리학에서 보면 말도 안 되는 이야기들이다. 그러나 워낙 오래된 하늘의 이야기들이며 인류 생활에 많은 영향을 주어왔기 때문에 국제천문연맹(IAU)에서도 그 개념을 인정하고 모두 88개의 별자리로 통합 정리하였다. 다시 말해서 하늘과 거기에 있는 해와 달과 별들은 미지의 존재였기에 사람들의 상상의 대상이 되었으며, 신의 영역이 되었다. 즉 하늘은 신들이 사는 곳이었다. 따라서 하늘은 경외심의 대상이자 권력의 원천이었다. 하늘의 이야기, 그리고 하늘에 속한 해와 달과 별들의 이야기, 그리고 하늘의 사자에 대한 이야기들은 사실상 사람들의 이야기이며 이것들은 모두 상상(이매지네이션)의 세계인 것들이다. 이러한 상상의 기본적인 구도에 동서양의 차이는 없다.

• 신을 죽인 망원경, 별에서 온 메신저

이미지가 사실에 의해 깨어질 때, 즉 상상에 의한 환상이 깨어질 때 권력도 무너지게 된다. 상상이라는 그릇에 담긴 권력은 상상이 깨질 때 함께 사라진다. 플라톤의 동굴 속의 비유, 영화 '트루먼쇼'의 이야기, 영화 '왕이 된 사나이'의 이야기, 우물 속 개구리가 우물 밖의 세계를 보았을 때와 같이, 하늘을 사실로 믿었던 상상의 세계가 허구라는 것을 알게 되면서 하늘은 권력을 잃게 되었다. 그렇다고 해서 하늘의 권위까지 완전히 추락한 것은 아니다. 단지 조금 내려왔을 뿐이다. 아직도 미지의 세계가 넓기 때문에 하늘이 권력을 조금 내어 주었다고 해서 완전히 힘을 잃은 것은 아니다. 그러나 하늘의 신비로움이 조금이나마 걷히면서, 하늘은 지구와 가까워지기 시작하였다. 하늘의 권력과 권위가 예전만 못하다는 것은 그만큼 사람과 가까워 졌음을 의미한다.

하늘이 땅에 가까워지기 시작한 것은 망원경(렌즈) 때문이다. 지금은 수많은 발명품 중의 하나로 그 지위(?) 혹은 그 가치의 중요도가 퇴색되었지만 망원경은 인류 역사에서 하늘(우주)에 대한 사람들의 상상(생각)을 근본적으로 뒤바꾸게 한 결정적인 도구이다. 망원경이 없었다면 갈릴레오가 등장하기 어려웠을 것이다. 코페르니쿠스의 지동설이 혁명적이긴 하였으나 그것이 입증된 것은 약 100년 후 갈릴레오의 망원경에 의해 사람의 눈으로 확인되었기 때문이다. 즉 이성적 사유에 의한 진리가 아니라 눈이라는 감각으로 확인된 후에야 사실로 믿게 된 것이다. 눈으로 확인된 사실 조차도 초기에는 하늘의 권력이 그것을 수용하기 꺼려하였다. 스스로 물러나지 않으려 하는 권력의 속성 때문이었다. 이미 코페르니쿠스보다 약 1700년이나 앞서서 고대 그리스의 철학자 아리스타르코스(BC 310? ~ BC 230?)에 의해 지동설이 주장되었으나 사람의 눈으로 입증할 수 없었기 때문에 천동설에 묻혔던 것이다. 코페르니쿠스의 지동설은 바로 아리스타르코스의 이론이 계기가 되었다고 하는데 아무리

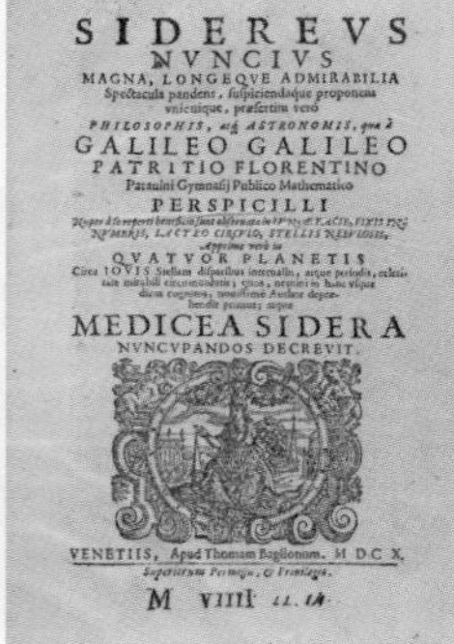

SIDEREVS
NVNCIVS
MAGNA, LONGEQVE ADMIRABILIA
Spectacula pandens, suspiciendaque proponens
vnicuique, præsertim verò
PHILOSOPHIS, atq; ASTRONOMIS, quæ à
GALILEO GALILEO
PATRITIO FLORENTINO
Patauini Gymnasij Publico Mathematico
PERSPICILLI
QVATVOR PLANETIS
MEDICEA SIDERA
NVNCVPANDOS DECREVIT.
VENETIIS, Apud Thomam Baglionum. M DC X.

이성적 사유가 지식의 근원이라고 해도 감각을 근거로 하지 않는 상상적 이성에는 한계가 있을 수밖에 없다.

갈릴레이는 망원경을 통해 얻은 관측 결과를 바탕으로 1610년 3월에 『별에서 온 메신저(시데레우스 눈치우스, Sidereus Nuncius)』라는 책을 출간하였다. 바로 이 책이 별과 하늘의 권위를 내려오게 한 감각적 증거의 시초이다.

니체가 '신은 죽었다'라고 한 것이 지동설과 무관한 것이기는 하지만, 코페르니쿠스 지동설과 갈릴레오의 입증이 없었다면 그런 주장을 할 여건이 만들어지지 않았을 것이다. 니체가 신이 죽었다라고 한 것은 1882년 출간된 『즐거운 학문』에서이다. 코페르니쿠스의 회전이 1543년, 갈릴레이의 망원경이 1610년이라는 점을 감안할 때, 니체가 그보다 300년 전이었다면 그런 말을 상상하기도 어려웠을 것이다. 니체의 신은 죽었다라는 말은 사람이 만든 상상의 신이 죽었다는 뜻이지 실재하는 신(神)이 죽었다는 뜻은 아니다. 실재하는 신(神)의 존재는 알 수 없는 것이기에 죽을 수도 없다. 권력자가 없어졌다는 것은 보호자가 없어졌다는 것과 같다. 인간에게 신은 권력자인 동시에 보호자였다. 따라서 인간이 자율적으로 스스로 자신에게 책임을 져야 한다는 의미이다. 니체의 신과 관계없이 결과적으로 하늘의 권력은 상당 부분 인간의 세계로 내려왔다. 코페르니쿠스의 회전과 갈릴레오의 입증으로 인해 하늘의 권력이 내려오는 데는 그리 오래 걸리지 않았다. 갈릴레이의 『별에서 온 메신저』 이후 40년 만에 1651년 홉스(Thomas Hobbes)는 『리바이어던』을 통해 인간은 태어날 때부터 평등하며 누구나 '자연적 권리 (right of nature)'를 가진다. 따라서 국가의 권력은 하늘에서 정해준 권력이 아니라 시민과 국가간의 계약이라는 개념을 주장하였다. 이후 이어지는 로크의 『통치론』과 루소의 『사회계약론』은 영국의 청교도 혁명과 명예혁명, 프랑스의 시민혁명, 미국의 독립전쟁에 상당한 영향을 주면서 민(民)이 주인이 되는 현대사회로 이어져 왔다.

사람들은 하늘과 천체에 대해 알고 싶은 호기심만큼이나 하늘을 날고 싶은 욕망도 강하였다. 이러한 관점에서 새는 지구상 동물 중에서 하늘과 가장 가까운 영적(靈的)인 동물이자 사람들에게는 선망의 대상이었다. 어떤 동물도 갈 수 없는 하늘을 자유롭게 다니는 새는 분명히 하늘의 계시를 받은 동물일 것이라는 생각을 갖게 한다. 레오나르도 다빈치는 새를 관찰하면서 사람도 새처럼 날 수 있을 것이라는 생각으로 비행기 설계도를 만들었지만(1505년) 실현시키지는 못하였다.

> "만약 북풍이 불어와서 당신이 바람 위로 미끄러지듯 움직이면, 그리고 똑바로 솟아오를 때 바람 때문에 뒤집힐 것 같다면, 자유롭게 오른쪽 날개나 왼쪽 날개를 구부리고, 안쪽 날개를 낮추라. 그러면 계속해서 곡선을 그리며 날게 될 것이다." [11]

비록 다빈치는 현실적으로 하늘을 날지는 못하였으나 그의 상상 속에서는 이미 공중을 날았다는 찰스 니콜*의 주장에 전적으로 공감한다. 이후 1782년 몽골피에 형제들의 열기구(1782), 앙리 지파르의 비행선(1852), 오토 릴리엔탈의 글라이더(1891)를 거쳐 1903년에는 라이트형제가 최초로 동력을 이

---

* 레오나르도 다빈치 평전 작가, 역사학자이자 저술가로, 전문 전기 · 여행 작가이다

용한 비행기를 발명하게 되면서 하늘을 날고자 하는 인류의 숙원은 해결된다.

천체회전의 혁명과 하늘을 나는 도구가 발명되면서 땅 위의 권력 구조의 변화뿐 아니라 하늘의 이야기에도 변화가 많아졌다. 신(神)의 비밀 영역인 신비(神秘)로운 이야기는 점차 사라져가고 하늘에 대한 새로운 이야기들이 등장하는 변화를 맞게 되었다.

• Heaven(천국)에서 universe(우주)로

하늘이 권력을 내어주면서 가장 먼저 나타난 변화는 이름과 방향의 변화이다. 하늘은 항상 사람의 머리 '위'에 있던 드높은 공간으로서 인간 세계에 권력을 부여하던 절대적 위력을 가지고 있었다. 그러한 하늘이 이제는 '위'가 아닌 우주공간으로 대체되었다. 영어로 'haven(천국)'으로 불리던 하늘은 이제 'sky(스카이)'로 불린다. 더 이상 신(神)의 영역이 아닌 것이다. '천국(하늘 나라)'이 아니라 그냥 '하늘 공간'이다. 심지어 항공사들은 air(공중)라고 한다. 간혹 전문 용어로 universe(우주)라고 부르기는 하지만 주로 sky(스카이)가 하늘을 대표하는 단어가 되었다. 사람의 머리 '위'에 있던 하늘은 이제 지구를 둘러싼 공간으로서 '위' '아래'의 개념이 약해졌다. 단지 무한하기만 한 줄 알았던 하늘에 대기권이 있고 성층권이 있다는 것도 알게 되었다. 즉 머리 '위'의 높은 곳이 아니라 방향과 무관한 공간으로서 인식하게 된 것이다. 이제 하늘은 과거와 같은 절대적인 '위'의 이미지가 아닌 단지 미지의 공간이라는 이미지로 존재한다. 그러나 아직도 '하늘과 땅 차이'라는 말은 유효하며, 하늘을 보려면 머리를 들어 위를 보아야 하고, 비는 머리 위에서 내린다.

해는 아직도 그 뜨거운 열을 뿜으면서 자기의 존재감을 자랑한다. 아침마다 뜨고 저녁이면 사라진다. 그러나 해 역시 과거의 절대적 위치를 상실하였다. 하늘에서 가장 큰 존재로서 만물의 근본이었다. 오직 하나로서 하늘에 해가 두 개일 수 없었다. 그러나 이제 heaven(천국)이 universe(우주)로 바뀐 상황에서는 우주의 수많은 항성(恒星, fixed star) 중에 하나가 되었다. 우주에는 1천억개로 추정되는 항성이 존재한다고 알려져 있으며, 육안으로 볼 수 있는 항성은 약 1,600개 정도라고 한다. 말하자면 수많은 별들 중에 하나로 그 권위가 내려왔다. 그러나 아직도 해는 많은 행성(行星, planet)을 거느린 태양계의 중심 '별(항성, fixed star)'로서 해 없이는 지구가 존재하기 어렵다는 사실로 자부심을 유지하고 있다.

해에 비해서 달은 권위가 가장 많이 추락하였다. 그럼에도 그동안 가지고 있던 많은 이야기들과 함께 그 크기/형태의 변화, 그리고 조류와 간만에 영향을 끼침으로써 인류 생활에 많은 영향력을 행사하고 있었다. 그러나 아폴로 11호에게 착륙을 허락함으로써 그 신비로움과 권위는 더욱 상실하게 되었다.

> "휴스턴, 이쪽 고요의 기지. 이글은 착륙했다."
> (Houston, Tranquility Base here. The Eagle has landed.)
> – 1969년 7월 20일 20:17:58, 닐 암스트롱

1969년 7월 20일 20시 17분 40초에 아폴로 11호는 달에 착륙했다. 그리고 18초 후 닐 암스트롱이 휴스턴의 관제센터에 착륙소식을 알린 것이 달에서 인간의 첫 번째 목소리였다. 그 후 착륙으로부터 대략 6시간 반 후인 7월 21일 02시 56분에 달 표면에 역사적인 첫 번째 발자국을 찍으면서 "이것은 한 명의 인간에게 있어서는 작은 한 걸음이지만, 인류에게 있어서는 위대한 도약이다."(That's one small step for (a) man, one giant leap for mankind.)라는 말을 하였다. 소위 '회전(Revolution)'에서 시작한 하늘에 대한 인식의 '혁명(Revolution)'은 사람이 직접 하늘을 날아 달에 도착한 사건에서 정점을 찍는다. 아폴로 11호의 달 착륙 사건은 엄청난 파장을 몰고 왔다. 각종 매체의 뉴스뿐 아니라 자연과학 철학 등 모든 분야에서 다양한 담론들이 쏟아져 나왔으며, 이제 당장이라도 사람들이 지구를 떠나서도 살 수 있을 것만 같은 환상을 초래하였다. 암스트롱이 말한 인류에게 위대한 도약이 달에게는 그 권위의 추락이 된다. 또한 이보다 훨씬 오래전부터 해의 일식과 함께 월식 현상도 그 원리가 밝혀짐으로써 신비로운 이야기 거리마저 잃었다. 그리고 하늘이 '위'의 개념을 잃고 공간의 개념으로 바뀌었듯이 달은 '위'에 있는 존재가 아니라 지구의 위성이라는 의미가 더 강조된다. 이제 달은 권력을 거의 상실했다. 과거의 영광 즉 옛 이야기의 소재로서 그 존재감을 유지하고 있을 뿐이다.

해가 낮의 세계를 지배하였듯이 별은 밤의 세계를 지배하였다. 해와 달은 하나뿐이지만 별들은 헤아릴 수 없을 만큼 많으며 크기와 밝기, 그리고 그 위치 또한 모두 다르다. 그리고 주로 밤에 나타났다가 아침이면 대부분 사라진다. 또한 많은 별무리들은 하나의 그룹으로 인식되어 여러 별자리들이 만들어지고 제각각 이야기와 상징들을 담고 있다. 별 이야기는 별만큼 많다. 하늘의 신비로운 이야기에 별 없이는 상상하기 어려울 정도일 것이다. 뿐만 아니라 별들은 어떤 징조로도 인식되었다. 하늘의 뜻이 별에 의하여 상징적 표현으로 나타난 것으로 생각하였다. 별들의 신비로운 이야기들은 이제 천체물리학의 영역으로 바뀌었다. 항성, 행성, 위성, 유성 등으로 구분하고 밝기에 따라 등급이 나뉘는 등 이제는 사람이 별에게 계급을 부여한다. 그리고 별들의 상태를 조사하기 위해 탐사선을 보낸다. 하늘의 권력이 내려온 만큼 별들의 위상도 내려왔다. 하늘과 마찬가지로 별 역시 머리 '위'가 아닌 우주 공간에 지구와 함께하는, 지구와 유사한 입장으로 생각하게 되었다. 그러나 천체물리학 덕분에 별의 정체가 밝혀지는 만큼 별들에 대한 신비로움은 과거와는 다른 차원으로 더 커져 간다. 별이 권력은 상실하였지만 새로운 신비와 경외심에 의해 그 권위는 다시 커지고 있다. 그리고 아직도 군대에서는 가장 높은 계급에 별을 달아 주며, 유명한 연예인 혹은 특정 분야에서 유명해진 사람을 스타라고 한다. 비록 '위' 즉, 높은 곳에 존재하는 신비로운 권력자는 아니더라도, 같은 우주 공간에 지구와 함께하는 별들로서 존재하더라도, 새로운 관점에서 보는 새로운 별 이야기는 계속될 것이다.

• 천사의 은퇴

하늘, 해, 달, 별들의 권위 추락과 함께 나타난 변화는, 하늘의 메신저인 천사가 사라지고 새의 권위가 추락했다는 것이다. 하늘의 해, 달, 별들은 실체이지만 천사와 징조는 상상의 것들이다. 권력자가 힘을 잃으면 그 추종자들도 함께 힘을 잃게 된다. 특히 상상의 것들은 실체와 달리 그 존재의 근원을 잃게 되면 바로 사라지게 된다. 따라서 하늘의 상상적 권력이 사라지면 천사는 가장 먼저 사라질 수밖에 없다. 수많은 하늘의 이야기에서 하늘의 뜻을 전달하기 위해 가장 분주히 등장하던 천사, 수많은 미술 작품 속에 주연으로 혹은 조연으로 빠짐없이 나타나던 천사들이 이제는 더 이상 등장하지 않는다. 미술관에 가면 과거의 작품 속에서만 볼 수 있을 뿐이다. 천사뿐 아니라 날개도 없이 긴 치마를 이용해서 하늘을 오르던 선녀도 사라졌다. 천사에게 날개를 빌려주면서 신비의 영역을 마음대로 날아다니던 새는 그 활동 영역이 알려지면서 신비로움이 사라지고 동시에 그 위상이 땅 위의 다른 동물과 다름 없어졌다. 또한 나무를 이용하여 새의 형상으로 만들어진 솟대 역시 거의 사라지고 이제 그 의미까지 모르는 사람들이 대부분이다.

솟대는 일종의 나무로 만든 안테나와 같은 것이다. 하늘 이야기의 변화는 상상의 것, 즉 이미지인 것들부터 변화가 시작되었다. 상상의 존재인 천사와 선녀는 사라지고 인공물인 솟대는 점점 자취를 감추어가고, 새들은 사라지지는 않았지만 그 의미와 위상은 전과 같지 않다.

• 그래도 하늘 없이 인간은 존재하기 어렵다

현실과 상상의 사이에서 지구인들은 하늘(우주공간, 외계)에 대해 끊임없이 관심을 보내고 알려고 한다. 하늘은 이미지와 정체성과 권력의 관계를 말하는 데 매우 적절한 사례이다. 회전(revolution)이 혁명(revolution)이 된 것처럼, 하늘나라 천국(heaven)이 우주공간(universe)으로, 종교적(상상의) 하늘에서 물리적(실체의) 하늘로 변하였다. 하늘과 땅의 "위 아래"라는 관계는 공간이라는 수평적 관계로 새롭게 설정되었다. 하늘의 이미지 변화는 권력의 변화로 이어지고, 천사가 사라진 자리에 수퍼맨과 배트맨이 활동하는 개념적 공간이 만들어지는 상상의 혁명이 이루어졌다.

한나 아렌트는 지구가 인간의 거주지이기 때문에, 가장 근본적인 인간의 조건이라고 하였다. 그러나 고대부터 현재에 이르기까지 사람들은 언제나 하늘에서 살고 있다. 발은 지구의 땅을 딛고 있지만 마음의 상당부분은 하늘에 가 있다. 천지인(天地人) 사상은 땅(地지)에서 출발한 것이 아니라 하늘에서 시작된 것이다. 하늘의 이미지가 변하였고, 그 권위가 내려왔어도 지구와 마찬가지로 하늘 없이 인간은 존재하기 어렵다.

Chapter 03

천사와 외계인의 이미지

천사를 대신하는 외계인, 공존할 수 없는 천사와 외계인

• UFO와 외계인의 등장

천국(heaven)으로서 하늘의 권력이 내려앉고 천사가 사라진 자리에 UFO와 외계인들이 새로운 하늘의 이야기 주인공들로 등장하였다. 하늘나라(heaven)가 하늘공간(sky)과 우주공간(universe)으로 바뀌면서 하늘나라의 사자(使者, angel)들은 거처를 잃고 사라질 수밖에 없었다. 하늘에 대한 지구인들의 생각이 바뀌면서 다른 행성에 존재할지도 모르는 지능을 가진 생명체들에 대해 관심을 갖기 시작하였으며, 이들을 통칭 외계인(extraterrestrial life, Alien)이라 부른다. 결국 천사 대신 우주공간의 여러 행성에는 외계인들이 들어와 살게 되었다.

외계인들은 지구인들에게 자기들의 존재를 인정 받으면서 서서히 지구에 모습을 드러내기 시작하였다. 물론 외계인의 존재에 대한 생각이 고대에서 없었던 것은 아니다. 그러나 천사와 외계인은 그 존재의 근거가 다르기 때문에 함께 존재하기는 어렵다.

천사는 대부분 날개를 달고 스스로 이동할 수 있기 때문에 굳이 별도의 이동 수단이 필요 없다. 또한 전능한 하늘의 특수한 힘을 통해 하늘과 지구를 순식간에 이동할 수도 있다. 그러나 외계인들은 하늘의 사자(使者)가 아니기 때문에 날개가 없으며, 하늘의 특별한 힘을 사용하기도 어렵다. 지능을 가진 생명체가 어느 별에서 오게 될지는 모르겠지만 별도의 이동수단을 사용해야 하는데, 현재 지구에서 사용하는 비행기 혹은 우주선 정도의 기술 수준으로는 지구까지 오는 것은 불가능할 것이다. 우주공간에서 지구까지 오려면 상당한 수준의 이동 혹은 비행 기술이 필요할 것이며, 그러한 고도의 이동물체를 지구인들의 기술 수준으로는 아직 확인하기가 쉽지 않다. 이렇게 확인되지 않는 비행물체들을 UFO(Unidentified Flying Object 미확인 비행물체)라고 부른다.

UFO란 명칭은 매우 재미있다. '확인되지 않은 대상'은 확인되지 않았다는 것으로서 그것은 사실이다. 확인되지 않았기 때문에 실재하는지 알 수 없다. 따라서 확인되지 않은 대상으로서 존재하는 것이다. 따라서 UFO가 무엇인지 확인되는 순간에 더 이상 UFO가 아니다. UFO가 확인되지 않은 실체인 데 반해 외계인은 완전히 상상의 것들이다. 아직은 실체가 아닌 가능성으로서 상상의 존재이다. 실재하는지 알 수 없기 때문에 그 역시 UFO와 유사하다. 그러나 UFO는 지구상에 나타났다는 주장에 대응하는 용어이지만 외계인은 미확인된 대상에 대응하는 용어가 아니라 실체에 대한 가상의 용어이다. UFO는 확인되지는 않은 대상이라는 점에서 사실이지만, 외계인을 특정한 존재로 인정하는 것은 상상이다. 외계인은 하늘의 이야기와 유사하면서도 전혀 다른 차원의 이야기이다. 언제부턴가 각종 소설과 영화에는 외계인이 등장한다. 이제는 당연한 이웃으로 생각하기도 하며 지구인과 소통하며 전쟁을 하기도 한다. 그 형태와 지구에 온 사연도 다양하다.*

• 천사와 외계인의 구조와 형태_ 천사

천사는 하늘에서 사는 신, 지상에서 사는 인간, 그 사이의 중개자 역할을 하는 상상의 존재이다. 영어로 'Angel'이며, 이것의 어원은 그리스어 'Angelos' 라는 설도 있고, 희랍어라는 설도 있으나 모두 전령이라는 의미를 가지고 있다. 천사(天使)라는 한자어 역시 하늘의 사자(使者)로서 전령이라는 의미가 담겨있다. 서양예술에는 하늘에서 내려온 천사의 존재를 이미지화한 그림들이 상당히 많다. 그 그림 속 천사들의 공통점들은 모두 '하얀색의 옷'과 '날개' 그리고 '인간을 닮은 형태'라는 점이며 이것들을 빼면 천사로 인식하기 어렵다. 따라서 이 세 가지 특징은 천사 형태의 필수 요소 혹은 천사가 되기 위한 필수 조건이 된다. 왜 하필 하얀색과 날개 그리고 인간의 모습일까? 그 이유는 천사가 상상의 결과, 즉 이미지이기 때문이다.

하얀색은 순수한 이미지를 가지고 있다. 하얀색이 가지고 있는 시각적 이미지를 통해 천사를 순수하고 신비로운 이미지로 표현하고자 하였을 것이다. 하얀색이 순수하고 신비롭게 느껴지는 이유는 시각적으로 아무 색이 없는 색이기 때문이다. 하얀색과 검정색은 색이 없어야 색으로서 존재 가능하다. 없어

---

* 외계인을 직접 보았다는 주장에 대응하는 명칭, 즉 확인되지 않은 생명체에 대한 용어로서는 차라리 "미확인 생명체(Unidentified life)" 혹은 "다른 혹성의 생명체(extraterrestrial life)"라는 명칭이 정확하다고 할 것이다. 그러나 언어란 표현하기 편한 쪽을 따르는 습관을 따라서 우리나라에서는 "외계인" 서양에서는 "에일리언(Alien)"으로 부른다. 물론 실재하는 외계인에 대한 근거를 제시한 보고서가 많이 등장하지만 아직은 확실하지 않다. 여기서 말하는 외계인은 확실하지 않은 극소수의 사실보고에 대한 문제가 아니라, 사람의 마음에 천사 대신 자리잡은 가상의 외계인에 대한 이야기이다.

야 존재할 수 있다는 점에서 하늘 공간과 유사하다. 없어야 존재할 수 있는 것 중에는 숫자 0도 같은 사례이다. 숫자 0도 마찬가지이지만 존재하지 않음으로 해서 존재하는 것들은 대부분 신비하다. 즉 하얀색은 없음으로 해서 존재하는 하늘공간처럼 순수하고 신비로운 이미지를 만들며, 천사가 존재한다면 가장 적합한 색이 될 것이다.

존 로크는 『인간지성론』에서 실체의 관념에 대해 피력하면서 '천사에 관한 추측'이라는 짤막한 글을 썼다. 저술 내용의 흐름으로 볼 때 약간 뜬금 없어 보이지만 재미있는 발상이다.

> "여기서 터무니없는 추측을 제안해보기로 하겠다. 즉 우리는 천사들이 서로 다른 크기, 서로 다른 모양, 서로 다른 부분들의 배열을 지닌 신체를 가질 수 있다고 상상할 만한 근거가 있으므로(만약 철학이 설명 할 수 없는 것들에 대한 보고가 신뢰할 만한 것이라면), 몇몇 천사가 우리보다 더 유리한 점은, 이들은 자신들의 현재 계획과 장차 그들이 고려할 대상의 조건에 적합하게 스스로 감각기관이나 지각기관을 이루고 형성할 수 있다는 점이 아닐까?" 중략

> "우리는 우리 자신의 감각과 반성에서 받아들인 관념들 너머로 추측을 확장할 수 없다. 적어도 천사들이 때로는 신체를 갖기도 한다는 가정에 우리가 놀랄 이유는 없다. 가장 오래되고 학식 있는 교부들 중 몇 사람은 천사들이 신체를 갖고 있다는 것을 믿었던 듯하며 또 천사들의 상태와 존재 방식이 우리에게 알려지지 않았다는 점 또한 확실하기 때문이다." [12]

존 로크는 천사의 신체구조에 대해 추측은 가능하지만 알 수는 없다고 하였다. 일반적으로 천사의 신체구조에 대한 상상으로 날개는 거의 필수 조건이기는 하지만, 그 날개는 새에게 빌려온 것이다. 천사가 가진 날개의 크기로는 실제로 날기 어렵다. 천사의 날개는 단지 상징적인 표현일 뿐이다. 우리나라에는 천사 대신에 선녀가 있었다. 천사처럼 날개는 없지만 선녀는 치마자락으로 하늘을 날아오른다. 천사를 닮았지만 훨씬 인간적이다.

• 외계인의 이미지_ 형태와 구조

사람들이 이매지네이션(상상)을 통해서 새로운 것을 만들어가는 과정은 매우 흥미롭다. 그 흥미로운 이매지네이션의 과정을 탐색하는 것도 이매지네이션(상상력)을 이해하는 데 도움이 된다.

천사와 외계인은 모두 실체가 아닌 상상의 존재, 즉 이미지라는 출생의 공통점 외에도 형태에서도 공통점이 있다. 외계인의 형태적 특성에 대해 질문을 하면 대부분 머리가 크다든지 몸이 가늘고 작다든지 등 영화나 만화에서 본 독특한 특징들을 대답한다. 이러한 답변들은 제각기 다른 특징들이기 때문에 무한히 많은 다양한 이미지(특징)들이 열거될 수밖에 없으며, 그 이미지들을 공통된 특성이라고 할 수 없다.

천사와 외계인이 상상의 존재이며, 상상력의 근원이 기억이라면 천사와 외계인은 기억에 의한 산출물이다. 그 기억은 사람과 지구상의 생명체에 대한 기억이다. 지능을 가진 생명체에 대해 기억하고 있는 최고의 대상은 사람이다. 따라서 천사와 외계인은 기본적으로 사람을 닮은 것이다.

천사는 사람의 형상에 새의 날개를 부착하였다. 하늘을 나는 생명체에 대한 기억은 새뿐이며, 새가 하늘을 날수 있는 것은 날개 때문이라는 것을 알기 때문에 사람에게 날개를 부착하여 천사를 만들었다.

천사가 떠난 자리를 대신하는 외계인은 UFO를 타고 다니기 때문에 굳이 날개를 달 필요는 없다. 단지 지구인과 구별되어야 할 뿐이다. 그러나 지구인 외에는 본적이 없기 때문에 지구인과 전혀 다른 형상을 상상해 내기는 쉽지 않다. 일단 지구까지 날아올 정도의 비행기술을 가지려면 지구인보다는 더 지능이 발달되었을 것이라는 가정을 하게 되며 그럴 경우 두뇌의 크기가 더 클 것이라는 상상을 하게 되었다. 그러나 아무리 형태를 변형하더라도 지구인의 형태와 속성을 떠나서 생각하지 못한다. 머리, 몸통, 팔다리 등 신체의 기본적인 구조와 보고 듣고 먹는 오감의 기능에서 크게 벋어나지 못하였다. 초기의 외계인들은 대부분 지구인의 형태에서 부분적인 변화만 있었다. 그러나 상상가들은 조금 더 차별화된 외계인이 필요하였다.

지구인의 변형으로는 만족하기 어려운 단계에서는 보다 더 과감하게 지구인의 구조에서 벗어나 포유류 동물의 기능이나 속성을 도입하게 된다. 이 역시 지구상의 동물이다. 지구상에 없는 동물에 대한 기억이 없기 때문에 전혀 다른 것을 상상해내기 어렵다. 외계인을 아무리 새로운 형태로 상상하더라도 지구상에서 보지 못한 사물을 유추하기 어렵다. 전혀 새로운 형태라고 하더라도 최소한 그 구조의 부분은 대부분 지구의 것들을 모방할 수밖에 없다.

1836년 작품

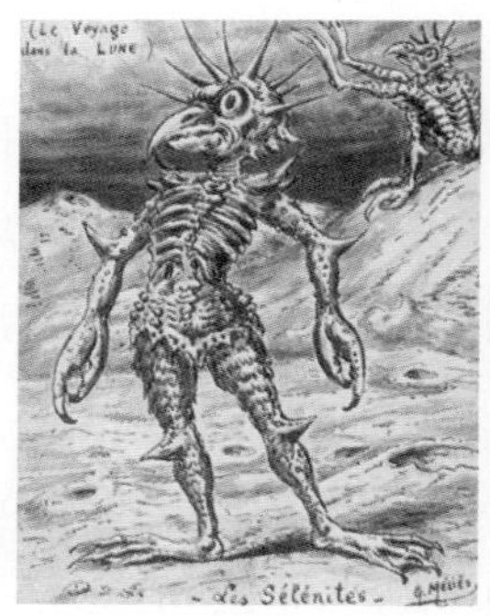

1902년 작품

1951년 작품

1986년 작품

1987년 작품

1997년 작품

Chapter 04

권력과 브랜드

사회적 힘은 어떻게 작용하는가?

권력이란 무엇인가? 평소 흔히 사용하는 누구나 다 아는 쉬운 단어이지만, 정작 이 질문에 명쾌하게 답변하기는 쉽지 않다. 권력은 동서고금을 막론하고 누구에게나 지대한 관심의 대상이다. 누구나 권력에 대한 관심은 많지만 '권력이란 무엇인가?'라고 할 때 그 개념을 명료하게 정의를 내리기는 쉽지 않으며, 또한 그 속성을 제대로 알기는 더욱 어렵다.

아리스토텔레스가 "인간은 사회적 동물이다"라고 하였듯이 사회 속에서 인간관계는 필수적이다. 인간관계 속에서는 당연히 이익과 갈등이 발생하게 되며, 여기서 자연스럽게 정치와 권력의 개념이 발생하게 된다. 한나 아렌트의 주장에 의하면 아리스토텔레스는 원래 그리스어로 인간은 '정치적 동물(zōon politikon)'이라고 하였으나 세네카가 라틴어로 번역하면서 '사회적 동물(animal socialis)'로 바뀌었다고 한다.[13] 세네카의 번역에 대해서 논란이 있지만 두 표현의 의미가 오늘날 사회에서 크게 다르지 않다고 본다. 사회적 동물이든 정치적 동물이든, 권력을 먼저 정치적 관점에서 고찰하게 되는 것은 당연하다. 하지만 현대사회의 다양한 권력 유형을 정치적인 관점에서만 파악하기는 어렵다. 현대사회의 권력은 경제적 관점에서도 파악되어야 하며, 기업경영과 지배에 대한 권력, 그리고 노동자들의 집단권력, 직장 내에서 직급, 직책, 서열 등의 권력, 정책결정 과정에서 의사결정 권력, 다양한 거래 과정에서 갑의 권력, 가족, 친구 동호회 등 일상 생활에서 가까운 사람 사이에 나타나는 미시 권력 등 그 유형이 다양하다. 뿐만 아니라 시장을 지배하는 '브랜드파워'까지 하나의 권력 유형으로 보아야 할 것이다.

영어에서 권력은 주로 'Power(파워)'라는 단어로 사용되는데, 이 'Power'에는 권력뿐 아니라 물리적 힘이라는 의미도 가지고 있다. 우리 말에서도 '힘'이라고 하면 물리적 힘과 사회적 힘인 권력의 의미를 모두 포함하고 있으나, '권력'이라고 할 때는 물리적 힘의 의미는 포함되지 않으며 오직 사회적인 힘의 의미로만 사용된다. 이러한 언어의 표현 범위에서 알 수 있는 것은 '힘'과 'Power'는 거의 비슷한 의미를 가지며 보다 넓고 근원적인 데 반해 '권력'은 오로지 사회적인 힘의 의미로만 사용되고 있다는 점이다. 영어에서도 'Power'와 구분하여 물리적 힘의 의미만을 표현할 때는 'Force'를 주로 사용한다. 독일어에서도 주로 물리적 힘의 의미로 사용하는 'Kraft(크라프트)'와, 권력의 의미로 사용하는 'Macht(마흐트)'로 구분한다. 이 역시 항상 명확하게 구분되지 않는다. 물리적 힘과 사회적 힘의 연관성으로 인하여 이 두 용어는 구분되기 어려운 면이 있다.

권력이란 자연계의 물리적인 힘(force)과 인격적인 요소의 결합이라고 할 수 있다. 여기서 말하는 인격적 요소란 개인의 정신적 육체적 힘에다가 가치관, 역량, 자질, 성품, 취향, 태도 등이 결합된 개인의 모든 것을 말한다. 이러한 개인의 인격이 사회라는 공간에서 사람과 사람, 사람과 조직이 접촉하는 과정에서 자연계의 원리와 같은 힘의 작용이 나타난다. 욕망의 충돌, 필요에 의한 협조와 조화, 끌어당기거나 밀어내는 힘, 마찰력과 탄성력 등 이러한 힘의 원리에서 자연계의 힘과 사회적 힘이 크게 다르지 않다는 것을 알 수 있다. 결국 힘은 자연의 원리이며, 권력 역시 자연의 일부인 인간 사회의 기본적인 요소이다. 사회 속에서 개인의 삶은 권력의 소유와 행사의 과정이라고 할 수 있다.

권력은 사회적 관계 속에서 나타나는 상대적인 힘의 작용이다. 권력은 복종을 전제로 한다. 권력에 대응하는 개념은 복종이며, 복종이 없는 권력이란 성립되지 않는다. 권력이란 계속 도전을 받으며 그 권력의 기반을 지키지 않으면 추종자의 복종을 유지할 수 없기 때문에 끊임없이 권력을 유지하기 위한 방법을 강구하게 된다. 복종은 위협과 혜택, 그리고 신뢰, 존경, 선호 등의 다양한 원인이 존재한다. 또한 복종의 대상이 매우 적어지거나 없어지게 되면 권력은 무의미해진다. 때문에 권력이 유지되려면 복종하는 계층이 지속적으로 존재하여야 하며, 증가할수록 권력의 위력은 더욱 커진다. 또한 이를 위해서는 복종하는 계층으로 하여금 복종을 미덕이라고 생각하게 해야 한다. 가장 좋은 것은 복종이 습관화 되는 것이다. 복종이 습관으로 고착되면 사람들은 결국 맹종과 구별하지 못하게 된다. 또한 권력은 시대와 지역에 따라 권력 확보의 방식과 정당성, 권력의 구조 그리고 복종의 양상이 다르게 나타난다.

• 권력의 현대적 개념과 유형들

20세기에 들어와서 민주주의와 산업사회가 정착되면서 권력에 대한 담론은 보다 현실적이면서도 다양한 이해 관계의 관점, 그리고 정책의 의사결정과정과 영향력 등에 대한 관심이 높아지기 시작하였으며, 권력과 유사한 개념으로 권한(authority), 영향력(influence), 권위 등 다양한 개념들이 함께 얽히게 되었다. 학문의 영역에서도 철학, 정치학, 경제학, 사회학, 심리학, 문학, 경영학 그리고 미술과 영화 등 예술분야에 이르기까지 다양한 관점에서 권력을 탐구하고 있다. 이러한 다양한 관점은 모두 정치학적 관점이 될 수 있다.

이념 전쟁의 시작, 새로운 소비문화와 전기의 보급에 의한 밤의 문화, 자동차와 새로운 발명품, 전혀 새로운 사회구조와 질서와 함께 라이프 스타일은 빠르고 지속적으로 변화했다. 특히 세계화 속에서 개인과 집단들의 다양한 욕구들에 대한 요구가 강해지고, 또한 다양한 정체성 문제가 대두되었다. 이러한 변화 속에서 권력 욕구에 대한 기본적인 속성은 변하지 않더라도, 권력 현상은 매우 다양하게 나타난다. 이에 따른 새로운 이론과 담론들이 등장하며, 이 모든 것들이 정치뿐 아니라 일상생활과도 직결된다.

권력을 다룬 20세기의 대표적인 학자들(철학가, 문학가, 정치학자, 사회학자 등)에는 버트런드 러셀 (Bertrand Russell, 1872~1970), 안토니오 그람시(Antonio Gramsci, 1891~1937)에서부터 베네딕트 앤더슨(Benedict Anderson, 1936 ~ 2015) 스티븐 룩스(Steven Lukes, 1941) 마이클 만(Michael Mann, 1942) 등 모두 열거하기에 어려울 만큼 무수히 많다. 이외에도 자연과학, 산업기술, 회화, 사진, 영화, 음악, 스포츠 등 다양 분야에서 많은 학자들이 권력을 다루고 있다. 그러나 권력에 대한 가장 보편적인 관점은 역시 정치학의 이론이라고 할 수 있다.

여기서 브랜드에 적용 가능한 권력이론들로써 로버트 달(Robert Dah, 1915~2014), 아미타이 에치오니(Amitai Etzioni, 1929), 존 프렌치(John R. P. French, 1913~1995), 버트람 레이븐(Bertram H. Raven, 1926), 스티븐 룩스 그리고 앨빈 토플러(Alvin Toffler, 1928~2016) 등의 권력에 대한 정의와 유형들에 대해 살펴보고자 한다.

• 로버트 달, 에치오니, 프렌치와 레이븐의 정의

민주주의 이론의 최고 권위자였던 미국 정치학자 로버트 달(Robert Dahl)은 권력을 "결과의 가능성을 변화시킬 수 있는 능력"이라고 하였다. "권력에 대해 직관적으로 떠오르는 생각은 'B로 하여금 A가 아니었다면 하지 않았을 일을 하도록 만들 수 있다면, A는 그 정도의 권력을 B에 대해서 갖고 있다(A has power over B to the extent that he can get B to do something that B would not otherwise do).'"라고 정의하였다. 그리고 같은 논문의 다른 문장에서는 "누군가 별다른 일이 없었다면 하지 않았을 무엇인가를 하도록 만드는 A의 성공적인 시도를 포함(to involve a successful attempt by A to get a to do something he would not otherwise do)"하는 것으로 보인다고 하였다.[14] 첫 번째 문장에서는 단지 'B가 무엇인가 하도록 만든 것'인 데 비해 두 번째 문장에서는 'A의 성공적인 시도'를 추가하였다. 룩스는 이 차이를 잠재적 권력과 실제적 권력, 혹은 권력의 소유와 권력의 행사 사이의 차이라고 지적하였다.[15]

공동체주의 사회학자인 아미타이 에치오니(Amitai Etzioni, 1929)는 권력을 강압적 권력(Coercive Power), 실리적 권력(Utilitarian Power), 규범적 권력(Normative Power) 등의 세 가지 유형으로 분류하였다.

강압적 권력(Coercive Power)은 힘(force)과 공포를 이용해 하위계층을 지배 및 통제한다. 강압적 권력을 이용하는 집단이나 조직에는 교도소, 구금식 정신병원, 군대 신병훈련소 혹은 기초훈련부대 등이 해당된다.

실리적 권력(Utilitarian Power)은 보수나 외적 보상을 이용해 하위계층을 지배 통제한다. 대부분의 기업들이 이런 외적 보상을 이용한다. 이런 보상에는 급여, 성과급, 부가 혜택, 근로환경, 고용보장, 안정성 등이 포함된다. 기업 외에도 각종 조합, 단체, 정부기관들이 여기에 해당된다.

규범적 권력(Normative Power)은 흥미로운 작업, 목적에 대한 공감대, 사회 기여 같은 본질적인 보상을 통해 지배 통제하는 것으로 강제성이 없는 유형이다. 이 경우 관리자의 권력은 상징적 보상, 존경과 위신의 상징 혹은 배분, 의식과 의례의 집행을 조종하는 능력과 조직 내 수용과 호응에 대한 영향력에 달려 있다. 많은 전문직들이 이런 조직이나 단체에서 일한다. 이런 조직들의 예로는 교회, 종교집단, 정치단체, 병원, 대학, 그리고 전문가협회 등이 있다.[16]

프렌치(John R. P. French)와 레이븐(Bertram Raven)은 권력의 원천(Base of Power)에 대해서 6가지 유형을 제시하였다.[17]

1. 보상적 권력 Reward Power
2. 강압적 권력 Coercive Power
3. 합법적 권력(정통적) Legitimate Power
4. 준거적 권력(영향력, 표본) Referent Power
5. 전문적 권력 Expert Power
6. 정보 권력 Informational Power

처음에는 프렌치와 레이븐이 함께 5가지 권력의 유형을 발표하였으며 그 후 레이븐이 나중에 6번째 정보 권력(Informational Power)을 추가하였다. 프렌치와 레이븐은 O가 P에 영향력 혹은 권력을 행사하는 모형으로 설명한다. 여기서 P는 한 개인이며, O는 권력자로서 다른 사람, 역할, 규범, 집단, 또는 집단의 일부에 해당된다.

보상적 권력(Reward Power)은 보상을 할 수 있는 능력에 기반을 둔 권력을 말한다. 보상적 권력의 정도(힘)는 O가 (P에게) 할 수 있는 보상의 규모를 P가 인지하는 정도에 따른다. 즉 보상적 권력의 힘은 권력자가 행사할 수 있는 보상의 규모에 따른다. 보상적 권력은 권력자(O)의 긍정적인 영향 혹은 매력적인 가치를 제공하거나, P에게 미칠 부정적인 영향력을 없애거나 최소화하는 능력에 달렸다. 즉 긍정적 영향력과 부정적 영향력 중에 어떤 것에도 해당된다. 또한 보상적 권력의 힘은 P가 생각하는 O가 (P에게) 보상을 할 확률(개연성)에도 달려 있다. 예를 들어 성과급이나 장려금 같은 것이 있다.

강압적 권력(Coercive Power)은 권력자의 뜻을 따르지 못했을 때 처벌을 받을 것이라는 인식에서 나온다. 처벌의 위협에 상응하는 부정적 영향력, 즉 두려움이 존재한다. 강압적 권력의 힘은 순응하지 않았을 때 처벌 받을 가능성에서 순응 시 처벌 받을 가능성을 뺀 만큼 작용한다. 예를 들어 어느 수준 이상의 성과를 올리지 못했을 때 해고할 수 있는 능력을 말한다.

합법적 권력(Legitimate Power)은 권력자가 자신(개인/P)에게 가지는 영향력이 합법적(정통적)이며 그 영향력을 받아들여야 한다고 생각하거나 그러한 가치관을 갖는 데에서 생긴다. 합법적 권력은 베버 같은 사회학자들이 분석해 놓은 '권위의 정당성'의 개념과 매우 유사하다. 그러나 합법적 권력이 항상 역할관계인 것은 아니다. 합법성의 개념은 개인이 동의 혹은 인정하는 어떠한 종류의 관례나 규범을 항상 포함한다. 이 권력은 선출, 선택, 임명됨으로써 특정한 권한을 갖는 자리에서 나오며 사회규범과 통념에 의해 뒷받침되기도 한다. 권한 계층의 위치에 의존하기 때문에 위치권력이라고도 불린다.

준거적 권력(Referent Power)은 개인(P)의 권력자(O)에 대한 동일시(공감)에 기반한다. 여기서 동일시란 권력자와의 일체감 또는 그러한 유사성 혹은 동질감에 대한 욕구를 의미한다. 개인이 권력자에게 높은 호감도를 가지고 있을 경우 개인은 권력자와 가까운 관계를 맺고 싶어한다. 권력자가 호감도가 높은 단체일 경우 개인은 소속감을 느끼거나 그 단체에 속하고 싶은 욕구를 느낀다. 이미 가까운 관계일 경우 그 관계를 유지하고 싶어한다. 개인이 권력자와 같은 행동과 신념과 인식을 가질 경우 동일시가 형성 또는 유지된다. 개인이 준거적 권력을 인식하지 못하고 있을지라도 권력자는 그 개인에게 영향력을 미치고 있다. 동일시가 강할수록 준거적 권력도 커진다.

전문적 권력(Expert Power)의 힘은 개인이 생각하는 주어진 분야에 대한 권력자의 지식이나 인식의 정도에 따라 달라진다. 개인은 자신이 가지고 있는 지식과 절대적 기준에 따라서 권력자의 전문성을 평가한다. 전문적 권력은 개인의 인지구조에 주된 사회적 영향을 미치지만, 다른 면에서는 영향을 미치지 못한다. 예를 들어 법률 문제에 있어서 변호사의 조언을 받아들이는 것 등이다.

정보 권력(Informational Power)은 권력자가 개인이 속한 집단의 구성원일 필요가 없는 경우의 전문적 권력을 정보권력이라 부른다. 정보권력 또는 설득은 권력자가 대상에게 변화를 가져올 수 있는 정보나 논리적 주장이나 논거에 기반한다. 하지만 정보는 간접적으로 제공되었을 경우 때로는 더 효과적이다.

• 3차원적 권력론

스티븐 룩스(Steven Lukes)는 그의 저서 『3차원적 권력론(Power: A Radical View)』에서 권력에 대한 기존의 이론들을 관점의 차원에서 분류하고 이를 바탕으로 새로운 권력 개념을 제시하였다. 기존의 권력에 대한 이론들을 1차원적 관점과 2차원적 관점으로 구분한 뒤, 룩스는 여기에 더하여 3차원적 관점의 권력이라는 새로운 개념을 제시하였다.

권력의 1차원적 관점은 로버트 달을 대표로 하는 다원주의(多元主義, Pluralism)를 지칭하는 것이다. 다원주의란 국가 통치 구조에 있어서 우수한 지혜와 덕성으로 특별히 통치할 자질을 지닌 소수의 사람들이 통치해야 한다는 수호자주의(guardianship)와 위계질서제(hierarchy)처럼 권력이 소수의 지배 엘리트 집단에 단일화 되어있는 것이 아니라, 사회적 의사결정과 국가의 정책이 결정되는 과정에 일반 대중과 다양한 이익집단의 견해가 반영되는 구조로서 권력의 출처가 다원화되었다는 것을 말한다.[18]

로버트 달은 이러한 다원주의의 원인은 근대성(modernity)의 사고, 즉 역사적으로 소득, 소비, 교육, 직업, 도시 등의 변화에 따른 사고와 경제 성장과 삶의 질 향상 등 사회의 역동성(nature of dynamic)에 있다고 보고 이러한 종류의 사회를 근대의 역동적 다원 사회(modern dynamic pluralist society) 혹은 근대의 역동적 다원 국가(modern dynamic pluralist country, MDP)라는 개념을 제시하였다.

> "MDP 사회의 특징은 돈, 지식, 지위, 그리고 조직으로의 접근 등 정치적 자원들(political resources)의 분산이며, 특히 경제적, 과학적, 교육적, 문화적 사안들에 있어서의 전략적 지위(strategic locations)의 분산이며, 경제적 사안, 과학, 커뮤니케이션, 교육, 기타 등등에 있어서, 공개적이든 잠재적이든, 협상위상(bargaining positions)의 분산이다." [19]

여기서 분산이라는 것은 의사결정 주체의 분산이 된다. 이 다원주의의 관점은 국가가 국민에 대해 행사하는 공권력, 사회적 강자가 약자에게 행사하는 권력 등에 대한 관점에서 시작하며, 이는 주로 이해충돌이 존재하는 어떠한 사안에 있어서 의사결정을 내리는 과정과 행동에 초점이 맞추어진다. 이해충돌이 존재하는 사안이란 대체로 관찰 가능한 선택된 쟁점들로써 주로 정책에 해당된다. 이러한 정책결정에서 의사결정의 과정과 권한의 분산이 결국 권력 근원의 다원화라는 의미로 설명된다. 이러한 권력의 다원화 관점을 스티븐 룩스는 권력의 1차원적 관점이라고 규정하였다.

2차원적 권력의 관점은 바흐래쉬(Peter Bachrach)와 배래츠(Morton S. Baratz)가 다원주의적 관점이 제한적이라고 비평하면서 권력에는 양면성(Two Faces)이 있다고 하는 이론이다. 이 이론에서는 의사결정과 무의사결정(無意思決定 nondecision making) 두 가지 모두 검토해야 한다고 주장한다. 무의사결정이란 정책 결정과정에서 의제설정이 지배 엘리트 집단의 이해관계와 일치하는 문제만 의제화된다는 이론이기 때문에 '의제설정 권력'이라고도 한다.

바흐래쉬와 배래츠가 그들의 논문 '권력의 두 얼굴(Two Faces of Power)' [20] 에서 달(Dahl)이 권력의 보이는 얼굴(apparent face of power)만 보았으며 가리워진 얼굴(restrictive face of power)은 간과했다고 비판하면서, 지배 엘리트 집단이 자신들의 이익에 반하는 의제는 배제하고 자신들에게 유리하며 대중의 관심을 끌 수 있는 의제만 선택한다고 하였다. 그들은 샤트쉬나이더(Schattschneider)의 '편견의 동원이라는 개념'을 인용하여 "모든 형태의 정치조직은 유용한 갈등은 지지하고 그렇지 않은 갈등은 억제하는 편견을 가지고 있다. 왜냐하면 조직이란 편견의 동원이기 때문이다. 어떤 이슈들은 정치적으로 조직화되는가 하면 다른 이슈들은 조직화되지 못한다." [21]라고 하였다. 다시 말해서 지배 엘리트 집단의 이익에 안전한 이슈는 의제화하고 그렇지 않은 이슈는 아예 의제에서 배제하는 체계적이고도 의도적인 권력의 작용이 쉽게 보이지 않지만 분명히 존재하며, 이와 같은 '무의사결정'이 가리워진 얼굴(restrictive face of power), 즉 '권력의 이면'이라는 것이다. 스티븐 룩스는 이러한 바흐래쉬와 배래츠의 이론을 권력의 2차원적 관점이라고 규정하였다.

룩스는 권력의 1차원적 관점에 대해서 권력에 대한 논의가 실제적이고 관찰 가능한 갈등을 내포하는 형식적 쟁점들에 대한 의사결정 행태에만 초점을 맞춘다는 점에서 제한적이라고 보았다. 특히 여기서 쟁점이라고 하는 것들은 명시적인 정책 선호로 나타나기도 하고, 정치 참여에 의해 돌출되는 주관적인 이해관계들의 가시적인 갈등을 수반한다는 것 등인데, 이것들은 보이지 않는 부분에서 일어나는 권력작용에 대한 검토는 전혀 이루어질 수 없다는 것이다.[22]

그리고 권력의 2차원적 관점이 정치의제에 대한 통제문제와 잠재적 쟁점들이 배제되는 문제를 권력관계 분석에 통합시킨다는 점에서 1차원적 관점에 비해 중요한 진보를 이룩했지만 여전히 제한적이라는 입장이다. '무의사결정', 즉 '권력의 이면(restrictive face of power)'이라는 것 역시 겉으로 드러나 있는

냐 은폐되어 있느냐의 문제이지 결국은 의사결정 과정에서의 갈등을 전제로 한다는 점이다. 따라서 갈등이 존재하지 않으면 2차원적 관점 역시 권력작용에 대해서 제대로 파악하기 어렵다는 것이다. 다시 말해 만약 사람들이 아무런 불만도 느끼지 못한다면 권력 행사 때문에 해를 입을 만한 이해관계가 없기 때문에 이 역시 제대로 분석되기 어렵다고 지적한다.

• 3차원적 권력

3차원적 권력은 한마디로 '보이지 않는 권력' 혹은 '관찰 할 수 없는 곳에서 행사되는 권력'을 말한다. 가장 효과적이고 교활한 권력은 애초부터 갈등을 느끼지 못하게 하는 것이다. 갈등을 느끼지 못하면 갈등의 표출도 없다. 피지배자가 자신이 지배당하고 있다는 사실을 인식하지 못하거나 혹은 지배당하는 것이 당연한 것으로 여긴다면 갈등은 아예 발생하지 않는다. 그리고 보이는 권력과 통제는 대응할 수 있지만 내가 모르는 사이에 일어나는 작용들에 대해서는 아예 대응할 수도 없다. 이러한 권력은 주로 교육이나 언론을 통해 은밀하게 이루어지는데 이러한 것들을 룩스는 권력의 3차원적 관점이라고 한다. 그의 언급을 직접 인용해 보겠다.

> 좀더 예리하게 살펴보자면 A는 B가 원하지 않는 일을 하게 만듦으로써 그에게 권력을 행사할 수도 있으나 A는 또한 B가 가진 바람 그 자체에 영향을 미치거나 그것을 틀 지우거나 결정지음으로써 그에게 권력을 행사할 수도 있다. 사실, 자기가 원하는 바대로 다른 사람의 욕구를 조종하는 것 – 다시 말해서 다른 사람의 사고와 욕구를 통제함으로써 그들로부터 순응을 확보하는 것 – 이야말로 최고의 권력 행사가 아닌가? [23]

이러한 견해는 정치 권력뿐 아니라 현대마케팅에서도 흔히 적용되는 내용이다. 신제품개발에 있어서 소비자의 잠재된 필요와 욕구를 파악하는 것이 선행되어야 하고, 그러한 잠재 욕구와 필요는 광고커뮤니케이션의 콘셉트가 된다. 그리고 모든 브랜드가 지향하는 점이 바로 마케팅 담당자가 원하는 대로 소비자의 잠재욕구를 자극하는 것이다. 즉 권력의 3차원적 관점에서 정치와 마케팅, 권력과 브랜드가 공유되는 부분이 보인다.

이러한 사고와 욕구의 통제는 대부분 교육, 대중매체, 여론, 정보통제 등을 통해 의식화 및 사회화 과정으로 이루어지며 매우 다양한 형태를 취한다. 룩스는 이미 로버트 달이 『누가 통치하는가』에서 이러한 현상에 대해서 상당 부분 언급을 하였음에도 그것의 중요성을 간과하였다고 지적한다. 19세기 초, 귀족들이 서민들에게 자기들의 통치가 정당하다는 생각을 주입시킨 점, 현대에 와서도 거의 모든 성인들이 학교를 통해 상당한 정도로 이데올로기를 주입받아왔다는 점 등에 대해 탁월하게 묘사하였음에도 그것이 교활한 권력 행사의 한 유형이라는 점을 놓쳤다는 것이다. 한 문장 더 직접 인용하겠다.

> 이 점이 더 중요한데 - 사람들이 기존의 질서 속에서 자신들이 행하는 역할에 대한 아무런 대안도 발견하거나 상상해 볼 수 조차 없기 때문에, 혹은 그러한 역할을 그들이 자연스럽고 불변적인 것으로 파악하기 때문에, 그것도 아니면 그러한 역할을 그들이 신성하게 정해지고 자기에게 이익이 되는 것으로 보기 때문에, 자신들의 역할을 받아들이도록 그들의 인식, 지각, 선호를 형성시킴으로써 아무런 불만도 갖지 못하도록 만드는 것이야말로 가장 교활한 권력 행사가 아닌가?

정리하자면, 룩스는 우리 눈에 보이는, 즉 관찰 가능한 행태적 권력을 1차원적, 의사결정 과정에서 보이지 않는 부분의 권력을 2차원적 관점으로 보았으며, 사람들이 알 수 없는 상황에서 이루어지는 사고와 욕구를 통제하는 권력을 3차원적 관점으로 규정하였다. 그리고 이 세 가지 권력의 관점들이 공유하고 있는 특징으로 그것들이 모두 가치평가적이라는 점을 강조한다. 가치평가적이란 도덕적, 정치적 이해관계를 수반하게 된다. 따라서 권력에 대한 로버트 달의 정의에다가 '이해관계'를 덧붙여서 "A가 B의 이해관계에 모순되는 방식으로 B에게 영향을 미칠 때 A는 B에 대해 권력을 행사하는 것"으로 새롭게 정의하였다.

• 권력이동(Power shift)

> "하나의 혁명이 베이컨 이후 오늘날의 세계를 휩쓸고 있다. 과거의 어떠한 천재도 – 손자(孫子)나 마키아벨리 (Niccolo Machiavelli), 그리고 베이컨 자신도 – 오늘날과 같은 격렬한 '권력 이동', 즉 물리력과 부 자체가 오늘날 놀라울 정도로 지식에 의존하게 되리라는 것을 상상하지 못했다." [24]

권력에 대한 앨빈 토플러의 관점은 앞에서 거론한 정치학자들과는 사뭇 다르다. 토플러는 권력 자체보다도 사회 전반에 걸친 권력의 현상과 그 근원, 그리고 사회변화에 따른 권력의 구조적 변화에 대해 주시하였다.

이미 1부 '브랜드'편에서 말했듯이 권력이동이라는 개념은 앨빈 토플러(Alvin Toffler 1928~2016)의 저서 『권력이동(Power shift 1990)』에서 시작되었다.* 토플러는 디지털혁명(digital revolution)과 커뮤니케이션혁명(communication revolution)으로 인한 사회 전반의 변화 추이와 곧 도래할 가까운 미래사회에 대한 예측으로 세계적으로 가장 권위 있는 미래학자로 인정받았다. 특히 그가 만든 '정보과잉(information overload)'이라는 용어는 시대의 단면을 정확하게 표현하였다.

---

* 『권력이동』은 『미래 쇼크』(Future Shock 1970)와 『제3물결』(Third Wave 1980)에 이어서 나온 책이다. 토플러는 25년여에 걸쳐 저술한 이 세 권의 책들이 각각 독립적인 저작이기도 하지만 전체적으로 학문적 일관성을 갖는 하나의 체계를 이룬다고 하였다.

토플러는 시대변화의 광범위한 특성과 강력한 영향력을 표현하기 위해 'Wave'라는 단어를 사용하였다. 'Wave'를 우리나라에서는 '물결'로 번역하였는데, 토플러가 말하는 'Wave'는 거대하게 밀려오는 파도 같은 큰 변화의 물결을 의미한다. 그는 농업혁명의 변화를 제1물결, 산업혁명을 제2물결, 1950년대 중반부터 시작된 거대한 기술과 사회적 변화들을 제3물결로 규정하였는데, 바로 현 시대가 "제3물결" 시대의 시작이라는 것이다. 그리고 새로운 물결이 시작되면 그것은 과거의 물결과 충돌하면서 기존의 권력(power)과 새로운 물결을 기반으로 하는 권력(power)과의 충돌이 일어난다고 하였다.

그는 권력(power)을 3가지로 유형으로 구분하였는데, 폭력(violence)은 저품질 권력(low–quality power)을, 부(富 Wealth)는 중품질 권력(medium–quality power)을 만들어내는 반면에, 지식의 활용은 고품질 권력(high–qulity power)을 만들어 낸다고 하였다.

권력이라는 개념이 원래 자기 뜻을 관철시켜 다른 일을 하려는 사람들에게 자기가 원하는 일을 하도록 만드는 능력을 행사하는 것이지만, 고품질 권력은 능률을 수반하므로 목표 달성을 위해 최소한의 권력수단을 사용한다. 지식을 사용하면 상대방으로 하여금 자신의 행동계획을 '좋아하도록' 만들 수 있다고 하였다.[25] 따라서 지식에 의한 고품질 권력(high–qulity power)은 권력의 주체를 변화시키게 된다는 것이다. 다시 그의 말을 인용해보자.

> 산업주의는 돈을 권력의 주된 도구로 만들었다. 요컨대 산업주의적 국민국가의 등장은 '폭력의 체계적인 독점화', '폭력을 법으로 순화', 그리고 인간의 '돈에 대한 의존도를 증대'시켰다. 이 세 가지 변화는 산업사회의 엘리트 집단이 자기들의 의지를 역사에 강요하는 데 있어서 공공연한 물리력 대신에 더욱 더 부(富)를 사용할 수 있도록 해주었다. 이것이 '권력이동'의 참 의미이다. (중략) 마치 산업혁명이 폭력을 법률로 변형시킨 것과 마찬가지로, (중략) 그리고 공장굴뚝 시대에 돈이 권력을 획득 유지하는 데 주된 역할을 떠 맡았던 것과 마찬가지로 21세기를 눈앞에 둔 오늘날 우리는 권력의 역사에서 또 하나의 전

환에 직면해 있다. 우리는 지금 새로운 '권력이동(powershift)'의 문턱에 서 있다.

오래전인 1990년에 한 말이기 때문에 새롭지 않게 생각될지 모른다. 그러나 21세기에 접어든 지금 그의 말이 거의 현실이 되고 있다는 점에서 오히려 지금 다시 꺼내봐야 할 책이라고 생각된다.

이 power shift(권력이동)는 이후 2007년 다보스포럼이라고 불리는 세계경제포럼(WEF)에서 The Shifting Power Equation(권력 방정식의 변화 혹은 힘의 이동)이라는 주제로 다시 등장하게 된다. 여기서는 지리적 측면에서 경제적 파워와 지정학적 파워가 중국과 인도를 비롯한 아시아와 남미, 아프리카 등의 신흥 시장으로의 이동 등이 다루어졌다. 또한 정보통신혁명으로 인한 네트워크 커뮤니케이션으로 인하여 단체나 기관으로부터 개인과 소그룹으로 힘이 이동하고 있다는 점도 화두가 되었다. 토플러와 다보스포럼에서 주제로 삼은 power shift(권력이동, 힘의 이동)는 여러 가지 기술과 사회 변화의 결과이기도 하면서 동시에 새로운 변화의 원인이기도 하다. 힘의 이동이란 사회 구성원과 조직 간에 형성되어있던 권력의 주체와 지배의 형태가 변하였다는 것을 말한다. 정부에서 국민으로, 기업에서 소비자에게, 생산자에서 유통으로, 교수에서 학생으로, 부모에서 자식으로, 남자에서 여자에게, 경영자에서 근로자에게 등 과거에 힘이 있던 곳에서 반대 쪽으로 이동하였다. 물론 모든 것이 그렇지는 않을 테며, 또한 완전한 이동은 아닐지라도 과거에 비하면 상당한 변화를 가져왔다. 한마디로 빅브라더(Big brother)의 시대에서 리틀씨스터즈(Little sisters)의 시대로 변해가고 있다.

• 권력과 브랜드

룩스가 말하는 권력의 3차원적 관점의 핵심은 '인간의 사고와 욕구를 통제하며 기존의 질서에 순응하게 하고, 이러한 상황을 자연스럽게 받아들이도록 인식, 지각, 선호를 형성시키는 것'이다. 그러나 이러한 개념은 고대부터 종교와 정치 권력에서 많은 사례들을 쉽게 찾아볼 수 있다. 따라서 새로운 개념은 아니지만 권력의 유형을 이렇게 3차원적 관점으로 분류해서 보게 되면 인류의 역사가 더욱 명확해진다. 또한 권력의 3차원적 관점의 핵심 개념인 '인간의 사고와 욕구를 통제하기 위하여 인식, 지각, 선호를 형성시키는 것'은 마케팅과 브랜드, 그리고 디자인 분야에서 똑같이 적용된다.

고대 종교와 정치에서 이미지를 활용하는 것, 종교적 신앙심과 정치적 충성심을 확고하게 하기 위한 사상과 이데올로기의 획일화 등은 모두 권력의 3차원적 관점에서 해석될 수 있다. 특히 동양의 정명사상, 삼강오륜 등이 대표적 사례이며 서양에서는 로마에서 기독교를 받아들이면서 국교화한 것, 중세시대 문장(紋章)의 활용 등도 여기에 적용시켜 생각해 볼 수 있다.

현대에 들어와서 스포츠를 활용한 애국심 정치 마케팅전략, 대형 이벤트나 사건을 만들어 이슈화함으로써 관심을 쏠리게 하는 정책 등이 이와 같은 맥락에서 파악 될 수 있다. 종교의 이슈가 정치로 전환되고, 정치의 이슈는 기업의 목표와 공유된다. 이러한 관점에서 보면 종교, 정치, 기업과 브랜드, 그리고 모든 이해관계 집단에서 권력의 현상은 유사하게 나타난다. 뿐만 아니라 토플러가 말하는 권력이동과 함께 지식을 기반으로 하는 브랜드라는 고품질 권력이 새롭게 등장하였다. 이제는 권력이 어느 특정 개인이나 집단의 것이 아니다. 누구나 브랜드파워를 확보함으로써 권력을 누릴 수 있다.

Chapter 05

권력에게 필요한 것은 충성의 이념

분서(焚書)와 삼강오륜(三綱五倫)

"남자는 눈물을 보이지 말아야 한다"라는 말을 요즘에는 잘 쓰지 않지만 과거에는 당연하게 흔히 쓰던 말이다. 의식적이든 무의식적이든 모든 남자를 하나의 정형화된 틀에 가두어 생각과 행동을 동일화시키는 말이다. 이와 유사한 사례는 매우 많다. 특히 집단의 성격이 독특하거나 작아질수록 더 심해진다. "한 번 해병은 영원한 해병" 이 문구는 개인정체성을 해병이라는 집단정체성과 동일화함으로써 집단성을 강화하려는 의도도 담겨있다.

정체성은 근본적으로 동일성의 개념에서 출발하는 것이기 때문에 집단정체성은 항상 집단의 동일성/동질성을 추구하게 된다. 집단의 동질성을 형성하기 위해서는 다양한 차이와 이질성을 배제해야 한다. 따라서 동서고금을 막론하고 어느 사회에서나 동질성이라는 명분 하에 차이를 억압하는 사례는 흔히 나타난다.

공자의 정명(正名)사상으로 유명한 "군군(君君)신신(臣臣)부부(父父)자자(子子)" 이 구절은 '여자답게', '학생답게', '어른다워야' 등 모든 집단과 계층에 대해 '무엇은 무엇다워야 한다' 라는 말로 활용된다. 개인의 개성과 자율성을 배제하고 집단적 가치에 동일하게 묶어두려고 하는 것이다. 이러한 표현에 적합한 생각과 행동양식을 보이지 못하는 사람은 그 공동체 집단 내에서 좋은 평가를 받지 못하거나 소외 당할 수 있다.

"~답게"라는 표현은 사람의 생각과 행동양식을 표준화하여 일괄적으로 규정할 수 있다. 즉 개개인의 다양성과 차이, 그리고 주체성을 억압하여 "~답게"라고 제시한 규범 속에 가두는 것이다. 이는 소속 구성원 개인에 대한 폭력성 혹은 권력으로 작용하게 되며, 이러한 생각의 구조는 이데올로기가 되어 사회전반에 걸쳐 오랜 역사를 이어왔다.

즉, 생각과 행동을 지배하는 생각의 정체성(Mind identity)은 하나의 이데올로기가 되어 오래전부터 사회전체를 지배해 왔으며 지금도 이어져오고 있다. 어떤 면에서 정체성은 각각의 개인에게 현재 주어진 위치를 고정된 것으로 받아들이고, 그 위치에 걸 맞는 역할을 안정적으로 수행하라는 지시를 포함하고 있으며, 그것은 현재의 주체 형태를 고정시키고 그것을 통해 그를 사회적 질서 속으로 통합해내는 메커니즘이기 때문에[26] 기본적으로 권력의 속성을 내재하고 있다.

정체성이라는 용어를 사용하였는가 아닌가가 중요한 것이 아니라 정체성의 개념이 어떻게 활용되었는가가 중요하다. 정체성의 긍정적인 면을 배제할 수는 없지만, 집단의 구성원을 지배하기 위한 수단으로 활용되었다는 사실도 부정할 수 없다. 지나온 역사에서 그러한 사례를 찾아 정체성과 권력의 관계에 숨어있는 인과관계를 이해한다면 현대의 정치 권력뿐 아니라 기업의 브랜드파워 형성 과정에 숨어 있는 '보이지 않는' 수많은 수단과 전략을 이해할 수 있다. 대표적인 사례로 분서(焚書)와 삼강오륜(三綱五倫)에 대해 살펴보고자 한다. 분서(焚書)와 삼강오륜(三綱五倫)은 정반대의 주제이다. 분서는 다른 사상을 접촉하지 못하게 하기 위해서 물리적으로 책을 태운 것이며, 삼강오륜(三綱五倫)은 2천년간 미풍양속으로 이어져온 동양의 정신적 이념이다.

• 책을 불 태우다_ 분서(焚書)

진시황제(秦始皇帝)는 왜 많은 책을 불태웠을까? 권력형성의 수단으로 정체성을 가장 잘 활용한 사람들 중 하나가 진시황제(秦始皇帝)이다. 진시황제의 업적으로 잘 알려진 것이 바로 중국을 최초로 '통일'한 것이다. 진시황제는 여러 나라로 나누어져 있던 중국을 통일한 것뿐만 아니라, 화폐, 도량형, 문자, 사상을 통일했다.* 그는 봉건제를 폐지하고 중국 최초의 중앙 집권체제 왕국을 건설하여 중국 최초로 황제라는 칭호를 고안하여 사용하였다. 그래서 그를 시(始)황제라고 부른다. 또한 그는 여러 가지 개혁을 시도하였는데, 그것을 비판하는 유학자들도 있었다. 진시황제는 그것을 '문화적 통일'이라는 이름으로 누르고자 하였다. 명분도 있었고 법도 있었기에 진시황제는 최대의 악행으로 거론되는 '분서갱유(焚書坑儒)'를 시행하였다. 흔히 분서(焚書)와 갱유(坑儒)를 묶어서 하나의 단어로 사용하다 보니, 유학에 대한 탄압이라는 같은 개념으로 보는 경우가 많은데, 이 둘은 구별되어야 한다. 분서(焚書)는 책을 불태운 사상적 탄압이며, 갱유(坑儒)는 유학자들을 파묻어 죽인 정치적 사건이다. 분서갱유(焚書坑儒)라는 사건으로 인하여 진시황제는 오늘날 많은 사람들에게 매우 부정적 이미지로 인식되고 있다.

분서는 진 왕조 정치에 대한 평론에서 시작되었다. 쟁론의 내용은 주 왕조와 진 왕조의 정치 형태를 비교한 것이었다. 복야(僕射) 주청신(周靑臣)은 진시황제가 천하를 통일하여 공덕이 천고를 뛰어넘었다고 칭송했다. 그러나 박사 순우월(淳于越)은 진시황제가 자식에게 분봉을 행하지 않은 것은 잘못이

---

* 중국을 칭하는 영어 'China'의 유래에는 여러 가지 학설이 있으나, 그 중 통일제국 진나라(秦, BC221~BC206년)의 '진(秦)'자에서 유래했다고 하는 설이 가장 유력하다. 이 설이 맞는다면 약 15년 정도 밖에 되지 않는 짧은 역사의 통일제국 국호가 중국을 대표하는 한(漢)나라와 함께 강력한 이미지를 형성하였다는 것을 의미한다.

고, 이런 행정은 칭송할 것이 아니며 망국(亡國)의 우려가 있다고 생각했다. 순우월은 흥망으로 정치를 논하고 일을 처리할 때 옛 교훈을 배우지 못하면 국가의 안정이 오래가지 못할 것이라고 단언했다. 이는 기본적으로 진 왕조의 정치 형태와 진시황제의 공덕을 부정한 것이다. 이는 진 왕조의 정치체제와 진시황제 개인의 공과시비를 총체적으로 언급한 것이고, 더 나아가 진의 기본 제도와 통치 방략에 대한 평가까지 들어있었다. 이러한 논쟁을 후대 역사가들은 보수적인 기득권 세력과 진보적인 정치세력의 논쟁으로 보는 시각이 있는가 하면, 유가(儒家)와 법가(法家)의 논쟁으로 보는 시각도 있다. 결과적으로 진시황제는 자신의 입지를 위협하는 사상을 없애야 한다고 판단하고 분서령을 시행하게 된 것이다.[27]

세계 역사에서 강제 수단으로 생각의 차이를 소멸하고 사상을 통일시키고자 하는 시도는 고대 중국뿐만 아니라 동서고금 어떤 문화에서나 찾아볼 수 있다. 진시황제의 분서보다 훨씬 오래전인 기원전 3천년전인 수메르에서도 점토판을 파괴한 사례가 있으며, 이집트와 그리스에서도 책을 불태웠다는 기록이 있다. 나치는 좌익과 유대교와 관련된 책을 대규모로 소각했었다. 이러한 대규모 책 파괴 행위는 현대에 들어와서도 계속 자행되고 있다. 책을 파괴한다는 것은 권력을 가진 자가 권력을 유지하기 위하여 반대되는 사상을 제거하기 위한 잔인한 반문화적 행위이다. 뿐만 아니라 어떤 사상적 확신에 가득 찬 사람들은 다른 사상에 대해 자기의 확신만큼 배타적 성향을 가지게 된다. 다소 이유가 다르기는 하지만 플라톤도 책을 태웠다는 기록이 있으며, 데카르트는 자신의 방법론을 확신한 나머지 독자들에게 옛 서적을 불태우도록 요청했다고 하며, 데이비드 흄처럼 관대한 인물도 형이상학에 관한 모든 책을 말살하자고 주장했다.[28] 이런 식으로 책의 소각을 통한 생각의 소멸 시도는 계속되어 왔다.

그러나 책의 말살과 같은 잔인한 방법으로 사람들의 사상을 통제하는 것은 불가능하다. 진나라 멸망 후 한(漢)나라는 국가를 유지하고 백성들의 충성심을 이끌어내기 위해 진시황제가 썼던 방식과는 다른 방식으로 사상 통일을 꾀하였다. 국가에서 백성들의 사상을 통일시키기 가장 좋은 방식은 시험을 통해 직급과 권력을 주는 것이다. 시험문제를 집권자가 추구하는 사상의 내용만으로 출제한다면 모든 백성들이 똑같은 사상을 공부하게 된다. 역사적으로 과거(科擧)시험이 최초로 시행된 것은 한(漢)나라 무제(武帝) 건원 원년(建元 元年 기원전 140년)에 시행된, 책문(策問)에 대한 현량대책(賢良對策)으로 공손홍(公孫弘)과 동중서(董仲舒) 등이 발탁된 사례라고 할 수 있다.

중국은 세계 최초로 과거제도라는 오직 시험을 통해 능력을 평가하여 인재를 채용하는 시스템을 도입했다. 이 과거시험은 원칙상으로 천민까지도 제한 없이 시험을 볼 수 있었기 때문에 누구나 공부하면 태생의 한계를 극복하고 신분 상승을 꾀할 수 있었다. 하지만 시험과정은 매우 복잡하고 어려웠다. 사서오경(四書五經)과 교과서의 내용을 그대로 인용하기 위해 책을 다 외워야 했다. 이렇게 한(漢)나라는 과거제도를 통해 생각을 통일시켜 나갔다. 그러나 과거 시험문제와 사서오경(四書五經)만으로는 충성심을 유지시키는 데 부족하였다. 충성심을 더욱 확고하게 할 이념적 기반이 필요하였다.

• '충(忠)'사상의 이념적 기반, 삼강오륜(三綱五倫)

유교를 이야기 할 때 충(忠)과 효(孝)를 함께 얘기한다. 효는 집안에서 자식이 어버이를 존경하고 따르는 것이고, 충은 백성이 군주를 존경하고 따르는 것이다. 자식이 마땅히 부모에게 지켜야 할 도리가 있으며, 백성이 군주에게 마땅히 지켜야 할 도리가 있다. 하지만 정작 공자는 제자에게 효를 가르칠 때, 효를 규범적으로 가르치지 않았다. 효에 대한 개념이 권력자에 의해 제도화가 된 것이다. 백성들이 부모에게 효를 행하듯이, 군주에게도 그렇게 하도록 충

(忠)사상을 만든 것이며, 이를 위해 효(孝)사상을 활용한 것이다.

삼강오륜(三綱五倫)이란 유교(儒敎) 혹은 유학(儒學)의 기본적 사상이자 도덕지침으로서 3가지 '강(綱)' 과 5가지 '륜(倫)'을 말한다. '강'은 강령(綱領)을 뜻하고 '륜'은 인륜(人倫)을 말하는 것이다. 원래 강(綱)은 '벼리' 즉 '그물 줄(끈)'인데 고기 잡는 그물의 코를 꿰어서 잡아당기거나 풀면 그물이 오므려졌다 펴졌다 하는 데 사용되는 줄이다. 즉 '강(綱)'은 그물을 묶는 줄에서 사람의 마음을 묶는 줄로써 '다스리다' '통치하다'의 의미로 사용된다.*

유교 사상이 공자로부터 비롯되었기 때문에 삼강오륜을 공자가 말한 것으로 오해하는 사람들도 간혹 있지만, 공자는 삼강오륜에 대해 언급한 적이 없다. 삼강오륜은 공자(孔子, BC 551 ~ BC 479)의 시대보다 약 400년 뒤인 한(漢)나라의 유학자 동중서(董仲舒)**의 삼강오상설(三綱五常說)에서 유래된 것이다.

동중서는 맹자에 나온 부자유친(父子有親), 군신유의(君臣有義), 부부유별(夫婦有別), 장유유서(長幼有序), 붕우유신(朋友有信) 이 다섯 가지 인륜에서 중요한 세 가지 부자(父子), 군신(君臣), 부부(夫婦)에다가 음양(陰陽)이론과 천인감응(天人感應) 이론을 조합하여 삼강(三綱)이라는 개념을 정교하게 이론화하였다. 음양(陰陽)이론은 다음과 같이 전개하였는데,

---

* 한자(漢字)에 기(紀)자도 '벼리'라는 뜻이다. 그래서 기강(紀綱)이라고 하면 벼리가 중복되는 것인데, 그물이 아니라 사람을 묶었다 풀었다 한다는 의미로. 사람이 지켜야 할 기본적인 도덕과 규범이라는 뜻으로 쓰인다.

** 동중서(董仲舒)는 전한(前漢)시대의 가장 대표적인 유학자(儒學者)로 평가받는다. 한(漢)나라 초기 사람으로 생몰연대가 불분명하여 기원전 197년에서 104년으로 추정하고 있다. 한(漢) 나라 6대 황제 경제(景帝, 재위기간: BC 157년~ BC 141년)와 그의 아들 7대 황제 무제(武帝, 재위기간: BC 141년~ BC 87년)의 시대의 유학자(儒學者)이다. 『한서(漢書)』에서는 공자와 견주어 그의 학문적 업적을 인정하여 "동중서가 『공양춘추』를 연구하여 비로소 음양의 학설을 천명했고 유자들의 영수가 되었다."라고 하였다.

"모든 사물은 반드시 짝(배합)이 있다. 배합에는 반드시 위가 있으면 아래가 있고, 왼쪽이 있으면 오른쪽이 있고, 앞이 있으면 뒤가 있고, … "

"낮이 있으면 밤이 있는데 이것이 모두 그 배합이다 음은 양의 배합이고 아내는 남편의 배합이고 아들은 아버지의 배합이고 신하는 임금의 배합이니, 사물 가운데 배합이 없는 것은 없고 배합에는 각기 음양이 있다."

"군신, 부자, 부부의 도리는 모두 음양의 도에서 취했다. 임금은 양이고 신하는 음이며, 아버지는 양이고 아들은 음이며, 남편은 양이고 아내는 음이다."

"인의(仁義)와 제도의 법칙은 모두 하늘에서 취했다 하늘은 임금으로서 보호하고 윤택하게 하며, 땅은 신하로서 보조하고 지탱한다 또 양은 남편으로서 낳고, 음은 아내로서 기른다. 봄은 아버지로서 낳고, 여름은 아들로서 양육한다. 이처럼 왕도(王道)의 '세 벼리(三綱)'는 모두 그 원리를 하늘에서 구할 수 있다." [29]

이렇게 음양이론을 전개함과 동시에 다음과 같은 말로서 하늘과 사람이 똑같다는 천인감응설의 기반을 마련한다.

"사람의 몸의 경우, 크고 둥근 머리는 하늘의 얼굴을 본떴고, 머리털은 별들을 본떴고, 밝은 귀와 눈은 해와 달을 본떴고, 코와 입의 호흡은 바람과 공기를 본떴고, 마음이 앎에 통달하는 것은 (천지의) 신명(神明)을 본떴고, 차고 빈 뱃속은 만물을 본떴다."

"즉 사람이 사람으로 된 것은 하늘에 근본을 두고 있으니, 하늘 또한 사람의 증조부이다. 이것이 바로 사람이 위로 하늘과 똑같은 부류인 까닭이다."

이렇게 주장한 후에 그 유명한 천지인(天地人) 사상을 전개한다.

"천-지-인(天地人)은 만물의 근본이다. 하늘은 만물을 산생하고, 땅은 만물을 양육하고, 사람은 만물을 완성한다. 하늘은 효제(孝悌)로써 만물을 산생하고, 땅은 의식(衣食)으로써 만물을 양육하고, 사람은 예악(禮樂)으로써 만물을 완성한다. 이 세 가지는 서로 손발이 되어 한 몸을 이루기 때문에 어느 하나라도 없을 수 없다."

매우 그럴듯한 이 천지인 사상은 아직도 우리나라의 많은 사람들에게 집단무의식처럼 자리잡고 있다. 이러한 이론적 체계를 바탕으로, "임금은 신하의 벼리요(군위신강, 君爲臣綱), 아버지는 아들의 벼리요(부위자강, 父爲子綱), 남편은 아내의 벼리이다(부위부강, 夫爲婦綱)."라는 삼강(三綱) 이론을 완성하였다.

동중서(董仲舒)는 이 삼강 이론을 기반으로 하는 '천인삼책(天人三策)'을 저술하여 유학(儒學) 사상을 국가 통치의 원리로 삼을 것을 한(漢) 무제(武帝)에게 건의하였다. 마침 신하와 백성들의 자발적 충성을 이끌어 내기 위해 고심하던 무제(武帝)에게는 이러한 논리가 매우 필요 적절했기 때문에 전폭적으로 수용하게 된다. 이로써 삼강오륜의 유학(儒學)이 이후 2천 년간 동양의 사상을 지배하게 된다.

말하자면 공맹의 말씀과 유교(儒教)는 근본적으로 상당한 차이가 있으며, 2천년간 동양을 지배해온 유학(儒學)사상은 공맹의 말씀보다 삼강오륜이 훨씬 더 중심이 되었다. 삼강오륜은 인륜 즉, 사람의 도리를 말하는 것 같지만 실은 정치권력적 체계이다. 동중서가 정치적 의도로 구상한 것인지, 혹은 순수한 학문적 견해를 제시한 것인지는 알 수 없지만 결과적으로 권력자들에게 요긴한 이념이 되었으며 무제 이후 후대 황제 시기로 가면서 더욱 공고하게 이념화된다.

공맹의 말씀을 학문적으로만 볼 때 유학이라 부르며, 이것이 종교적인 수준에서 생활양식을 지배한다면 유교라고 부를 수 있다. 즉 유교는 유학을 종교화 시킨 개념이다. 종교만큼 사람의 행동양식을 의심 없이 확고하게 지배하는 것은 없기 때문에 학문을 종교화시키는 것은 국가의 통치자 입장에서는 매력적인 도구가 된다. 이렇게 보면 유교(儒教)의 실질적인 창시자는 공자도 맹자도 아니고 동중서라고 하는 것이 더 타당할지도 모른다. 유학의 사상적 기초는 공자에서 출발하였지만 그것의 정치적 활용을 위한 종교적 수준의 체계화는 동중서에서 시작된 것이며, 그것이 강상명교(綱常名教)로 변화하여 엄청난 권력의 도구적 이념으로 굳어진다.

강상명교(綱常名敎)란 삼강오상(三綱 五常)의 명교(名敎)라는 뜻인데 여기서 명(名), 즉 이름이란 군신(君臣), 부자(父子), 부부(夫婦) 등 신분상의 이름을 지칭하는 것이다. 이 강상명교에 대해 현대 중국의 철학자 펑유란(馮友蘭, 1894년~1990년)은 그의 저서 『중국철학사』에서 다음과 같이 설명하고 있다.

> "이 이론은 오직 '명(名)'만 고려하고 그 '명'의 '실(實)'이 어떤 모습의 '실(實)'인지는 고려하지 않는다. 이 이론에 따르면 임금, 아버지, 남편은 신하, 아들, 아내의 통치자이며, 임금, 아버지, 남편인 사람들이 실제상으로 어떠한 사람인지 는 고려하지 않는다 그들은 그들 '명(名)'이 그들에게 부여한 권리를 누리고, 신하, 아들, 아내는 그들에 대한 절대 복종의 의무가 있다. 따라서 이 이론을 "명교(名敎)"라고 불렀다." [30]

사람의 도리에 대한 '정명'과 '인륜' 사상은 이렇게 '명교'라는 계급이론으로 변화되어 사회적 강자에게 권력을 더욱 공고하게 정당화 시켜주는 이념이 되었다. 이 '명교'의 원칙을 어기는 것은 동양의 전통사회에서는 최대의 죄가 되었다. 과거 우리나라에서도 이런 맹목적 '명교' 때문에 억울하게 죽은 사람이 헤아릴 수 없이 많았다. 이러한 폐단에 대해서 청나라 시절 대진(戴震)이라는 학자는 그의 주저인 『맹자자의소증(孟子字義疏證)』*에서 다음과 같이 비판하였다.

> "지위가 높은 사람은 '리(理)'를 가지고 지위가 낮은 사람에게 요구하고, 어른은 '리(理)'를 가지고 어린 사람에게 요구하고, 귀한 사람은 '리(理)'를 가지고 천한 사람에게 요구하여, 비록 자기들이 잘못하더라도 '리(理)'를 따른다고 하고, 지위가 낮은 사람, 어린 사람, 천한 사람은 '리(理)'를 가지고 다투어 타당함을 얻었더라도 '리(理)'를 거스

---

* 대진의 맹자자의소증(孟子字義疏證)은 '맹자'라는 책에 나오는 자구(字句)와 개념들에 대한 해설을 통하여 원전의 의미와 다르게 해석되는 후대의 폐단과 송나라의 유학자들을 비판하는 책으로, 맹목적 이념에 대해 주의 깊은 성찰이 필요하다는 것을 말해주고 있다.

른다고 한다."

"아래에 있게 된 죄가 사람마다 이루 다 헤아릴 수 없다."

참으로 통렬한 비판이다. 어떤 사람이 실제로 누구이든, 그 사람의 인격이 어떠하든 '명교'의 원칙 앞에서는 꼼짝 없이 당할 수밖에 없는 당시의 현실을 비판한 것이다. 그는 바로 이어서 다음과 같이 말한다.

"사람이 법을 어겨 죽으면 오히려 불쌍하게 여기는 사림이 있지만, '리'에 걸려 죽으면 그 누가 불쌍하게 여기겠는가! 오호라, 노자와 불가의 말을 섞어 가지고 말하는 화(禍)가 신불해(申不害)나 한비자(韓非子)보다 심한 것이 이와 같다!" [31]

이 말의 의미를 소위 '이리살인(以理殺人)'이라고 부른다. 이리살인(以理殺人)이란 리(理), 즉 명분이 사람을 죽게 한다는 뜻이다.

• 보이지 않는 의도

역사는 책을 불태우는 방법으로는 사람들의 사상적 정체성을 형성시키는 것이 불가능하다는 것을 말해주고 있다. 사람들의 생각을 조정할 수 있는 사상과 이념의 동질화, 즉 삼강오륜(三綱五倫)과 같은 이데올로기의 동질화를 꾀하는 방법이 더 효율적이라는 것을 알려준다. 바로 스티븐 룩스가 말하는 3차원적 권력과 같은 맥락이다. '보이지 않는 권력' 혹은 '관찰할 수 없는 곳에서 행사되는 권력'은 가장 효과적이고 교활한 권력으로서 피지배자가 자신이 지배당하고 있다는 사실을 인식하지 못하거나 혹은 지배당하는 것이 당연한 것으로 여기게 된다. 이는 브랜드도 마찬가지이다.

정체성과 이념이 권력에 의해 활용되는 메커니즘은 현대 마케팅에서도 그대로 나타난다. 정체성의 개념이 브랜드에 적용되는 이유는 브랜드가 권력을 지향하는 인격체와 유사한 속성을 지녔기 때문이다. 브랜드가 많은 경쟁자들 사이에서 소비자의 관심과 애착, 즉 브랜드로열티를 확보하기 위해서는 해당 브랜드만의 독립적이고 차별적인 본질을 가져야 한다. 그리고 브랜드정체성과 이미지 대한 일관성과 연속성을 유지할 수 있는 이념적 상징성을 구축해야 한다. 한마디로 브랜드에 대한 사상(정체성과 이미지)을 통일시키는 것이다.

예를 들어, 경품제도와 같은 퀴즈 이벤트는 단지 일시적인 판매촉진 활동 같지만, 참여한 사람들은 경품을 타기 위해 기업의 로고를 한 번 더 봐야 하고, 기업이 전하는 메시지를 자세히 보게 된다. 마치 옛날 유생들이 과거시험을 보기 위해 유학의 경전을 봐야 했던 것처럼, 소비자들은 경품을 얻기 위해서 기업들의 메시지를 더 들어 주게 된다. 쉽고 간단한 예를 들었을 뿐이지만, 브랜드는 소비자의 로열티를 확보하고자 '보이지 않는' 수많은 수단과 전략을 활용한다.

결과적으로 소비자는 브랜드로부터 자신이 지배당하고 있다는 사실을 인식하지 못하거나 혹은 지배당하는 것을 당연하게 여기게 된다.

진시황제는 과연 악인(惡人)이었나?

왜 많은 사람들이 진시황제에 대한 부정적 이미지를 가지고 있는가? 진시황제는 처음으로 중국을 통일한 황제로서의 영웅적 이야기도 있지만, 분서갱유뿐 아니라 수많은 악행 등의 이야기가 전해져 오기 때문에 으레 폭군으로 생각하게 된다. 원래 사실과 이미지 사이에는 항상 차이가 있게 마련이어서, 진시황제에 대한 사실과 이미지에도 차이가 있을 것이다. 그러나 워낙 오래전 인물이기 때문에 우리는 사실을 확인하기 어렵다. 단지 역사책에 기록된 내용을 통해 알 수밖에 없으며, 더구나 역사책을 직접 읽기보다는 또 다른 누군가의 해석을 통해 알게 되는 경우가 많다. 즉 사실은 알기는 어렵고 이미지만 가지고 있는다는 것이다. 그렇다면 진시황제에 대한 부정적 이미지는 누가 만들었을까?

역사에 대한 기록은 사관(史官)과 권력자간의 치열한 긴장과 적절한 타협에서 이루어진다. 사실(事實)을 그대로 기록하려는 사관(史官) 또는 역사적 사실에 대해 사관이 보는 관점과 권력자의 통치적 의도가 때론 대립되기도 하며 때론 적절하게 타협하기도 한다.

결국 우리가 배우는 역사는 대부분 후대에서 기록한 내용을 근거로 한다. 따라서 후대 기록자의 관점과 필요에 따라 기록의 방향이 결정된다. 아무리 사실(事實)을 기초로 하더라도 어떤 이미지로 묘사하고, 어떻게 평가하는가는 전적으로 후대 권력자의 의도가 반영될 수밖에 없다. 따라서 오랜 기간 유지된 왕조의 창업자들은 당연히 훌륭한 이미지로 묘사된다. 그러나 진시황제의 진(秦)나라는 시황제가 죽은 뒤 불과 4년 만에 멸망하고 뒤이어 한(漢)나라가 세워졌다. 결국 진시황제와 관련된 역사 기록은 한(漢)나라 대(代)에서 기록된 것이며, 따라서 다분히 한(漢) 왕조의 입장에서 기록하였을 것이다. 더구나 한(漢) 왕조의 통치적 필요에 의해 각색된 부분이 많았을 것이다. 이러한 관점에서 볼 때, 진(秦)나라가 만약 오랫동안 유지가 되었다면 진시황제에 대한 평가는 많이 바뀌었을지도 모른다.

결국 진시황제의 이미지는 한(漢)왕조 시대에서 만들어진 것이며, 오늘날 우리는 그 이미지를 그대로 수용하고 있을 뿐이다. 최근 그의 업적을 통하여 보는 새로운 관점이 대두되고 있다.

이러한 사례는 비단 진시황제에만 국한된 것은 아니다. 역사를 보면 한 가지 흥미로운 공통점이 발견된다. 통일 진(秦)나라처럼 왕조가 매우 짧아서 후대가 끊긴 왕조들과 특정 왕조의 마지막 왕들은 대부분 부정적 이미지를 가지고 있다. 백제 의자왕, 고려 말엽의 우왕, 창왕, 그리고 중국 수(隋)나라 양제(煬帝) 등이 대표적인 사례라고 할 수 있다. 이들은 모두 다음 왕조에서 역사를 기록하였기 때문에 이들을 멸망시킨 왕조는 자기 정당성을 위해서라도 부정적 이미지를 만들어야 한다.

이와 반대로 계백장군이나 정몽주 같은 경우는 후대 왕조에서 오히려 맹장이나 충신으로 영웅화시킨 경우도 있다. 이 역시 역사를 기록하는 왕조의 입장에서 매우 필요한 이미지 때문이다. 통일신라의 경우 자기들이 멸망시킨 백제의 마지막 왕인 의자왕은 당연히 무능하고 부패한 왕이 되어야 백제를 침공한 정당성이 만들어진다. 최근 밝혀지는 역사 연구에 의하면 의자왕에 관한 이야기들 중에는 가공된 것들이 많으며 알려진 것보다는 능력이 있었던 왕이라는 학설이 나오고 있다. 반면에 통일신라에는 목숨을 바쳐 나라를 지키려고 하는 충성스러운 신하가 계속 유지되어야 한다. 이러한 경우 비록 적장이지만 계백장군은 미화시키기에 매우 좋은 소재가 된다. 계백장군의 충성스러운 스토리가 계속 확대되는 것이 국가를 유지하는 데 도움된다. 따라서 현재 우리가 알고 있는 계백장군은 실체보다 훨씬 미화된 이미지인지도 모른다.

조선시대의 정몽주와 정도전의 역사적 이야기는 어떻게 정체성과 이미지가 권력을 위한 수단으로 이용되는지 잘 보여준다. 정몽주와 정도전은 같은 시기에 극명하게 다른 선택을 하였다. 한 사람은 고려 왕조를 지키려 하였고 또 한 사람은 조선의 개국공신이 되었다. 그러나 새로운 왕조를 반대했던 사람은 충신의 아이콘이 되었으며, 개국공신은 존재에 대한 기억을 없애버렸다. 두 사람은 모두 이방원에게 죽임을 당했다는 공통점이 있다. 정몽주의 충절은 선죽교 이야기와 함께 우리에게 충신의 이미지로 잘 알려져 있다. 그의 충신 이미지는 정체성과 권력의 관계에서 찾을 수 있다. 어떤 정권이든, 혁명(반역)을 통해 권력을 잡은 후에는 혁명(반혁명)의 걸림돌이 되는 정몽주를 1392년 선죽교에서 습격하여 죽인 후, 채 20년도 안 되어서 태종 이방원은 왕위에 즉위하자마자(태종1년, 1401년) 그를 영의정으로 추증하고 문충(文忠)이라는 시호를 내린다. 그가 세운 나라가 오래 지속되기 위해서는 자기와 함께 혁명을 함께 한 정도전보다 정몽주와 같은 열렬한 충신이 지속적으로 필요로 했기 때문이다. 비록 혁명을 통해 새로운 나라를 만들었지만 가장 훌륭한 덕목은 충성이라는 것을 철저하게 인식시키고 또한 그러한 사상이 지속적으로 이어가야 했다. 그러기 위해서는 정몽주를 충신의 대표적인 아이콘으로 이미지화함으로써 계속 기억하게 하고 백성의 귀감이 되도록 함으로써 충성을 이끌어내게 하는 전략인 것이다.

반면 정도전은 새로운 국가를 만들 때에는 필요한 인물이었지만 정도전과 같은 유형의 인물이 다시 등장한다는 것은 왕실의 입장에서는 위험하다. 그가 제1차

왕자의 난에서 제거되어야 했던 이유는 세자 책봉에 관여한 것 외에 다른 이유가 있었다. 그것은 바로 정도전이 추구하던 이상적인 정치가 이방원의 것과 달랐기 때문이다. 정도전은 왕권과 신권이 조화를 이룬 정치를 이상적인 정치 형태로 보았지만, 이방원은 강력한 왕권을 원했다. 더 이상 정도전과 뜻을 같이 할 수 없었던 그는 결국 조선을 건국하는 데 중심 역할을 했던 정도전을 제거했던 것이다. 제거했을 뿐 아니라 기억조차 못하게 하였다.

충절의 상징인 정몽주와 달리 정도전의 경우, 그의 역할과 혁명적 사상이 후대에 알려지는 것은 왕실의 입장에서 두려운 것이다. 태종 이방원은 정도전이 계획한 국가 운영에 관한 정책들은 대부분 그대로 추진하였다. 정책은 좋지만 혁명적 사상은 기억하지 않아야 한다는 것이다. 이러한 정도전의 존재 지우기와 폄하는 근대까지도 이어져 오다가, 오백 년이 지난 고종시대에 와서야 복권되었다. 최근 1970년대까지도 정도전을 아는 사람들은 그다지 많지 않았다. 근래 조선건국을 소재로 하는 드라마에서 자주 등장하였으며, 최근에는 그를 주제로 한 드라마까지 등장하여 세인의 관심을 끌기 시작하였다. 정도전의 실체와 그의 정체성을 되찾는 데 600년이라는 세월이 걸린 것이다.

Chapter 06

마키아벨리와 브랜드

국가와 기업의 가장 중요한 덕목은 생존이다.

정치철학으로 잘 알려진 마키아벨리의 『군주론』, 어떤 내용이 브랜드와 연관성이 있을까?

니콜로 마키아벨리(Niccolò Machiavelli 1469~1527)는 근대정치학의 창시자로 불리며 권모술수로 대표되는 르네상스 시대의 정치철학자이다. 마키아벨리 하면 바로 『군주론』을 떠올릴 만큼 『군주론』이 대표작이지만, 그의 사상을 제대로 이해하기 위해서는 『로마사논고(리비우스와의 담화)』[32]를 보아야 한다. 그럼에도 『군주론』이 더 유명한 이유는 이 책의 내용이 새롭고 혁명적일 뿐 아니라, 국가의 지배구조를 변화시키는 데 매우 큰 영향력을 발휘했기 때문이다.

『군주론』은 두 가지 관점에서 볼 수 있다. 하나는 책의 내용에 대한 것이며, 또 하나는 저술의도에 대한 것이다. 책의 내용은 국가의 정치권력과 지배구조 형태, 그리고 군주의 자질과 태도에 관한 것이며, 이 부분에서 브랜드와 연관성을 말하려고 한다. 저술의도는 시대와 학자에 따라 그 해석이 다양하며, 여기서 말하려는 브랜드 연관성과는 다소 무관하다. 그러나 마키아벨리와

『군주론』의 내용을 제대로 이해하기 위해서는 저술의도를 먼저 알아야 할 필요가 있다.

『군주론』은 마키아벨리가 로렌초 데 메디치[33]에게 바치는 헌사로 시작된다.

> 니콜로 마키아벨리가 로렌초 데 메디치 전하께 [34]
> (중략)
> "전하에 대한 헌신의 증표로 제 자신을 바치고자 하는데, 제가 가진 것 가운데 귀하고 높게 평가할 만한 것은 오로지 위대한 인물들의 행적에 대한 지식입니다."

마키아벨리는 피렌체 공화정부에서 15년간 외교업무를 담당한 고위 행정가였다. 1512년 피렌체 공화정이 무너지고 메디치가의 군주정으로 복원되었다. 전(前) 정권의 인물이었던 그는 반메디치 정권 음모에 연루되어 체포된 후 고문을 받던 중에 특사로 석방된다. 『군주론』은 석방 후 메디치 정부에 공직 복귀를 꾀하기 위해 저술한 책이다. 이 헌사만 보면 일종의 자기 추천서, 즉 나를 책사(策士)로 발탁하면 강력한 군주에게 필요한 지혜를 얻을 수 있다는 내용의 제안서라고 할 수 있다. 마치 요즈음 광고대행사가 기업에 광고전략서를 제출하는 것과 유사하다. 다른 점이라면 클라이언트가 요청한 것이 아니라, 공직 복귀를 위하여 자발적으로 저술한 책이라는 점이다. 헌사의 내용으로만 보면 최근 마케팅 제안서와 유사한 점이 많다.

> "예를 들어 풍경을 그리려는 화가들이, 산이나 높은 곳의 특성을 관찰하려면 평지에서 해야 되고, 낮은 곳을 관찰할 때는 산 위에서 해야 되는 것과 같이, 민중의 특성을 이해하기 위해서는 군주의 입장에서 보아야 되고, 군주의 특성을 이해하기 위해서는 민중의 입장에 서볼 필요가 있습니다."

대상의 특성을 파악하기 위해서 관점의 변화가 필요하다는 견해를 밝히고 있다. 객관적인 입장에서 상황을 정확하게 이해하기 위해서는 대상을 관찰할 수 있는 위치에서 보아야 한다는 것이다. 마케팅 기획서로 비유하면 소비자 의식조사, SWOT분석 등에 해당된다. 마키아벨리는 헌사에서 이러한 글을 쓴 이유를, 앞으로 전개될 본문에서 신분이 낮은 자기가 감히 군주를 평가하는 것에 대해 양해를 구하기 위한 것이라고 미리 변명하였지만, 사실은 자신의 지식에 대한 신뢰성을 높이기 위한 것으로도 볼 수 있다. 이러한 내용으로 볼 때, 첫 번째로 추측되는 저술의도 는 헌정사에서 말한 그대로 공직 복귀를 위한 의도로 볼 수 있다.

그러나 또 다른 저술의도는, 군주가 지배하는 국가 지배체제를 변화시키기 위해 혁명적 발상을 퍼트리기 위한 것으로 보는 시각도 있다. 루소는 『사회계약론』에서 『군주론』은 국왕들을 가르치는 체 가장하여 국민들에게 교훈을 준 공화주의자를 위한 책이라고 하였다.[35] 군주제를 옹호하는 척하면서 오히려 공화정을 추구하였으며, 그러한 의도가 행간에 숨어있다는 것이다.

> "마키아벨리는 정직한 사람이고 선량한 시민이었다. 그러나 메디치가에 매여 있던 그는 자기 조국의 압제 속에서 자유에 대한 사랑을 숨겨야만 했다. … 로마 궁정은 그의 책을 엄격히 금지했다. 그것을 믿을 만한 이유는, 그가 가장 분명하게 묘사한 것이 바로 로마 궁정이었기 때문이다." [36]

루소가 이렇게 주장하는 근거로서 마키아벨리의 다른 저술 『로마사논고』와 『플로렌스(피렌체사)』[37]의 내용들이 『군주론』의 내용과 모순된다는 점을 들고 있다. 『로마사논고』에서는 공화정을 가장 바람직한 정부의 형태라고 하면서, 군주에게 바치는 『군주론』에서는 군주제를 지지하는 것처럼 의도를 숨겼다는 주장이다. 당시 마키아벨리의 의도가 어떠하였는지는 정확히 알 수 없다. 그러나 확실한 것은 권력의 중심이 군주로부터 시민에게 옮겨가게 되는 변화를 촉발시킨 토마스 홉스의 『리바이어던』, 존 로크의 『통치론』, 장자크 루소의 『사회계약론』 등의 저술에 『군주론』이 영향을 끼쳤다는 점이다.

그리고 『군주론』의 저술의도와 내용 모두에서, 분명한 하나의 키워드는 '기만'이다. 기만은 『군주론』의 내용에서도 여러 가지 형태로 반복해서 나타나고 있다. 기만이라는 단어는 분명히 나쁜 의미를 가지고 있으나, 마키아벨리의 기만은 순전히 나쁘게만 볼 수 없는 것이 『군주론』이 특별한 이유이다. 그의 기만을 나쁘게 볼 수 없는 이유는 그 의도가 일반 국민들을 위한 새로운 국가체제를 추구하는 데 있었기 때문이다. 이는 『군주론』 15장의 도입부 글에서 잘 나타나고 있다.

> "내가 글을 쓰는 의도는 이 주제를 이해하는 사람이라면 누구에게라도 유익하기를 바라기 때문이며, 그것은 현실적인 사실을 다루는 것이 상상적으로 추구하는 것보다 훨씬 뜻 있는 일이라고 생각한다. 아무도 본 적이 없거나 실제 존재했는지 알 수 없는 '공화국'과 '군주국'을 사람들이 상상해냈다."

여기서 '상상적으로 추구', '상상해냈다'란 플라톤의 '이상적 국가'를 의미하는 것이다. 그보다는 현실세계에서 실현 가능한 국가체제에 대한 고민이 국민들에게 더 유익하다는 주장이다. 정리하자면 『군주론』의 저술의도는 새로운 세계, 즉 새로운 정치질서를 추구하려는 혁명적 사상의 발톱을 감춘 채, 그것을 간접적으로 알리고자 한 의도로 파악된다. 그렇다면 이러한 『군주론』의 어떤 내용이 브랜드와 연관되는지 살펴보자.

『군주론』의 주요 내용은 군주가 취하여야 할 태도와 국가 운영방법들에 대한 것들이며, 역사적으로 이에 대한 해석과 평가는 대부분 정치사회적 관점에서 이루어져왔다. 그리고 권력의 중심이 바뀐 이 시대에서도 아직까지 명저로 인정받는 이유는 단지 국가 운영에 관한 것으로 그치는 것이 아니라 권력에 대한 인간의 본성을 명확하게 통찰하고 있다는 점 때문이다. 권력에 대한 인간의 욕구는 자연 원리로서 일종의 본성이다. 때문에 마키아벨리가 본 인간의 욕구와 본성은 지금과 다르지 않으며, 그가 통찰한 권력의 메커니즘은 현대 마케팅에서도 유사하게 나타난다.

정치를 마케팅 관점에서 보면 정치도 일종의 소비행위이며, 유권자는 소비자가 된다. 소비자의 선망의 대상이 되는 파워브랜드는 일종의 권력에 해당된다. 그렇기 때문에 인지도, 선호, 지지, 적극적 선호, 충성도(로열티) 등의 개념은 정치와 브랜드에 유사하게 적용된다.

『군주론』을 정치권력의 관점이 아니라, 마케팅과 브랜드 관점에서 다시 읽어보면 브랜드 이론과 매우 유사한 내용들이 곳곳에 숨어있음을 알 수 있다. 특히 15장부터 19장까지는 대부분 군주의 평판과 이미지에 관한 내용들이며, 대부분 브랜드 이론으로 적용 가능하다. 먼저 목차의 소제목들을 보면,

15장 인간, 특히 군주가 찬양 받거나 비난 받는 일들에 관하여
16장 관후함과 인색함에 관하여
17장 잔인함과 관용에 관하여. 그리고 사랑을 받는 것과 두려움의 대상이 되는 것 중 무엇이 나은가?
18장 군주는 어떤 식으로 신의를 지켜야 하는가
19장 경멸과 증오를 피하려면

이와 같은 5개 장에 걸쳐 군주의 자질과 태도에 관하여 설파하고 있다. 그러나 실제 내용을 잘 살펴보면 군주의 자질과 태도라기 보다는 군주가 국민들에게 어떻게 보이는 것이 효과적인가, 즉 군주의 이미지에 관한 것들이다. 이 5개 장에 걸쳐 가장 중요한 핵심은 "군주는 인간의 여러 가지 장점을 모두 갖출 필요는 없다, 다만 갖추고 있는 것처럼 보일 필요가 있다."라는 내용이 여러 차례 언급되고 있다. 즉 '군주는 자질과 성품보다 이미지가 더 중요하다'라는 의미로 해석될 수 있으며, 이는 현대 브랜드 이론에서 상품의 실제 품질보다 품질인식(Perceived quality), 혹은 실체보다 이미지가 더 중요하다는 것과 유사하다.

『군주론』 15장부터 19장까지 브랜드와 연관되는 내용을 살펴보자. 먼저 15장의 제목이 "인간, 특히 군주가 찬양 받거나 비난 받는 일들에 관하여"이다. 제목부터 브랜드 평판과 유사하다.

"인간은 어떻게 살아야 한다라는 명제와 실제로 인간이 어떻게 살고 있는가의 문제는 너무 다르다. 그렇기 때문에 인간은 어떻게 살아야 한다는 명제로 인해 실제로 어떤 일이 일어나고 있는지를 소홀히 하게 되면 자신을 지키지 못하고 파멸하게 되기 쉽다. 어떤 상황에서도 스스로 선량한 사람이기를 고집하는 사람이 착하지 않은 많은 사람들 속에 있게 되면 반드시 파멸하게 되기 때문이다."

착한 사람들이 겪게 되는 고통을 직시하고 있다. 특히 국가를 책임지는 통치자는 착하기만 해서는 안 된다. 인간은 다양한 유형이 있으며, 그에 따라 여러 가지 평판이 있을 수 있다. 친절한 사람, 욕심 많은 사람, 잔인한 사람, 자애심 많은, 신의가 두터운, 겁 많은, 단호한, 용기 있는, 오만한, 교활한, 솔직한 등 다양한 평판이 있다. 그러나 사람이 좋은 점만 갖추고 살아갈 수는 없으며, 특히 통치자가 국가를 구해야 하는 어려운 상황에서는 악덕도 개의치 말아야 한다는 것이다.

브랜드 평판도 마찬가지다. 어떤 제품으로 인식되는가가 중요하다. 모든 제품과 브랜드가 완벽할 수 없다. 좋은 점, 나쁜 점 여러 가지 품평과 소비자들의 평판이 있겠지만 시장에서 살아남기 위해서는 다소간의 문제점도 감당할 수 있어야 한다. 예를 들어, 최근 웰빙 분위기에 의해 코카콜라는 건강을 해치는 주범으로 떠올랐지만 이 문제에만 급급하면 코카콜라는 존재할 수 없다. 애플의 아이폰은 서비스문제 등으로 비난을 받으면서도 독자적인 마케팅 전략을 고수하면서 브랜드이미지를 강화했다. 불량품을 판매하면 안 되지만, 시장 내에서 도덕적 완벽함을 추구하다 보면 마케팅이 존재하기 어렵다. 경영자 혹은 브랜드 관리자가 모든 가치를 충족시키려 한다면 브랜드이미지를 관리하기 어렵다. 경영자나 브랜드관리자는 어떠한 경우에도 브랜드를 생존/유지해야 하는 책무를 가장 우선시해야 하기 때문에 칭찬만 받을 수는 없다. 욕을 먹더라도 기업을 살리기 위해서 결단이 필요할 때는 과감하게 실행하여야 한다.

16장의 제목은 "관후함과 인색함에 관하여"이다. 이 장은 역설적이기 때문에 유의해서 읽어야 한다.

> "앞에서 언급된 인간적 자질 가운데 인심이 후하다는 평을 받는 것은 확실히 좋은 일이라고 생각한다. 그러나 후하다라는 평판이 날 정도가 되면 오히려 해롭다. 그 이유는 여러 사람들로부터 후하다는 평판을 계속 들으려면 값비싼 사치를 감수해야 하기 때문이다."

이 장은 이러한 말로 시작하였으나, 다음과 같은 말로 마무리한다.

> "모든 일 가운데 군주가 반드시 경계해야 하는 것은 경멸과 미움의 대상이 되는 일이다."

관후한 이미지가 확실히 좋은 것이기는 하지만, 자칫 많은 비용이 지출될 수 있다. 재정적으로 감당할 수 있는 범위를 잘 판단하라는 뜻이다. 관후함 혹은 인색함의 이미지를 따지기보다 결과적으로 경멸과 미움의 대상이 되지 않는 것이 더 중요하다. 기업이 브랜드이미지를 위해 너무 과도한 비용을 지출함으로 해서, 기업이 재정적으로 감당하기 어려워지고 급기야 도산하는 상황을 맞게 되면 오히려 경멸의 대상이 된다는 점을 유의해야 한다. 광고비용을 감당하기 어려울 정도로 과도하게 지출하는 것도 여기에 해당된다.

이어서 17장은 "잔인함과 관용에 관하여. 그리고 사랑을 받는 것과 두려움의 대상이 되는 것 중 무엇이 나은가"이다. 이 두 가지 모두 필요하겠지만 현실적으로 공존하기 어렵기 때문에 한 가지만 선택해야 한다면 무엇을 선택해야 하는가의 문제이다. 마키아벨리는 명쾌하게 답해준다. 사랑 받는것보다는 두려움의 대상이 되는 것이 안전하다고 대답한다.

> "백성은 처음에는 환호하고 찬양하지만 상황이 변해버리면 언제라도 뒤돌아 설 수 있는 존재이다."

이 말을 바꾸어 보면 "소비자는 처음에는 선호하고 구매하지만 상황이 변해버리면 언제라도 다른 브랜드를 구매한다"라고 할 수 있다. 그 이유를 마키아벨리는 다음과 같이 말하고 있다.

> "인간은 두려워하는 자보다 애정을 느끼는 자를 더욱 쉽게 배반한다. 애정은 고맙게 여겨야 할 의무감으로 유지되지만, 인간이란 비열하기 때문에 자기의 이해가 얽히는 경우에는 언제든지 그런 의무감을 버릴 수 있기 때문이다. 그러나 두려움은 처벌에 대한 무서움으로 유지되는 것이기 때문에 결코 당신을 배반하지 않는다. 설령 군주가 사랑을 획득하지는 못하게 된다 해도 미움은 피할 수 있도록 자신을 두려움의 대상이 되도록 만들어야 한다. 두려움의 대상이 되면서도 동시에 미움의 대상이 되지 않는 일은 얼마든지 가능하기 때문이다."

브랜드 역시 소비자로부터 사랑 받는 대상과 두려움의 대상에서 선택하여야 한다면, 두려움의 대상이 되어야 한다. 켈러는 브랜드로열티의 핵심을 기대와 혜택이라고 하면서, 소비자가 구매할 때 느끼는 위험요소 6가지*를 강조하였다. 역설적으로 혜택은 주로 두려움 제거에 대한 혜택이며, 두려움은 혜택상실에 대한 두려움인 경우가 많다. 결국 혜택과 두려움의 뿌리는 같은 것이다.

따라서 브랜드로열티 강화를 위해서는, 그 브랜드를 선택하지 않았을 경우 발생할 위험에 대해 소비자에게 확실히 인식시켜야 한다. 즉 브랜드는 소비자에게 위험을 피하게 함으로써 두려움 제거라는 혜택을 주게 된다. 위험회피를 통한 혜택은 브랜드에 대한 신뢰 형성으로 이어지고 결과적으로 소비자의 브랜드에 대한 충성도로 이어진다. 그리고 마키아벨리는 사랑은 못 받더라도 '미움'은 피하라고 조언한다.

> "설령 군주가 사랑을 획득하지는 못하게 된다 해도 미움은 피할 수 있도록 해야 한다. 두려움의 대상이 되면서도 동시에 미움의 대상이 되지 않는 일은 얼마든지 가능하기 때문이다. 이는 군주가 시민 내지 신민들의 소유물과 그들의 부녀자에게 손대지만 않으면, 언제나 성취할 수 있다. (중략) 인간이란 아버지의 죽음은 쉽게

---

* 이 책 '브랜드충성도(Brand loyalty)' 참조

잊어도 아버지로부터 물려받을 유산을 빼앗기는 일은 좀처럼 잊지 못하는 존재이기 때문이다."

소비자가 금전적으로 손해 보았다는 경험을 갖지 않게 해야 한다. 제품구매 후 반품, A/S 과정에서 불만이 발생하면 미움의 대상이 될 수 있다. 현실적으로 모든 제품이나 서비스가 완벽할 수는 없기 때문에 브랜드에 대한 신뢰는 가장 중요한 요건으로 여겨진다.

18장, "군주는 어떤 식으로 신의를 지켜야 하는가"에서 그것을 말해주고 있다.

> "군주들이 앞서 훌륭한 것으로 언급된 인간적 자질 모두를 실제로 가질 필요는 없지만 실제 그것들을 갖고 있는 것처럼 보일 필요는 있다. (중략) 사람들은 일반적으로 손으로 만지기보다는 눈으로 보아서 당신을 판단한다. 보는 것은 모두에게 허용되지만 만지는 것이 허용되는 사람은 거의 없기 때문이다. 모든 사람은 밖으로 드러나는 당신의 모습을 볼 수 있지만 당신이 어떤 사람인지를 만져서 느낄 수 있는 사람은 극히 소수에 불과하다."

광고에서 실제 제품을 직접 경험하는 것은 아니다. 그러나 광고가 전달하는 시각적 이미지는 브랜드에 대한 호의적 이미지를 만든다. 뿐만 아니라, 실제로 제품을 사용하는 사람들도 그 제품의 '실질적 품질', '제품기반 품질', '제조품질'에 대해 제대로 아는 사람은 극소수에 불과하다. 자동차를 소유한 일반 소비자들이 벤츠와 소나타의 기술적 품질 차이를 구체적으로 비교하기는 어렵다. 간장을 구입하면서 어떤 콩으로 만들었는지 과학적으로 비교하기 어렵다. 소비자들은 품질인식으로 판단할 뿐이다.

15장부터 18장까지 호의적 평판도 중요하지만, 그것보다 경멸과 미움의 대상이 되어서는 안 된다는 것을 강조하였는데, 특히 19장의 제목은 "경멸과 증오를 피하려면"이다. 이 장에서는 어떤 상황이 일어나더라도 백성의 증오를 사서는 안 된다는 것을 반복하고 있다.

> "군주가 경멸 당하는 것은 변덕스럽고 경박하고 유약하고 소심하며 우유부단한 인물로 여겨질 때이다. 그는 자신의 행동 속에서 어떤 위엄, 기백, 무게감 그리고 강력함이 감지되도록 노력해야 한다. (중략) 자신의 명성을 잘 관리함으로써 누구든 거짓을 말하거나 기만하려는 생각을 하지 못하게 해야 한다."

이는 브랜드가 소비자로부터 증오를 사게 되면 시장에서 존재하기 어렵다는 것과 같다. 소비자의 확고한 신뢰와 지지는 경쟁사의 음모뿐 아니라 기업의 위기관리에도 매우 중요한 역할을 한다. 예를 들어 유한킴벌리의 거의 모든 제품은 펄프를 재료로 사용한다. 그래서 사용 후 폐기과정에서도 어쩔 수 없이 환경문제가 발생할 수밖에 없다. 그러나 '우리강산 푸르게' 등 친환경 캠페인을 비롯하여 다양한 환경운동 참여와 후원을 통해서 소비자의 미움을 받지 않게 되었을 뿐 아니라 오히려 친환경적인 기업이미지를 구축하게 되었다.

소비자의 선호도를 너무 믿지 말아야 하며, 항상 위기를 대비해야 한다. 마지막으로, 군주가 유지해야 할 태도와 이미지의 기본을 다시 강조한다.

> "가급적 선행에서 벗어나지 않도록 주의해야 하며, 신중하면서도 자애로운 군주여야 하고, 지나친 자신감으로 경솔하게 처신하거나 주위 사람들을 불안하게 만들어서는 안 된다."

기업의 브랜드관리에서 '소비자'를 공략 대상인 타깃으로 인식하는 것이 아니라, 브랜드파워의 원천으로 인식해야 한다. 소비자와 평판을 두려워하는 자세가 필요하다는 것을 이미 500년 전에 마키아벨리가 말해주고 있다.

마키아벨리는 군주가 시민과 국가를 지키기 위해서는 군주의 역량이 중요하며, 이 역량을 '비르투(virtu)'라고 하였다. 이 '비르투(virtu)'는 힘, 용기, 덕성, 역량, 능력, 기술, 활력, 기백, 결단력 등 다양한 용어로 번역된다. '남성'을 의미하는 'vir'에서 유래한 '비르투(virtu)'라는 개념은 『군주론』의 창의적이며 핵심적 개념이다. 단지 도덕적으로 선하거나 당위적으로 좋은 것을 추구하는 것이 아니라, 국가의 생존이라는 목적 달성을 위해 상황에 따라 가장 적절한 수단을 효율적으로 사용할 수 있는 군주(리더)의 태도와 능력을 말한다. 악덕(vice)에 대응하는 것으로서의 미덕을 의미한다.

Chapter 07

문장(紋章)과 국기(國旗)와 상표(商標)

힘의 이동에 따라 권력의 상징 이미지는 변해왔다.

문장(紋章 Heraldry), 국기(國旗 National flag), 상표(商標 Trade mark) 이 세 가지는 형태와 기능이 다르며 그 발생 시기도 다르지만, 근본적으로 정체성의 상징적, 시각적 표식이라는 점에서 모두 같다.

이 세 가지의 공통점은 모두 권력과 권리를 표현하는 시각적 표식임과 동시에 권력과 권리를 확보하는 수단으로 활용된다라는 점이다. 사람들은 이러한 시각적 이미지를 통하여 자신의 신분과 소속감을 확인하면서, 권력을 과시하거나 권리를 주장한다. 또한 시각적 이미지에 의해 보호 받거나 또는 구속받기도 한다.

한편, 이 세 가지의 차이점은 핵심적 기능과 권리의 주체가 다르다는 점이다. 핵심적 기능이 다르다는 것은 시각적 표식의 주요 기능인 소유권표시, 신분표시, 출처표시 등의 기능이 서로 다르다는 것이다.

문장은 중세시대 이래 서양의 왕실 혹은 전제군주와 귀족, 교회 등 특권층의 전유물로서 그들의 특권적인 신분을 나타내는 상징적 표식이었다. 국기는 절대군주 시대가 끝나면서 내셔널리즘에 의한 근대국가의 탄생과 함께 시작된 국가의 상징적 표식임과 동시에 모든 국민들의 공동 소유인 표식이다. 그리고 상표는 산업혁명 이후 기업과 제품의 고유한 상업적 표식이며, 최근에는 정부기관을 비롯하여 공공기관, 학교, 협회, 단체, 스포츠 팀과 리그 등의 집단과 조직, 그리고 도시와 장소까지 사실상 거의 모든 것들의 정체성을 나타내는 시각적 표식이다.

문장에서 국기, 그리고 상표로 변화하는 과정에서 기능과 권리의 주체 변화를 통해 권력구조의 변화를 알 수 있다. 문장에서 국기와 상표로의 변화는 권력과 사회구조의 변화에서 기인한 것이며, 또한 권력이동의 과정에서 이러한 시각적 이미지의 활용이 지대한 역할을 하였던 점을 발견할 수 있다. 또한 서양의 문장이 특별한 점은 문장 속의 시각적 요소가 권력의 상징이라는 것뿐 아니라 상속된다는 점이다.

• 무기로서 문장, 시각적 이미지의 위력

서양의 문장에 대한 용어들을 해석할 때 처음에는 다소 난관에 부딪힌다. 영어와 유럽 각국의 언어들이 혼재하며, 그 어원과 쓰임새가 다양하기 때문이다. 문장의 대표적인 영어 단어는 Heraldry이지만, Coat of arms, Armorial, Blazon, Crest, Seal* 등 다양한 단어들이 사용되고 있으며, 대체로 직역(直譯)하면 다른 의미가 된다. 특히 'Coat of arms'같은 경우 '무기의 코트' 혹은 '팔의 코트'로 직역하면 매우 모호한 의미가 된다. 그러나 무기의 일부라는 추측은 가능하다.

영어 Heraldry의 어원은 고대 프랑스어인 'hiraudie'이며 'heralds

---

* 직역하면, Blazon은 과시하다, Crest는 새의 볏, Seal 봉인 혹은 봉인용 도장을 뜻한다.

collectively'라는 의미를 갖는다. 이는 전쟁터에서 집단적으로 어떤 정보를 전달하기 위해 깃발을 사용한다는 의미에서 시작된 단어이다. 문장의 프랑스어인 'Armoiries' 역시 무기라는 의미를 갖는 고대 라틴어 'arma'가 어원이며[38] 여기서 영어의 'arm'이 파생되었다. 역시 문장의 독일어인 'Wappen'은 무기라는 뜻의 영어'weapon'과 독일어'wapen'과 어원이 같다. 문장의 어원을 살펴보면 어느 나라에서나 모든 단어들이 무기라는 개념에서 출발했음을 알 수 있다. 즉 유럽에서는 오래전부터 문장을 일종의 상징적 무기로 인식하였다는 것이다.

• 권력의 상속, 이미지의 상속

권력과 상속은 불가분의 관계가 있다. 과거에는 재산의 상속뿐 아니라 권력까지 상속되었다. 문장은 원래의 기능뿐 아니라 상속받은 권력의 징표로서도 활용되었다.

문장의 기원은 12세기 초 유럽 기사(騎士)들의 토너먼트**나 전쟁터에서 군인들의 방패 또는 복장(코트)의 표식에서 비롯되었다. 그러나 그보다 훨씬 오래전 고대 그리스와 로마에서 사용되었던 기록도 많이 남아있다. 그럼에도 유럽의 문장학(紋章學) 분야에서는 가문의 문장으로 상속되기 시작한 때부터 문장의 기원으로 본다.[39] 즉 단순히 무기에 표식을 한 것인가, 혹은 학술적으로 공식적인 문장의 기원인가를 판단하는 기준을 문장이 상속된 시점으로 기준을 삼는 것이다.

상속이란 상속 받을 만한 가치가 있을 때 성립된다. 상속받는 입장에서 상속자산에 특별한 가치가 없다면 상속 받으려고 하지 않을 것이다. 상속자산

** 유럽 중세시대 무술대회, 기사의 그룹 간에 말을 타고하는 무술 경연대회, 근래에는 경기에서 승자가 다음 경기에 진출하여 최종 우승자를 선발하는 경기방식으로 의미로 변화하였다.

의 가치가 크면 상속자들 사이에서 서로 더 많은 상속을 받으려고 한다. 과거 전제주의 시대에 상속자산은 세습권력 즉 제도적으로 보장된 권력을 승계 받는 것이다.

문장은 특정한 시각적 이미지에 불과하지만, 그 이미지는 권력을 의미하는 상징을 포함하고 있다. 따라서 문장을 상속받는다는 것은 선대의 권력을 상속받았다는 매우 중요한 의미를 갖는다.

• 문장의 확장, 권력 표식의 확장

문장은 원래 적군과 아군을 구별하기 위해서 시작되었다. 처음에는 투구를 착용한 기사가 서로 알아볼 수 없기 때문에 어느 편인지, 어느 소속인지 구별하고 식별하기 위한 표식이 필요했다. 그러한 필요에 따라 투구와 갑옷, 방패 등에 특정한 표식을 하게 되었고, 그 표식은 자신의 소속과 신원을 나타내고 남과 구별이 되는 것으로 충분하였다.

그러나 기사들의 욕구는 그것으로 만족할 수 없었다. 식별표시에 자기의 용맹성을 표현함으로써 적에게 위압감을 주고, 또한 자기 신분을 과시하는 상징적 이미지가 필요하였다. 따라서 초기에 단순한 디자인으로 시작하였던 문장이 형식과 디자인에서 점점 복잡해지게 되었다.

문장의 디자인에 사용된 상징적인 요소들 중 대표적인 것은 독수리와 사자, 장미와 백합, 십자가와 열쇠 등을 들 수 있다. 초기에는 기사들의 용맹성을 나타내기 위해 독수리나 사자 등 맹수의 이미지를 사용하였다. 그러나 문장의 사용이 기사에서 많은 특권층으로 확대되면서 다양한 상징적 요소들이 등장하게 되었다.

문장은 힘과 권위를 나타내는 강한 이미지를 주기 때문에 많은 특권층이

사용하고 싶어했고, 점차적으로 왕조가 이를 허락해줌으로써 군사적인 용도를 넘어 다양한 계층으로 빠르게 확대되었다. 무기에 사용되는 전투용 표식에서, 신분과 지위를 나타내는 장식으로 바뀌게됨으로써 제복, 공식 문서, 건물, 기념물, 가구, 책, 등 생활 속의 여러 매체에 활용되기 시작했다. 처음에는 왕·영주·귀족·기사 등 군대와 관계되는 계층으로 확대되었으나, 그 후 교회와 성직자, 도시, 대학 등도 왕의 허락을 받아 사용하게 되었다.

도시의 문장은 14~15세기경부터 나타났으며, 대학의 문장은 15세기경부터 사용되었다. 이튼칼리지는 1449년에 백합을 상징으로 하는 문장을 사용하기 시작하였고, 옥스퍼드대학은 15세기 중엽, 케임브리지대학은 1573년부터 사용하였다.

이처럼 문장의 사용이 많아지면서 더 많은 구별과 상징과 체계가 필요해졌고, 더욱 복잡해져갔다. 뿐만 아니라 가문의 계승을 표현하기 위해서는 적절한 디자인 체계가 필요했다. 문장은 상속되는 문장과 그렇지 않은 것으로 구별할 수 있기 때문에 상속의 규칙은 매우 중시된다.

이러한 필요에 따라 14세기경부터 문장의 공식적인 인정과 사용을 관할하는 문장관(紋章官, officer of arms)이라는 직업이 생겨났다. 문장관은 왕이나 귀족의 직속 관리로 고용되어 문장의 관리, 통괄, 기록뿐 아니라 문장 위반, 문장 다툼의 중재 및 처벌까지 가능하였다. 궁정의 관리이며 동시에 외교관으로서 평화 시에는 기사들의 토너먼트 경기의 진행 책임을 맡았으며, 전시에는 아군과 적군의 문장을 구분하는 역할을 하였다.

초기 문장은 방패에 문양을 그려 넣었기 때문에 문장 디자인의 기본은 방패 모양을 하게 되었다. 방패 모양 위에 스트라이프 문양이나 물결문양, 뒷발로 일어선 사자모습, 백합의 배열 등 간단한 디자인이었다. 점차 디자인이 복잡해지고 다양해지게 되면서 상징적 요소가 중복되고 유사한 형태가 나타나면서 혼란스러워지기 시작했다. 문장관이 등장한 후 문장은 제도적으로 정비되고 색채, 도안, 상속을 위한 분할이나 합성 등의 세세한 원칙이 생겨났다. 그러면서 문장의 구조, 형태와 디자인은 규정화되고 정형화되었다. 문장을 디자인하는 방식과 문장을 상속하는 데에도 규칙이 존재했고, 그러한 규칙에 의해서 만들어진 문장은 왕이나 귀족 가계의 정체성을 확립하고 문장의 고유성을 인정받을 수 있었다.

문장관은 지금 이 시대로 보면 기업의 브랜드 관리자이자 아이덴티티 디자인 책임자로 볼 수 있다. 문장이 정체성을 표현하고 권위와 계급을 나타내는 시각적 이미지로서 통치의 수단이 되기 위해서는 고도의 상징체계와 시각적 질서가 필요하다. 누구에게나 같은 상징을 허락해서는 안 된다. 어떤 상징을 어느 가문에서 누가 먼저 사용하였는지, 무엇을 상징하는지, 그 가계도의 특징과 전통을 알아야 하고, 계급과 위계질서의 미묘한 차이를 알아야 하며 거기에 적합한 디자인체계를 적용해야 하였다.

문장을 구성하는 기본 요건으로는 쉴드, 크레스트, 크라운, 리드, 맨틀, 헬멧, 서포터즈, 스크롤 등이 있으며, 차별화된 문장을 만들기 위한 방법으로 문장의 모티브를 변형 가필하거나 색을 바꾸는 디퍼렌싱(differencing)의 방법이 있으며, 선으로 분할하고 두 종류 이상의 문장을 분할 합성해 새로운 문장을 만드는 마샬링(marshalling) 등의 방법들이 많이 행해졌다. 쉴드(Shield)는 문장의 기본요소라고 할 수 있는데, 각종 무늬와 색채가 들어가는 기본 바탕 역시 쉴드의 형태를 하고 있다. 쉴드의 모양은 지역적 특성에 따라 다양한 종류가 있다. 그리고 쉴드의 구성요소는 좀 더 세분화할 수 있는데, 쉴드를 어떻게 구성하느냐에 따라 그 의미와 상징이 다르다. 보통 쉴드는 여러 부분으로 나누어져 있거나 다양한 선과 색을 활용하고, 경우에 따라 동물이나 인물 등의 그림을 넣기도 한다. 이러한 쉴드는 파티션/필드(Partition/Field) 디비전(Division), 팅크쳐(Tincture), 차지(Charges), 오디너리(Ordinary), 헤랄딕 라인즈(Heraldic Lines)로 구성된다. 파티션/필드 디비전(Partition/Field Division)은 문장이 상속되거나 계승되면서 다양하게 분할하는 방식을 말하고, 분할하는 방법과 모양도 매우 다양하다.

- 크레스트(Crest): 쉴드형 문장의 꼭대기 장식. 모든 문장에 항상 크레스트가 있는 것은 아님.
- 크라운(Crown): 문장 위의 왕관 모양. 주로 왕실에서 사용하며 아무나 사용할 수 없음.
- 리드(Wreath): 문장의 윗부분 꽃무늬 장식
- 맨틀(Mantle): 문장에 리드가 있을 경우 문장의 뒤편으로 늘어뜨려진 천
- 헬멧(Helmet): 투구 모양 문장
- 서포터즈(Supporters): 문장의 쉴드 양 옆에 서는 한 쌍의 동물
- 스크롤(Scroll): 문장의 가장 아래 부분에 위치한 것으로 모토(Motto)를 써놓은 리본
- 팅크쳐(Tincture): 문장의 바탕을 꾸미는 색채. 크게 색채, 모피, 금속 등 세 가지로 구분
- 차지(Charges): 문장에 들어가는 다양한 그림. 동물, 인물, 건물, 자연물 등의 상징 이미지
- 오디너리(Ordinary): 문장을 구성하는 일반화된 도형
- 헤랄딕 라인즈(Heraldic Lines): 오디너리나 파티션을 장식하는 특정한 선이나 무늬 모양

• 문장의 디자인과 상징

이러한 문장의 상징성과 기능은 현대에 까지 이어져 브랜드아이덴티티의 시각적 요소로 다양한 분야에서 활용되고 있다. 한 번 각인된 상징의 이미지, 이미지의 상징성, 정체성의 이미지는 세월이 흘러도 집단무의식 속에 끈질기게 남아있기 때문에 그러한 시각적 이미지는 권위와 힘을 만드는 데 활용될 수 있는 것이다.

문장의 디자인은 권위와 힘을 상징해야 하기 때문에 장식적인 면과 아울러 상징성이 가장 중요하였다. 문장 디자인을 위한 대표적인 상징요소들 중에 독수리와 사자는 정치적 권위를 상징하는 것으로 독수리는 왕권과 관련하여 신이나 황제를 나타내는 문장에 많이 사용되었다. 사자는 힘과 권위의 상징으로서 십자군 원정 이래 유럽에 도입되어 기사의 용맹함을 나타내는 상징으로 숭배되었다. 장미는 아프로디테나 비너스 신화와 결합하여 '미의 여신'과 '사랑의 여신'을 상징하고 백합은 청순 무구, 그리스도와 마리아를 상징한다.

십자가는 그리스도교의 상징으로 십자 문장은 교회뿐 아니라 국기, 도시 등의 문장으로도 많이 사용되었다. 열쇠는 가톨릭 권위와 신의 권위를 상징하는 데 많이 사용되었다. 그 외에도 용, 말, 그리핀 등 다양한 동식물과 신화와 상상 속의 신비로운 힘을 가진 존재들을 활용하였다.

포르쉐의 상표는 독일 슈투트가르트 지방의 문장과 뷔르템베르크 왕국의 문장을 결합하여 디자인하였다. 포르쉐의 본사가 독일 슈투트가르트 지역에 있기 때문인데, 슈투트가르트는 10세기경부터 기마대를 위한 말을 키우고 관리했던 전통으로 말이 유명한 지역이었다. 슈투트가르트 지방은 1286년부터 두 마리 말을 그려 넣은 문장을 사용하였다. 슈투트가르트를 수도로 삼았던 뷔르템베르크 왕국의 문장인 3개의 붉은사슴뿔과 뷔르템베르크 왕국의 2색 기를 배경으로 포르쉐는 슈투트가르트의 특색인 말을 모티브로 삼아 상표의 가운데에 배치시켰다.

그러나 이제 포르쉐 상표에 있는 말은 슈투트가르트의 상징이 아니라 자동차의 힘을 상징한다. 소비자는 포르쉐의 상표를 통해 세계 최고의 스포츠카라는 이미지로 인식한다. 포르쉐의 제품을 가지고 있는 소비자는 포르쉐의 상표에 대한 자기만족, 과시, 자부심을 느낀다. 이러한 이미지의 영향력을 유지하기 위하여 포르쉐의 상표는 과거 문장관이 했던 것처럼 상표의 색상이나 서체 등 표현방법을 규정하고 전 세계적으로 지키도록 하고 있다.

문장과 관련된 용어들은 앞서 말했듯 모두 전쟁용어가 아니면 장식과 권위를 상징하는 용어들이다. 문장은 12세기 십자군 정쟁의 기사들의 복장과 무기에서 시작되었지만 특권층의 권위와 힘을 나타내는 상징적 이미지로 발전되었다. 상징적 이미지는 시각적 정체성을 통해 권력을 더욱 강화시키며, 권력은 이를 활용하여 왔다. 이러한 메커니즘은 절대군주 시대의 특권층에서만 통용되는 것이 아니라 지금도 그 관계와 양상만 다를 뿐이지 거의 유사한 현상으로 나타난다.

브랜드의 정체성을 확고하게 하기 위해 기업들이 상품이나 서비스의 시각적 정체성을 구축하는 데 많은 비용과 노력을 투입한다. 고객을 타깃으로 규정하면서 그들의 마음을 장악하기 위해 상징 이미지를 활용하는 것은, 과거 자신과 가문의 정체성을 확고히 하기 위해 문장을 사용한 것과 마찬가지 원리이다. 사람의 마음 속에 한번 각인된 상징 이미지, 그 중에서도 가장 처음 확고하게 자리잡은 이미지는 다른 무엇보다 강력하다는 것을 잘 알기 때문이다.

• 권력의 이동, 문장에서 국기로

문장이 군주와 귀족 등 권력층의 통치의 상징으로서 역할을 하였지만 근대로 오면서 문장의 권위는 단순히 장식적인 것으로 변하였다. 미국독립과 프랑스혁명을 전후로 군주와 귀족계급이 쇠퇴하고 내셔널리즘이 대두되면서 국가와 국민들이 함께 사용할 표식, 즉 문장을 대체할 무엇이 필요하였다. 그것은 특정한 가문의 것이 아니라 국가와 모든 국민의 것이 되어야 했다.

특정 가문이나 집단을 위해 사용되던 문장을 대신하여 국민 모두 함께 사용할 수 있는 기(旗)가 등장하였다. 이 기(旗)는 시민혁명에서 요긴하게 사용되었으며, 국가간의 힘겨루기인 제국주의에서도 국가를 대표하는 상징표식(국기(國旗))으로 활용되었다. 즉 시대의 정치적 사회구조의 변화와 함께 문장의 권력적인 역할이 기(旗)로 넘어가게 된 것이다. 그러나 기(旗)는 문장과는 다르다. 마치 권력의 소유 구조가 특정 가문에서 모든 국민에게 분산과 공유가 이루어진 것처럼 기(旗)의 힘도 분산되었다. 그렇다고 그 힘이 약해진 것이 아니라 오히려 확대되었다고 볼 수 있다. 문장에 대하여 경례를 하지 않아도 되지만 국기에 대하여 모든 국민이 경례해야 한다.

문장은 아직도 여러 분야에서 그 모습을 찾아볼 수 있다. 제도적으로 권위적인 문장은 없어졌으나 도시나 주(州) 등의 지방자치단체, 각종 공공기관, 단체와 조직, 스포츠, 상표 등의 다양한 영역에서 정체성을 나타내는 시각적 도구로서 여전히 그 활용가치를 유지하고 있다.

• 문장의 시대에서 국기의 시대로

국기는 내셔널리즘이 등장하면서 근대국가가 탄생한 뒤 나타나기 시작하였다. 프랑스 시민혁명으로 탄생한 근대 국가는 그에 적합한 상징 이미지가 필요했으며 특권층의 전유물이었던 문장은 근대국가의 상징 이미지로 사용하기에 적합하지 않았다.

문장이 특권층의 권위를 나타내고 개별적인 정체성을 상징하는 이미지를 사용하였다면, 그에 반해 국기는 보다 많은 민중들의 공동의 욕구를 담아야 하기 때문에 특수한 상징 소재를 활용하기보다는 보편적인 상징체계와 쉬운 이미지를 사용해야 한다. 왕실이나 귀족 가문의 구성원들이 문장을 통해 신분을 과시하였던 것과 달리 국민들은 국기로 자기의 소속감과 같은 동족으로서의 연대성과 정체성을 확인한다. 특정 가문이나 교회, 학교처럼 특수한 상징성을 가지고 있는 조직에서는 특정한 상징요소를 시각적 이미지로 표현하기는 상대적으로 쉽다. 그러나 모든 국민들이 공감하는 이념과 상징을 표현하는 시각적 이미지를 만들기는 쉽지 않다. 모든 사람의 욕구를 동시에 만족시키기는 현실적으로 어렵기 때문이다. 따라서 의미의 폭이 넓고 단순한 형태를 사용할 수밖에 없다.

근대국가 국기의 효시라고 할 수 있는 프랑스의 국기인 삼색기는 형태와 색상이 매우 단순하다. 이 삼색기가 국기로 사용하기 시작한 것은 프랑스 혁명이 일어난 7월 14일 이후 3일째 되는 17일부터다.* 시민들의 바스티유 감옥

---

* 법령에 의해 정식으로 국기로 채택된 것은 1794년 2월 15일임.

함락이 있기 바로 직전, 대규모 소요사태가 파리를 휩쓸었으며 이때 국민방위군(Garde Nationale)이 조직되었고, 각양각색의 모습을 한 이들은 서로를 구분할 수 있도록 파리를 상징하는 색상인 붉은색과 파란색의 2색 휘장 형태의 독특한 표식을 착용했다. 7월 17일, 루이 16세(Louis XVI)는 국민방위군을 접견하기 위해 파리로 돌아왔고, 이때 국민방위군의 사령관이었던 라파예트(Lafayette)는 왕을 상징하는 흰색을 붉은색과 파란색의 2색 휘장 위에 덧붙여 3색 휘장을 제안하여 사용하기 시작했다. 그 이후 원래 빨간색이 깃대 쪽에 있었던 삼색기는 화가 다비드(David)의 건의에 의해 파란색과 빨간색의 위치를 바꾸어 오늘날과 같이 '파랑－흰색－빨강'의 형식이 되었다. 이 과정에서 3색의 위치와 각 색채가 상징하는 의미 등에서 첨예한 대립이 있었다. 사람들은 색 하나에 의미를 부여하고 목숨 걸고 싸운다. 그만큼 시각적 이미지가 주는 영향력을 잘 알기 때문이다. 색은 정치적 혁명에서 빼놓을 수 없는 요소이며, 그 사례는 매우 많다. 멀리 갈 것도 없이 최근 우리나라에서도 한나라당이 새누리당으로 당명을 변경하면서 청색을 버리고 금기 시 되었던 빨간색을 사용하여 효과를 보았으며, 민주당 역시 오랫동안 사용하던 노란색을 버리고 청색을 채택하였다. 색채의 힘은 코카콜라를 비롯하여 많은 브랜드에서도 이미 그 위력을 입증하고 있다.

외젠 들라크루아(Eugène Delacroix, 1798~1863)의 유명한 작품 "민중을

이끄는 자유의 여신" *은 프랑스혁명과 관련된 여러 사건을 이 그림 하나로 함축하여 보여준다. 만약 이 그림 속에 삼색기가 없었다면 지금과 같은 강렬한 인상을 주지는 못했을 것이다.

프랑스의 3색기가 1572년부터 사용된 네덜란드의 국기 'Prinsenvlag' 보다 대략 200년 이상 늦었으며, 미국국기 'Flag of the United States of America'보다 공식적으로 약 20년 늦게 만들어졌다. 그럼에도 프랑스의 3색기를 근대국가 국기의 효시로 꼽는 이유는 시민혁명을 통한 근대국가의 탄생과 궤적을 함께 하기 때문이다. 프랑스의 3색기가 온전히 지금처럼 프랑스의 국기로 인정받는데까지는 많은 정치적 역경을 거쳤다.**

---

* 이 그림은 3색기를 사용기 시작한지 50년이 지난 2차 시민혁명, 흔히 7월 혁명이라고 부르는 1830년 7월의 그림이다. 이 그림은 작가 자신이 목격했던 혁명의 순간을 극적으로 묘사한 작품이라고 한다. 프랑스혁명의 상징인 이 그림이 흔히 독립기념일인 1789년 7월의 현장의 장면으로 오인한다. 정작 최초 프랑스 혁명이 시작했을 때에는 아직 이 깃발을 사용하기 전이었다.

** 프랑스대혁명으로 탄생한 제1공화정은 나폴레옹의 쿠데타와 함께 막을 내리고, 1804년에는 나폴레옹이 제위에 올라 제1제정이 선포된다. 하지만 나폴레옹은 워털루 전투에서 패배하여 몰락하고, 그 후 프랑스는 왕정으로 복귀된다. 왕위에 오른 루이 18세(Louis XVIII)와 그 뒤를 이은 샤를 10세(Charles X)는 대혁명으로 탄생한 삼색기를 프랑스의 상징으로 받아들이지 않고, 옛 부르봉 왕

네덜란드 국기 'Prinsenvlag(Prince's Flag)'는 근대국가의 국기의 효시라고 하는 프랑스 3색기보다 200년 먼저 등장하였다. 프랑스 3색기를 왼쪽으로 눕혀 놓은 모양으로 가로줄 무늬의 3색기이다. 프랑스보다 먼저 사용하기 시작하였지만 당시 네덜란드가 왕조 국가의 적통을 계속 이어온 국가라는 의미에서 근대국가의 국기로 보기 어렵다. 그러나 국기의 디자인 형식과 당시 정치적 상황으로 볼 때 최초의 근대국가 국기라고 해도 무방할 것이다.

The Prince's Flag (Dutch: Prinsenvlag)

영국 국기 Union flag 역시 네덜란드처럼 왕조 국가를 계승한 국가의 국기이다. Union flag의 특징은 잉글랜드왕국(Kingdom of England)과 스코트랜드왕국이 1707년 연합법에 의해서 그레이트브리튼 왕국(Kingdom of Great Britain)이 되면서 잉글랜드의 기와 스코트랜드의 기를 합쳐서 만들어진 기이다. 그 후 1801년 연합법에 의해 아일랜드 왕국을 합병하면서 현재 디자인의 Union flag가 완성되었다. 그러나 아직 많은 웨일스 지역민들은 웨일스 국기가 Union flag에 반영되어야 한다는 주장을 하고 있다.

가를 상징하는 문장인 흰색과 황금색 백합을 프랑스의 국기로 정한다. 샤를 10세가 과거의 정치체제로 회귀하려고 하자 또 다시 혁명이 일어나게 되었다. 그것이 1830년 7월 혁명이다. 결국 샤를 10세는 영국으로 망명하였으며, 이후 프랑스는 귀족체제가 붕괴되고, 7월 혁명의 성공으로 자유주의가 유럽 여러 나라에 확산된다.

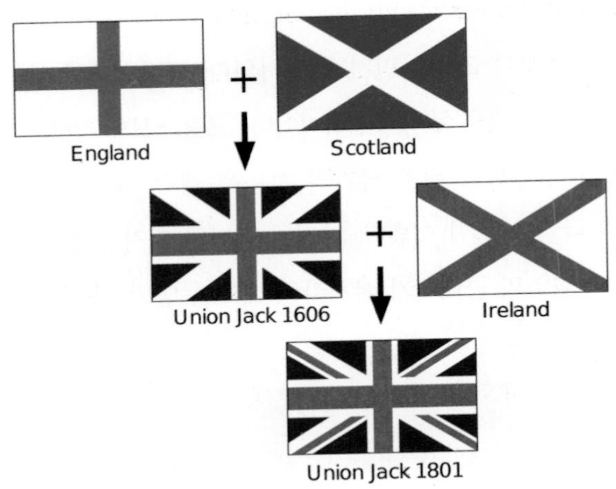

문장이든 국기이든 두 가지 모두 그것과 관련된 집단의 구성원들에게 정체성을 부여하고 또한 그것을 통치의 수단으로 활용하는 점에서는 마찬가지이다. 미국에서는 어떤 장소 물건이든 막론하고 국기를 장식처럼 사용하고 그것으로부터 자신들의 정체성을 확인하고 자부심을 갖는다.

태극기가 올림픽 경기장에서 게양될 때 금메달보다 더한 감동을 느낀다. 그냥 펄럭이거나 기둥에 매달려있는 기(旗)일 뿐인데, 단지 몇 가지 형태를 조합한 이미지일 뿐인데 그 그림 속에 의미를 부여하고 상징을 담고 그것으로부터 자신의 존재와 소속감을 확인하고 자부심을 갖고 자기의 정체성을 확인한다. 때론 감동하고 때론 울분하고 또 희망을 찾고 단결하고 일체감을 갖는다. 민족 정체성은 어떠한 형태든 이미지로 나타난다. 국기는 그러한 민족 정체성이 이미지 표출되는 대표적 사례이다.

• 상표(Trademark)와 브랜드의 시대로

근대국가의 시작과 비슷한 시기에 일어난 산업혁명은 경제구조에 혁명적 변화를 가져왔으며, 그 결과 새로운 형태의 기업이 발생하기 시작하였다. 새로운 형태의 기업은 새로운 산업경제체제를 만들어 갔으며, 동시에 정치구조도 크게 바꾸어 놓는 변화를 가져왔다. 국가를 자본주의 체제의 사회로 변화시켰으며, 이러한 과정에서 사회주의, 공산주의 등 국가와 사회 경제체제에 대한 전 세계적인 이데올로기의 첨예한 대립이 발생하였다.

이렇게 현대적 형태의 기업의 등장은 사람들의 생활에 많은 변화를 가져왔고, 국가와는 독립적으로 사회에서 새로운 힘의 구심점 역할을 하게 되었다. 이러한 기업에게 가장 먼저 필요한 것은 기업을 나타내는 표시이다. 중세의 기사와 귀족들에게 문장이 필요했던 것처럼, 그리고 국가에 국기가 필요한 것처럼 기업에도 기업의 표시가 필요하고 기업에서 생산하는 상품에도 표시가 필요하게 되었다.

표시가 필요하다는 점에서는 기업의 표시도 과거 문장과 국기의 경우와 마찬가지이며, 또한 그것이 정체성을 시각적 이미지로 표현한다는 점에서도 똑같다. 그러나 정치적 목적의 문장과 국기보다 상업적 표시인 상표(trade mark)는 더 치열한 경쟁 상황과 마주하게 된다.

문장이 적에게 공포심과 위압감을 주는 시각적 이미지로서 기사의 무기였다면, 상표는 제품의 품질과 더불어 상업적 목적을 달성하는 또 하나의 시각적 이미지로서 무기가 되는 것이다. 문장이 왕실과 귀족 등 특권층의 권위와 힘을 상징하는 이미지였다면 상표는 기업과 제품의 브랜드파워를 형성하고 상징하는 이미지이다.

기사에게 전투에서 문장의 힘보다는 기사의 전투 능력이 더 중요한 것처럼, 브랜드는 제품의 품질과 경쟁력이 더 중요하다. 그러나 상표의 힘은 문장의 힘보다 영향력이 더 강하다. 기사가 적과 마주 하여 싸우는 것이라면 브랜드는 소비자의 마음을 상대로 경쟁사와 싸운다. 귀족이 자기의 권위를 과시하기 위해 문장을 사용하던 것에 비해, 자발적으로 소속감과 연대감을 위해 국기에 경례하는데 비해, 상표는 보이지 않는 불특정 다수의 마음을 먼저 강력하게 잡아야 하는 치열한 경쟁상황에서의 새로운 무기이다. 실제 전쟁보다 더 치열한 마케팅 전쟁에서 훨씬 치밀하고 정교하게 사람의 마음을 잡는 법이 연구되고 그것이 시각적 이미지의 무기를 만들게 되는 것이다.

Chapter 08

제국의 상징, 독수리 문장(紋章)

독수리는 어느 시대에서나 가장 강한 자의 상징으로 사용되었다.

과거 독수리에 대한 이미지는 동서양 모두 비슷하였다. 하늘을 나는 맹금류로서 날카로운 부리와 빠른 속도로 먹이를 낚아채는 용맹스러운 이미지, 거기에다 사람이 갈 수 없는 곳인 하늘을 날아다닌다는 점에서 경외심을 갖게 하는 존재였다. 특히 서양에서는 고대부터 현대에 이르기까지 독수리의 그림과 문양이 권력과시의 수단이자 상징적 무기로 활용되어왔다. 앞에서도 말했듯이 Coat of arms, Armor, Wappen[40] 등 무기에 장식하는 문양과 무기를 같은 용어로 사용하고 있다. 상징적 이미지를 무기와 같은 용어로 사용한다는 것은 상징적 이미지가 실제 무기처럼 그만큼 위력이 있었다는 의미이다. 상징적 무기로 주로 사용된 이미지는 사자, 말, 독수리, 신화에 나오는 괴물 등 다양한 동물들이 있지만, 그 중에서도 특히 독수리는 사자와 더불어 가장 많이 애용되었다.

독수리 이미지는 고대 메소포타미아와 그리스신화에서부터 신성로마제국, 나폴레옹, 나치, 미국에 이르기까지 끊임없이 이어지고 있다. 특히 미국과 독일에서 독수리는 아직도 그 위용을 자랑하고 있다.

독수리의 그림을 사용한 시초는 정확하게 알 수 없으나, 고대 메소포타미아

수메르의 벽화에 독수리를 활용한 다양한 이미지가 발견되었다. 그리스신화에서는 제우스의 사자(使者) 역할을 하는 이야기가 나오며, 그것을 표현한 고대의 이미지들이 다수 발견되었다.

로마시대에서 황제를 상징하는 표식으로 사용된 후 비잔틴제국(Byzantine Empire, 동로마제국 330~1453)과 신성로마제국(독일 제1제국, 962~ 1806)으로 이어지면서 독수리 문장의 계보가 이어진다. 현재 독일을 중심으로 하는 지역의 국가에서 많이 등장하는데 이는 주로 로마제국(Roman Empire)의 정통성을 승계한 제국(帝國, Empire)에서 사용하였던 것으로 보여진다.

비잔틴 제국의 독수리 상징 부조와 문장

대표적으로 신성로마제국을 이어받은 오스트리아, 바이마르 공화국, 나치 정권, 현대 독일까지 독수리 그림을 문장으로 사용하고 있다.

[41]

위 그림은 카를대제의 독수리, 콘라드 2세의 인장 독수리, 하인리히 2세, 오토 4세, 프리드리히 2세, 신성로마제국 독수리, 오스트리아, 프로이센 빌헬름 1세, 바이마르공화국, 나치스 독수리 문장들이다. 특히 머리가 하나인 독수리와 머리가 둘인 독수리(쌍두 독수리)로 유행이 나뉜다. 쌍두 독수리의 의미는 동로마제국이라고도 불리는 비잔틴제국에서 '동서 로마제국의 통합' 이라는 의미로 사용하기 시작했다고 한다.[42]

위 그림은 1472년 최초의 러시아 이반(Ivan) 3세의 독수리 문장과 1918~1933년 기간의 프러시아(Prussia) 문장이며, 다음 그림은 나치제국의 문장이다.

미국의 독수리에 대한 사랑과 애착은 미국이 세계 최강대국이라는 힘의 과시와 자부심을 나타내는 상징으로 나타난다. 미국은 정부의 국장(國章, seal)에서부터 상하원, 그리고 각 정부부처의 심볼마크에 이르기까지 독수리 없는 마크를 찾아보기 어렵다.

특히 미국의 보건복지부(United States Department of Health and Human Services, US–Dept Of HHS)와 미국 주택도시개발부(United States Department of Housing and Urban Development, US–Dept Of HUD)의 경우 독수리 형태를 주된 이미지로 사용하지 않으면서도 절묘하게 독수리를 표현하고 있다. 보건복지부는 조직의 업무 특성에 따라 사람을 표현하면서도 결국 독수리의 형태를 묘사하고 있다. 대부분 정부기관이 독수리의 정면 모습을 사실적으로 표현하고 있는 데 비해 사람 얼굴의 옆모습과 중첩시켜서 독수리의 옆 모습을 간결하게 표현하였다. 어떻게 하든 독수리 이미지를 표현하겠다는 의지가 보인다. 주택도시개발부 역시 건물을 나타내는 세로 막대기 중심에 단순하지만 바로 독수리라고 알아볼 수 있는 형태가 들어있다. 비교적 현대적인 감각으로 단순하게 디자인하면서도 국가가 추구하는 이념과 정체성을 놓치지 않았다. 미국이라는 나라의 국가 정체성 표현이 이 흰머리 독수리 이미지로 압축되어 표현된다. 미국에서 문장으로 사용하는 독수리는 bald eagle(흰머리독수리)이다. 주로 북아메리카 지역에서 서식하는 독수리로서 미국의 국가 새이다. American Eagle이라고도 한다.

독수리를 선호하는 사상은 우리나라도 예외는 아니다. 군부대뿐 아니라 경찰, 대학의 상징으로도 사용되고 있다. 공군에서 독수리를 표식으로 사용하는 것은 당연하다고 하더라도 특전사, 경찰은 상징성이 다소 부족하다. 게다가 해군, 해병대까지 독수리를 표식으로 사용하는 것은 더 이해하기 어렵다. 미국은 모든 정부기관이 독수리를 사용하기 때문에 모든 군대, 즉 육군뿐 아니라 해군 해병대까지 독수리를 사용하고 있다. 미국 군대의 상징체계를 답습한 결과로써 한국의 군대까지 독수리를 사용하고 있다고 여겨진다.

군대뿐 아니라 대학교에서도 독수리의 위용을 과시하는 학교가 있다. 연세대학교는 대학의 상징으로 독수리를 사용하고 있으며, 이 학교 학생들은 스스로를 신촌독수리라고도 부른다. 교가와 응원가에도 독수리 표현이 있으며, 실제 독수리상을 표상으로 세웠다.

과연 이 대학과 독수리와 어떤 관계가 있는 것인가? 독수리의 무엇이 이 대학정체성을 대신하는가? 대학의 가치와 독수리의 무엇이 연관되는지 이해하기 어렵다. 여러 가지 상징적 의미가 있겠지만 그것을 진지하게 생각하는 사람들은 별로 없을 것이다. 단지 의미를 부여하는 것일 뿐이다.

Chapter 09

나폴레옹 꼬냑(Napoleon Cognac), 브랜드와 브랜디(brandy)

브랜드 공부의 보고(寶庫)
'나폴레옹 꼬냑(Napoleon Cognac)'

'나폴레옹 꼬냑(Napoleon Cognac)'이라는 술이 있다. 얼마 전까지는 꽤 유명한 술 브랜드였는데 요즈음에는 이 술의 브랜드조차 생소한 젊은이들도 많다. 그리고 술에 대해 해박한 지식을 가지고 있는 사람들은 이 브랜드가 어떤 의미인지 잘 알지만 대부분의 사람들은 이 브랜드가 뜻하는 바를 잘 모르는 채 상당히 비싼 고급 양주 정도로 생각한다. 아무튼 '나폴레옹 꼬냑'은 꽤 재미있는 이름이다. 술에다가 한때 위대했던 프랑스 황제의 이름을 붙였다. 또 '꼬냑(Cognac)'은 원래 술의 종류나 브랜드가 아니라 프랑스 남서부 지역에 위치한 인구 2만 명 정도의 작은 시골 지역의 명칭이다. 즉 '나폴레옹 꼬냑'은 위대한 인물의 이름과 작은 지역의 명칭이 결합된 브랜드이다. 우리나라로 비유하자면 '세종 안동', '이순신 전주'와 같은 결합이라고 보면 된다. 이러한 결합은 브랜드전략의 관점에서 볼 때 매우 의미 있는 사례다. '나폴레옹'이라는 사람의 이름도 브랜드가 되었으며, 지역명칭인 '꼬냑'도 브랜드가 되었을 뿐 아니라 꼬냑이 대표하는 술의 한 종류인 '브랜디(brandy)'도 브랜드와 관계가 있다.

먼저 '꼬냑'이란 어떤 술인가? 꼬냑은 프랑스 남서부 작은 시골 마을인 꼬냑 지역에서 생산되는 브랜디의 한 종류를 일컫는 말이다. 꼬냑에는 우리에게 잘 알려진 헤네시(Hennessy), 까뮤(Camus), 레미마틴(Remy Martin), 마르텔(Martell), 오타드(Otard), 꾸르부와제(Courvoisier), 고티에르(Gautier) 등의 유명 코냑 회사/브랜드들이 있다. 샴페인이 프랑스 샹파뉴 지방에서만 생산되듯이, 꼬냑 역시 꼬냑 지방에서만 생산될 수 있으며 일반적인 브랜디보다 뛰어난 품질을 유지하기 위해 엄정한 생산과정과 특별한 포도만을 사용하는 것으로 유명하다. 그리고 꼬냑 지방에서만 생산되는 브랜디라고 해서 모두 꼬냑이라는 명칭을 사용할 수 없다. 정부에서 관리하는 품질인증을 받아야만 꼬냑이라는 명칭을 사용할 수 있다.

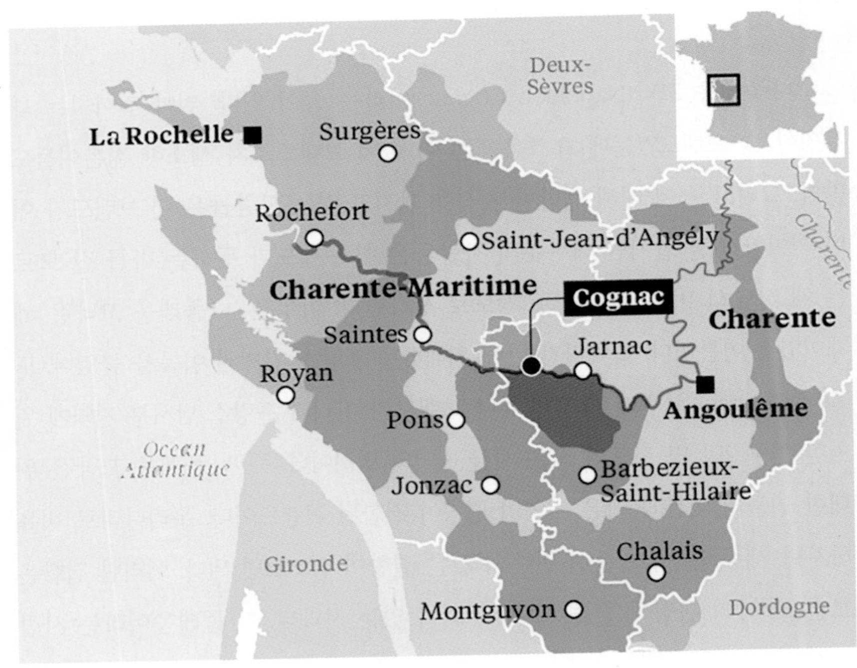

지역명칭이 브랜드로 널리 알려지게 된 사례는 매우 많은데, 와인으로 유명한 프랑스의 보르도(Bordeaux), 메독(Madoc), 보졸레(Beaujolais) 등이 있으며, 독한 술로 유명한 멕시코의 테킬라(Tequila), 치즈로 잘 알려진 프랑스의 카망베르(Camembert), 영국의 체다(Cheddar), 네덜란드의 에담(Edam)과 고다(Gouda), 커피에서 예멘의 모카(Mocha), 인도네시아의 자바(Jawa) 등이 지역명칭이 브랜드화된 대표적인 사례들이다. 스코틀랜드(Scotland)는 여기서 생산되거나 관계된 많은 것들이 브랜드화되었다. 대표적으로 스카치 위스키(Scotch whisky)뿐 아니라 스카치 에그(Scotch Egg) 스카치 에일(Scotch ale) 등 많은 분야에서 스카치라는 단어가 브랜드처럼 많이 사용된다.*

유럽연합의 지리적표시보호(Protected geographical indication, PGI)와
원산지명칭보호(Protected designation of origin, PDO) 로고

이렇게 지역 명칭이 점차 유명해지면서 브랜드화 되는 것을 제도화한 것이 '지리적표시제(地理的表示制 Geographical Indication System)'이다. 꼬냑의 철저한 품질관리와 명칭보호를 위해 1640년 루이13세는 꼬냑 지역에서 생산되는 최고의 브랜디만을 '꼬냑'으로 부르도록 규정하는 '루이 13세 법령'

---

* 스카치(Scotch)는 스코틀랜드 혹은 스코틀랜드 사람을 뜻하며 스카치테이프(Scotch Tape)는 미국의 3M사의 브랜드이지만 인색한 사람을 비유하는 '스카치'를 브랜드로 사용한 것이다.

을 만들었다. 이후 꼬냑의 수호자라 불리는 유명 꼬냑 회사인 레미마틴은 자사가 만든 최고의 브랜디에 '루이 13'세라는 브랜드를 사용하였고, 지금 세계적으로 가장 인정받는 품질의 꼬냑이다. 그리고 1938년에는 브랜디를 프랑스 어느 곳에서나 생산할 수 있지만 '꼬냑'이라는 명칭은 꼬냑 지역에서만 생산되는 브랜디에만 붙일 수 있도록 규제하였다. 이것을 '원산지 통제명칭제(A.O.C, Apppellation d'Origine Contrlee)'라고 하는데 생산자에게는 높은 수익을 보장하고 소비자에게는 좋은 품질로 만족을 줄 수 있는 제도로서 꼬냑의 원료인 포도품종과 증류과정 및 방법 등 꼬냑의 전반적인 부분에서 엄격하게 규제한다. A.O.C제도가 긍정적으로 평가되면서 프랑스는 1992년 이후 '지리적 표시제(Geographical Indication)'를 실시하였다. 이 지리적 표시제는 상품의 품질과 특성이 해당 상품의 원산지 때문에 생겼을 경우, 그 원산지의 이름을 상표권으로 인정해 주는 제도이다. 생산지의 명칭을 사용하게 함으로써 지정된 지역 이외에서 생산된 상품은 그 명칭을 붙일 수 없도록 엄격하게 규제하여 상품에 대한 보호를 더욱 강화하였다. 이러한 제도를 위해 프랑스는 1935년 국립 원산지통제명칭 품질관리원(I.N.A.O, Institut National de Appellations d'Origine)을 설립하여 프랑스 와인의 원산지 명칭에 대한 승인, 통제, 관리를 통해 포도품종과 경작, 와인 양조에 이르는 전 과정을 A.O.C 제도와 함께 철저하게 감독, 규제한다. 아울러 국가기관으로 꼬냑 사무국(B.N.I.C, Bureau National Interprofessonal Cognac)을 두어 꼬냑의 개발과 생산 및 판매를 촉진하고 포도 생산자와 꼬냑 생산자 및 판매자들의 이익을 대변하며 꼬냑의 제조에 관련된 모든 공정을 철저하게 지도하고 감독하고 있다. 이러한 과정과 관리가 있었기에 지방의 작은 지역 이름이 오늘날과 같은 세계적 유명한 지역브랜드로 만들어지고 유지될 수 있었던 것이다.

그렇다면 '브랜디'란 어떤 술인가? 앞에서 간단히 언급하였지만 꼬냑은 브랜디의 일종이다. 요즘엔 꼬냑이 잘 알려져 있지만 아직도 꼬냑이라고 하면 일반적으로 양주라고 생각하는 사람들이 많다. 그리고 술에 대해 잘 모르는 사람들은 양주라고 하면 모두 투명한 황금색의 독한 술로 알고 있다. 양주에는 종류가 많지만 위스키와 브랜디가 대표적으로 꼽힌다. 이 두 가지 술은 색으로만 보면 거의 비슷해서 구분하기 어렵지만 원료가 전혀 다른 술이다. 위스키는 곡식이 원료이며 브랜디는 과일이다. 두 가지 모두 증류주라는 점에서 우리나라 소주(燒酒)와 같다.*

소주는 곡식을 원료로 하는 대표적인 증류주인데, 소주에서 '소'의 漢字(한자) '燒'에는 불火(화)변이 있다. 즉 燒는 불사르다, 불태우다, 타다, 익히다 등의 의미를 갖는다. 바로 불을 사용하여 술을 만들었다는 의미로 소주(燒酒)라고 한다.

브랜디(brandy) 역시 구운 와인이라고도 하는데, 불을 사용하여 와인을 증류한 술이라는 의미이다. 브랜디는 과일을 발효한 와인을 증류한 뒤 오크통에서 일정기간 숙성 과정을 거쳐 완성된다. 브랜디(brandy)와 브랜드(brand)는 표기가 유사한데 그것은 모두 불을 의미하는 어원에서 나온 용어라는 공통점 때문이다.**

---

* 중국음식점에서 흔히 마시는 이과두주(二鍋頭酒) 역시 증류주라는 의미인데, '과두(鍋頭)'란 증류를 통해 가장 먼저 나오는 술을 의미하며, '이과두(二鍋頭)'란 두 번째 증류한 술을 의미한다.

** 이 책 1부 브랜드 참조

위스키(whisky) 역시 증류하였다는 의미의 어원을 갖는다. 과거 유럽에서는 증류한 술을 귀하게 여겨서 '생명의 물'이라고 하였는데, 이 '생명의 물'이라는 의미를 가진 켈트어(語) 어원인 'uisge-beatha'가 변하여 지금의 whisky 위스키라고 불리게 되었다.

위스키는 곡식을 원료로 하는 증류주의 대표적인 술로써 보리, 호밀, 밀, 옥수수 등의 곡식을 발효하여 만든 술을 다시 증류하여 만든 술이다. 이렇게 증류한 술은 처음에는 무색 투명하며 색이 전혀 없다. 증류하여 만든 주정(酒酊)을 일정기간 나무통(주로 오크통: 참나무, 떡갈나무로 만든 양조용 나무통)에 숙성시키는데, 이러한 숙성 과정을 거치면서 나무에서 우러나는 맛과 향이 섞이게 되고 점차 투명한 amber color(황갈색)의 아름다운 색깔로 변하게 된다.

위스키가 곡식을 원료로 하는 증류주의 대표라면 과일을 원료로 하는 증류주의 대표는 브랜디(brandy)이다.

'브랜디'라는 술의 의미와 지역명칭인 '꼬냑'까지 파악되었다. 그렇다면 '나폴레옹'은 왜 여기에 등장하였을까? '나폴레옹'은 프랑스의 장군이자 황제로 일명 '나폴레옹 전쟁'을 일으켜 유럽의 여러 나라를 침략, 연전연승을 거듭함으로써 19세기 프랑스 제국을 세웠던 인물이다. 러시아원정 실패, 워털루전쟁 대패 등 좋지 않은 말년을 보내긴 했지만 프랑스 역사에 있어 가장 위대한 장군이자 유럽사에서 절대 빼놓을 수 없는 '영웅'이라고 불리는 인물이다. 여기까지 보면 꼬냑과 나폴레옹에서 프랑스라는 공통점을 발견할 수 있다. 하지만 나폴레옹이라는 이름이 왜 꼬냑까지 점령하여 '나폴레옹 꼬냑'이라는 브랜드가 되었는가에 대한 해답을 파악하기에는 아직 불충분하다.

'나폴레옹 꼬냑'이라는 명칭의 유래는 정확하지 않다. 나폴레옹이 100년 이상 된 꼬냑을 즐겨 마셨기에 오래 숙성된 꼬냑을 그렇게 부르기로 했다는 설, 나폴레옹이 6년 반 만에 다시 찾은 개인 꼬냑 배럴에 담겨있던 꼬냑의 맛이 뛰어나서 붙여진 이름이라는 설, 그리고 나폴레옹과 친분이 두터웠던 와인 판매자가 이를 이용해서 상표화시킨 것이라는 설 등 여러 가지 설들이 있지만, 나폴레옹의 아들이 태어난 해에 이를 축하해주기 위해서 와인업자들이 상표에 그의 이름을 표시하기 시작했다는 설이 가장 유력하다고 한다. 이렇게 나폴레옹 꼬냑에 관한 여러 가지 설이 전해지고 있으며 어떤 설이 정확히 맞는다고는 특정할 수 없지만, 다만 우리가 이 여러 가지 설들을 통해 알 수 있는 것은 나폴레옹이라는 한 개인의 강력한 이미지가 꼬냑이라는 카테고리(Category)에 그의 이름이 브랜드가 되도록 영향력이 미쳤다는 사실이다.

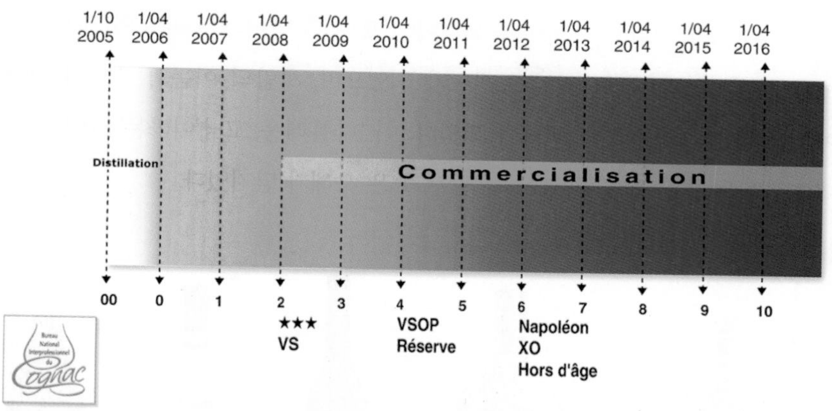

사실 나폴레옹은 꼬냑의 브랜드가 아니다. 단지 등급의 명칭일 뿐이며, 그것도 공식적인 등급 명칭이 아니라 생산자의 전통을 고려한 별도 등급이다. BNIC(꼬냑사무국)에서 부여하는 등급은 V.S(Very Special), V.S.O.P(Very Superior old pale), X.O(Extra. Old) 등의 순서이며, Napoleon은 X.O 혹은 X.O와 V.S.O.P의 중간 정도의 등급에 해당된다. 이러한 구체적인 사실과 무관하게 꼬냑 판매자들은 꼬냑을 더 많이 판매하기 위해 자국의 위대한 황제의 이름을 의도적으로 사용하였으며, 소비자들은 꼬냑 위에 새겨진 이름 여덟 자(Napoleon)만 보고도 그 꼬냑의 품질이 우수할 것이라는 믿음과 환상을 갖게 되는 것이다. 즉 다시 말하자면 의도하였든 의도하지 않았든 결과적으로 등급의 명칭인 '나폴레옹'이 하나의 브랜드로 인식되게 되었으며, 거기에는 어떤 특별한 사연보다는 단지 나폴레옹이 상당한 권력자였기 때문이라는 이유뿐이다. '사람(나폴레옹)은 죽어서 이름(브랜드)을 남긴다.'라는 말이 여기에 해당되며 브랜드와 권력의 관계를 짐작할 수 있다.

'나폴레옹 꼬냑'은 여러 가지 측면에서 재미있는 브랜드의 사례이다. 제품의 카데고리 브랜디는 브랜드와 어원이 같으며, 꼬냑이라는 제품의 생산지는 제품 카데고리의 대명사격인 브랜드가 되었으며, 사람의 이름과 지역의 명칭이 결합하여 세계적인 브랜드가 되었다. 이 '나폴레옹 꼬냑'이라는 단어 하나에 브랜드의 많은 것을 공부할 수 있는 좋은 사례가 담겨있다.

Chapter 10

금기와 파격의 이미지, 베네통(BENETTON)광고

색으로 이념을 말하고,
이념으로 브랜드파워를 만든 전략

• 금기와 파격

이 광고이미지를 처음 보는 사람들은 광고 메시지를 이해하는 데 혼란스러워한다. 오른쪽 상단에 베네통(BENETTON) 로고가 있는 것으로 보아 광고인 것은 분명한데 광고 카피가 전혀 없다. 그리고 신부와 수녀가 키스하는, 통상적으로 금기 시된, 다소 파격적인 사진뿐이다. 무엇을 소구(訴求)하는 광고 메시지인지 쉽게 알 수 없다. 대체로 많은 사람들의 반응은, 광고에 파격적인 장면을 등장시킨 것으로 미루어 볼 때, 금기를 깨려고 하는 어떤 메시지를 전하려고 하는 것 같은데 확실히 알 수 없다고 한다. 그리고 이 사진이 베네통 혹은 패션과 어떤 연관이 있는지도 모르겠다고 한다. 이러한 의문을 풀기 전에(광고를 해석하기 전에), 우선 이 광고 속의 이미지, 즉 광고가 아닌 단지 사진 이미지에 대해서만 먼저 살펴보자.

대부분의 사람들은 사진을 보게 되면 사진의 시각적 이미지가 보여주는 것을 그대로 받아들이게 된다. 그러나 보이는 것과 실제는 다르며, 또한 보이는 것과 보이지 않는 것 역시 다르다. 즉 '보여 주려는 것'과 '보이는 것', 그리고 '보여 주기 위한 연출'과 그 결과로 나타난 '물리적/시각적 이미지(보여지는 팩트)' 등 이 네 가지는 모두 다르다. '보여 주려고 하는 것'은 작가의 의도이며, '보이는 것'은 보는 사람의 느낌과 판단이다. 그리고 '보여 주기 위한 연출'은 작가의 의도를 표현하기 위한 연출계획과 기법이며 그 결과로 나타난 '시각적 이미지'는 보여지는 그대로의 사진 속 시각적 이미지이다. 이 네 가지 중에서 '보이는 것' 즉, 보는 사람의 느낌과 판단이 가장 중요하지만 그것은 사람마다 다르다. 그러나 '시각적 이미지'의 팩트와 '연출 계획'을 살펴봄으로써 사람들이 무엇을 보게 될지 추측할 수 있다. 이 사진은 사진작가 올리비에로 토스카니[43]가 루치아노 베네통회장[44]으로부터 광고캠페인을 의뢰 받고 찍은 사진이다.

이 사진을 촬영하기 위해서 사진작가는 우선 이 사진에 적합한 모델을 찾았을 것이다. 특히 여성의 얼굴은 45도 각도로 앞 모습을 보여야 하기 때문에 더욱 신중하게 선정하였을 것이다. 다음은 배경에 대해 구상하였을 것이다. 여기서 여러 가지 선택이 가능하다. 교회 내부를 배경으로 하는 방안, 외부에서 교회 건물을 배경으로 하는 방안, 일반 평범한 가정집의 실내를 배경으로 하는 방안, 숲이나 자연을 배경으로 하는 방안 등 다양한 장면을 구상할 수 있다. 그러나 작가는 아무것도 없는 흰색을 배경으로 하였다.

다음은 카메라 앵글과 조명에 관해서 보자. 카메라의 위치, 인물의 크기, 인물의 각도, 조명의 위치, 빛의 분위기에 관한 것들이다. 카메라 앵글과 조명은 인물 촬영에서 중요한 요소인데, 작가의 의도가 사진에서 어떻게 나타날 것인가, 또 사람들이 어떤 느낌을 받을 것인가를 동시에 고려하여 매우 신중하게 결정하게 된다. 한 가지 쇼트(Shot)로 결정하여 그대로 촬영하는 작가도 있지만, 여러 가지 쇼트를 시도한 후 작가의 의도와 가장 근접한 결과물을 선정하는 경우도 있다. 우선 카메라의 위치/시선을 어떤 높이로 할 것인가를 고심한다. 위에서 내려다 볼 수도 있고, 아래에서 올려다 볼 수도 있다. 여기서는 아이 레벨(눈 높이)보다 약간 낮은 앵글로 인물의 턱 선에서 느낄 수 있는 감정을 부드럽게 묘사하였다. 사소한 디테일이지만 작가가 의도하는 느낌을 위해 매우 중요한 요소이다. 다음, 화면 속의 인물 크기는 버스트 쇼트(bust shot)와 미디엄 클로즈업(medium close-up) 중간 정도이다. 전신이 다 보이는 풀 쇼트(full shot)나 얼굴이 화면을 가득 채우는 클로즈업 쇼트(close-up shot)를 선택할 수도 있었겠으나, 작가는 남자의 등이 일부 잘리는 버스트 쇼트을 선택하였다. 그리고 얼굴의 각도는 남녀가 마주한 선을 일직선으로 볼 때 약 15도 정도 비스듬하게 촬영하여 여성의 얼굴이 옆모습이지만 앞모습도 알아볼 수 있을 정도이다. 각도를 좀 더 틀어서 여성의 모습이 더 많이 보이는 각도로 촬영 할 수도 있었겠으나 남성의 옆모습을 고려한 것으로 여겨진다. 인물의 크기와 각도는 좋은가 나쁜가를 떠나서 의도에 가장 적합한 장면을 찾는 것이 중요하다.

조명은 전면 우측 45도 약간 높은 방향에서 다소 부드러운 빛을 메인(주광)으로 사용하였으며, 좌측 45도 역방향에서 직사광과 유사한 보조광을 사용한 것으로 보인다. 그 빛은 여성의 우측 눈 부분의 밝은 면을 만들어 주어서 인물의 느낌과 사진 전체의 분위기를 만들어 주고 깊이를 더 해준다. 그리고 배경 면에 대한 조명도 여성의 복장과 경계를 느낄 수 없도록 거의 같은 밝기를 사용하였다.

전반적으로 이 사진 속에는 작가의 세심한 연출이 숨어있음을 알 수 있다. 즉 특정한 이미지를 만들려는 의도에 적합한 연출 계획을 가지고 사진 촬영을 하였을 것이며, 그러한 연출의 결과로 이러한 사진 이미지가 만들어진 것이다.

결과적으로 사진 속의 시각적 이미지의 팩트는, 성직자 복장을 한 남녀들이, 화면 속에서 타이트한 바스트 사이즈로, 서 있는 자세이며, 사진각도(앵글은)는 옆모습인데 남자는 거의 등만 보이며 검정색 복장과 모자로 인해 뒤 목덜미 일부분과 오른쪽 뺨의 일부와 턱의 아랫부분만 보인다. 여자는 왼쪽 뺨과 앞모습이 비스듬히 보이는 각도에서 얼굴을 살짝 들고 있으며, 두 사람이 가볍게 입술만 닿는 정도의 키스하는 동작, 그리고 여성은 눈을 가볍게 감고 있다. 전체적인 색상과 화면구도는 등을 보이는 신부 복장의 검은 색이 화면 왼쪽 1/3 가량을 채우고 있으며, 수녀복장의 흰색이 중앙을 채우고 있으며, 수녀 뒤 배경 역시 흰색으로 화면의 1/3을 차지하기 때문에 화면의 2/3가량이 흰색으로 채워져 있다.* 이것이 보이는 전부다. 내용이 다소 파격적인 데 비해 사진은 비교적 단순하다.

사람들은 이렇게 만들어진 사진 이미지를 단지 결과만 보게 된다. 작가의 의도와 연출 방법에 상관없이 보이는 것 즉, 보는 사람의 느낌만 있을 뿐이다. 이 사진 이미지에서 많은 사람들이 갖는 느낌은 "성직자들이 키스하는 장면은 파격적이지만, 사진 이미지가 주는 느낌은 전체적으로 깨끗하고 순수하며 아름답게 느껴진다." "의미는 알 수 없으나 불결하거나 부도덕한 느낌을 받지 않는다. 금기를 깨는 장면이기는 하지만 불편하거나 부정적으로 보이지는 않는다."라

* 사진 속의 시각적 이미지의 팩트(Fact) 분석을 통하여 촬영의 기술적 방법과 작가의 연출 의도를 추리해 보는 것은 사진을 공부하는 유익한 방법이 될 수 있다.

고 하는 의견이 대부분이다. 그렇다면 이 사진이 보여주려고 하는 것, 즉 제작자의 의도는 무엇인가? 여기서 사진 이미지만의 의도와 이 이미지를 사용한 광고의 의도, 이 두 가지로 나누어 생각해 볼 수 있다.

우선 사진 이미지가 보여주려고 하는, 즉 말하려고 하는 것은 종교적 관습에 대한 도전이다. 성직자의 사랑이 종교적 규범으로서 금기되어야 하는가를 질문하고 있다. 또한 파격적 장면으로 대중의 관심을 끌려고 하는 의도도 보인다. 이러한 관심 끌기로 종교적 관습에 대한 도전을 중론화하려는 의도 역시 담겨 있다. 이러한 의도들은 사진 이미지가 언어로서의 기능으로서 설득력을 가질 수 있을 때, 의도한 효과를 얻을 수 있다. 언어의 기능으로서 설득력을 가지기 위해서는 분명한 메시지를 바탕으로 감동 혹은 공감과 지지를 받을 수 있어야 한다. 그래서 사진 이미지는 더욱 정교하게 연출되어야 한다. 이 사진에서는 보는 사람들이 순수하며 아름다움을 확실하게 느끼도록 해야 한다. 조금이라도 불결하거나 부도덕한 느낌을 받지 않도록 해야 한다. 그렇게 보이도록 세심하게 연출한 흔적이 보인다. 이미지를 언어로 사용하기 위해서는 문자언어나 음성언어와 달리 이미지 언어만의 여러 가지 세심한 설계가 필요하다.

사실, 이 사진 이미지의 주제는 금기에 대한 도전이 아니라 사랑이다. 사랑은 기독교에서 가장 중요하게 여기는 덕목이다. 성경에서 사랑이라는 단어가 약 500회 이상 등장한다. 고린도전서에서 "믿음, 소망, 사랑 이 중에 제일은 사랑이다"라는 구절은 기독교 신자가 아니더라도 누구나 잘 아는 유명한 말이다. 그렇다면 아무리 성직자라고 해도 사랑을 금지하는 것은 이율배반적이지 않은가 라는 질문을 하고 있다. 결국 이 사진 이미지는, 관습적 금기와 사랑 중에 무엇이 옳은가를 묻고 있는 것이다. 하지만 여기서 끝이 아니다. 이 광고의 사진 이미지에 숨어있는 진짜 의도는 오른쪽 상단의 초록색 사각형 로고 속에 들어 있는 슬로건을 읽은 다음, 일련의 베네통 광고캠페인 전체를 보아야 알 수 있다.

• UNITED COLORS OF BENETON

UNITED COLORS
OF BENETTON.

"UNITED COLORS OF BENETON"은 꽤 재미있을 뿐 아니라 슬로건에 브랜드네임이 포함되어 있어 매우 효과적이다. 슬로건은 이 광고에서 유일한 문장임에도 불구하고, 대부분 사진 이미지에만 관심을 두어서 슬로건은 간과하기 쉽다. 이 슬로건은 4개의 단어로 이루어져 있다. 전치사 OF와 브랜드인 BENETON을 빼면 형용사UNITED와 명사 COLORS만 남는다. 명사인 단어 컬러, 즉 색(色)이 이 슬로건의 중심이 된다. 직역하면 '베네통의 연합된 색'이다.

'연합된 색'이란 무엇을 의미하는가? 색(色)과 키스하는 성직자 사진과 연관성은 무엇일까? 그 해답은 다음 광고를 보면 바로 알 수 있다.

색이 다른 인종이 하나의 담요 속에 함께 있다. 이 광고의 사진 이미지는 보다 명확하고 읽어 내기 쉽다. 이미지가 카피의 역할을 충분히 하고 있기 때문에 광고에 카피가 없어도 의도하는 바를 쉽게 읽어 낼 수 있다. 그럼에도 담요의 색과 로고의 위치는 대부분 간과하기 쉽다. 담요의 색을 베네통의 로고 컬러인 녹색을 사용함으로써 '색의 연합'을 주도하는 베네통 브랜드의 역할을 암시하였다. 게다가 담요 테두리를 녹색의 보색인 자주색을 사용한 것은 보색대비를 통한 색의 연합을 강조하기 위함으로 보인다. 또한 로고의 위치를 인물들의 얼굴과 비슷한 높이에 나란히 배치함으로써 시선을 유도하였는데, 마

치 베네통을 인간의 3색 인종과 유사한 종족으로 보이게 한 것으로 여겨진다. 이러한 담요의 색, 로고의 위치 등은 이 광고가 단지 인종문제만을 다루는 것이 아니라 베네통이라는 브랜드의 위상을 함께 부각시키려는 복선이 깔려있는 것이다.

이 사진으로 미루어 볼 때 앞 신부와 수녀의 키스 사진도 인종문제를 다루고 있음을 알 수 있다. 관습을 깨자는 메시지를 성직자들의 사랑하는 장면을 통하여 직접적으로 표현함과 동시에 Black(검정색)과 White(백색)인 성직자들의 복장의 색을 통하여 흑백갈등 해소, 즉 인종평등을 은유적으로 표현하고 있다. 직유, 은유, 상징 등의 수사적 표현을 동시에 구사하는 고급 이미지 언어이다. 상징적 표현은 숨어있는 약속된 관념이나 앞뒤의 문맥을 알아야 해석 가능하다. 이미지 언어에서도 마찬가지로 문맥과 맥락이 있다. 성직자들의 사진으로만은 해석이 불가능하다. 앞뒤의 맥락을 보아야 알 수 있다.

위 성직자 사진 광고에서 로고의 위치는 사진 이미지에 방해되지 않으면서, 동시에 마치 광고의 헤드 카피처럼 보일 수 있도록 가장 오른쪽 위에 로고를 배치하였다. 즉 성직자 사진의 광고 역시 금기를 뛰어 넘는 사랑과 인종평등 문제를 다룬 것처럼 보이지만, 그보다 더 중요한 주제는 '베네통의 연합된 색'이며, 베네통의 브랜드이미지이다. 광고에서 인종평등, 생명존중, 반전과 평화, 환경 문제 등 베네통이 내건 이슈는 소비자를 감동시키기 위한 매개체에 불과하다. 그렇다고 베네통의 사회적 기여를 폄하하려는 것은 아니다. 다만 사회적 기여만을 위한 광고로 오해하지 말아야 한다는 것이다.

그런데 베네통은 왜 이러한 사진을 보여주었던 것인가? 1993년 전후의 몇 년간 베네통의 광고는 새로운 광고가 나올 때마다 충격을 주었으며 그만큼 논란이 많았다. 특히 광고를 이루는 중심 이미지의 의미에 대한 해석들이 다양하였다. 광고내용이 상업적이지 않다거나 마케팅 목적이 분명하지 않기 때문에, 또는 광고에 언어적 메시지가 없다고 해서, 이 광고들을 해체주의 디자인 또는 해체주의적 광고 또는 포스트모더니즘적 표현이라고 해석하는 견해들이 종종 등장한다. 이 광고들을 해체철학적 관점에서 보는 것은 기업인들의 상황과 입장을 모르기 때문이다. 기업에서 가장 우선되어야 할 목표는 기업의 건재와 성장이다. 기업이 없으면 기업의 사회적 기여도 없다. 아무리 큰 기업, 오래된 기업들도 한 순간에 무너지거나, 조금씩 축소되다가 사라진 사례가 많다. 코닥, 대우그룹, 넷스케이프, 리먼 브라더스, 스탠다드 오일, 컴팩 등 셀 수도 없이 많다.

광고는 시대를 반영하는 것이기는 하지만 철학적 사상의 조류를 따라가지는 않는다. 필요에 따라 철학적 사상을 광고전략과 표현에 이용하기도 하지만, 철학적 흐름을 따라가기에는 기업주와 광고전문가들의 발등이 너무 뜨겁다. 이 광고들을 집행한 베네통회장 역시 기업의 사회적 책임을 다하기 위해서라고 하면서도 실상은 기업에 돌아오는 경영상의 효과를 치밀하게 계산하였다. 자전적 저서인 『베네통 이야기』에서 이러한 광고를 만든 의도에 대해 다음과 같이 말하고 있다.

"우리들은 이 광고를 통해서 인종평등주의와 민주주의의 테마를 호소하고 싶어했다. 테마는 베네통이란 회사를 설립했을 당시부터 조심스럽게 늘 가슴속에 그려온 세계상이기도 했다."[45]

광고를 통해 물건을 팔기보다 세계적이며 인류 전체를 생각하는 휴머니즘 테마를 호소하려 했다고 말한다. 그러나 이 말을 그대로 믿어야 할까? 베네통회장이 생각에도 없는 말을 꾸며서 했다고 생각하지 않는다. 그러나 그가 말하지 않은 부분을 간과하면 안 된다. 광고에 대한 소비자의 반응, 즉 광고 효과와 그 이후 기업경영의 전반적인 결과에 대해서는 누구도 예측하기 어렵다. 어느 기업도 기업의 이익에 도움이 되지 않는 광고는 하지 않는다. 클라우비츠는 『전쟁론』에서 불확실성을 강조한다. 가장 확실한 것은 미래는 불확실하다는 사실이다. 광고를 통해서 인종평등주의와 민주주의의 테마를 호소하고 싶은 마음은 세계를 걱정하는 지식인들이라면 누구나 가지고 있다. 그러나 미래가 불확실한 상황에서 기업이 한가하게 인종평등주의와 민주주의를 위해서만 광고하지 않는다. 이는 베네통회장 역시 스스로 인정하고 있다.

"우리들은 혹독한 이번 체험으로 광고예술이 가진 한계와 책임을 배웠다. 대중광고는 간결한 코미디와 같을 수는 없다. 제멋대로 풍자를 해댈 자유도 없다 세계의 주목을 한 몸에 받게 된 지금은 어떤 사소한 실수도 용납되지 않는다. 간혹 범하는 작은 실수로 인해 누군가를 상처 입히게 되거나 자기 자신을 재기 불가능하게 만들 수도 있는 것이었다"[46]

이 내용은 광고집행 후 긍정적인 효과를 거둔 뒤에 말하는 것이지만, 이 말에서 그가 얼마나 아슬아슬하게 마음을 졸이며 광고캠페인을 지휘하고 집행하였는지 알 수 있다. 아울러 무모하게 단지 인종평등주의와 민주주의를 위해서 의미있거나 충격적인 광고를 하려고 한 것이 아니라, 자기 기업에 돌아오는 효과를 치밀하게 계산하고 있었던 것이다.

이 광고가 어떻게 기업에 이익이 되는가?

이 광고는 2가지 금기와의 싸움이었다. 관행의 금기와 표현방식의 금기 이다. 왜 이런 이미지를 보여주는 것인가? 무엇을 말하려고 함인가? 베네통에게 어떤 이득이 있는가?

이 이미지는 계율을 어기는 파격적인 내용이다. 그러면서 아무런 말을 하지 않는다. 광고 문안이 없으니 보는 사람이 각자 알아서 해석하라는 의도이다. 시각적 은유를 통해 메시지를 표현하고 있는데 그 위력은 글이나 말보다 더 위력적이다. 해석의 다양성과 모호성을 통하여 관심도와 주목성을 높이며, 사회적 문제들을 이슈화 함으로서 자신의 존재감을 강조한다.

소비자는 상품을 사는 것이 아니라 욕망을 산다. 욕망은 브랜드로 나타난다. 이 점을 베네통과 토스카니는 정확하게 간파한 것이다. 즉 그들은 상품을 파는 것이 아니라 사회적 책임을 다 하는 기업으로서의 브랜드아이덴티티를 형성하고 그러한 결과로서 브랜드파워를 키우고자 했던 것이다. 상품을 팔기 위해 광고에서 상품의 USP를 소구하거나, 시장점유율 확대를 위해 포지셔닝 전략을 고심하고 있던 시기에, 베네통과 토스카니는 브랜드의 힘을 믿었다. 베네통 회장은 『베네통 이야기』에서 이러한 광고를 만들게 된 사회적 배경과 자신의 철학을 피력한 바 있다.

> "베네통의 옷에는 미래의 전망과 철학, 생활 스타일이 있다는 이미지를 확산시켰다"

> "광고를 통해서 인종평화중의와 민주주의의 테마를 호소하고 싶었다." [47]

> "80년대에는 다민족 이미지가 확대되었던 시기이다. 엘도라도 에이전시에서 다민족의 이미지를 이용한 통합정신을 광고의 주요 이미지로 내세웠다. 컬러풀한 캐주얼 의류 광고임에도 인종, 문화를 뛰어넘어 인간끼리의 연대감을 제창하여 하나의 지향하는 통합의 정신을 표현한 유나이티드 컬러 오브 베네통을 제작했다." [48]

분명히 이러한 철학과 신념으로 광고를 만들었지만, 이 광고는 많은 논란을 야기시켰다. 그리고 이러한 과정을 통해 더욱 브랜드 힘이 더욱 강화되는 것을 잘 알고 있었다. 기본적인 의도가 불순한 것이 아니며, 호의적인 해석이 우세하다면 논란이 될수록 그 효과는 더 커지게 된다는 것도 알고 있었던 것으로 여겨진다.

앞서 본 2개의 광고는 다음 광고이미지의 의미로 확대된다. 흔히 인종문제를 흑백갈등이라고 표현하였다. 그러나 이 사진에서는 '갈등'이 아니라 '편견'을 지적한다. 무엇이 기준이고 무엇이 문명인지를 묻고 있다. 레비-스트로스는 그의 저서 『야생의 사고』와 『슬픈열대』에서 서구사회가 다른 나머지 세계에 대해 그 자체의 기준을 부여하려는 오만하고도 잘못된 전통에 대해서 반대한다.

그는 이들 원주민 사회가 야만적이라거나 비합리적이라는 전통적 사고를 반박하며, 이 사회는 오직 우리들의 사회와는 다른 종류의 사회일 뿐이라고 주장한다. 이 세상에는 더 우월한 사회란 없다는 것이다. 현재의 서구사회가 기술적으로는 이들 원주민 미개사회보다 더 우월할지 모르나, 그것이 정신적인 면에서는 우열의 척도가 될 수 없다는 것이다. 서구사회 그 자체가 하나의 부족적인 편견 또는 민족적 우월감을 나타내고 있을 뿐이다. 이 광고이미지는 이러한 레비-스트로스의 견해를 한 장의 사진으로 명쾌하게 보여주고 있다.

다음은 또 다른 편견을 지적하고 있다. 아래 광고이미지에서 누가 범인인가? 색(色)에서 느끼는 고정관념과 선입견을 비웃는다.

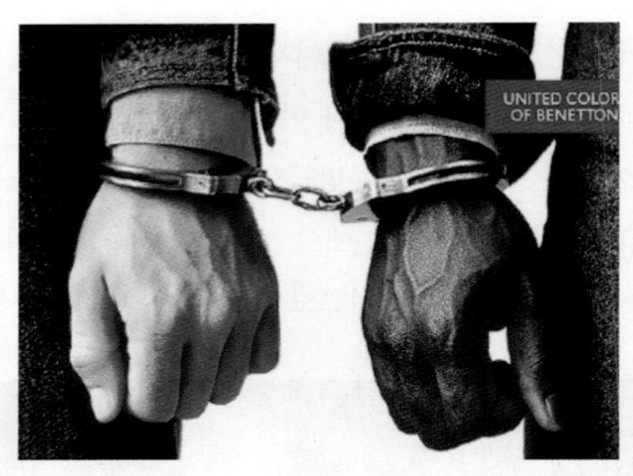

후설(Husserl, Edmund)은 판단하는 행위는 '인식하기 위해 전력을 다해 노력하는 행위'라고 하였다. 그렇다면 이 사진에서 무엇을 인식할 수 있는가? 우리의 선입견에 의한 편견을 풍자하고 있다. 요즈음에는 미국 영화에서 흑인이 형사로 등장하는 경우가 많다. 그래서 선입견이 많이 바뀐 것은 사실이다. 경험에 의한 심리적 이미지가 만든 선입견은 시각적 이미지를 해석하고 판단하는 데 혼란을 주고 있다.

모두 네 개의 광고를 보았다. 이 네 개의 광고는 모두 인종문제라는 메시지를 다루고 있지만 표현 유형, 즉 화법이 다르다. 다양한 광고를 제작하기 위해서는 여러 가지 소재를 채택하는 것은 당연하다. 그러나 정작 눈여겨 볼 대목은 이미지의 소재가 아니라 네 개의 광고가 모두 다른 레토릭을 사용하고 있다는 점이다. 첫 번째 신부와 수녀의 키스 사진은 은유와 상징을, 두 번째 삼색인종의 사진은 직유와 직설법, 세 번째 흑인들 속의 백인 여성 사진은 비교법과 서술형 표현, 네 번째 수갑을 찬 손 사진은 반어법과 의문법으로 볼 수 있다. 이처럼 시각언어 역시 문자언어와 유사한 수사법의 사용이 가능하다.

색으로 이념을 말하고, 그 이념은 브랜드이미지를 만든다. 그리고 그 이미지는 브랜드정체성을 만들고 정체성은 브랜드에 힘을 가져다 준다. 베네통은 굳이 설명을 하지 않았다. 이미지만으로 충분하다고 생각한 것이다. 오히려 이미지가 언어보다 더 위력적이라고 보았다. 베네통은 언어(문자언어와 음성언어)로 자신들의 기업철학과 브랜드 가치, 그리고 베네통 제품의 장점을 소구하지 않았다. 시각적 이미지로 브랜드이미지를 만들어 내었으며 브랜드충성도, 즉 브랜드파워를 만들어낸 것이다. 여기서 시각적 이미지는 언어 대신 커뮤니케이션 메시지의 전달, 감동, 공감을 끌어내었으며, 그러한 감동과 공감은 소비자 마음에 어떤 관념, 즉 심리적 이미지를 형성하고 그 심리적 이미지는 브랜드이미지를 만들게 되는 것이다.

요약하면 물리적/시각적 이미지가 관념적 심리적 이미지를 만들고, 이는 또 다른 이미지(브랜드-심리적)를 만들며, 이 이미지(브랜드-심리적)는 특정한 정체성(브랜드)을 만드는 것이다.

추가로 -

브랜드는 언제나 관심을 받아야 하기 때문에 과거의 성공을 다시 재현하고 싶어한다. 잊혀지면 안 되기 때문이다. 신부와 수녀가 키스하는 사진의 광

고는 정치인들의 키스 광고로 20년만에 다시 부활한다.

그러나 이 광고에서는 색으로 말하는 은유는 없어지고, 이루어질 수 없는 키스의 은유만 남았다. 때문에 일시적 관심은 끌었지만 20년 전과 같은 사회적 이슈를 만들어내지는 못하였다.

Chapter 11

예술로 정체성을, 앱솔루트 보드카(ABSOLUT VODKA)

브랜드아이덴티티는 C.I나 로고만으로 만들어지지 않는다.

브랜드파워를 형성하는 방법은 다양하다. 제품품질의 혁신, 대량의 광고를 통한 인지도 제고 등 다양한 방법이 있지만, 브랜드정체성을 명확하게 설정하고 그것을 위해 꾸준하고 일관되게 캠페인을 진행하는 것은 쉽지 않다. 통일성과 다양성을 동시에 구현하면서 그것을 지속적으로 꾸준히 추진하는 것은 현실적인 상황을 고려할 때 결코 쉬운 일이 아니기 때문에 세계적으로도 성공한 사례 역시 그리 많지 않다. 성공한 사례 중에 세계적으로 가장 손꼽힐 만한 브랜드는 코카콜라다. 코카콜라는 탄산 음료시장에서 1위를 차지하고 있으며 그 브랜드 가치는 누구나 다 알고 있을 정도로 높다. 코카콜라는 다른 탄산음료와는 다르게 코카콜라만의 고유한 정체성을 구축하였기 때문에 지금과 같은 코카콜라의 브랜드 가치를 확보할 수 있었다. 코카콜라만한 브랜드파워를 갖지는 못했지만, 주류 브랜드 '앱솔루트 보드카(ABSOLUT VODKA)'의 사례는 눈여겨 볼 만하다.

보드카라고 하면 사실 매서운 추위의 시베리아 벌판에서 덩치가 큰 러시아인이 술병을 들고 있는 모습을 연상할 수 있다. 그만큼 보드카라는 것은 러시아의 대표적인 증류주로 알려져 있는데 알코올 농도는 40~50도로 높아 추운 겨울을 지내기 위해 마신다. 12세기 때부터 제조되었던 보드카는 사회혁명 이후 러시아인들이 유럽으로 망명을 가면서 알려졌고 미국에는 1933년 금주법이 폐지되고 난 후 건너왔으며, 그 이후 세계적으로 널리 알려지게 된 술이다. 하지만 더 이상 보드카는 러시아의 전유물이 아니다.

'앱솔루트 보드카'는 러시아가 아닌 스웨덴 산이다. 스웨덴도 러시아 못지않게 보드카 제조기법이 발달하였다. 1879년 스웨덴의 사업가인 라스 올슨 스미스(Lars Olsson Smith)[43]가 새로운 증류 방법으로 '완벽하게 순수한 보드카(Absolut Pure Vodka)'를 만들게 된다. 이것이 '앱솔루트 보드카'의 시작이라고 할 수 있다.

미국에선 원래 보드카라는 술은 매우 값싼 이미지였다. 1970년대 동서 냉전 체제 때 마시던 보드카 중의 60%가 미국에서 소비가 되었고 99%가 미국산 보드카였다. 당시 보드카는 위스키처럼 따로 숙성시키지 않으며, 값싼 원료를 쓰는 질이 낮은 술로 인식되었다. 그래서 고급 보드카의 불모지인 미국 시장을 타깃으로 1978년에 '앱솔루트 보드카'가 진출을 시도하게 되는데, 기존의 값싼 보드카 이미지를 벗어나기 위해 비싼 가격의 프리미엄 보드카로 포지셔닝하였다.

당시 미국엔 '스톨리치나야(Stolichnaya)'라는 이름만으로도 러시아 느낌이 물씬 나는 러시아 보드카가 자리잡고 있었다. 보드카=러시아라는 개념이 팽배했기 때문에 스웨덴산의 고급 보드카 '앱솔루트 보드카'를 미국의 소비자들에게 기존의 보드카와는 다르다라는 것을 각인시킬 무엇인가가 필요했다. 광고회사 TBWA가 '앱솔루트 보드카'의 광고캠페인을 맡게 되었는데, 바로 이것이 '앱솔루트 캠페인'의 시작이었으며, 오늘날의 앱솔루트 브랜드를 있게 한 시초였다.

'앱솔루트 캠페인'의 시초는 1981년에 시작된 'Absolut product'시리즈이다. '앱솔루트 보드카'의 '제품'과 '브랜드'를 명확하게 정의하고, 그것을 알리기 위한 것으로 1984년까지 진행되었다.

앱솔루트 제품인 술병을 화면 중앙에 꽉 차게 배치하여 이 광고의 주인은 '나(제품, 브랜드)'라는 것을 강조하고 있다. 거기에다 날개를 달고 화면 아래에는 매우 굵은 'Futura Bold'체를 사용하여 'ABSOLUT HEAVEN.'이라는 간단명료한 카피를 배치하였다. 카피 역시 화면을 압도하듯이 꽉 채웠다. 보면 느낌으로 알 수 있는 것이어서 굳이 설명이 필요 없겠지만, '나는 하늘/천국에서 보낸 천사'라고 말하고 있다. 자부심을 넘어 자만심까지 느끼게 표현이지만 자기 브랜드의 정체성을 이것보다 더 명확하게 표현하기는 쉽지 않을 것이다. 제품과 카피의 시각적 이미지 역시 전체적으로 굵고 꽉 찬 느낌으로 표현함으로써 메시지를 강력하게 뒷받침하고 있다.

다음은 같은 시리즈의 'ABSOLUT CLARITY'이다. 돋보기를 통하여 앱솔루트 병에 'Country of Sweden'을 부각시키며 스웨덴 산임을 말해주고 있다. 이 당시 구 소련이 아프가니스탄을 침공(1983년)하고, 대한민국 민항기 KAL을 격추시켜 세계적으로 원성을 사고 있었다. 당시 시대적인 이슈를 이용한 광고로 '스웨덴 산'이라는 것을 어필할 수 있었다.

첫 캠페인 'Absolut product'시리즈 만으로 '앱솔루트 보드카'는 '스톨리치나야'를 제쳤다. 이 캠페인에 숨어있는 핵심은 정체성이다. "이게 바로 나야!"라고 외치듯이, 그러나 조용히 위엄을 갖고 제품의 자존심을 부각한다. 이러한 브랜드정체성을 만드는 데 가장 큰 기여를 한 것은 바로 앱솔루트 '술병'과 슬로건을 이용한 지속적인 캠페인이었다. 굵고 큼직한 로고와 그 사이에 필기체로 '스웨덴 산'이라고 표시한 '술병', 그리고 그것을 이용한 일관성 있는 광고캠페인은 앱솔루트의 이미지와 정체성을 확고하게 했다.

'앱솔루트 캠페인'은 1981년부터 지금까지 35년 이상 다양한 광고캠페인을 진행하면서 '변하지 않으면서 변하는 캠페인'을 펼쳐오고 있다.

변하지 않는 것에는 6가지가 있다.

1. 항상 앱솔루트 술병을 중심 이미지로 내세운다는 것.
2. 술병을 중심 이미지로 하되 그 표현이 계속 변한다는 것.
3. 항상 'ABSOLUT ~ 000'으로 나타내는 두 단어의 카피를 유지한다는 것.
4. 다음 단어와 주제가 계속 변한다는 것.
5. '**ABSOLUT - 000**'의 서체는 항상 세로가 높고 두꺼운 'Futura Condensed Extra Bold'를 좁은 자간으로 대문자를 사용하며, 반드시 마침표를 찍는다는 것.
6. 카피를 항상 화면 하단에 배치한다는 것.

반면, 변하는 것은 술병을 테마로 하는 이미지의 주제와 표현방식, 그리고 연관된 카피들로 다음과 같은 다양한 주제의 수많은 시리즈들이 나왔다는 것이다.[50]

1) Absolut Product: ABSOLUT HEAVEN, PERFECTION, CLARITY, DEFINITION 등
2) Absolut Object: ABSOLUT STARDOM, ORIGINAL, PEAK, HARMONY 등
3) Absolut Cities: ABSOLUT L.A., MANHATTAN, NEW ORLEANS, MIAMI 등
4) Absolut Art: ABSOLUT WARHOL, HARING, JACKSON, TENNESON 등
5) Absolut Holidays: ABSOLUT BALL, WONDERLAND, JOY 등
6) Absolut Fashion: ABSOLUT CAMERON, STYLE, GRAHAM 등
7) Absolut Themed Art: ABSOLUT AMERICANA, SYMBOLS, DESIGN 등
8) Absolut Flavor: ABSOLUT PEPPAR, TWIST, KURANT, APPEAL EMD
9) Absolut Spectaculars: ABSOLUT PUZZLE, SOFTWARE, ESSENCE 등

10) Absolut Eurocities: ABSOLUT VENICE, BERLIN, COPENHAGEN 등
11) Absolut Literature & Film: ABSOLUT WELLS, SHELLEY, STOKER 등
12) Absolut Tailor-Made: ABSOLUT STORY, PARTICIPATION, PINK 등
13) Absolut Topicality: ABSOLUT FUTURE, TRADITION, AMBITION 등
14) Absolut Rejects: ABSOLUT SUBLIME, VEGAS, REINDEER 등

이 목록은 1996년에 출간된 『ABSOLUT BOOK』에서 인용한 것이며, 이후에도 더 많은 시리즈들이 지속적으로 나오고 있다. 최근에는 'ABSOLUT 24TH', 'ABSOLUT WONDERLAND', 'ABSOLUT MIDNITINI' 그리고 'ABSOLUT KOREA'까지 다양한 시리즈들이 나오고 있다. 그러나 변하지 않는 6가지 요소는 지금까지도 변하지 않고 있다.

첫 번째 캠페인이 'Absolut product'시리즈로 철저하게 제품 형태를 인지시키는 것으로 전개되었다면, 두 번째 캠페인 'Absolut Object'시리즈는 병 모양을 형상화하는 데 금이나 대리석 등 고급적인 소재를 이용함으로써 '앱솔루트 보드카'의 고급스러운 이미지로 브랜드정체성을 확대하였다. 'Absolut Object' 시리즈 중 하나인 'ABSOLUT STANDARD'편은 '절대적 기준'이라는 중의적 표현으로 '앱솔루트 보드카'가 모든 것의 표준이라는 메시지를 나타내고 있다.

Absolut Object 시리즈

Absolut Cities 시리즈는 각 도시를 타깃으로 하여 다양한 광고를 집행한 캠페인이다. 미국은 각 도시들마다 독특한 개성을 가지고 있다. 그 독특한 각 도시들의 특징을 '앱솔루트 보드카'의 병 모양으로 형상화하여 나타내었다.

Absolut Cities 시리즈

Absolut Art 시리즈는 매우 획기적인 도전이 있었다. 앤디워홀의 작품으로 많은 사람들의 우려가 있었으나 광고라기보다 하나의 예술품이 되었다. 이를 계기로 '앱솔루트 보드카'는 다양한 예술장르의 작품들을 접목시켜 보드카 상품이 아니라 예술작품이라는 브랜드 캐릭터를 가지게 된다. 이 밖에도 다양한 시리즈들이 지속적으로 발표되고 있으며 항상 화제거리를 만들어 내고 있다.

Absolut Art 시리즈

'Absolut ~'시리즈를 설명하려면 끝이 없다. '앱솔루트 캠페인'은 광고캠페인이라기보다 작품전시회를 감상하는 것처럼 느끼게 한다. 단순히 주류 광고가 아니라 다양한 주제와 소재들을 접목시켜 작품으로 승화시켰다. '앱솔루트 보드카'는 당시 경쟁사인 스미노프와 비교할 때 광고만큼은 압도적이었다. 이렇게 다양한 주제들로 다채롭게 표현함으로써 소비자들은 항상 새로운 것을 보면서도 '앱솔루트 보드카'만의 일관된 이미지를 기억한다. 바꾸어 말하면, 브랜드정체성을 유지하면서 이미지의 다양성을 경험하게 된다.

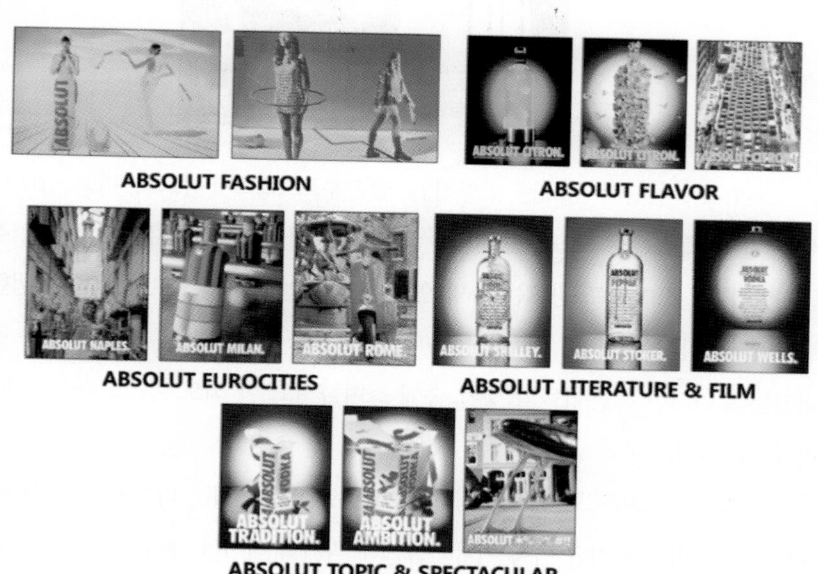

앞에서 언급한 바와 같이* 자연의 원리이자 예술적 구성원리는 통일성과 다양성을 동시에 구현하는 것이며, 그것은 반복과 변화의 질서, 변화하면서 변하지 않는 동일성 추구에 있다고 했다. '앱솔루트 캠페인'이 바로 이러한 원리

---

* 이 책 '정체성'편과 '형(形)과 Form'편 참조

를 충실히 활용한 것이다.

'앱솔루트 보드카'의 성공적인 캠페인이 계속되면서 1985년엔 '스톨리치나야'는 찾아보기 힘들게 되었고 '스미노프'만이 '앱솔루트 보드카'의 경쟁사라고 할 수 있었다.

스미노프의 당시 광고는 성공적인 '앱솔루트 보드카'광고와 비교 당하면서 세련된 '앱솔루트 보드카'에 비해 '촌스러운, 아버지가 마시는' 보드카로 취급되었다. 위 스미노프 광고는 유명 인물들의 증언방식 광고로 지극히 평범한 광고였다. 오른쪽은 당시 젊은이들은 점점 맥주나 와인쪽으로 시장이 이동 중이었는데 이러한 젊은이들의 생활 속에 스며들려고 한 의도로 광고를 한 것이라 할 수 있다.

이 밖에도 스미노프는 아래 광고처럼 1989~1990년에는 러시아에서 아이덴티티를 찾으려고 했지만 이미 미국인들에게 과거의 러시아 제국은 몰락했고 동경이나 경외감은 이미 찾기 힘들었기 때문에 역시 제대로 어필이 되지 않았다.

스미노프의 광고는 자신만의 이미지를 어필하지 못하고 일관되지 않은 광고로 소비자들에게 각인이 되지 못했던 것이다. 이러한 스미노프의 방황 중에도 '앱솔루트 보드카'의 계속되는 캠페인 시리즈를 살펴보면 이 두 보드카의 확연한 차이를 느낄 수 있다.

스미노프는 한동안 자신만의 색깔을 담아내지 못하고 일관된 메시지를 광고에 표현하지 못했다. 그러다 1993~1994년에 Through the Bottle 캠페인에서 스미노프의 pure라는 메시지로 캠페인을 진행하여 스미노프의 정체성을 찾으려 하였다. 하지만 이 캠페인은 병과 두 단어의 카피를 이용하는 소구방법이 너무 유사하기 때문에 라이벌인 '앱솔루트 보드카' 캠페인을 모방했다는 의혹을 받았다.

스미노프의 "Through the Bottle" 캠페인

스미노프는 세계 1위 보드카이다. 하지만 위 두 보드카의 광고를 봤을 때 브랜드정체성과 이미지에서 '앱솔루트'의 승리였다. 광고는 브랜드이미지를 결정하는 매우 중요한 요소 중 하나이다. '앱솔루트'는 광고 내 어떠한 주변 환경에서도 자신의 존재를 잃지 않고 그것을 당당하게 어필하고 있다. 배경이 유럽이든, 미국이든, 또는 인물이 누구든 '앱솔루트 보드카' 그 자신만의 모습을 유지하고 있다. 이렇게 어디에도 조화가 되는 동시에 자신을 잃어버리지 않고 그 형태로 남아있는 것, 이것이 '앱솔루트 보드카'가 강력한 브랜드파워를 갖게 된 이유이다.

마키아벨리는 권력은 지속적인 관리 없이는 유지되기 어렵다고 했다. '앱솔루트 보드카'가 강력한 브랜드파워를 지금까지도 유지하는 것은, 1981년 광고 캠페인을 시작한 이래 지금까지 지속적으로 꾸준히 '앱솔루트 보드카'의 정체성을 광고를 통해 보여주고 있기 때문이다. 어떤 환경에서도 변하지 않고 자기 자신의 가치를 지키는 '앱솔루트 보드카'는 이름처럼 소비자의 마음속에 '완벽한 보드카'로 자리잡았다.

Chapter 12

통합적 전략의 성과, 코텍스 화이트(kotex-white)

전략이란 선택과 의사결정이다.

신제품의 런칭 광고는 브랜드네임과 포장디자인, 그리고 마케팅전략이 완료되어있는 상태에서 광고제작을 의뢰하는 것이 일반적이다. 그리고 광고제작자는 신제품의 차별점과 브랜드 콘셉트를 충실히 반영하여 USP 혹은 포지셔닝을 전략을 선택하거나 절충하여 아이디어를 도출하게 된다.

그러나 유한킴벌리의 코텍스 화이트(kotex−white)의 성공 뒤에는 광고 아이디어 도출과정에서 브랜드네임을 비롯하여 마케팅전략과 포장디자인까지 변경하게 된 독특한 과정이 있었다. 그리고 이러한 전략 전술적 변경을 수용하고 추진한 의사결정권자의 모험과 결단이 없었으면 불가능한 일이었다.

이 과정에는 전략과 표현의 선택에서 다음과 같은 5가지 주요 이슈가 있었다.

1. 브랜드네임: 코텍스인가? 화이트인가?
2. 타깃(target)설정: 정면공격인가? 측면공격인가?
3. 포장디자인: 글로벌 스탠다드(global standard)인가? 로컬라이즈(localize)인가?
4. 광고모델: 유명인(celebrity)인가? 일반인인가?
5. 슬로건: 차별화인가? 모방인가?

이러한 이슈들은 쉽게 결정될 사안들이 아니었다. 시장에서의 성공과 실패를 가르는 결정이기 때문에 매우 치열한 토론 과정을 거쳤다. 토론에는 각자의 주장이 있으며, 그 주장에는 그럴 만한 근거가 있어야 한다. 근거에는 조사자료와 같이 비교적 명확한 것들도 있지만, 소비자심리와 시장예측과 같은 불확실한 이론과 신념들도 있다. 승리한 전쟁의 전략은 이론이 되지만, 전쟁을 앞 둔 상황에서 이론은 전략이 되지 못한다.

1995년 당시 상황으로 거슬러 가보자. 저자는 광고회사 코래드오길비(KORAD-Ogilvy)*의 크리에이티브디렉터로서 유한킴벌리의 생리대 신제품 론칭광고 제작을 의뢰받게 되었다. 기획팀의 담당자(A.E)에 의하면 포장디자인은 여러 가지 시안이 나왔으나 아직 확정되지 않았으며, 브랜드네임은 '코텍스 슈프림(kotex supreme)'으로 거의 확정적인 상태였다. 경쟁사인 P&G의 '위스퍼'는 이미 시장점유율 50%를 넘어 52%를 바라보고 있으며, YK(유한킴벌리의 영어이니셜) '코텍스'의 시장점유율은 20%가 무너지고 18%까지 내려온 상황이었다. 마치 전쟁에서 전선이 밀고 밀리는 상황을 보는 것 같았다. 불과 5~6년 전만해도 코텍스가 시장지배 브랜드로서 60% 이상 시장점유율을 가지고 있었는데 P&G의 '위스퍼'가 한국시장에 들어오면서 우수한 품질과 공격적 마케팅으로 인하여 생리대 시장의 선두 브랜드가 된 것이다.

이러한 상황을 극복하고자 YK는 소비자들을 대상으로 치밀한 시장조사를 하고, 이를 바탕으로 거의 완벽한 흡수율과 옆으로 새지 않는 구조의 신제품을 개발하였다. 제품의 기능적 차별점은 분명하지만, 생리대는 USP를 표현하기도 어렵거니와 당시 시장 경쟁상황으로 볼 때, USP전략만으로는 시장점유율을 높이기 어렵다고 판단하였다. P&G의 '위스퍼'가 막강한 시장점유율을 가

* 세계적인 광고회사 오길비 앤 매더(Ogilvy & Mather)가 투자한 당시 국내 4~5위 수준의 대규모 광고회사

지고 있다는 것은 그만큼 소비자 마음을 확보하고 있다는 것인데, 평범한 USP 전략으로는 소비자 마음을 돌려놓기가 어렵기 때문이었다. 그렇다고 해서 포지셔닝전략도 공격적이지 않기 때문에 신제품 런칭에는 마땅치 않았다.

당시 TV광고에서는 P&G '위스퍼'의 "깨끗해요"라는 슬로건이 강력하게 어필하고 있었다. 헤비유저(heavy user)인 30세 전후 직장인을 타깃으로 한 "깨끗해요"는 단순하면서도 가장 확실한 USP를 표현한 것이다. 이 슬로건은 타깃들에게 강한 인상과 신뢰도를 심어 주었으며, '위스퍼'가 높은 브랜드로열티를 확보하는 데 기여하였다. 즉, 높은 브랜드인지도와 로열티를 바탕으로 시장점유율을 50% 이상 확고하게 점유한 상황이었다. 웬만한 공격으로는 깨기 어려운 높은 성벽과도 같은 형세였다.

YK의 신제품 브랜드(가칭 코텍스 슈프림)는 어떤 방법으로든, 소비자 마음에 들어갈 묘책이 필요한 상황이었다. 확실한 공격 전략을 고민하던 중에 만약 브랜드네임을 '더 깨끗해요'라고 한다면 광고 크리에이티브가 한결 수월해지고 광고효과도 매우 높아질 수 있을 것이라는 생각을 하게 되었다. 시장을 지배하고 있는 1위 브랜드를 겨냥한 도전적 메시지를 브랜드네임에 담는다면, 이는 분명히 소비자들의 관심을 높일 수 있을 뿐 아니라, 1위 제품보다 더 좋거나 최소한 비슷할 것이라는 믿음을 줄 수 있다는 전략적 확신이 있었기 때문이다. 그러나 "코텍스-더 깨끗해요"라는 브랜드네임은 당시 분위기로는 채택되기 어렵다는 것이 예상되었다. 경쟁사의 슬로건을 브랜드네임에 사용한다는 도의적 비평과 브랜드네임답지 않다는 이유로 채택되지 않을 것이라는 것을 쉽게 예상할 수 있다. 그렇다고 해서 attention(주목도, 관심도)과 interest(흥미도)를 최대한 높이면서, 동시에 1위 경쟁브랜드를 공격할 수 있는 좋은 방법을 포기할 수 없었다.

다시 고심하던 중에 '더 깨끗해요'라는 의미를 상징적이면서도 직접적으로 표현할 수 있는 컬러마케팅전략이 떠올랐다. 숫자를 이용한 브랜드네임과 함께 소비자에게 브랜드 메시지가 명확하게 전달되면서도 기억하기 쉬운 색채이름을 이용한 브랜드네임을 생각하게 되었다. 처음에는 '더 깨끗해요'를 강조하기 위해 "White & White(화이트 앤 화이트)"를 생각했다. 반복은 언제든지 효과적이다. White를 반복하여 시각적으로는 'W&W'라는 형태를 활용한 기억하기에 좋은 아름다운 로고가 상상되었으며, 청각적으로는 '화이트 앤 화이트'는 발음하기에 따라 노래 부르는 듯한 독특한 멜로디가 되었다. 이러한 공감각적 인상을 줄 수 있는 브랜드네임은 분명히 강력한 무기가 될 것이라고 자신했다. 그러다가 더 단순하게 해보자 라는 생각이 들었다. '화이트'! 단순하지만 강렬하다는 영감이 들었다. 한 단어로만 어필하는 것이 어쩌면 더 기억에 도움이 될 수 있을테지만, 왠지 심심하다는 생각에 결론을 내지리 못했다.

그러나 저자는 크리에이티브디렉터로서 브랜드네임을 결정하는 데 아무런 권한이 없었기 때문에 이러한 구상이 아무런 소용이 없었다. 몇 차례 담당 A.E를 통하여 의견을 피력하였지만 제대로 전달되지 않았거나, 이미 결정된 브랜드네임을 이제 와서 변경하기 어려울테니 괜한 수고하지 말고 그냥 좋은 광고아이디어만 만들어 달라는 입장이었다.

그러던 어느 날 광고주인 YK와 코래드오길비의 양사 합동 신제품 광고전략회의가 열리게 되었다. 여기에는 YK의 대표이사를 비롯한 담당자들과 코래드오길비의 대표이사와 기획, 조사, 크리에이티브팀 모든 담당자들이 참석하였는데, 당시 YK의 대표이사는 문국현 씨였고, 코래드오길비의 대표이사는 김명하 씨였다. 장시간 회의였으므로 중간에 휴식시간을 가지게 되었고, 이때 문사장과 개별적으로 간단한 논의를 하게 되었다. 문사장과는 이미 오래전부터 실무적으로 교류가 있었던 사이였기 때문에 다소 편안하게 직설적으로 표현할 수 있었다. "지금 '코텍스 슈프림'이라는 브랜드네임으로는 웬만큼 광고를 잘 만들지 않으면, 또 광고매체 비용을 경쟁사에 비해서 3배 이상 사용하지 않으면 광고를 성공시키기 쉽지 않다. 솔직히 나는 자신 없다. 지금이라도 공격적인 브랜드네임으로 바꾸자" … 등 짧은 시간에 여러 의견이 오고 갔다.

휴식이 끝나고 회의가 속개되었을 때, 문사장은 진행 중이던 회의 주제를 잠시 보류하고 내가 제안한 브랜드네임 2가지 안을 소개하고 그것을 기존 안과 함께 소비자 선호도조사를 실시할 것을 제안하였다. 그리고 약 2주 후 '화이트'의 선호도가 가장 높다는 조사결과가 나왔지만, 문제는 그때부터 시작되었다.

1. 브랜드네임 : 코텍스인가, 화이트인가? 패밀리브랜드가 될 것인가, 브랜드 수식어가 될 것인가?

YK는 미국의 킴벌리클라크(Kimberly－Clark)사와 한국의 유한양행이 투자하여 만든 다국적 기업이다. 따라서 중요한 의사결정은 킴벌리클라크 본사의 승인을 받아야 한다. 킴벌리클라크에서는 '화이트'라는 브랜드가 탐탁하지는 않았으나 '코텍스'의 서브브랜드 혹은 브랜드수식어 정도로 사용하는 조건으로 승인하였다. 따라서 '화이트'는 '코텍스－화이트'가 되어야 하며, 포장에 표기할 경우에는 '코텍스'는 그대로 크게 표기하고 '화이트'는 그 아래 작게 표기해야 했다. 그러나 이렇게 할 경우 '화이트'라는 브랜드를 사용하는 전략적 의도가 사라진다. 오랜 설득 끝에 '코텍스－화이트'라는 브랜드네임 체계는 유지하되 '화이트'를 중심에 크게 표기하는 것을 승인받았다.

결국 개별브랜드였던 '코텍스'는 패밀리브랜드로 승격(?)하게 되고 '화이트'가 온전한 브랜드네임으로 자리잡게 된 것이다. 형식적으로는 '코텍스'가 브랜드네임이며 '화이트'는 수식어이지만, 실질적으로는 포장디자인의 표기방법을 통해 '화이트'가 제품브랜드가 되었다. 그러나 이 구도는 광고와 마케팅이 성공해야만 성립되는 것이다.

2. 타깃 설정 : 정면공격인가, 측면공격인가? 30대인가, 20대인가?

브랜드네임 문제가 해결되고 난 후 새로운 쟁점이 대두되었다. 바로 타깃 오디언스(audience)를 어떻게 설정할 것인가이었다. 헤비유저는 분명히 30대 초반의 직장인이지만, 그 메인 타깃그룹은 이미 '위스퍼'가 마음을 사로잡은 상태이다. 소비자의 마음을 대상으로 하는 전쟁터에서 어떤 공략 방안이 효과적인가? 여기서 몇 가지 방안 중에 전략적 선택을 해야 한다. '위스퍼'의 타깃을 공략하는 정면공격 방법을 선택할 것인가? 이럴 경우 완전한 제로섬 게임일 뿐 아니라 공격자 입장인 '코텍스-화이트'가 불리하다. 아니면 '위스퍼'의 타깃을 피해서 다른 타깃그룹을 선정할 것인가? 이것은 메인 타깃을 우회하는 측면공격으로 가장 큰 시장을 놓치는 것이다. 또한 측면공격에서는 어떤 계층을 타깃으로 설정하는가가 중요한 과제이다.

이때, 가까운 미래의 헤비유저를 타깃으로 하는 방안을 착안하였다. 20대 초반의 여학생들은 미래의 헤비유저가 될 뿐 아니라, 새로운 유행과 새로운 광고에 대한 반응이 빠르다. 따라서 20대 초반의 여학생들을 타깃으로 한다면, 빠르면 5~6년 늦어도 10년 후에는 헤비유저가 대부분 우리의 고객층이 될 가능성이 높다. 그러나 그것은 어디까지나 예측이지 불확실한 미래이다. 그럼에도 불구하고 모험을 하지 않으면 안 된다고 판단하였다. YK가 '화이트'의 광고

비용을 '위스퍼'에 비해 몇 배 이상 많이 사용하지 않으면 '위스퍼'를 이기기 쉽지 않은 상황에서 정면공격은 무모한 선택이 될 수 있기 때문이었다.

3. 포장디자인 : 글로벌 스탠다드(global standard)인가? 로컬라이즈(localize)인가?

타깃 설정이 결정된 후 나는 또 새로운 논쟁을 제기하였다. 당시 킴벌리클라크사는 포장디자인에 있어서 세계적으로 동일한 디자인을 사용하도록 하는 '디자인 가이드라인'을 제시하고 있었다. 킴벌리클라크만의 디자인 통일성을 위한 일종의 글로벌 스탠다드라고 할 수 있다. 그러나 비록 '코텍스-화이트'라고는 하지만 '화이트'를 크게 표기하기로 하였으며 타깃도 20대 초반의 여학생으로 결정하였다면, 브랜드아이덴티티를 반영하고 타깃에 적합한 포장디자인이 되어야 한다. 일종의 로컬라이즈라고 할 수 있다. 이러한 포장디자인의 변경 역시 킴벌리클라크사의 양보가 있어야 가능한 일이다. 당시 YK의 담당자가 한국 시장상황과 소비자 트렌드에 근거하여 집요하게 설득한 끝에 포장디자인의 변경안도 관철되었다.

4. 광고모델 : 유명인(celebrity)인가? 일반인인가?

브랜드네임의 변경, 타깃 설정, 포장디자인 변경 등 주요 이슈가 대부분 결정된 다음에는 광고에 관한 모든 책임은 크리에이티브디렉터의 몫이다. 아트디렉터, 카피라이터, TV광고 플래너, 디자이너 등 각 분야의 담당자들과 여러 차례 브레인스토밍을 거쳐 증언식 광고 형식을 채택하기로 하였다. 타깃그룹의 사용자 경험을 통하여 화이트의 우수성과 사용자 만족도를 직접적으로 진솔하게 표현하는 스토리보드가 완성되었다.

증언식 광고에 등장하는 모델에는 3가지 유형의 인물이 있다. 해당분야의 전문가, 지명도가 높은 유명인, 일반인 등이다. 어떤 유형의 제품인가 또는 어떤 내용의 광고인가에 따라 모델의 선정은 매우 중요한 선택 사항이다. 광고내용과 모델이 적절할 경우에는 매우 효과적이지만 그렇지 않으면 오히려 역효과가 나타날 수 있다. '화이트'의 경우에는 전문성이 매우 필요한 제품이 아니기 때문에 유명인과 일반인 중에서 선택하여야 한다. 유명인은 광고 주목도와 선호도는 높일 수 있겠지만 현실감이 떨어진다. '화이트'의 USP와 사용자 만족도를 20대 초반 여학생들에게 어필하기 위한 증언식 형식의 광고에는 현실감과 신뢰도가 중요하다. 따라서 실제 타깃그룹에 해당되는 일반 여학생을 직접 모델로 사용하는 안이 채택되었다. 이 부분은 대체로 쉽게 의견이 일치되었다.

5. 슬로건 : 모방인가? 차별화인가?

거의 모든 것이 결정되고 마지막으로 광고카피를 세심하게 다듬는 과정이 남았다. 여기서는 단어 하나와 그 발음에도 의미의 차이와 뉘앙스를 따지게 된다. 그리고 증언식 광고에서는 타깃그룹에서 실제 사용하는 생생한 구어체를 사용하여야 한다. 그리고 결정적인 한방, 슬로건에 해당되는 한마디를 만들어내야 한다. 이미 소비자들 마음 속에 각인되어 있는 위스퍼의 "깨끗해요"를 능가해야 한다. 그리고 '화이트'라는 브랜드네임 콘셉트에도 충실해야 한다.

여러 가지 슬로건 안 중에서 "깨끗함이 달라요"를 선택하였다. 그러나 이 안은 경쟁사의 "깨끗해요"를 모방하였거나 혹은 너무 직접적으로 대응하는 것 아닌가 하는 문제제기가 있었다. 경쟁사와 다른 우리만의 차별화된 독특한 문안이 더 좋지 않겠는가 하는 이유에서였다. 이런 상황에서의 판단은 매우 전략적이어야 한다.

차별화와 독특함도 중요하지만 전쟁에서 승리와 생존을 위해서라면 때로 비굴할 필요도 있다. "깨끗함이 달라요"라는 문안을 선택할 때는 다소 자존심이 상하기도 하였다. 그러나 약한 브랜드는 소비자에게 1위 브랜드와 경쟁하는 모습을 보여주어야 한다. 그래야 소비자가 1위 브랜드와 대등한 관계로 보게 된다. 따라서 차별화보다는 1위와 대등한 그룹화 전략이 더 효과적이다.

추가로, 광고 카피에서 "한 번 써보고 바로 바꿨어요" 매우 흔한 표현이지만, 기존의 경쟁제품 대신 신제품으로 바꿔 사용하라는 메시지로서 꽤 효과적이다.

"우리 엄마요? 아마 놀라실 거예요"라는 카피는 매우 의도적이었다. 타깃 설정에서 헤비유저를 선택하지 못한 부분을 보완하기 위한 전략으로, 딸들과 교감하는 젊은 엄마를 서브타깃으로 끌어들이기 위한 카피였다.

어...화이트요?

훨씬 깨끗하던데요?
커버가 전혀 달라요.

고급스럽고 부드럽고
한 번 써보고 바로 바꿨어요.

우리엄마요?
흠... 보면 아마 놀라실거예요.

깨끗함이 달라요.
화이트

'화이트'의 신제품 출시 과정에서 수행했던 광고전략, 그리고 브랜드와 광고표현의 관계를 거의 밝혔다. 브랜드네임이 신제품 개발과 출시 과정에서 만들어지는 것이 일반적이지만, 화이트는 광고표현을 위해 나중에 만들어졌다. 오직 광고 표현에서 시너지를 줄 수 있는 이름은 무엇인가를 생각했다. 그때는 브랜드네임보다 광고가 더 중요하였기 때문이다. 기존의 일반적인 브랜드이론을 뛰어 넘는 사례이지만 이러한 방법이 오히려 더 효과적인 경우도 있다.

'화이트'의 성공은 브랜드이미지와 아이덴티티를 위한 단계별 합의 과정이 있었기 때문이다. 그러나 처음부터 브랜드와는 무관한 업무였으며, 오직 광고 제작의 과정이었다. 훌륭한 브랜드네임을 만들겠다는 의도도 없었다. 단지 신제품 런칭이 성공하기만을 바란 것이다. 그러나 결과는 훌륭한 브랜드의 탄생으로 나타났다. 브랜드를 만들겠다는 의도가 없었다고 하지만 브랜드아이덴티티와 이미지에 대해서 또 어떻게 관리해야 하는지 광고전문가로서 본능적으로 알고 있었기 때문이다.

즉, '화이트'의 성공은 브랜드네임, 표기방법, 타깃 선정, 포장디자인, 광고표현 등의 통합적(integrative) 전략과 표현에 의해서 가능하였다. 전략이란 다양한 선택지를 도출하고, 도출된 선택지를 비교분석하여 가장 효율적인 방안을 선택하는 것이다. 이 과정에서의 의사결정은 생과 사를 결정하게 된다. 따라서 의사결정권자의 모험과 결단과 지원이 없었다면 불가능한 일이었다.

Chapter 13

장소마케팅과 도시브랜딩의 원조, New York

태도와 행동의 변화를 유도하는 슬로건 "I Love New York"

서울시는 2002년에 만든 슬로건 '하이 서울(Hi Seoul)' 이후 13년 만인 2015년에 'I.SEOUL.U(아이 서울 유)'라는 새로운 슬로건을 탄생시켰다. 시민 1000명과 전문가가 최종 후보 3개를 놓고 투표한 결과 'I.SEOUL.U'가 58.21%을 차지해 서울의 새 슬로건이 되었다. 야심 차게 준비한 슬로건이었으나 많은 사람들은 슬로건 주제를 설명해야만 알아들을 수 있다는 점 등을 들며 비판하기도 했다. 도시 슬로건은 그 도시를 살아가는 사람들의 정체성이 되고, 관광객들에겐 첫 인상이 되기에, 세계화 시대에 중요한 이슈가 아닐 수 없다.

서울만 아니라 세계적으로도 도시 슬로건은 열풍이다. 하지만 단순히 슬로건만을 위한 슬로건이 아니라 장소마케팅의 일환으로 보아야 한다. 장소마케팅(Place Marketing)이란 특정 장소를 하나의 상품으로서 그 장소만의 고유한 이미지를 창출하여 기업 입지, 인구 유입, 관광객 유치 등의 목적을 달성하고자 하는 모든 마케팅 활동을 의미한다. 슬로건은 바로 이 마케팅의 한 부분인 것이다.

장소마케팅의 형태는 매우 다양하다. 영국의 에딘버러의 축제마케팅, 일본 쿠마모토의 로컬캐릭터 마케팅, 뉴질랜드의 영화마케팅 등 각 지역은 그 지역만의 차별적인 마케팅 활동을 한다. 장소마케팅을 잘 활용한다면 폐허가 된 지역을 180도 탈바꿈 시킬 수도 있다. 대표적으로 빌바오와 남이섬 사례를 들 수 있다.

빌바오(Bilbao)는 스페인 북동부 바스크 지방의 중심 도시로 19세기 철강과 조선산업으로 스페인에서 가장 부유한 도시였지만, 그 산업이 쇠퇴함과 동시에 폐허가 돼버렸다. 게다가 최악의 홍수로 주민들의 삶도 매우 피폐해졌다. 그래서 빌바오는 도시를 재건하기 위한 장소마케팅을 추진하였다. 85년에 '빌바오 도시재생협회(SURBISA)'를 창립해 도심에 역사보존 구역을 설정하여 이 구역 안의 건물들을 복원하기 시작했고, 도심의 재생을 위해 주민과 협의하고 예산을 집행하는 등 사실상 준 행정기구로 활동했다. 기존 문화자원을 복원하고 활용함과 동시에 과감한 투자를 통해 구겐하임* 미술관 을 유치하였다. 프랭크 게리**가 설계한 독특한 형태의 구겐하임 미술관은 빌바오를 세계적인 관광지로 탈바꿈시켰다.

97년 문을 열자마자 빌바오의 상징물이 되었고 한 해 방문객이 예상치인 35만명을 넘어 100만명을 돌파했다. 미술관 하나가 한 해 빌바오에 미치는 경제 효과만도 수입증대 2,000억원, 고용유지 4,000여 명 등으로 추정된다. 결국 빌바오는 구겐하임 미술관을 빌바오의 랜드마크로써 쇠퇴한 산업도시에서 관광도시로 탈바꿈하는 장소마케팅을 성공시켰다고 볼 수 있다.

---

* Solomon R. Guggenheim Museum. 뉴욕 구겐하임 미술관으로 시작하여 베네치아, 빌바오, 베를린 등에 별관이 있다.

** Frank Owen Gehry(1929 ~) 캐나다 출신의 건축가. 건축학계에서 최고의 영예로운 상인 프리츠커상 수상.

남이섬은 빌바오의 경우와는 많이 다르지만 비슷한 맥락이다. 60~90년대 전형적인 '유원지'였던 남이섬은, 유원지 문화의 쇠락과 경제위기를 겪으며 회생불가 상태로 변하였다. 이를 타개하기 위해 남이섬은 유원지를 관광지로 바꾸는 장소마케팅을 진행하였다. 독특한 대형 건물이나 대규모 투자 없이 친환경적인 다양한 문화컨텐츠와 스토리가 있는 이벤트를 사시사철 계속해서 진행하였고, 그 결과 2008년엔 방문객 180만명을 달성했다. 이처럼 장소마케팅은 한 지역의 생사를 책임지기도 한다.

장소마케팅은 일반적인 상품과는 다른 접근을 필요로 한다. 장소마케팅 기획에서 고려할 세 가지 사항으로, 첫 번째는 대부분의 고객이 방문객이라는 점이다. 방문객 시장이 주요 대상으로서 그 사람들이 머물면서 생활할 시설과 공간이 필요하며, 그들은 주로 다른 문화에 대한 이색 체험, 교육, 재미, 휴식 등 독특한 가치와 경험을 추구한다. 두 번째는 고객을 찾아갈 수 없다는 것이다. 장소형 상품은 이동이 불가능하기 때문에 고객이 찾아오도록 해야 한다는 말이다. 따라서 마케팅 커뮤니케이션이 지극히 중요한 역할을 한다. 세 번째는 경쟁상품이 다른 지역이라는 점이다. 그래서 경쟁 대상이 되는 지역의 장점과 단점을 분석하고, 고객의 필요와 욕구에 맞춰 가장 적합한 상품을 개발하고 마케팅전략을 수립해야 한다.

결국 사람들이 특정 장소에 어떤 의미가 부여하는지가 매우 중요하다. 장소는 일정한 활동이 이루어지거나 또는 특정한 사건이 발생하는 한정된 범위의 공간이다. 이 장소와 관련해 살펴보아야 할 개념이 바로 '장소성'과 '장소정체성'이다.

'장소성'이란 특정 사회의 구성원들이 집단적 생활을 영위하는 과정에서 그 생활의 기반이 되는 장소에 대해 가지는 사회적 의식이다. 장소성은 한 사회의 자연환경 및 인공환경으로 구성되어 있다.

'장소정체성'은 사람들이 일상생활의 체험적 활동을 통해 장소를 구성하는 물리적 및 인공적 소환경에 대해 다양한 상징적 의미를 부여하고, 이러한 체험에 대한 기억과 의미에 대한 반추를 통해 자신의 생존과 생활에 대한 의미를 형성하는 것이다. 장소성이 특정 지역에 머물고 있는 사람들의 것이라면, 장소정체성은 그 지역사람들뿐만 아니라 그 지역에 방문하여 체험적 활동을 하게 되는 관광객들에게도 해당되는 것이다.[51]

결국 장소정체성을 어떻게 형성하느냐가 그 지역의 장소마케팅의 성패를 좌우한다고 볼 수 있다. 장소정체성을 형성하는 데에는, 다양한 체험, 이벤트, 관광지 등이 있을 수 있다. 하지만 비슷한 콘셉트의 도시브랜드가 생겨난다면 사람들에게 그 지역만의 정체성을 형성시키기 어려워질 것이다.

따라서 장소마케팅 역시 해당 장소만의 차별화된 브랜드화를 추구하게 되며, 여기서 장소브랜드 혹은 도시브랜드 개념이 발생하게 된다. 브랜드 구성요소로서 슬로건이 중요하듯 장소/도시브랜드에서도 슬로건이 중요하다. 지역의 장소정체성을 담아야 하는 것과 동시에, 그 지역에 살지 않는 사람들을 찾아오게 만들 슬로건이 장소/도시브랜드의 핵심이 된다. 이러한 이유에서 세계 여러 도시들은 슬로건 경쟁을 하는 것이다.

도시브랜드 슬로건의 대표적 사례는 "I Love New York 아이 러브 뉴욕" 이다.

1977년에 만들어져 아직까지 사용되고 있다. 세계적으로 이것보다 먼저 만들어진 사례를 찾기 어렵기 때문에 도시브랜딩의 효시라고 봐도 될 것이다. 이후 세계 각 도시들이 뉴욕을 따라서 도시브랜딩을 위한 슬로건을 만들어 사용하고 있다. 대표적으로 네델란드 암스테르담의 "I am sterdam", 싱가포르의 "YourSingapore" 독일 베를린의 "Be Berlin" 덴마크 코펜하겐의 "C OPEN HAGEN_open for you" 등이 있으며 도쿄는 최근에 "Yes! Tokyo"에서 "& Tokyo"로 바꾸었다.

I amsterdam.

뉴욕에서 시작된 도시브랜딩은 서울을 포함하여 세계적으로 많은 도시들의 브랜드 전쟁으로 소리 없이 확전되고 있다. 우리나라는 전국적으로 슬로건이 없는 지역이 없다. 그러나 제대로 기억하는 사람도 없다. 그리고 뉴욕을 제외한 세계 거의 모든 도시브랜드 슬로건들에는 가장 중요한 요소가 빠져있다. 뉴욕을 따라하면서도 "아이 러브 뉴욕 I Love New York" 슬로건이 가지고 있는 가장 중요한 핵심 포인트를 놓치고 있다.

어느 도시나 도시브랜딩은 두 종류의 타깃을 대상으로 하고 있다. 하나는 지역주민이며 또 다른 하나는 주로 관광객을 포함한 방문객이다. 두 종류의 대상자들은 모두 중요하다. 주민은 지역의 주인이기 때문에 중요하다. 지역이 생활의 터전이기 때문에 쾌적하고 안전하고 편리하게 살아가야 할 권리가 있으며 동시에 그러한 도시를 함께 만들어갈 책임이 있다. 지역 주민들의 자발적 참여가 없으면 도시브랜딩은 불가능할 뿐 아니라 의미 없는 것이다. 지역 주민들의 삶이 불안하고 불편한 장소마케팅과 도시브랜딩은 아무 소용없는 것이다.

반면에 방문객은 기대감과 불안감을 동시에 가지고 온다. 그러나 도시에 대한 책임감은 없다. 어느 지역이나 방문객은 막연한 어떤 기대를 가지고 오지만, 익숙하지 않은 장소이기 때문에 모든 것이 낯설고 불편하다. 특히 불안함이 항상 도사리고 있다. 그러나 방문객은 일정기간 머무르다가 돌아가면 그뿐이기 때문에 방문 지역에 대한 책임이 없다.

따라서 도시브랜드 슬로건은 지역 주민과 방문객 모두에게 태도와 행동의 변화를 유도할 수 있어야 한다. 단지 이 도시가 이렇다 하는 메시지, 이 도시로 오세요 하는 메시지로는 주민과 방문객 모두에게 태도와 행동의 변화를 유도할 수 없다. 더구나 추상적인 슬로건은 잠시 멋있게 보일지는 모르지만 아무런 효과가 없다. 도시브랜드 슬로건은 도시 정책에 협조하고 지역의 역사와 스토리를 공유하는 태도와 행동의 변화를 유도하는 메시지를 담아야 한다. 그리하여 궁극적으로 도시에 대한 자발적 애정과 자긍심을 갖도록 해야 한다.

지역 주민에게는 자기가 사는 곳이라는 자부심을, 방문객에게는 내가 다녀온 곳이라고 자랑할 수 있도록 해야 한다.

이러한 관점에서 "아이 러브 뉴욕 I Love New York"은 단순하면서도 지역 주민과 방문객 모두의 태도와 행동의 변화를 유도하고 있다. "사랑 LOVE"은 가장 보편적이면서도 강력한 태도와 행동이다. 그리고 "사랑하세요"가 아니라 "나는 사랑한다"이다. 명령조가 아니라 자발적이다. 즉 '무엇을 하라'가 아니라 '나 스스로 한다'라는 메시지로 자연스럽게 사랑이라는 태도와 행동을 유도한다. 단순한 것 같지만 매우 어려운 전략적 표현이다.

일반 제품의 마케팅은 상품이 생산자로부터 소비자에게 이동된다. 그리고 소비자는 상품을 소비 혹은 사용한다. 그러나 장소마케팅에서는 상품인 장소가 이동하는 것이 아니라 소비자가 이동한다. 그리고 장소를 소비하는 것이 아니라, 소비자 자신의 시간과 에너지를 소비하게 된다. 시간을 소비한다는 것은 경험과 기억을 만드는 것이다. 따라서 장소마케팅은 소비자의 경험과 기억거리를 만들어 주어야 한다. 이러한 장소마케팅의 특징으로 인해 도시브랜드 슬로건은 소비자의 태도와 행동을 유도하면서 경험과 기억거리를 회상할 수 있는 메시지를 담고 있어야 한다.

그러나 세계적으로 대부분의 도시브랜드 슬로건은 이러한 핵심을 놓치고 있다.

Chapter 14

슬로건 전쟁, 펩시(Pepsi)의 도전과 코크(Coke)의 방어

슬로건의 역사,
세상의 모든 슬로건

• 브랜드아이덴티티의 표현 _ 슬로건

기업과 제품의 브랜드 슬로건을 알아보기에 가장 좋은 예는 베네통의 "United colors of Benetton"과 코카콜라와 펩시콜라의 슬로건 경쟁이라고 생각된다. 베네통은 슬로건뿐 아니라 여러 가지 많은 이야기 거리가 있기 때문에 별도의 사례로 다루었다.

코카콜라와 펩시콜라의 슬로건 경쟁 100년 역사를 보는 건 매우 재미있다. 그리고 상상 가능한 모든 슬로건을 이 두 브랜드가 다 만들었다고 보아도 좋을 것이다. 1886부터 지금까지 코카콜라[52]와 펩시콜라(1898~)[53]의 역대 슬로건을 모두 모아 보았다. 이 두 콜라 브랜드의 슬로건 경쟁은 시사하는 바가 많기 때문에 세심하게 살펴볼 만하다.

Coca-Cola	Pepsi Cola
1886: Drink Coca-Cola (and enjoy it) 1904: Delicious and Refreshing 1905: Coca-Cola Revives and Sustains 1906: The Great National Temperance Beverage 1908: Good till the last drop 1917: Three Million a Day 1922: Thirst Knows No Season 1923: Enjoy Thirst 1924: Refresh Yourself 1925: Six Million a Day 1926: It Had to Be Good to Get Where It Is 1927: Pure as Sunlight 1927: Around the Corner from Everywhere 1928: Coca-Cola … pure drink of natural flavors 1929: The Pause that Refreshes 1932: Ice Cold Sunshine 1938: The Best Friend Thirst Ever Had 1939: Thirst Asks Nothing More 1939: Coca-Cola goes along. 1939: Coca-Cola has the taste thirst goes for. 1939: Whoever You Are, Whatever You Do, Wherever You May Be, When You Think of Refreshment Think of Ice Cold Coca-Cola	1898: "Brad's Drink" 1903: "Exhilarating, Invigorating, Aids Digestion" 1906: "Original Real Food Drink" 1908: "Delicious and Healthful" 1909: "A bully drink...refreshing, invigorating, a fine bracer before a race." 1915: "For all thirsts - Pepsi-Cola" 1919: "Pepsi-Cola - it makes you scintillate" 1920: "Drink Pepsi-Cola - It Will Satisfy You" 1928: "Peps you up!" 1929: "Here's Health!" 1932: "Sparkling, Delicious" 1933: "It's the best cola drink" 1934: "Pepsi, the nickel drink, worth a dime." 1939~50: Twice as Much for a Nickel

Coca-Cola	Pepsi Cola
1941: Coca-Cola is Coke! 1942: The Only Thing Like Coca-Cola is Coca-Cola Itself 1944: How about a Coke? 1945: Coke means Coca-Cola. 1945: Passport to refreshment 1947: Coke knows no season. 1948: Where There's Coke There's Hospitality 1949: Along the Highway to Anywhere	1940: "Pepsi-Cola hits the spot" 1943: "Bigger drink, better taste" 1947: "It's a Great American Custom" 1949: Pepsi Cola P-E-P-S-I (spelled out), that's your smartest cola buy 1949~50: Pepsi Cola hits the spot, two full glasses, that's a lot
1952: What You Want is a Coke 1954: For people on the go 1956: Coca-Cola... Makes Good Things Taste Better 1957: Sign of Good Taste 1958: The Cold, Crisp Taste of Coke 1959: Be Really Refreshed 1963: Things Go Better with Coke 1969: It's the Real Thing 1971: I'd Like to Buy the World a Coke 1975: Look Up America 1976: Coke Adds Life 1979: Have a Coke and a Smile 1982: Coke Is It! 1985: We've Got a Taste for You 1985: America's Real Choice 1986: Red, White & You	1950: More Bounce to the Ounce 1950~7: Any Weather is Pepsi Weather 1955: "Be Sociable - Enjoy the Light Refreshment" 1957~8: Say Pepsi, Please 1959 : "Be Sociable, Have a Pepsi" 1959~60: The Sociables Prefer Pepsi" 1961~4: "Now It's Pepsi for Those Who Think Young" 1963 : "Pepsi Generation" 1964~7: "Come Alive, You're in the Pepsi Generation" 1967~9: "(Taste that beats the others cold) Pepsi Pours It On". 1969~75: "You've Got a Lot to Live, and Pepsi's Got a Lot to Give" 1975~8: "Have a Pepsi Day" 1973~80: Join the Pepsi People 1980~1: Catch That Pepsi Spirit 1981~3: Pepsi's got your taste for life 1983~4: Pepsi Now! Take the Challenge 1984~8 and 1990-1991: "Pepsi. The Choice of a New Generation"

Coca-Cola	Pepsi Cola
1987: When Coca-Cola is a Part of Your Life, You Can't Beat the Feeling	1989: "Pepsi. A Generation Ahead"
1987: I feel Coke(일본)	
1988: You Can't Beat the Feeling	1991~2: "Gotta Have It"/"Chill Out"
1989: Official Soft Drink of Summer	1992: "The Choice Is Yours"
1990: You Can't Beat the Real Thing	1992~3: "Be Young, Have Fun, Drink Pepsi"
1993: Always Coca-Cola	
	1993~4: "Right Now"
1995: Always and Only Coca-Cola (test marketed, secondary radio jingle).	1994~5: "Double Dutch Bus"
	1995: "Nothing Else is a Pepsi"
	1995~6: "Drink Pepsi. Get Stuff"
	1996: "Change The Script"
1998: Coca-Cola always the real thing!	1997~8: "Generation Next"
1999: Enjoy	1998~9: It's the cola (100주년 광고)
2000: Coca-Cola. Enjoy	1999~2000: "For Those Who Think Young"/
2001: Life Tastes Good	
2001: No Reason(일본)	"The Joy of Pepsi-Cola"
2003: (Coca-Cola). Real	2003: "Its the Cola"/"Dare for More"
2004: Special Magic(일본)	2006~7: "Why You Doggin' Me"/"Taste the one that's forever young"
2005: Make It Real	
2006: The Coke Side of Life	2008: "Pepsi is #1"
	2008~: Something For Everyone
2009: Open Happiness	2009~: "Refresh Everything"/"Every Generation Refreshes the World"
	2010~: "Every Pepsi Refreshes The World"
	2011~: "Summer Time is Pepsi Time"
	2011~: "Born in the Carolinas"
	2012: "Where there's Pepsi, there's music" – used for the 2012 Super Bowl commercial
	2012: "Live For Now"
	2012: "Change The Game"
	2012: "The Best Drink Created Worldwide"
	2013~5: "Live for Now"
2016: Taste The Feeling	2015: "Out of the Blue"
	2015~: "The Joy of Pepsi-Cola"

두 회사 합쳐서 100여 개가 훨씬 넘는다. 여기에다 잠깐씩 세일즈 이벤트에 사용한 슬로건들과 미국 외 세계 각 지역에서 독자적으로 사용한 것들을 합치면 훨씬 많아진다. 슬로건의 개수가 중요한 것이 아니라, 두 회사 슬로건의 차이점에서 브랜드 커뮤니케이션 전략을 비교해 볼 수 있다.

먼저, 코카콜라의 경우 1941년 "Coca−Cola is Coke"를 비롯하여 "Coca−Cola Itself", "Coke means Coca−Cola", "Coke Is It", 그리고 1993년부터 1998년까지 사용한 "Always Coca−Cola" 등의 슬로건은 코카콜라의 브랜드정체성을 분명히 제시하면서 독자적인 브랜드 콘셉트를 지키고 있다. 경쟁사인 펩시를 의식하지 않는 것처럼 보이며, 소비자에게 의연하고 자신감이 있는 입장을 나타내고 있다.

특히 "Always Coca−Cola(언제나 코카콜라)"는 두 가지 의미를 나타내고 있다. 소비자에게 "항상 즐기세요"라는 메시지와 함께 "언제나 나는 나다"와 같이 "코카콜라는 언제나 코카콜라"라는 자기정체성을 확고하게 나타내고 있다. 코카콜라는 'Always'를 쓰기 시작하면서 이전 광고들과는 다르게 각기 다른 특정 소비자층을 겨냥한 여러 개의 광고를 만들기 시작했다. '언제나(always)'를 사용한 첫 광고캠페인에선 27개의 다른 광고를 만들었는데, 제각기 다른 소비자층, 다른 테마, 다른 방식의 광고들에서 '언제나(always) 코카콜라'라는 슬로건을 사용함으로써 소비자에게는 어떠한 상황 속에서도 '콜라는 코카콜라다'라는 확신을 심어 주면서 동시에 코카콜라 브랜드 스스로 독자성과 자신감을 표현하게 되는 것이다.

이에 비해 후발주자인 펩시콜라는 1957년 "Say Pepsi, Please(펩시 주세요)"로 시작하여 "Now It's Pepsi for Those Who Think Young(젊은 생각을 가진 사람들을 위해, 이젠 펩시)", "Come Alive, You're in the Pepsi Generation(활기찬 당신은 펩시 세대)", "Pepsi Now! Take the Challenge(펩시, 도전하세요)", "Pepsi. The Choice of a New Generation"(새로운 세대의 선택), "Pepsi. A Generation Ahead(펩시, 앞서가는 세대)" "Change The Script(습관을 바꾸자)" "For Those Who Think Young(젊음을 생각하는 사람을 위해)" 등 전반적으로 젊은 사람들을 타깃으로 하면서 도전적인 슬로건을 지속적으로 사용하여왔다. 펩시의 핵심 키워드는 'New Generation'과 'Challenge'이다. 즉, 젊은 세대와 도전이란 일견 적극적인 이미지를 보이는 것 같지만, 도전자로서의 정체성은 챔피언에게 항상 약자이기 때문에 최고의 이미지를 가질 수 없다.

"Say Pepsi, Please(펩시 주세요)"는 크리넥스, 제록스처럼 특정상품의 카테고리에서 대명사가 된 Coke에 대응하여, 이젠 "펩시 주세요"라고 말해 달라고 부탁하는 슬로건이다. 단순히 "Say Pepsi, Please"만을 놓고 보면 나쁘

지 않은 훌륭한 슬로건이다. 그러나 상대가 코카콜라이기 때문에 다소 궁색하게 느껴질 수밖에 없다. “Pepsi Now! Take the Challenge(펩시, 도전하세요)”는 블라인드 테스트 캠페인 당시 사용하던 슬로건이다. ‘블라인드 테스트에 참여하세요’, ‘맛을 비교하세요’가 아니라 ‘도전하세요’라고 하였다. “Change The Script(관습을 바꾸자)”는 습관적으로 코카콜라를 마시는 생활방식을 바꾸자는 의미이다. 특히 블라인드 테스트 캠페인은 성공적이었으며, “Pepsi. The Choice of a New Generation”(새로운 세대의 선택) 등 전반적인 광고 캠페인의 크리에이티브는 매우 탁월하고 재미있었다.

그러나 오래 동안 지속된 도전자 콘셉트의 슬로건으로 인하여 펩시는 이미 2등 이미지로 굳어져 있다. 펩시가 도전자 콘셉트를 버리지 않는 한 펩시는 도전자로서의 정체성이 굳어지게 되고 결국 2등 이미지에서 벗어나기 어렵다.

Chapter 15

음악과 정체성 권력,
누구를 위한 행진곡인가?

권력은 정체성과 이미지를 만들기 위해 음악을 이용한다.

음악은 일반적으로 알고 있는 것보다 훨씬 더 정체성과 연관이 있으며 권력과 가깝다. 음악은 감정을 변화시키고, 감정은 태도와 행동을 변화시킨다. 군대에서 음악을 통해 사기를 높여주고 일체감을 형성시킨다든지, 광고에서 음악이 소비자를 감동시키며 브랜드이미지를 만드는 데 활용된다는 것은 누구나 웬만큼 알고 있다.

음악은 예술이면서 동시에 우리생활의 일부분이다. 고대 원시시대에서부터 현대에 이르기까지 음악은 우리생활 곳곳에 스며들어 있다. 언제 어디서나 일상적으로 음악을 듣는다. 여행을 하며 차 안에서 음악을 듣기도 하며, 공부하면서, 등산하면서 음악을 듣기도 한다. 음악을 즐기기도 하고, 음악을 통해 위로를 받기도 한다. 매일 마시는 물처럼 음악을 당연한 것으로 생각한다. 즉 음악이 예술이면서 일상생활의 일부분인 것은 음악의 본질이다. 그러나 음악이 다른 목적으로 사용되는 경우 역시 굉장히 많다.

음악은 아이들의 정서 발달에 매우 중요한 교육적 도구로 사용된다. 애국가를 통해 민족주의와 애국심을 고조시키고, 교회에서 믿음을 강화시켜주고 영적 영감을 받는 데 도움을 주며, 영화에서 사랑과 행복, 아름다움, 공포심, 긴장감 등의 감정을 고조시킴으로써 영화의 가치를 높인다. 운동경기장에서 응원하는 데 필수적으로 사용되며, 행사장에서 참여의식을 고조시키는 데에도 사용된다. 또 음악은 예술의 영역을 넘어 현대사회의 중요한 콘텐츠로서 상품이 되었으며, 규모가 매우 큰 산업영역을 이루고 있다.

이 모든 것들의 공통점은 음악을 사용하여 의도하는 어떤 목적을 이룬다는 점이다. 그리고 의도하는 목적을 이루기 위해서는 메시지 전달과 함께 감정과 이미지를 조작해야 한다. 이는 3차원적 권력의 메커니즘과 같은 것이다.

음악의 효과를 의도하는 다른 목적에 활용한다는 것은 음악을 하는 본질적 행위와 다른 것이다. 그러기 위해서는 음악의 효과와 그 힘을 알아야 할 뿐 아니라 그것을 활용하는 방법도 알아야 한다. 그리고 그것은 아무나 할 수 없는 일이다.

예술적 영감을 통해 만들어지는 작품이든 유행을 위해 만들어지는 작품이든 작곡가, 연주가, 가수 등 대부분의 음악가들은 음악을 음악으로서만 대하는 순수한 예술활동을 한다. 물론 경제적 활동이 따르게 되지만 그것은 당연한 것이다. 그러나 음악을 다른 목적에 활용하는 것은 순수하게 음악을 대하는 것과는 다르다. 음악을 이용하여 독특한 감정과 이미지를 만들며 집단정체성을 구축하는 방법을 아는 전문가들은 따로 있다. 독특한 감정과 이미지, 그리고 집단정체성은 그 집단이 추구하는 특정한 목적, 특히 정치권력을 만드는 데 유용하게 활용된다.

• 음악이 만드는 정체성

정체성은 원래 '무엇이다'를 정의하는 것이지만 현실적으로 볼 때 하나의 존재가 '되어가는 것' 즉 '과정'으로 볼 수 있다. 따라서 정체성은 유동적이다. 정체성은 내부에서 만들어지는 것이 아니라 외부에서 구별하고 정의되는 것이다. 나의 고유한 자아의 표현이 아니라 내가 입는 옷, 나의 스타일, 나의 취향, 내가 먹는 음식, 내가 타고 다니는 자동차, 내가 부르는 노래, 내가 즐겨 듣는 음악, 나의 직업을 통해 정체성이 드러난다. 마치 연기자의 정체성이 그 배역이 갖는 캐릭터의 속성이 아니라 작가가 부여한 캐릭터인 것처럼 누구나 자신의 역할을 수행하는, 즉 나의 위치와 역할이 나의 정체성인 것이다.

음악에 있어서도 나의 정체성이 음악을 선택하는 것이 아니라, 나의 음악 경험이 나의 정체성 만든다. 즉, 음악을 경험한다는 것은 하나의 자아가 되어가는 중요한 과정 중에 하나로 이해할 수 있다. 음악을 연주하거나 노래를 부르는 것뿐 아니라 음악을 듣는 것까지 포함하여, 음악을 경험한다는 것은 예술적 행위이며 또한 스토리텔링(이야기 하기) 행위이다. 사람들은 이러한 행위 속에서 자신의 투영과 용해가 동시에 일어난다. 리쾨르가 말한 이야기 정체성(Narrative identity)도 여기에 해당된다.

무엇이 좋게 들리는지 연주하고 듣는 과정에서 우리는 자신의 감각과 의식을 표현하는 동시에 참여하는 행위 속에서 자신을 설득하고 빠져든다. 어떤 집단의 구성원들이 특정 가치관에 동의함으로써 그것을 문화활동으로 표현하는 것보다 문화활동과 미적 판단의 과정을 통해 자연스럽게 하나의 집단으로 형성되는 경우가 더 많다.

음악의 즐거움은 단순히 기분과 감정에 관한 것만이 아니라 판단에 관한 것이기도 하다. 음악에 대한 취향과 기호는 문화와 관련이 있다. 각 사회집단들은 각기 다른 지식과 기술과 문화적 역사를 가지고 있기 때문에 자기들이 즐길 수 있는 각기 다른 음악을 만든다. 대중음악이 대중적인 것은 어떤 대중적 취향이나 경험을 반영하거나 표현해서가 아니라 인기가 무엇인지에 대한 인식을 높여서이며, 또한 우리를 사회 속에 특정한 방식으로 자리하게 하기 때문이다. 대중음악의 경험은 정체성의 경험이다. 노래에 반응하고 빠져들면서 연주자와, 그리고 다른 팬들과의 감정적/정서적으로 연합하는 것이다. 정체성은 내부가 아닌 외부에서 규정되는 것이다. 정체성은 항상 이상적이며 우리가 되고 싶은 것이지 우리가 무엇인지는 아니다. 따라서 음악은 육체와 시간과 사교성의 직접적 경험, 즉 창의적인 문화적 서사 속에 우리 자신을 위치하게 해주는 경험을 통해 우리의 정체성을 구성한다.

• 히틀러의 음악 프로파간다

20세기에 들어와서 음악을 프로파간다와 집단정체성에 가장 잘 이용한 사람은 아마 히틀러(Adolf Hitler 1889~1945)와 그의 충복인 나치 선전부장관 괴벨스(Joseph Goebbels 1897~1945)일 것이다. 히틀러와 괴벨스는 음악뿐 아니라 다양한 매체를 활용한 프로파간다의 탁월한 성과를 보여주었다. 히틀러는 프로파간다의 중요성을 일찍이 인식하여 독일노동자당에 입당하자마자 곧바로 프로파간다 관리 업무를 맡았다. 『나의 투쟁』*에서 히틀러의 말을 직접 보자.[54]

> "우리의 이념을 가능한 많은 사람들에게 알리는 것이 가장 먼저 필요하였다. 프로파간다는 조직 문제로 머리를 쓰는 것보다 훨씬 먼저 서둘러야 하였고, 그것으로 조직에서 함께 활동할 인재를 모을 수 있었다."

> "첫째 문제, 프로파간다는 수단인가 목적인가? 프로파간다는 수단이며, 따라서 목적의 관점에서 판단되어야 한다. 그러기 때문에 프로파간다 형식은 그것이 추구하는 목적에 효과적이어야 한다."

---

* Mein kampf(나의 투쟁): 히틀러가 1925년에 출간한 자서전

"결정적으로 중요한 두 번째 문제, 프로파간다는 누구에게 어필해야 하는가? 학식이 높은 지식층인가, 아니면 교육 수준이 낮은 층을 대상으로 해야 하는가? 프로파간다는 항상 넓은 대중들을 대상으로 행해져야 한다."

"프로파간다의 목적은 개인적인 교육이 아니라, 어떤 사실에 관해 대중의 주의를 끄는 데 있다. 따라서 프로파간다의 중요성은 무엇보다 먼저 대중의 시선을 끌어들여야 한다."

"프로파간다는 모두 대중적인 것이어야 하며, 그 지적 수준은 프로파간다가 목표로 하는 것 가운데 가장 낮은 정도의 사람이 알 수 있게 맞춰져야 한다. 그러므로 도달해야 할 대중의 수효가 많으면 많을수록 지적 수준을 더욱 낮추어야 한다."

"프로파간다 기술은 바로 그것이 대중의 감정적인 관념을 파악하여 심리적으로 올바른 형식으로 대중의 주의(attention)를 끌어 더욱더 그 마음속으로 파고드는 데 있다."

"대중의 수용 능력은 매우 한정되어 있고, 이해력은 적으나 그 대신 망각력은 크다. 이 사실에서 모든 효과적인 프로파간다는 중점을 크게 제한해야 한다. 이것을 강령처럼 이용하여 그 말에 의하여, 목적한 바가 최후의 한 사람의 머리에까지 떠올릴 수 있도록 지속적으로 행해야 한다. 사람들이 이 원칙을 잊어버리고, 이것저것 닥치는 대로 집어넣으려고 하면 주의는 산만해지고 효과는 아득하게 된다."

"프로파간다는 우둔한 사람들에게 끊임없이 흥미 있는 변화를 공급해 주는 일이 아니라 확신시키는, 더욱이 대중에게 확신시키기 위한 것이다."

"가장 간단한 개념조차 몇 천 번 되풀이하는 것만이 결국 기억될 수가 있는 것이다. 바꿀 때마다 프로파간다에 의해 주어져야 하는 내용을 바꿔서는 결코 안되며, 오히려 결국은 항상 같은 것을 말해야 한다."

"민감한 연설가라면 강연이 행해지는 시간에도 그 효과에 대해 결정적인 영향을 미칠 수 있다는 것을 추측할 수 있다. 같은 강연, 같은 연설자, 같은 주제라도 오전 10시와 오후 5시와 저녁의 경우, 그 효과는 전혀 다르다."

마치 최근 마케팅커뮤니케이션 분야의 전문서적에 나오는 내용으로 착각할 정도이다. 영업조직도 중요하지만, 상품광고를 잘 해야 대리점 모집이 가능하기 때문에 무엇보다 광고를 먼저 해야 한다는 점, 타깃오디언스의 선정과 주목(attention)효과의 중요성, 기억의 한계와 단순성의 중요성, 메시지의 반복효과, 커뮤니케이션 환경과 노이즈 문제 등에 대해 이미 90년 전에 이렇게 치밀하게 구체적인 면까지 고려하고 있었다는 점이 놀라울 뿐이다. 만약 히틀러가 요즈음 기업의 광고마케팅 담당자였다면 꽤 성공적인 성과를 거두었을 것이다. 특히 같은 주제라도 오전 10시와 오후 5시와 저녁의 경우, 그 효과는 전혀 다르다는 것을 알지 못하면 음악을 프로파간다에 이용하는 전략을 구상할 수 없다.

히틀러는 침략 대상 국가에 군대보다 먼저 베를린 필을 보내서 베를린 필하모닉이 베토벤의 교향곡을 연주하게 하여 감동적인 음악으로 사람들의 마음을 무장해제시킨다. 그리고 그 다음 날에는 기습 공격을 하였다. 이러한 패턴이 반복되면서 베를린 필하모닉은 나치가 보내는 침략의 전령사로 인식될 정도가 되었다.[55]

히틀러는 특히 바그너(Richard Wagner 1813~1883)를 거의 숭배에 가까울 정도로 좋아하였다. 히틀러는 바그너의 음악을 이용하여 독일 국민들에게 민족적 자긍심과 나치의 이념적 정체성을 심으려고 하였다. 특히 바그너의 오페라 작품만 공연하는 음악 페스티벌인 바이로이트 페스티벌*을 교묘하게 활

---

* 바그너가 거주했던 독일 남부 바이에른 주(州)의 작은 도시 바이로이트(Bayreuth)에서 1876년 처음 개최된 이후 지속적으로 개최되는 음악축제. 잘츠부르크 페스티벌, 에든버러 페스티벌과 함께 유럽을 대표하는 3대 음악제. 바그너의 오페라 작품인 니벨룽의 반지, 탄호이저, 트리스탄과 이졸데,

용하여 게르만족의 우월성을 부추김과 동시에 반유대주의적 이데올로기를 확장시키고자 하였다.

바그너의 음악을 이용한 나치의 만행과 관련하여 바그너의 책임에 대한 두 가지 견해가 있다. 이미 1883년에 죽은 바그너가 책임질 필요가 없다는 견해와 바그너 오페라의 반유대주의적 이데올로기에 대한 근원적인 비판적 견해가 있다. 바그너에게 책임이 없다고 하더라도 그의 음악에 이데올로기적인 요소가 담겨있다는 점은 부인할 수 없다.

• 여성참정권 운동과 음악의 집단정체성

미국에서 여성들의 참정권은 노예들보다 늦게 얻어졌다. 남북전쟁(1861~1865)이 끝나고 노예제 폐지운동으로 인하여 1870년에 노예들이 참정권을 얻게 되었지만, 그때까지도 여성들에게는 참정권이 주어지지 않았다. 여성참정권 운동가 수전 앤서니(Susan B. Anthony, 1820~1906)를 비롯하여 엘리스 폴(Alice Paul, 1885~1977) 등의 활동으로 인하여 1920년에 비로소 여성참정권을 인정하는 다음과 같은 수정헌법 19조가 헌법에 추가되었다.

1. 미국 시민의 투표권은 성별을 이유로, 미 합중국 또는 어떤 주에 의해서도 부정되거나 제한되지 아니한다.

2. 의회는 적절한 입법을 통하여 본 조(本 條)를 강제할 권한을 가진다.

이러한 여성참정권 운동에는 음악도 기여한 바가 크다. 여성참정권 운동은 되도록 많은 사람들의 지지를 얻고 하나의 목적 아래 뭉쳐서 함께 싸우기

파르지팔, 뉘른베르크의 마이스터징어, 방황하는 네덜란드인 등만을 공연하였다.

위하여 여러 가지 방법을 이용해 홍보를 했다. 반대파와의 충돌도 심했으나 그것은 오히려 운동에 참여한 모든 사람들에게 더 강한 소속감과 명분을 통해 유대의식을 형성하게 하였다. 이때 반대파의 압력에 대항하기 위해 음악을 홍보 수단으로 활용하기 시작한 것이 이 운동에 참여한 사람들에게 집단정체성을 심어 주는 계기가 되었다.

그저 음악만이 홍보 전술로 쓰인 것이 아니라 악보 역시 발행되었는데, 음악 출판업자들은 악보 발행을 통해 여성 참정권 운동을 지지를 표했다. 어떤 노래들은 기존에 있던 익숙한 음악에 가사만 바꾸기도 했다. 마치 최근 우리나라 선거운동에서 따라 부르기 쉬운 기존에 유행한 음악을 이용하는 것과 마찬가지이다.

그리고 음악은 옥외 집회, 자동차 투어 등의 행사에서 사람들과 연결하고 소통하는 방법으로 활용되었다. 음악은 이 운동에 참여한 사람들의 감정을 표현하였으며, 특히 옥외 집회에서 많은 사람들의 이목을 끌고 사람들을 모으기 위해 음악을 사용하였다. 옥외 집회뿐 아닌 단체 내 모임에서 역시 노래를 같이 부름으로써 집단정체성을 형성하고 소속감을 다지게 되었다.

• 누구의 노래인가(Whose Is This Song)?

오래전 한 방송사의 프로그램 중에, 가사와 스타일은 달라도 같은 멜로디를 가지고 있는, 발칸반도의 여러 나라에서 들을 수 있는 한 곡의 전통 음악을 다룬 '누구의 노래인가(Whose Is This Song)?'[56]라는 다큐멘터리가 방영된 적이 있었다.

발칸반도 전역 어느 나라에서나 들을 수 있는, 같으면서 다른 하나의 노래를 찾아 다니는 형식으로 아델라 피바(Adela Peeva)[57]가 연출한 다큐멘터리이다. 이 음악은 하나의 노래이지만 나라마다 지역마다 조금씩 다르게 불려지면서 모두 제각기 자기네 노래라고 주장한다. 만약 아리랑을 우리나라가 아닌 중국이나 일본에서 자기네 노래라고 한다면 우리나라사람들의 반응이 어떨까? 모든 나라에서 똑 같은 현상을 보인다. 심지어 이 노래를 다른 지역에서 '자기네 노래라고 하던데~'라고 하며 의견을 묻는 취재기자까지 폭행하려 드는 장면도 있었다.

우리나라에서도 중장년층에게는 익숙한 노래이다. 한국전쟁 때 참전한 터키 군이 전해놓고 간 노래여서 우리는 터기의 노래로만 알고 있는 '위스크다르 가는 길에(Üsküdar'a Giderken, uskudar a gider iken)'라는 노래이다. 그러나 다큐멘터리는 터키의 노래만이 아니었다는 것을 말해주고 있다. 뿐만 아니라 발칸반도 전역에서 흔하게 들을 수 있는 이 노래는 그 지역의 여러 국가 간의 문화적 유사성과 다양성을 드러내고 있을 뿐 아니라 알력과 선동의 원인이 되고 있다.

이 노래를 자기들의 노래라고 인식하는 각 지역의 사람들은 이 노래를 통해 한 문화에 속해있으며 그래서 다른 문화에는 속해있지 않다는 일종의 소속감, 정체성을 나타낸다. 이 노래는 하나의 음악이 어떻게 사람들을 하나로 묶고, 집단기억과 개인의 이야기가 합쳐질 수 있는지 보여준다. 그리고 사람들의 반응을 통해 발칸반도 문화들 사이의 분열을 확인할 수 있다. 그들은 그 노래 하나 때문에 싸울 의향이 있다. 이 국가들은 더 먼 과거의 역사를 공유했기 때문에 현재 가지고 있는 비슷한 문화들을 제각기 자기들의 것이라고 주장한다. 이 지역의 발칸화(소국분할화)는 '그들'과 '다른' 민족의 차이에 기반한다. 모든 정체성은 만들어진 것이고, 영역정체성은 소속감의 핵심적 기반이다.

소비에트 사회주의의 몰락과 함께 찾아온 민족주의와 집으로 '돌아가기'를 갈망하는 향수는 조국을 만들어내었다. '만들어진' 조국, 만들어내고 상상해낸 '과거', '집, 고향', '국가', 그리고 '민족주의', 여기에는 앤더슨(Benedict Anderson 1936~ 2015)이 말하는 '상상의 민족주의' *가 담겨 있다.

음악이 중요한 의미를 갖는 것은 음악과 정체성이 밀접한 관계를 갖고 있기 때문이다. 음악을 통해 우리는 다른 민족과 구별된다. 민요는 추수 때나 혹은 무엇인가를 기념할 때 즐기는 노래지만, 계속되는 역사적 맥락의 재발명을 통해 민요는 민족주의적 자유의 노래가 된다. 국가가 찢어지고 새로운 국가가 만들어지면서 민족집단을 하나로 뭉치는 역할을 하게 된다.

• 노래 혁명(The Singing Revolution)

에스토니아, 라트비아, 리투아니아 등 발틱 3국은 1940년부터 소련의 지배를 받기 시작하여, 나치 독일, 그리고 다시 소련의 지배를 받아왔다. 이 발틱 3국은 무력이 아닌 노래를 통해 독립을 쟁취하였는데 이것을 "노래 혁명(The Singing Revolution)"이라고 한다.

에스토니아에서 1987년부터 자발적으로 노래를 부르는 방식의 집단 시위

---

* 베네딕트 앤더슨의 대표작 'imagined community(상상의 공동체)'란 민족을 의미한다.

가 시작되면서 1991년까지 에스토니아, 라트비아, 리투아니아의 독립을 위한 혁명인 평화적 시위를 전개하였다. 1988년 5월 타르투(Tartu)[58] 음악페스티벌에서 애국적 노래들이 연주되기 시작하였으며, 이때 사람들이 서로 손을 맞잡은 것이 시위의 시작(Baltic Way)이 되었다.** 1988년 9월 탈린(Tallinn)[59] 실내경기장에서 열린 '에스토니아의 노래(Song of Estonia)'라는 대규모 음악페스티벌에 약 30만명***이 모여들었다. 이날 시민들과 정치 지도자들은 광복에 대한 열망을 보여주었다.

60

** Baltic Way: 1989년 8월 23일 발트 3국 국민 200만 명이 소련에 편입된 지 50주년이 되는 날을 맞아 약 600km의 인간 사슬을 만들어 시위한 독립운동

*** 에스토니아 인구의 1/4에 해당. 에스토니아 인구 130만명, 탈린시의 인구 47만명

노래 혁명은 4년 넘게 이어졌으며 소비에트의 탱크를 이용한 무력 진압에도 이런 방식으로 맞섰다. 결국 발트 3국은 피 한 방울 흘리지 않고 독립하게 된다. 노래혁명은 결국 발트 3국이 독립하는 데 큰 역할을 하였으며 평화적 시위의 대명사가 되었다. 이 스토리는 2006년에 다큐멘터리 영화로 제작되었다.

• 합창인가 제창인가?

우리나라의 '임의 행진곡'은 과연 누구의 노래인가? 임을 위한 행진곡은 여러 논란을 낳고 있다. '제창을 해야 한다, 아예 부르지 말아야 한다, 합창으로 절충하자, 법으로 정해야 한다' 등 많은 논란이 있다. 특히 정부와 정당 또는 시민단체가 이 노래 하나 때문에 싸운다. 그것도 노래가 아닌 부르는 형식 때문에 싸운다. 정권이 바뀔 때마다 노래를 부르는 정책이 바뀐다. 아마 이 논쟁은 끝나지 않을 것 같다. 노래 한 곡이 이념과 국론 분열을 일으킨다. 노래를 부르는 형식의 싸움으로 인해 음악의 순수성은 없어졌다. 오직 이념을 위한 형식만이 남았다.

한 번 몸에 새겨진 노래는 쉽게 사라지지 않는다. 노래의 감염력은 몸으로 스며드는 것이기 때문에 억지로 되지 않는다. 노래를 듣고 느끼고 그 의미와 선율을 새기면서 저마다의 집단으로 가져가서 거기의 이념에 맞게 변형되고 불려진다. 음악에는 정체성이 존재하지 않는다. 음악의 경험이 정체성을 만드는 것이다.

쇼펜하우어가 음악은 가장 순수한 예술 형식이라고 하였지만, 권력은 정체성과 이미지를 만들기 위해 음악을 이용한다.

Chapter 16

김춘수의 '꽃'에서 배우는 브랜드

몸짓과 눈짓의 차이,
시(詩)에서 배우는 브랜드

내가 그의 이름을 불러 주기 전에는
그는 다만
하나의 몸짓에 지나지 않았다.

내가 그의 이름을 불러 주었을 때
그는 나에게로 와서
꽃이 되었다.

내가 그의 이름을 불러 준 것처럼
나의 이 빛깔과 향기(香氣)에 알맞은
누가 나의 이름을 불러다오.
그에게로 가서 나도
그의 꽃이 되고 싶다.
우리들은 모두 무엇이 되고 싶다.
너는 나에게 나는 너에게
잊혀지지 않는 하나의 눈짓이 되고 싶다.

우리나라 사람이 가장 좋아하는 시 중에 하나로 꼽히는 김춘수의 "꽃"이다. 이 시는 인식론과 존재론의 교차점에서 명명(命名)과 존재의 관계에 대한 의미를 어렵지 않게 표현하고 있다. 무겁고 어려운 주제를 매우 가볍고 쉽게 다루고 있다. 가볍게 다루었다고 해서 이 시가 가벼워진 건 아니다. 오히려 어려운 주제가 간명하면서도 감성적으로 다가오게 하는 언어의 마력과 창의성을 보여주고 있다. 이러한 점이 시인의 의도와 달리 일반 독자들에게 이 시를 사랑을 주제로 한 시로 받아들이게 하는 것 같다. 이 시의 문학적, 언어학적, 존재론적 의미와 가치를 논하는 것을 잠시 접어두고, 조금은 다른 관점에서 이 시가 말해주는 의미를 찾아보고자 한다.

시인이 브랜드를 설명하기 위해 이 시를 쓴 것은 아니지만, 이 시는 절묘하게도 브랜드의 중요한 핵심적 요소를 모두 담고 있다. 브랜드를 쉽게 이해하기 위해 이 시를 찬찬히 음미하면서 브랜드와 연관성을 찾아보는 것도 재미있을 것이다.

• 이름을 불러주는 것은 브랜딩의 시작

"내가 그의 이름을 불러 주기 전에는"에서 "나에게로 와서 꽃이 되었다."까지 처음 6행에서는 어떤 사물에 이름이 없다면 그 정체성을 가질 수 없으며, 이름을 부여할 때 비로소 그 정체성을 인식할 수 있다고 말한다. 존재론의 관점에서 이름은 존재를 확인해주는 역할을 한다. 무엇이든 이름이 없으면 존재하지 않는 것과 같다. 인식론의 관점에서도 이름이 없다는 것은 내가 그 존재를 인식하지 못했다는 것이며, 내가 어떤 존재를 인식하게 된다면 당연히 이름을 부여하게 된다. 따라서 내가 무엇인가의 이름을 부를 때 비로소 그것은 내가 인식하는, 그리고 나에게 실존하는 존재가 된다. 즉 주체와 대상은 이름을 통하여 관계가 맺어진다. 사람 역시 아이를 낳으면 가장 먼저 이름을 짓는다. 가장 중요하면서 의미 있는 일이기 때문이다. 그 아이가 세상에서 이제 한 인간으로서 존재한다는 것을 공표/천명하는 것이다. 아이에게 이름이 없다는 것은 사람으로서 존재하기 위한 최소한의 요건을 갖추지 못했다는 것과 같다.

이러한 명명(命名)과 존재의 관계는 브랜드의 가장 기본적인 개념으로서 브랜드네임이 없는 상품은 단지 물체에 지나지 않는다는 의미로 해석될 수 있다. 뿐만 아니라 브랜드네임이 있다고 하더라도, 내가 기억 혹은 인식하지 못하고 있다면 이 역시 물체에 지나지 않는다. 가령 '칠성사이다'가 이름없는 투명한 병에 담겨 있다면 누구도 그것이 무엇인지 알 수 없다. 생수인지, 소주인지, 탄산음료인지 모른다. 다만 하나의 투명한 액체에 지나지 않는다. 누군가 그것이 '칠성사이다'라고 말해 주어도, 브랜드 상표가 없다면 신뢰하기 어렵다. '칠성사이다'라는 특정한 브랜드 표시가 있어야 비로소 그 브랜드의 상품 즉, '칠성사이다'로 인식된다.

또한 어떤 상품이든 마트의 진열장에서 내 눈에 보이지 않으면 그것은 없는 것과 마찬가지이다. 그러나 브랜드를 기억하고 선호한다면 그 상품을 찾게 될 것이다. 보이지 않으면 종업원에게 물어서라도 찾을 것이다. 반면에 평소에 모르던 브랜드라도 자주 눈에 띄면 나에게 브랜드로 인식되기 시작한다. 다만 하나의 몸짓에 지나지 않을지라도 내가 인식하는 순간에 어떤 존재가 된다. 몸짓이라도 없으면 존재조차도 인식하기 어렵다. 따라서 브랜드도 모르는데다가 눈에 보이지도 않는다면 그 상품은 영원히 선택되지 않는다.

이는 유형적 상품(tangible goods)에만 적용되는 것이 아니라 서비스 마케팅과 같은 무형적 상품(intangible goods)에도 적용된다. 오히려 무형적 상품에는 이러한 개념이 더 중요하게 작용된다. 보험, 금융, 법률, 행정 등 개념적인 서비스 상품과 정책은 그 실체가 눈에 보이지 않기 때문에 이름이 없으면 그 개념이 더욱 모호해진다. 따라서 이러한 무형적 서비스는 이름이 부여되어 그 개념이 명확하게 전달될 때 비로소 경쟁력을 갖는 브랜드의 기반이 마련되는 것이다. 예를 들어 '애니카' '햇살론' '햇볕정책' '나라장터' 등은 그 이름만으로도 그 금융상품과 정책의 의미를 짐작하게 한다. 그리고 이 이름들은 이미 브랜드가 되었다.

• 차별성을 표현하는 브랜드네임

다음 8~9행에서 "빛깔과 향기(香氣)에 알맞은 이름을 불러다오."는 제품의 콘셉트에 적합한 브랜드네임을 만들어야 한다는 의미로 해석할 수 있다. 이 구절에서 특기할 만한 것은 왜 '형태'에 알맞은 이름이 아니라 '빛깔과 향기(香氣)'에 알맞은 이름인가이다. 많은 평론가들은 이 시에서 '빛깔과 향기'는 사물의 본질을 의미하는 것이라고 한다. 문학적으로는 그러한 해석이 타당하다고 할 수 있을지라도 '빛깔과 향기'를 사물의 본질이라고 하기는 어렵다. 사물의 본질은 '형태와 기능'으로 정의되는 것이지 '빛깔과 향기'로 정의되지 않는다. 굳이 아리스토텔레스의 형상인(形相因)을 거론하지 않더라도 – 모든 사물이 그러하듯 – '꽃'은 그 형태에 의해 종류가 구분된다. 물론 꽃의 종류에 따라 빛깔과 향기가 다르기도 하지만 근본적으로 꽃의 종류는 형태로 구별하게 된다. 보편적으로 '형태와 기능'이 사물의 본질이라면 '빛깔과 향기'는 사물의 특성과 차별성으로서 일종의 표상이다. 이러한 의미에서 볼 때 브랜드네임은 상품의 본질보다는 특성과 차별성을 표현해야 한다.

물론 브랜드네임이 상품의 본질을 기반으로 하는 것이기는 하지만 그 본질은 이미 누구나 아는 것이며, 대체로 상품의 카테고리에 해당된다. 예를 들어 자동차의 경우 그 형태와 기능이 자동차라는 제품의 본질이다. 그리고 그 형태에서 이미 누구나 그것이 자동차라는 것을 알기 때문에 브랜드네임에 자동차라는 이름을 사용하지 않는다. 형태가 더 세분화되어 그것이 승용차이든 스포츠카이든 혹은 화물차이든 이러한 것들은 하나의 카테고리일 뿐이다. 이러한 카테고리는 넓은 의미에서 볼 때 자동차의 특성이기는 하지만 제 각각의 형태는 해당 제품 카테고리의 본질이다. 즉, 카테고리 이름을 브랜드네임으로 사용하지 않는다. 다만 카테고리 유형의 명칭일 뿐이다.

시장에서의 경쟁은 상품의 본질로 경쟁하는 것이 아니라 상품의 특성과 차별성으로 경쟁하는 것이다. 소비자 역시 기본적으로 상품의 본질을 구입하는 것이기는 하지만 동시에 브랜드를 선택한다. 브랜드의 선택은 본질이 아니라 특성과 차별성으로 선택하는 것이며, 상품의 특성과 차별성은 브랜드의 이미지와 정체성에 해당 된다. 따라서 브랜드네임은 빛깔과 향기, 즉 제품의 특성과 차별성을 표현하는 데에서 시작해야 한다. 직접적 표현방법을 사용할 수도 있겠지만 상징과 은유를 통해 소비자 마음에 심어 줄 기대와 희망을 함축적으로 표현해야 한다. 이러한 의미에서 우연인지 모르겠지만 "빛깔과 향기(香氣)에 알맞은 이름을 불러다오."는 브랜드 네이밍 과정에서 그 함축된 의미를 깊이 음미해볼 필요가 있는 구절이다.

• 브랜드로열티

그 다음 행의 "그에게로 가서 나도, 그의 꽃이 되고 싶다."라는 구절은 다른 구절에 비해 간과되기 쉬운 구절이다. 그러나 가장 핵심적인 의미를 가진 구절이다. 이 구절이 의미하는 바를 이해하기 위해서는 "그에게로", "그의 꽃", "되고 싶다" 이 세 가지 소절의 은유와 상징을 파악해야 한다.

"그에게로"의 '그'는 바로 앞 구절에서 "누가 나의 이름을 불러다오"라고 한 "누가"이다. 나의 이름을 불러줄 어떤 누구, 즉 나의 존재를 인정해줄 상대를 말한다. 그리고 "그의 꽃"에서 '꽃'이란 이름을 불러줌으로써 존재로 인식되는 무엇이다. 나의 이름을 불러주는, 그래서 나를 인정해주는 그 상대, 바로 그 상대의 마음 속에 인식되는 나의 존재 가치를 말한다. "그에게로 가서 나도, 그의 꽃이 되고 싶다."를 브랜드에 적용하면 특정 브랜드를 소유함으로써 만족해 하는 소비자와, 그 소비자에게 인정받게 되는 특정 브랜드로 비유할 수 있다. 나는 자동차 000브랜드를 타는 사람이다라는 것을 보여줌으로써 그 차의 브랜드가치와 나를 동일시 하려는 소비자, 그리고 그 소비자에게 인정받는 자동차 000브랜드와 같다.

마지막으로 "되고 싶다"는 말 그대로 희망 혹은 욕망이다. 즉 그에게 내가 의미 있는 존재가 되고 싶은 욕망, 혹은 내 존재의 가치와 의미를 확인하고 싶은 욕망이다. 이 세 소절을 모두 정리하면, 나를 소유함으로써 자랑스러워하는 상대에게 나의 존재 가치를 확인받고 싶은 욕망을 말하는 것이다.

브랜드의 존재 가치는 소비자에게 인정받음으로써 나타난다. 단지 인식만으로는 부족하다. 여기서 '꽃'은 '브랜드'로 치환이 가능하며 '그'는 소비자가 된다. 브랜드네임을 불러주는, 즉 브랜드를 인정하는 그 고객의 브랜드가 되고 싶은 욕망으로 적용할 수 있다. 이제 "그에게로 가서 나도, 그의 꽃이 되고 싶다." 이 구절을 브랜드 언어로 치환하면 "소비자에게 가서 나의 상품도, 그의 브랜드가 되고 싶다."로 바꾸어 볼 수 있을 것이다.

이어서 "우리들은 모두, 무엇이 되고 싶다."라는 구절은 앞에서 말한 "되고 싶다"의 반복이다. 즉 욕망의 반복이다. 그런데 바로 앞의 행과 달리 "나"가 "우리들은 모두"로, "꽃"이 "무엇이"로 바뀌었다. 욕망의 주체와 대상이 바뀌었다.

개별적 주체가 보편화되었다. '나'만의 욕망이 아니라 모든 주체들의 욕망으로 일반화하였다. 욕망의 대상도 꽃이라는 특정한 사물에서 주체가 욕망하는 모든 대상으로 확대하였다. 따라서 바로 뒤이어 나오는 "너는 나에게 나는 너에게"를 '나와 너'라는 일대 일의 관계로 볼 수도 있겠으나 '우리 모두는 서로

서로'라는 관계로도 해석 가능하다. 한마디로 "무엇이 되고 싶다"라는 욕구, 즉 세상에 존재하는 모든 사물의 기본적 욕구를 "우리들은 모두"로 일반화하였다.

• 브랜드인지도

시장의 모든 상품은 모두 특별한 브랜드가 되고 싶어한다. 하나의 제품이 상품으로 존재하는 것이 아니라 브랜드로 존재할 때 시장에서 그 존재 가치가 높아진다. 그리고 상품이 브랜드로 존재하기 위해서는 '빛깔과 향기', 즉 특성과 차별성이 어떤 모습으로든 드러나야 하며 그것이 소비자의 기억 속에 남아야 한다. 이 시는 마지막 구절인 "잊혀지지 않는 하나의 눈짓이 되고 싶다."로 마무리하고 있다. 이 구절 역시 "잊혀지지 않는", "하나의 눈짓", "되고 싶다." 등 이 세 가지 소절로 나누어 생각해 볼 수 있다. "되고 싶다"는 앞에서 설명한 대로 희망 혹은 욕망을 말한다. 이 시는 결국 어떤 욕망으로 마무리된다. 그 욕망의 핵심은 "잊혀지지 않는 하나의 눈짓"이다. "잊혀지지 않는"은 사람의 영원한 욕망이다. 누구나 잊혀지지 않기 바란다. 브랜드에 있어서도 "잊혀지지 않는"은 가장 중요한 필수조건이다. "잊혀지지 않는"은 '인지도'로 바꾸어 말할 수 있다. 인지도란 '알고 있다' 즉, '기억하고 있다'라는 뜻이다. 인지도는 최초상기도, 회상, 재인 등으로 구분된다고 하였다. 인지도가 없다는 것, 즉 기억이 없다는 것은 잊혀졌거나 애초부터 몰랐던 것이며 따라서 존재하지 않는 것과 같기 때문에 브랜드는 애초부터 성립되지 않는다. 무엇이든 브랜드이고 싶다면 절대 잊혀지지 않아야 한다.

• 브랜드정체성과 마케팅 커뮤니케이션

마지막으로 "하나의 눈짓"은 무엇을 의미하는가? 앞에서 "하나의 몸짓"이 마지막에서는 "하나의 눈짓"으로 바뀌었다. 시인은 처음에는 "하나의 의미"로 썼다가 나중에 "의미"를 "눈짓"으로 바꾸었다고 했다. 몸짓과 눈짓, 의미와 눈짓의 차이를 이해함으로써 이 시가 말하려는 전체를 결론지을 수 있을 것이다.

'몸짓'은 '눈짓'에 비해 수동적이다. 사물에 있어서 아직 존재자로 인식되지 못한 사물의 상태이다. 몸짓이 꽃이 되기 위해서는 이름과 그것을 불러주는 누군가가 필요하다. 몸짓이 꽃이 되고 난 후에는 잊혀지지 않고 기억되어야 한다. 그러기 위해서는 보다 적극적인 눈짓이 필요하다. 그리고 '의미'만으로는 부족하다. 의미는 관념적이고 추상적이다. 포괄적이며 정태적이다. 이에 비해 눈짓은 자기 존재를 표현하는 행위로써 능동적이며 구체적이다.

눈짓이란 적극적인 커뮤니케이션을 통해 나의 존재와 나의 메시지를 표현하는 것이다. 여기에는 "빛깔과 향기", 즉 특성과 차별성에 알맞은 연상과 이미지가 포함되어 있어야 한다. 브랜드는 브랜드네임이나 로고를 만들었다고 해서 브랜드가 되는 것이 아니다. 적극적이면서도 세심한 마케팅 커뮤니케이션을 통해 브랜드인지도와 연상이미지가 형성되어야 한다.

잊혀지지 않는 오직 나만의 브랜드를 위해 마케팅은 커뮤니케이션 전쟁을 한다. 소비자의 마음을 조금이라도 더 뺏기 위한 전쟁이다. 마케팅 커뮤니케이션 전쟁에서 가장 중요하면서도 기본적인 요소는 주의/관심(attention), 흥미(interest), 기억(memory)이다. 이 세 가지 요소는 대체로 정보에 대한 관심 유발, 흥미에 의한 몰입, 그리고 오랫동안 기억되게끔 하는 순서로 단계적으로 진행된다. 첫 번째, 주의/관심 단계는 용어의 의미 그대로 시선을 끄는 단계로서 관심을 유발시켜 자기도 모르게 발걸음 혹은 시선을 정지시키는 stopping power를 가져야 한다. 두 번째, 흥미 단계에서는 정지시킨 시선을 계속 붙잡아 두는 holding power를 가져야 한다. 세 번째 기억 단계에서는 1차적인 커뮤니케이션 과정이 지나서 오랜 시간이 경과한 후에도 잊혀지지 않고 회상과 재인이 일어날 수 있는 요소, 즉 sticking power를 가져야 한다. 이 세 단계를 거치지 않는 마케팅 커뮤니케이션은 거의 없다. 이 세 단계 커뮤니케이션의 효율성에 따라 브랜드인지도의 성과가 나타난다. 또한 이 세 단계 커뮤니케이션에서 어떤 연상을 끌어낼지에 대한 판단도 필요하다. 이 연상은 상품의 특성과 차별성이 소비자의 욕구와 교집합되는 지점에서 찾아야 한다. 소비자가 선호할 만한 적절한 연상을 끌어내는 것에서 브랜드이미지가 좌우된다. 특히 커뮤니케이션 홍수 시대에 수많은 미디어에서 엄청나게 많은 메시지(눈짓)들이 범람하고 있다. 웬만한 눈짓으로는 보이지도 기억되지도 않는다. 아무리 이름을 불러 주어도 몸짓 그대로 남아있을 뿐이다. 이제는 무엇이나 이름을 불러준다고 모두 꽃이 되는 건 아니다. 잊혀지지 않는 하나의 이름이 되고 싶다면 치열하게 남다른 눈짓을 해야 한다.

광고와 브랜드 커뮤니케이션은 주의(관심), 흥미, 기억 이 세 가지 과정과 연상을 통해 브랜드인지도와 이미지를 만들어내기 위해 치열한 커뮤니케이션 전략과 다양한 표현기법(크리에이티브)들을 활용한다. 대표적인 방법으로 쇼킹한 표현, 독특한(unique) 표현, 기대하지 않았던(unexpected) 표현, 차별화된(different) 표현, 드라마틱한 표현, 두드러진/돌출된(outstanding) 표현, 공감(sympathetic)을 끌어내는 표현, 정서적인 표현, 아름다움을 강조하는 표현, 인간애를 느끼게 하는 표현, 필요를 자극하는(need concerned) 표현 등 다양한 방법들이 사용된다.

이러한 방법들은 대부분 수사학(rhetoric, 修辭學)의 표현방법들과 연관된다. 은유(metaphor), 상징(symbol), 과장 등의 표현방법들이 언어뿐 아니라 시각적으로도 활용되면서 시각적 수사(visual rhetoric)의 다양한 기법들이 발전되고 있다. 또한 각종 신화와 스토리를 차용하여 스토리텔링 마케팅으로 브랜드에 대한 관심과 흥미와 기억거리를 강화하고 있다. 한마디로 브랜드는 독특한 이미지로 소비자의 기억 속에 오래 남아 있어야 그 무엇이 될 수 있다.

PART 04

브랜드 엣지(Edge)

브랜드에 대해 어느 정도 이해하였다 해도 정작 "브랜드가 무엇인가"라는 질문에는 선뜻 한마디로 답변하기 어렵다. 가장 간결한 답변으로 '브랜드란 이미지'라고 말할 수 있다. 그러나 그것만으로는 충분치 않다. 브랜드는 '제품과 브랜드의 차이', '브랜드네임(이름)과 브랜드의 차이', '심벌마크와 브랜드의 차이'의 비교를 통해 포괄적이면서도 명료하게 설명할 수 있다.

• 제품과 브랜드의 차이는 실체와 인식의 차이

브랜드를 간명하게 설명하기 위해서 제품과 비교하는 것은 많은 전문가들이 흔히 사용하는 방법이다. 세계적인 광고회사 JWT의 스티븐 킹(Stephen King)은 "제품은 공장에서 만들어지는 것이며, 브랜드는 고객이 구매하는 것이다. 제품은 경쟁자에 의해 모방될 수 있으나 브랜드는 오직 하나뿐이다. 제품은 쉽게 구식이 되지만, 성공적인 브랜드는 영원하다."*라고 하였으며, 랜더 어소시에이츠 설립자인 월터 랜더(Walter Landor)는 "제품은 공장에서 만들어지지만, 브랜드는 소비자의 마음 속에서 만들어진다."**라고 하였다. 또 필립 코틀러(Philip Kotler)는 "브랜드가 되지 않으면, 단순한 물품으로만 보일 뿐이다." ***라고 하였다.

표현은 다르지만 거의 같은 의미이다. 이러한 말들은 이후 브랜드에 대해

---

* A product is something that is made in a factory; a brand is something that is bought by a customer. A product can be copied by a competitor; a brand is unique. A product can be quickly outdated; a successful brand is timeless.

** Products are made in the factory, but brands are created in the mind.

*** When something is not a brand, it will be probably be viewed as a commodity.

관심 있는 사람들이 즐겨 인용하는 문구가 되었다. 제품은 실제 존재하는 실체로써 구체적인 것이며, 이에 비해 브랜드는 소비자 마음에 형성되어 있는 브랜드에 대한 감정과 인식의 총합이다.

감정과 인식의 총합이란 브랜드의 정체성 인식을 시작으로 인지도, 품질 인식, 연상이미지, 개성, 선호도 등을 말한다. 인식이란 경험을 통해 지각된 것들의 기억이며, 여기서 경험이란 직접경험뿐 아니라 간접경험까지 포함한다.

전공자들에게 제품과 브랜드를 비교해보라고 하였을 때 나온 답변들 중에 적절한 내용 몇 가지 소개한다.

> "제품은 물리적인 것이며, 브랜드는 감성적인 것이다."
> "제품은 개관적인 반면에 브랜드는 주관적이다."
> "제품은 즉시적이지만 브랜드는 장기적이다."
> "제품은 모방이 되지만 브랜드는 모방이 어렵다."
> "제품은 사용하는 것, 브랜드는 소유하는 것."
> "제품은 형이하학, 브랜드는 형이상학"

답변들 중에는 다소 적확(的確)하지 않는 부분도 일부 있으나, 대체로 적절하고 의미 있는 표현들이라고 할 수 있다.

• 이름(브랜드네임)과 브랜드

브랜드네임은 단지 이름일 뿐이지 브랜드는 아니다. 브랜드네임에 대해서 만약 좋은 이름이라는 평을 받았다면 단지 이름이 좋을 뿐이다. 그것은 제품의 정체성을 잘 표현하였으며 앞으로 좋은 브랜드가 될 수 있는 가능성을 만든 것이며, 브랜드 구성요소 중에 하나를 만들었을 뿐이다.

브랜드란 앞에서도 여러 차례 언급하였듯이 인지도와 연상이미지가 필수

조건이다. 인지도가 없는 브랜드네임은 브랜드가 아니라 단지 이름일 뿐이다. 따라서 특정 상품의 브랜드네임 인지도와 특정한 연상이미지가 형성되어야 비로소 브랜드라고 할 수 있다.

다시 요약하면 이름(브랜드네임)은 단지 정체성의 언어적 표현이며, 브랜드는 인지도와 이미지가 형성된 것이다. 즉, 이름이라는 기초적인 정체성에 특정한 이미지가 형성된 것이 브랜드이다.

• 심벌마크와 브랜드

심벌마크와 브랜드의 비교는 브랜드네임의 경우와 마찬가지이다. 단지 언어적인가 시각적인가의 차이일 뿐이다. 브랜드네임이 단지 이름인 것처럼 심벌마크는 단지 시각적 형태일 뿐이다. 따라서 좋은 심벌마크를 만들었다면 자랑해도 좋다. 그러나 심벌마크를 만든 것은 단지 좋은 형태를 만든 것이지 브랜드를 만든 것은 아니다. 좋은 심벌마크를 만들었다는 것은 그 제품의 정체성을 잘 표현하였으며 앞으로 좋은 브랜드 아이콘이 될 수 있는 가능성을 만든 것이다. 즉 심벌마크 역시 브랜드 구성요소 중에 하나일 뿐이다.

심벌마크가 브랜드로 인식되려면 마크의 형태에서 어떤 연상과 감정이 일어나야 한다. 브랜드가 추구하는 이미지가 나타나야 한다. 심벌마크의 형태가 브랜드의 정체성과 연상 그리고 감정까지 표현해야 하겠지만 단순화된 작은 마크가 그러한 것을 모두 표현하는 데는 한계가 있다. 결과적으로 심벌마크의 형태가 브랜드의 정체성과 이미지를 표현하는 것이 아니라 소비자(사람)들의 인식 속에 형성되어 있던 어떤 감정이 마크의 형태를 통해 재인 회상 되는 것이다. 형태가 말을 하는 것이 아니라 소비자의 마음속에 내재되어 있던 감정과 인식이 형태를 통해 다시 드러나는 것이다. 물론 형(form)이 특정한 느낌을 나타내기는 하지만 브랜드가 표현하려는 것을 묘사하지는 못한다. 이는 색(色)도 마찬가지이다. 색이 특정한 느낌을 나타내기는 하지만 처음부터 색이 의미와 스토리를 가지고 있는 것은 아니다. 사람들이 색에다가 의미와 상징을 부여하는 하는 것이다.

심벌마크와 브랜드의 차이를 다시 요약하면 심벌마크는 단지 정체성의 시각적 혹은 상징적 표현이며, 브랜드는 어떤 형태로부터 브랜드에 대한 회상과 재인, 그리고 특정한 연상이미지가 나타나는 것을 말한다.

• 브랜드 전쟁 : 새로운 프로파간다 시대(New Propaganda Age)

켈러가 "신제품의 브랜드네임을 선택하는 것은 분명히 하나의 예술이고 과학이다."라고 하였지만, 브랜드네임 선택뿐 아니라 브랜드와 관련된 모든 영역이 과학이자 동시에 예술이다. 그러나 과학이자 예술이기 이전에 전쟁이다. 사람의 마음을 전쟁터로 하는 설득 전쟁이다. 어느 브랜드가 사람의 마음을 더 많이 차지하는가 하는 전쟁이다. 이러한 면에서 볼 때 정치의 선거전, 남녀의 사랑 경쟁, 브랜드 전쟁 등에는 모두 유사한 면이 있으며, 실제 총칼로 싸우는 전쟁의 메커니즘과도 닮았다.

전쟁이라고 하면 살벌하게 들릴지 모르지만 뮤지컬과 영화로 유명한 '맘마미아(Mamma mia)' [61]에 나오는 노래 중에 "The Winner takes it all(승자가 모든 것을 갖는다)"이라는 노래 제목을 보면 바로 알 수 있다. 이 맘마미아의 스토리와 노래의 가사를 보면 사람의 마음을 차지하는 전쟁이라는 점에서 브랜드가 남녀의 사랑과 유사하다는 것을 실감할 수 있다.

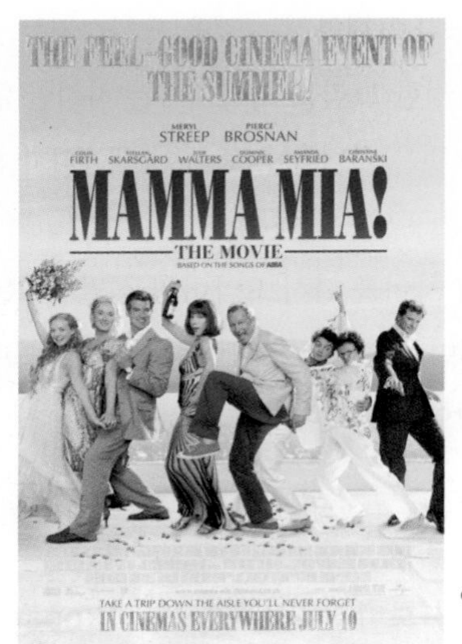

62

드라마의 내용은 간단하게 말해서, 결혼을 앞둔 딸의 아버지가 세 남자 중에 누구인지, 그리고 그 세 남자가 한 여자를 두고 경쟁하는 사랑의 스토리이다. 영화에서는 아름다운 음악과 그리스의 작은 섬을 무대로 하는 아름다운 풍광, 그리고 재미있는 스토리 때문에 전혀 살벌하게 느껴지지 않는다. 그러나 그 아름다운 음악과 분위기 뒤에는 노래 제목뿐 아니라 가사까지 살벌한 내용이 들어있다. "The Winner takes it all(승자가 모든 것을 갖는다)"의 가사 중에

> "The winner takes it all. The loser has to fall. It's simple and it's plain. Why should I complain(승자는 모든 것을 갖는다. 패자는 몰락한다. 그건 아주 간단하고 명료한 것. 불평할 이유가 없다)."

노래의 가사는 남녀 간의 사랑에 관한 내용이지만, 한 여자의 마음을 조금이라도 더 차지하는 사람이 그 여자와 결혼하게 된다는 이야기이다. 여기에 브랜드를 대입하면 그대로 적용된다. 브랜드 교체가 빈번한 제품도 많지만 자동차 같

은 제품은 한 번 결정하면 몇 년간 교체하기 어렵다. 코카콜라와 펩시콜라를 번갈아 마시는 소비자는 흔치 않다. 마음 속에서 선호하는 브랜드가 51% 대 49%로 거의 비슷해도 결국 하나의 브랜드를 결정하게 되며, 선택받지 못한 브랜드는 결국 몰락하고 만다. 선거에서도 단 몇 표 차이라도 낙선하면 아무것도 없다. 다음 기회를 기다려야 한다.

결국 마음을 지배하는 브랜드가 시장을 지배한다. 마음을 지배한다는 것은 소비자를 설득하는 데서 시작된다. 설득에는 가시적이고 구체적인 방법들도 있지만 보이지 않는 방법들이 더 많다. 앞서 '권력의 두 얼굴(Two Faces of Power)'에서 말하는 '가리워진 얼굴 혹은 권력의 이면(restrictive face of power)', 그리고 '3차원적 권력'이라고 하는 '보이지 않는 권력' 혹은 '관찰할 수 없는 곳에서 행사되는 권력'까지 모두 보이지 않는 설득과 지배 방법들이다. '인간의 사고와 욕구를 통제하기 위하여 인식, 지각, 선호를 형성시키는 것'은 정치권력뿐 아니라 브랜드와 디자인에도 똑같이 적용된다. '브랜드 구성요소들'편에서 말한 '숨어서 드러나는 추상적 요소들'은 일종의 새로운 프로파간다이다.

• 수많은 새로운 이론들이 등장하지만

마케팅과 브랜드, 그리고 디자인에 관한 수많은 새로운 이론들이 등장하지만 현실 앞에서 종종 무력해진다.

모토로라의 폴더형 휴대폰 스타텍(StarTAC)과 레이저(RAZR) 모델의 제품 디자인을 혁신적이라고 했다. 사실 지금 보아도 디자인이 나쁘지는 않다. 그러나 모토로라는 휴대폰시장에서 브랜드파워를 잃었다.[63]

인터페이스(interface) 개념을 바탕으로 하는 U.I(User Interface 사용자 인터페이스)가 중요하다라고 한 지가 불과 얼마 되지 않았는데, 벌써 U.X(User Experience, 사용자 경험)라는 개념과 용어로 대체되고 있다.

코닥의 브랜드 관리전략은 매우 우수했다. 코닥의 탁월한 품질관리과 지속적인 커뮤니케이션을 통하여 형성된 친밀감과 가족친화적인 이미지는 강력한 코닥의 브랜드아이덴티티었으며 브랜드경영의 모범사례였다. 브랜드 전문가들은 코닥의 브랜드 관리전략을 배워야 한다고 했고, 노란색 바탕 위에 빨간색 K자 형태의 코닥 로고의 이미지는 아직까지 기억에 생생하다. 그러나 이미 시장에서 사라졌다. 젊은 사람들에게는 아예 인지도조차 없다. 지금 재기를 위해 애쓰고 있지만 아직은 역부족이다.

모두 시대의 변화라는 현실 앞에서 무력해진다. 미래를 예측하는 데에는 한계가 있다. 최근에는 또 디자인경영을 강조한다. 스티브 잡스가 애플의 재기(再起)는 디자인 혁신 때문이라고 한 뒤부터, 디자인은 제품의 차별화를 통해 브랜드가치를 높여주는 가장 효과적인 수단이라고 하는 사람들이 많아졌다. 따라서 디자인적 사고(Design Thinking)가 기업혁신의 주요 화두가 되어야 한다고 한다. 그러나 정작 디자인 경영이 무엇인지 또 어떻게 해야 하는 것인지 명료한 정의와 개념, 그리고 방법론을 명쾌하게 제시한 것을 아직 보지 못하였다. 그리고 디자인적 사고란 어떻게 또는 어떤 방법으로 무엇을 생각하는 것인지 잘 알지 못한다. 대부분 좋은 이야기들이지만 관념적이다.

한때 초우량기업의 조건(In Search of Excellence), 제5경영(The Fifth Discipline), 리엔지니어링(Reengineering the Corporation), 블루오션 전략(blue ocean strategy) 등 기업경영과 마케팅에 관한 다양한 이론과 전략들이 등장했다가 사라졌다. 스튜어트 크레이너는 『경영의 역사를 읽는다(The ultimate business library)』 머리말에서 『위기의 경영(Managing on the Edge)』의 저자인 리처드 파스케일(Richard Pascale)이 경영이론들의 일시적 유행과 즉흥적 해결책에 지나치게 열광하는 현상을 강하게 비판하였다고 한다. 그는 1950년대 이후 일시적으로 유행했다가 사라져버린 경영이론들이 20여 개나 되며, 그 가운데 10여 개가 1985년부터 1990년 사이에 집중되어 있다고 한다. 파스케일은 이러한 추세는 앞으로도 계속되리라고 하면서 다음과 같이 말한다.[64]

> "경영이론을 유행시키는 것도 이제는 제품을 포장해 판매하는 일종의 비즈니스가 되었다. 경영이론이라는 제품을 소비하려는 욕구는 더 이상 억누를 수 없게 되었다. 기업은 지배적인 위상을 지닌 사회조직이라는 명제를 받아들인다면 기업들이 매우 큰 영향력을 발휘하고 있다는 사실에 동의할 수밖에 없을 것이다. 따라서 여러 경영이론들이 우후죽순처럼 생겨나는 것은 어찌 보면 당연한 현상이라고 하겠다."

경영이론뿐 아니라 마케팅, 브랜딩, 디자인을 비롯한 각종 전략에 관한 이론들이 범람하고 있다. 이러한 상황에서 가장 혼란스러운 사람들은 기업의 경영자와 브랜드 마케팅 실무자, 그리고 브랜드와 마케팅, 광고와 디자인을 공부하는 학생들이다.

그렇다고 이렇게 우후죽순처럼 생겨나는 이론들을 무조건 추종할 수도 없지만 또 무시할 수도 없다. 아무리 좋은 약도 내 몸에 맞지 않으면 소용없듯이 아무리 좋은 이론도 내 상황에 적합해야 한다. 이론이 나를 살려주지는 못한다. 그러나 이론을 통해 내가 살아갈 방법을 모색할 수 있다. 모든 이론을 다 알 수 없으며, 적용할 수도 없다. 결국 내가 어떻게 활용하는가에 달려 있다.

강한 자가 살아남는 것이 아니라 살아남은 자가 강한 것이라는 말이 있다. 잘 만들어진 로고가 브랜드를 성공시키는 데 기여하기도 하지만, 성공한 브랜드이기 때문에 로고가 좋아 보이는 것이기도 하다. 광고는 브랜드를 성공시키는데 기여한다. 그러나 이미 유명해진 브랜드는 광고의 주목률과 선호도까지 높여준다. 이럴 때는 광고가 좋은 것인지 브랜드가 좋아서 광고가 좋아 보이는지 확실치 않다. 결국 브랜드의 성공요인은 커뮤니케이션이다. 브랜드네임, 로고, 포장, 슬로건 등 많은 요소들이 중요하지만, 가장 강력한 무기는 광고를 포함한 커뮤니케이션이다.

특히 커뮤니케이션이 통합적 일 때 그 위력은 배가한다. 통합커뮤니케이션이 일관된 이미지를 만들고 그 이미지가 정체성을 형성시킬 수 있다. 그렇게 해서 형성된 정체성은 고정관념을 만든다. 고정관념은 또 새로운 이미지와 정체성을 만든다. 이렇게 반복되면서 더 굳어진 고정관념은 브랜드로열티를 만들고 이어서 브랜드파워를 만든다. 이런 과정과 현상은 국가통치와 종교, 그리고 조직의 리더십 등 모든 정치적 권력에서도 유사하게 나타난다.

브랜드는 이 시대의 새로운 신화이자 새로운 권력 주체로 자리잡고 있다. 4차산업혁명으로 인해 미래가 어떻게 변하더라도 브랜드의 영향력은 변하지 않을 것이다. 왜냐하면 사람은 정체성과 이미지 없이는 살 수 없기 때문이다. 고대부터 지금까지 정체성과 이미지와 무관한 시대는 없었다. 다만, 그것이 드러나는 양상만 다를 뿐이다. 브랜드는 이제 21세기의 새로운 리바이어던이 되었다.

참고문헌·사진출처·주석

1. https://mediadecoder.blogs.nytimes.com/2010/07/05/on-the-economists-cover-only-a-part-of-the-picture/ (이코노미스트에 대한 뉴욕타임즈의 비판글)
   https://www.economist.com/blogs/newsbook/2010/07/our_covers (이코노미스트의 해명 및 반박)
   https://www.theguardian.com/media/greenslade/2010/jul/06/the-economist-news-photography (여기에 대한 가디언지의 기사, 이코노미스트의 변명에 대한 비판)
2. https://www.flickr.com/photos/97283472@N00/23386141010
   https://www.reddit.com/r/WhyTheCircle/comments/7b8jw7/its_media/
   https://i.imgur.com/FaBzEP0.jpg
3. http://www.manchesteruniversitypress.co.uk/9780719084454/ (책표지)
   http://www.collective-evolution.com/2017/03/07/8-ways-the-global-elite-manipulate-our-perception-of-reality/
   https://www.reddit.com/r/pics/comments/alu29/how_the_media_manipulates_or_view_pic/ (http://i.imgur.com/abMQe.jpg)
4. https://www.slrlounge.com/900000-stock-photo-story-behind-famous-iceberg-since-titanic/
   https://www.gettyimageskorea.com (520319316)
   http://ralphclevenger.com/portfolios/earth/
5. http://www.npr.org/sections/thetwo-way/2010/09/17/129938169/doctored-photograph-hosni-mubarak-al-ahram-white-house-obama-mideast-peace-talks
   https://www.theguardian.com/world/2010/sep/16/mubarak-doctored-red-carpet-picture
   https://www.almatareed.org/vb/showthread. php?t=29050&page

=7&styleid=22

6. A.D. Coleman (1976), *The Directorial Mode: Notes toward a Definition.*
7. Photograph of Flag Raising on Iwo Jima, 02/23/1945 (NWDNS-80-G-413988; National Archives Identifier: 520748) https://www.archives.gov/historical-docs/todays-doc/?dod-date=223
http://www.fortmissoulamuseum.org/blog/?tag=wwii
8. 김근 (2003), 『욕망하는 천자문』, 삼인.
9. http://www.e-hanja.kr/
10. Nicolaus Copernicus (1543), *De revolutionibus orbium coelestium* (On the Revolutions of the Heavenly Spheres), The book.
11. Charles Nicholl (2004), *Leonardo da Vinci: The Flights of the Mind*,
안기순 역 (2007), 『다빈치 평전』, 고즈윈.
12. John Locke (1689), *An Essay Concerning Human Understanding*,
정병훈·이재영·양선숙 (2014), 『인간지성론』, 한길사, p.440.
13. Hannah Arendt (1958), *The Human Condition*,
이진우·태정호 역 (1996), 『인간의 조건』, 한길사.
14. Robert A. Dahl (1957), *The Concept of Power,* Behavioral Science, 2:3, p.202~p.204.
15. Steven Lukes (1974), *Power: A Radical View,* Macmillan, pp.17~18,
서규환 역 (1992), 『3차원 권력』, 나남, p.23.
16. Fred C. Lunenburg (2012), *Compliance Theory and Organizational Effectiveness.* International Journal Of Scholarly Academic Intellectual Diversity Vol 14, No 1, 2012
17. J. R. P. French · B. Raven (2004), *The bases of Social Power*, p.151
18. Robert Alan Dahl (1989), *Democracy and it's Critics,*
조기제 역 (1999), 『민주주의와 그 비판자들』, 문학과지성사, p.112.
19. 민주주의와 그 비판자들. p.467~p.469.
20. *The American Political Science Review,* Volume 56, Issue 4 (1962), p.947~p.952.
21. E. K. Schattschneider(1960), The semisovereign people, p.71, *The American Political Science Review*, Volume 56, Issue 4, p.949.
22. Steven Lukes, *Power: A Radical View*, pp.17~18,
23. 『3차원 권력』, p.44.

24. Alvin Toffler (1990), *Powershift: Knowledge, Wealth and Violence at the Edge of the 21st Century*, Bantam books.
이규행 역 (1990), 『권력이동』, 한국경제신문사.
25. Alvin Toffler, *Powershift*
26. 이진경 (1997), 『근대적 주체와 정체성-정체성의 미시정치학을 위하여』, 경제와 사회 제35호
27. 장펀텐, 『진시황 평전』, 이재훈 역 (2011), 글항아리, p.939
28. Fernando Baez (2004), *Historia universal de la destruccion de libros*,
조구호 역 (2009), 『책 파괴의 세계사』, 북스페인, p.37.
29. 풍우란 (1948), 『중국철학사』, 박성규 정인재 역(1989), 형설출판사, 재인용
30. 『중국철학사』, p.39.
31. 戴震 (1777), 孟子字義疏證,
임옥균 역 (1998), 『맹자자의소증(孟子字義疏證) 원선』, 홍익출판사, p.51.
32. The Discourses on Livy (Discourses on the First Decade of Titus Livy, Italian: Discorsi sopra la prima deca di Tito Livio)
33. 로렌초 데 메디치(Lorenzo de' Medici의 손자인 로렌초 디 피에로 데 메디치(Lorenzo di Piero de' Medici). 원래 줄리아노 데 메디치(Giuliano di Lorenzo de' Medici)에게 헌정될 예정이었으나 1516년 사망함으로써 그의 조카에게 헌정되었다.
34. Nicolò Machiavelli al Magnifico Lorenzo de'Medici
35. Jean Jacques Rousseau (1762), *On the social contract: Discourse on the origin of inequality; Discourse on political economy*, Hackett Publishing Company (1983).
36. Jean Jacques Rousseau (1762), *On the social contract: Discourse on the origin of inequality; Discourse on political economy*,
정영하 역 (2011), 『사회계약론』, 산수야, p.159.
37. Niccolo Machiavelli (1520), *Discorso sopra il riformare lo stato di Firenze, A discourse about the reforming of Florence*, Ricci Luigi·Vincent Eric Reginald Pearce 역 (1906), *The Prince*, Oxford University Press.
강정인 역 (1994), 『군주론』, 까치, 박상훈 역 (2014), 『군주론』, 후마니타스.
38. Online Etymology Dictionary, http://www.etymonline.com/index.php
39. Alfred Znamierowski·Stephen Slater (2009), *The world encyclopedia of flags and heraldry*, Fall River, p.260, 浜本隆志 (2003), 紋章が語るヨ-ロッパ史,
박재현 역 (2004), 『문장으로 보는 유럽사』, 달과소,

40. 독일어, 문장이 있는 방패 등의 무기
41. Shadowxfox, https://en.wikipedia.org/wiki/Eagle_(heraldry)
42. 『문장으로 보는 유럽사』
43. Oliviero Toscani (1942~): 이탈리아 사진작가
44. Luciano Benetton (1935~)
45. Luciano Benetton, 『베네통이야기』, 백창현 역 (1995), 명진출판사, P.177.
46. 『베네통이야기』, p.188
47. 『베네통이야기』, pp.176~177
48. 『베네통이야기』, p.183
49. Lars Olsson Smith (1836~1913): 스웨덴의 양조사업자이자 발명가, 정치가
50. Richard W. Lewis (1996), *The Absolut Vodka Advertising Story*, Journey Editions.
51. 최병두 (2002), 『자본주의 사회에서의 장소성의 상실과 복원』, 한국도시연구소 [도시연구].
52. http://www.coca-colacompany.com, https://en.wikipedia.org/wiki/List_of_Coca-Cola_slogans
53. http://www.gmdist.com/2012/12/11/pepsi-slogans-and-logos-throughout-the-years/ https://en.wikipedia.org/wiki/Pepsi / http://iron.lmc.gatech.edu/classes/famiglietti/ engl1101_a/ mediawiki- 1.15.1/index.php/Pepsi
54. Adolf Hitler (1925), *Mein kampf*, 황성모 역 (2014), 『나의 투쟁』, 동서문화사.
55. Veronika Beci (2001), *Musiker und Mächtige*, 노승림 역 (2009), 『음악과 권력』, 컬쳐북스.
56. http://www.adelamedia.net/movies/whose-is-this-song.php
57. Adela Peeva(1947~): 불가리아 다큐멘터리 영화감독. 1991년 설립한 독립영화제작사 ADELA MEDIA Film & TV Production 대표.
58. 타르투(Tartu): 에스토니아에서 두 번째로 큰 도시. 에스토니아 노래축제 발상지. 면적은 38.8 km^2, 인구는 93,680명(2016년 기준)
59. 탈린(Tallinn): 에스토니아의 수도, 에스토니아 북부 발트 해안에 위치한 항만 도시. 면적은 159.2 km, 인구는 426,500명(2017년기준)
60. Rimantas Lazdynas, https://commons.wikimedia.org/wiki/File:1989_08_23_Baltijoskelias17e.jpg

http://travel.wikia.com/wiki/File:Baltic_Way.jpg
http://estonianworld.com/culture/estonian-song-celebration-timeline/

61. '맘마미아'는 1970년대 스웨덴의 유명한 혼성그룹 아바(Abba)의 히트곡 '맘마미아'와 그 외 히트곡 31개를 모아서 1994년에 만들어진 뮤지컬이다. 그리고 2008년에는 영화로도 만들어져서 세계적으로 더욱 유명해졌다. Mamma mia는 이탈리어로 "엄마야!" 라는 말인데 "오 맙소사"라는 표현과 같다. 영어로 흔히 "오마이갓(oh my god!)"과 비슷한 표현이다.

62. Universal Pictures, https://en.wikipedia.org/wiki File:MammaMia TeaserPoster.JPG

63. Motorola Solutions는 그대로 남아있으며 (휴대폰을 만들지는 않음), 휴대폰을 담당하는 Motorola mobility는 현재 Lenovo사가 인수. 모토로라라는 이름을 유지한 채 휴대폰을 계속 개발 생산하고 있다.

64. Crainer, Stuart (1997), *The ultimate business library: 50 books that shaped management thinking*, Amacom,
심재관 역 (2007). 『경영의 역사를 읽는다』, 한스미디어.

저자소개

김덕용

홍익대학교 커뮤니케이션디자인과/ 광고홍보학부 교수
광고회사(코래드 Ogilvy & Mather, 오리콤 등) 15년 근무
대한민국디자인전람회 초대디자이너(1982~)
TV광고 900여 편, CI, BI개발 200여 건 Creative Director
20여 년간 기업, 공공기관 홍보자문 활동
https://blog.naver.com/oskdy

개정판
브랜드 개념과 실제

초판발행	2017년 12월 20일
개정판발행	2021년 5월 30일
지은이	김덕용
펴낸이	안종만 · 안상준
편 집	전채린
기획/마케팅	김한유
표지디자인	Benstory
제 작	고철민 · 조영환
펴낸곳	(주) 박영사 서울특별시 금천구 가산디지털2로 53, 210호(가산동, 한라시그마밸리) 등록 1959. 3. 11. 제300-1959-1호(倫)
전 화	02)733-6771
f a x	02)736-4818
e-mail	pys@pybook.co.kr
homepage	www.pybook.co.kr
ISBN	979-11-303-1294-1 93320

정 가 27,000원